U0529172

高清海先生

逝世十五周年纪念文集

王福生　主编

中国社会科学出版社

图书在版编目（CIP）数据

高清海先生逝世十五周年纪念文集/王福生主编．—北京：中国社会科学出版社，2021.1
ISBN 978-7-5203-7867-3

Ⅰ.①高… Ⅱ.①王… Ⅲ.①高清海—哲学思想—思想评论—文集 Ⅳ.①B-53

中国版本图书馆CIP数据核字（2021）第022829号

出 版 人	赵剑英
责任编辑	朱华彬
责任校对	张爱华
责任印制	张雪娇
出　　版	中国社会科学出版社
社　　址	北京鼓楼西大街甲158号
邮　　编	100720
网　　址	http://www.csspw.cn
发 行 部	010-84083685
门 市 部	010-84029450
经　　销	新华书店及其他书店
印　　刷	北京君升印刷有限公司
装　　订	廊坊市广阳区广增装订厂
版　　次	2021年1月第1版
印　　次	2021年1月第1次印刷
开　　本	710×1000 1/16
印　　张	21
插　　页	2
字　　数	342千字
定　　价	128.00元

凡购买中国社会科学出版社图书，如有质量问题请与本社营销中心联系调换
电话：010-84083683
版权所有　侵权必究

目 录

传统教科书体系改革与"实践观点的思维方式"

高清海先生对马克思主义哲学原理教
　科书的解构及其当代启示 …………………………… 何　萍（3）
论高清海马克思主义哲学研究的三个阶段 … 张静宁　张祥浩（28）
当代中国马克思主义哲学观念的变革
　　——以吉林大学四本马哲著作为例 ……………… 白　刚（41）
实践观点的思维方式与类哲学
　　——试探高清海先生的哲学创新逻辑 …………… 元永浩（53）
思想的丰碑
　　——高清海与当代中国哲学变革 ………………… 张　旭（63）

"类哲学"与当代中国马克思主义哲学的发展

个性化的类本性：高清海"类哲学"的内涵逻辑 …… 孙正聿（75）
"创建当代中国哲学理论"：
　　我们当如何"接着讲"？ …………………………… 王南湜（92）
走向未来的哲学精神
　　——高清海先生"类哲学"
　　思想的自我意识 ………………………… 胡海波　马军海（102）
"当代中国哲学"作为问题的语境意义
　　——论高清海先生关于
　　"构建当代中国哲学"的呼吁 …………………… 张　蓬（114）
高清海价值哲学思想初探 ……………………………… 刘进田（128）

通过改变"世界观"来改变"世界"
　　——高清海先生哲学探索的重大旨趣 …………… 贺　来（136）
"私有财产的扬弃"与人的类本质的生成 ………… 元永浩（153）
类哲学：中国传统哲学的当代表述 ………… 元永浩　张佩荣（162）
高清海"做人"思想的哲学内涵及其哲学观意义 … 魏书胜（173）
高清海类哲学研究中的几个问题 …………………… 王福生（186）
类哲学与人类文明新形态 …………………………… 王福生（200）
高清海类哲学本真意蕴"引论" ……………………… 焦明甲（211）
论实践活动中的类经验 ……………………………… 杨　晓（225）
改革开放40年：走进马克思哲学四种人类学范式 … 邵　然（240）
高清海与当代中国价值哲学研究 …………………… 倪寿鹏（255）
类哲学与类价值观的求索 …………………………… 姚修杰（270）
高清海"类哲学"思想中的黑格尔逻辑 …………… 陈士聪（275）
类：对马克思实践观的道德阐释 …………………… 杨　荣（288）

附　录

附录1　《高清海马克思主义哲学思想研究》目录 …… 张祥浩（299）
附录2　Unspoken Assumptions of Lei Philosophy：Anthropo-
　　　　cosmic Cosmopolitan Worldview and Communicative
　　　　Reason ……………………………… HAN　Sang-Jin（304）
附录3　高清海哲学思想研究资料篇目
　　　　汇集 …………………………………… 王福生　贾云飞（320）

后记 ……………………………………………………………（331）

传统教科书体系改革与"实践观点的思维方式"

高清海先生对马克思主义哲学原理教科书的解构及其当代启示

何 萍[*]

20世纪50年代，中国马克思主义哲学步入了一个建构中国的马克思主义哲学原理教科书体系的时期，但是，马克思主义哲学教科书这个概念内涵的确立，进而提升为中国马克思主义哲学的研究对象，则是在20世纪80年代。有趣的是，中国马克思主义哲学学界在20世纪80年代提出马克思主义哲学原理教科书体系这个概念，不是为了建构马克思主义哲学原理教科书体系，而是为了批判和解构马克思主义哲学原理教科书体系。如此一来，20世纪50年代和20世纪80年代就成为中国马克思主义哲学发展的两个重要的时间节点。在这两个时间节点上，中国一代马克思主义哲学家为破除苏联的马克思主义哲学教科书体系，创造中国的马克思主义哲学作出了艰辛的探索，贡献了中国马克思主义哲学家的智慧，从而形成了20世纪50—90年代中国马克思主义哲学发展的风貌。作为这个时代的哲学家，高清海先生也在这两个时间节点上对中国马克思主义哲学原理教科书的变革作出了自己的思考。正是这些思考体现了他作为中国马克思主义哲学家的独特气质和对中国马克思主义哲学发展的贡献。然而，在对高先生这一思想的研究上，我国学术界主要是从马克思主义哲学原理教科书建构的角度来评价高先生的思想，认为他在中国马克思主义哲学原理教科书变革方面做出的最突出的贡献，就是主编了《马克思主义哲学基础》一书，建构了一个主—客体相统一的理论框架。在我看来，高先生对中国马克思主义哲学原理教科书的变革所作出的最大贡献，并不在于建构了一个新的理论框架，而在于他解构了马克思主义哲学原理教科书体系，推动中国马克思主义哲学研究最终走出了体系

---

[*] 何萍，武汉大学教授。

化的研究方式，转向问题式的研究方式。鉴于此，本文从一个否定的角度，即从解构的视角，来思考高先生有关马克思主义哲学原理教科书体系变革的思想，在研究的文本上，也不限于《马克思主义哲学基础》，而是联系他和刘丹岩先生合著的《论辩证唯物主义与历史唯物主义的关系》，分别考察高先生在 20 世纪 50 年代和 80—90 年代这两个时间节点上对马克思主义哲学原理教科书变革的思考，探究高先生哲学思想创造的内在逻辑进程。

一　中国马克思主义哲学原理教科书建构与解构的历史背景及其意义

自 20 世纪 80 年代开始，中国学术界在批判马克思主义哲学原理教科书中，产生了两个偏见：一个是把马克思主义哲学原理教科书等同于苏联的马克思主义哲学教科书，并由此而把 1949 年至 1978 年期间编写的马克思主义哲学原理教科书简单地等同于苏联版的马克思主义哲学原理教科书；另一个是把马克思主义哲学原理教科书等同于僵化、教条的马克思主义哲学，全盘否定马克思主义哲学教科书对于 1949 年以来中国马克思主义哲学理论建设的积极意义。正是这两个偏见，给我们研究 1949 年以来的中国马克思主义哲学造成了极大的困难，也给我们研究这一时期马克思主义哲学家的思想造成了极大的困难。这一点，对于高先生的思想研究，也不例外。因此，我们要对高先生的思想作一历史性的、有深度的研究，从中获得对我们今天的研究有价值的思想资源，就需要首先纠正这两个偏见，还原历史的真相。

中国马克思主义哲学原理教科书体系的建构始于 1959 年。在此之前，即自 1949 年至 1959 年的十年间，中国大学马克思主义哲学教学使用的是苏联版的马克思主义哲学原理教科书。这就提出了一个值得思考的学术问题：为什么在使用了苏联版的马克思主义哲学原理教科书十年之后才提出编写中国的马克思主义哲学原理教科书呢？是因为苏联的马克思主义哲学原理教科书不够完善呢？还是有着更深层的原因呢？汪永祥教授的一段回忆道出了其中的缘由。汪永祥教授在《我国第一部马克思主义哲学原理专业教材的编写历程》一文中讲述了编写中国马克思主义哲原理教科书的缘起。他写道："20世纪50年代，我在马列主义研究班学习期间，给我们讲马克思主义哲学的就是苏联专家，使用的是苏联教材，学习方法也是当时苏联盛行的'席米纳尔'（一种课堂讨论的形式）那一套，考试评分是5分制。1956年毕业留校任教初期，大体还是如此。这种'全俄苏化'的情况，直到1959年下半年才发生改变。这年9月新学年开学之初，还使用了一段时间当年7月新出版的苏联科学院哲学研究所集体编写，康士坦丁诺夫主编的《马克思主义哲学原理》。不久，大约在国庆节后，就接到上级通知，该书停止使用，立即组织力量编写中国自己的马克思主义哲学原理教材。接着，苏联专家陆续撤离。这种转变的复杂背景当时我们并不太清楚，但无疑预示着中苏两党两国在意识形态和政治路线上的分歧即将公开化，中苏同盟的'蜜月'结束了。从此开始了中国人自己编写马克思主义哲学原理教材的曲折历程。"[1] 这一讲述告诉我们，中国于1959年启动编写中国的马克思主义哲学原理教科书的工作，绝不是偶然的，而是有着客观的历史原因。这个客观的历史原因，不是来自于苏联马克思主义哲学原理教科书本身的缺陷，亦不是来自于中国的马克思主义者不满意苏联的马克思主义哲学原理教科书（尽管这两个方面的原因都存在），而是来自于中苏关系的变化。这种变化在实践上，要求摆脱苏联的社会主义建构模式，探索中国社会主义建设的特殊道路；在理论上，要求建构中国的马克思主义哲学原理教科书体系，摆脱苏联意识形态的控制，创造中国社会主义建设的哲学理论。正是这种实践的和理论的要求，赋予了20世纪50年代中国马克思主义哲学原理教科书的编写一种特殊的历史使命，这就是，编写中国的马克思主义哲学原理教科书不仅仅是为了在国内普及马克思主义哲学的教育，更是为了解决中国道路的哲学理论问题，是中国马克思主义哲学理论创造的工作。这一理论意义，无论是在中央，还是在参与教材编写的马克思主义哲学家来说，都是十分明确的。汪永祥教授在讲到编写中国马克思主义哲学教科书的目的时写道："按照中央的指示精神，新教材必须突出中国特色，认真总结和体现中国革命和建设的实践经验，特别要充分体现毛泽东哲学思想。中央要求编写单位的党委亲自抓这项工作，走群众路线，

---

[1] 汪永祥：《我国第一部马克思主义哲学原理专业教材的编写历程》，《中国人民大学学报》2009年第4期。

并通过教材编写锻炼和提高马克思主义哲学理论队伍。"① 这里讲的"突出中国特色,认真总结和体现中国革命和建设的实践经验,特别要充分体现毛泽东哲学思想",实际上提出了编写中国的马克思主义哲学原理教科书的目标,即建构中国马克思主义哲学的新理性,而这个新理性就是毛泽东在"哲学就是认识论"这个命题下阐发的中国马克思主义的哲学观念。当时,参加编写教材的马克思主义哲学家们自觉地把这一思想贯穿于教材的编写工作之中。李达在1959年12月全国哲学教科书提纲讨论会上提出的编写中国马克思主义哲学原理教科书的原则是:"首先应对主席的哲学贡献有一个评价,主席是全面地发展了马列主义哲学,马、恩、列、斯都没有做到这一点。列宁的主要著作《唯物论和经验批判论》《谈谈辩证法问题》,前者发展了认识论,后者发展了辩证法。但真正从各方面展开了的是毛泽东,不仅《矛盾论》《实践论》《关于正确处理人民内部矛盾的问题》,而且其他著作均达到新的境界……要抓住科学性和革命性相结合,普遍真理同中国实际相结合。要贯彻几个观点:一、阶级观点(阶级性、党性)。为社会主义革命和社会主义建设服务。二、实践观点。改造客观世界(自然、社会),改造主观世界(思想),……三、矛盾观点,两点论。"② 李达的这一讲话代表了当时编写马克思主义哲学原理教科书的主流观点。艾思奇在主持编写新中国的第一部马克思主义哲学原理教科书《辩证唯物主义历史唯物主义》时,也明确地把贯穿毛泽东的哲学思想和融于中国革命和社会主义建设的实践、讲出中国马克思主义哲学的哲学传统和学术理路作为基本原则。他在《关于哲学教科书的一些问题》中提出:编写中国的马克思主义哲学原理教科书,要"力求比较准确、简练地阐明马克思列宁主义的一般原理,同时又在阐明马克思列宁主义的一般原理的基础上,说明毛泽东同志对马克思列宁主义哲学的发展。把阐明马克思列宁主义的一般哲学原理和说明毛泽东同志对马克思列宁主义哲学的发展,两方面结合起来。我们的中心任务是结合中国革命和中国社会主义建设的实践来阐明马克思列宁主义哲学的发展。毛泽东思想就是马克思列宁主义,就是马克思列宁主义与中国革命

---

① 汪永祥:《我国第一部马克思主义哲学原理专业教材的编写历程》,《中国人民大学学报》2009年第4期。
② 李达:《在哲学教科书提纲讨论会上的讲话(1959.12)》,汪信砚主编:《李达全集》第19卷,人民出版社2016年版,第337页。

实践的结合；毛泽东哲学思想就是马克思列宁主义哲学思想。如果我们不熟悉马克思列宁主义的一般原理，就不可能了解毛泽东同志对马克思列宁主义哲学有什么发展。因此，我们要反对两种偏向：一种是，只注重谈马克思列宁主义哲学的一般原理，而忽视毛泽东同志对马克思列宁主义哲学的贡献。过去这种偏向是有的，我们要反对和防止。另一种是，脱离马克思列宁主义哲学的一般原理，或对马克思列宁主义的一般原理还没有搞清楚，就任意用贴标签的方式，空谈毛泽东同志对它的发展。这种偏向前几年也是有的，我们也要反对。强调毛泽东同志对马克思列宁主义哲学的发展，强调研究问题要以毛泽东思想为指导，这个方向是要坚持的。但是，如果不注意毛泽东思想本身是马克思列宁主义普遍真理与中国革命的具体实践相结合，马克思列宁主义哲学的一般原理还没有搞清楚，就想了解毛泽东同志对它的发展，这是不对的。以为只要贴上标签，就什么问题都解决了，这种方法是错误的"[1]。很显然，艾思奇提出的这个原则，已经大大超出了通常的教材编写的要求，它不再是为了解决中国马克思主义哲学教育的问题，而是为着解决中国社会主义时期的马克思主义哲学的理论创造问题，因而是哲学理论创造的原则。可见，这个原则高度地体现了中国马克思主义哲学家们的历史使命意识，这就是，通过编写中国的马克思主义哲学原理教科书，来深入地研究和科学地阐发毛泽东思想，建构中国社会主义的哲学理论。因此，当中国的马克思主义哲学家们用这一原则来编写中国的马克思主义哲学原理教科书时，就形成了以编写中国的马克思主义哲学原理教科书为中心的哲学研究范式。在这种哲学研究范式下，无论是对哲学问题的研究，还是对马克思主义哲学原理的解读，都是围绕着马克思主义哲学原理教科书的建构而展开的，其中探讨的理论问题，也都是马克思主义哲学原理教科书中所涉及的基本理论问题。这就构造了一个马克思主义哲学原理教科书体系的时代。20世纪50年代，是这个时代的起点，也是中国马克思主义哲学原理教科书研究的第一个时间节点，而表达这个时间节点的关键词，就是建构。

然而，由于马克思主义哲学原理教科书本身所固有的局限性，又决

---

[1] 艾思奇：《关于哲学教科书的一些问题》，载《艾思奇文集》第2卷，人民出版社1983年版，第824—825页。

定了中国马克思主义哲学史上必然要出现一个解构马克思主义哲学原理教科书的时代。20世纪80年代的中国思想启蒙运动就是这个时代到来的契机。如此一来，中国马克思主义哲学原理教科书的解构，就有了历史的和逻辑的两个层面的内容。

历史层面的内容是在反思马克思主义哲学原理教科书的体系和内容的不完善性中形成的。20世纪80年代的思想启蒙运动带来了中国学术的繁荣，一时间，认识主体和价值哲学的研究、人道主义和异化问题的讨论、实践唯物主义、文化哲学的研究等，相继发展起来，极大地丰富了马克思主义哲学研究的内容，而这些内容是马克思主义哲学原理教科书中所没有论述过的，于是，提出了修改和完善马克思主义哲学原理教科书体系的要求。

逻辑层面的内容是在对修改和完善马克思主义哲学原理教科书体系困难的反思中形成的。20世纪80年代，为了适应新的理论发展的需要，教育部以各种不同的形式组织了多次修改出版马克思主义哲学原理教科书的学术讨论会，也以各种不同的方式组织全国的专家重新编写马克思主义哲学原理教科书。在教育部的组织下，自20世纪80年代至90年代，中国出版了多部马克思主义哲学原理教科书，其中最重要的有：萧前、李秀林、汪永祥主编的《辩证唯物主义原理》（人民出版社1981年出版，1991年出修订本）、萧前、李秀林、汪永祥主编的《历史唯物主义原理》（人民出版社1983年出版，1991年出修订本）、高清海主编、舒炜光、车文博、张维久副主编的《马克思主义哲学基础》上下册［人民出版社1985年（上册）、1987年（下册）出版］、肖前主编、黄枬森和陈晏清副主编的《马克思主义哲学原理》上下册（中国人民大学出版社1994年出版）、李秀林、王于、李淮春主编的《辩证唯物主义和历史唯物主义原理》（中国人民大学出版社1982年出第1版、1984年出第2版、1990年出第3版、1995年出第4版、2004年出第5版）、陈晏清、王南湜、李淑梅合著的《现代唯物主义导引》（南开大学出版社1996年版）和《马克思主义哲学高级教程》（南开大学出版社2001年版）、辛敬良主编的《马克思主义哲学导论——实践的唯物主义》（复旦大学出版社1991年出版）等等；还出版了一批探讨马克思主义哲学教科书体系改革的理论著作，其中最主要的有：高清海的《哲学与主体自我意识》（吉林大学出版社1988年出版）、肖前等主编的《实践唯物主义研究》（中国人民大学出版社 1996 年出版）和陆剑杰的《实践唯物主义理论体系的历史逻辑分析》（河南人民出版社 1994 年出版）等等；一些重要的学术期刊也发表了大量的相关研究论文。这些新出版的马克思主义哲学原理教科书和相关的研究论著，对马克思主义哲学原理教科书的体例和结构的改革、对马克思主义哲学教科书内容的更新，尤其是在如何贯穿和体现马克思主义哲学的实践唯物主义精神上，作了许许多多的思考和尝试，但有两大困难始终无法解决：一个是无法解决马克思主义的理论与实践的关系问题；一个是无法将实践唯物主义的观点有机地融于马克思主义哲学原理教科书之中。在反思这两大困难中，中国学术界进到了对马克思主义哲学原理教科书的话语体系的反思，并从这种反思中得出了这样的结论：马克思主义哲学研究不应该以构造哲学体系为宗旨，而应该面向时代问题，在历史、理论和现实中进行思考，建构新的理论。这种反思引发了中国学术界对马克思主义哲学原理教科书的研究功能的解构，使马克思主义哲学原理教科书复原于它的教育功能。

如此一来，中国马克思主义哲学的发展在 20 世纪 80—90 年代出现了一个奇特的现象：一方面是大量出版马克思主义哲学原理教科书的新著，另一方面是马克思主义哲学原理教科书研究功能的解构，并最终淡出了马克思主义哲学研究的主流话语。这种奇特的现象，就构成了中国马克思主义哲学原理教科书研究的第二个时间节点，而表达这个时间节点的关键词，就是解构。

上述两个时间节点的形成表明，中国的马克思主义哲学原理教科书在中国的马克思主义哲学史上曾经起过非常积极的作用，是中国马克思主义哲学理论创造的一个重要的阶段；正是因为有了这个阶段，才会有新中国的马克思主义哲学，也才会有中国马克思主义哲学今天的繁荣。从这个角度看，对于中国的马克思主义哲学原理教科书体系，我们不能采取简单的否定态度，而应该进行历史的分析。但同时，我们又要思考另一个问题：为什么一个曾经对中国马克思主义哲学理论建设起过积极作用的研究范式会被解构呢？它是如何被解构的呢？对这个问题，高先生解构马克思主义哲学原理教科书的思路，能够给予我们许多启示。所以，本文以高先生对马克思主义哲学原理教科书的解构为个案进行分析，力图从中找到解决问题的启示。

二　高先生的马克思主义哲学观

　　解构马克思主义哲学原理教科书体系，是高先生致力于中国马克思主义哲学创新的一个重要组成部分。高先生之所以重视这一工作，是因为他深刻地认识到，马克思主义哲学原理教科书给予人们的是僵化的教条主义，它禁锢了人们的思想，妨碍了中国马克思主义哲学的创造，因此，中国人要面对中国的现实，创造自己的马克思主义哲学，就必须批判地审视马克思主义哲学原理教科书，从马克思主义哲学原理教科书的束缚中解放出来。可见，在高先生那里，解构马克思主义哲学原理教科书本身就是哲学思想的创造，是他的哲学观的一种表达。因此，若不了解他的哲学观，就不可能把握他解构马克思主义哲学原理教科书中的那些具有原创性的思想，就看不到解构中国马克思主义哲学原理教科书的时代意义。

　　高先生在回顾他的学术发展道路时，反复强调他对哲学的理解。他说："'治学为人，其道一也。'这就是我多年思考的心得，对于研究哲学这门学问尤其如此。不用说，要做大学问，就得有大胸怀、大气度、大视野、大智慧；即便是'问题'，也只能在'境界'中去发现，处在何种精神境界，只能看到何种层次的问题。哲学家的能力，不在于解决什么问题，其实主要就在这一点：他善于在常人不认为是问题的地方发现未来的问题。哲学贵在出'思想'，它属于创造性的学问，决不能像工厂那样按照程序去生产。所以哲学家必须有'自我'，又必须超越'个体自我'；必须深入现实生活，又必须超越生活现实。多年来哲学失去了自己的家，失去了自我，是我们出不来哲学家的一个重要原因。我们缺少的不是理论，而是思想，我们有太多的有理论而无思想的'哲学'。哲学的'批判性'是哲学的灵魂，这里体现着哲学的真价值，尽管许多人不喜欢。哲学如果安于现状，迁就现状，它就会失去哲学的生命：创造性和超越性。所以在历史上，哲学家的现实生命往往多灾多难，他们的荣耀主要是在身后。这就是我对哲学本性的理解。"① 高先生这里所说的"对哲学本性的理解",就是他的哲学观。这个哲学观的要点概括起来,主要有两点:第一点,哲学是思想的创造。这也就是说,思想的创造是治哲学学问的原则。一个理论有没有价值,能不能成为哲学,就看它有没有创造性的思想。在这里,创造性的思想是衡量一个理论价值高下的标准;第二点,哲学思想的创造是在思想与现实的张力中展开的。哲学是思想的创造,但哲学思想的创造不是任意的,而是以现实为根据的,既要立足于现实,又要批判现实,超越现实,任何有意义、有价值的哲学理论都是在现实与思想的这种批判和超越的张力中创造出来的。这就是哲学意义上的理论与实践的关系。

　　高先生就是按照这一哲学观来治哲学学问的。正是这样,高先生在他的治学生涯中,从来不固守于某一个哲学研究的领域,不固守于某一个哲学问题,甚至也不固守于哲学史上的某一位哲学家的思想研究;他唯一固守的,就是他的这一哲学观,即立足于中国的现实,进行哲学思想的创造。在他看来,任何哲学领域、哲学问题和哲学家的思想研究,都是具体的,可变的,因而是时代的,而深藏于哲学研究领域、哲学问题和哲学家的思想研究之中的哲学思想创造,才是普遍的、永恒的;哲学的研究,就是要抓住那些普遍的、永恒的东西,而不是固守于某个具体的哲学研究领域、哲学问题或某个哲学家的思想研究。在这里,高先生是把哲学研究的领域、哲学的问题和个别哲学家的思想当作哲学思想创造的外在形式,这些外在形式总会随着哲学思想创造的需要而发生变化;一种哲学理论如果失却了创造性的思想,就失去了存在的价值,在这种情况下,人们若还一味地固守于某一领域、某一问题、某一哲学家的思想,就会走向教条主义,反之,人们若沿着思想创造的轨迹前行,就必然不断地超出现有的研究领域和问题,开辟新的研究领域,发现新的问题,提出新的思想。高先生正是按照这个原则,开展自己的哲学研究。通读高先生生平所发表过的论著,不难看出,从20世纪50年代到21世纪,高先生涉猎的哲学研究领域和问题是十分广泛的:在研究领域方面,他涉猎过马克思主义哲学的所有领域,辩证法、本体论、唯物论、

---

① 高清海:《我的学术道路》,载《哲学与主体自我意识》,中国人民大学出版社2010年版,第205页。

历史观、唯心论、哲学史，等等；在哲学研究的问题方面，他研究过马克思主义哲学原理教科书体系，研究过实践问题、思维方式、类哲学、人的主体性、人的解放与人的个体发展等诸多问题；这些研究领域、这些哲学问题，对他而言，都不外是他的哲学思想创造的表达，都需要到他的哲学思想的创造活动、创造过程中加以理解。他在回顾自己的学术道路时明确提出，他对哲学的这一理解早在20世纪50年代就已经形成了。他说："我任教是在1952年，1954年从事哲学研究。开始阶段，我的研究工作没有确定的方向和固定的领域，'课题'多半从教学和读书中发现的问题选定。有一度我的兴趣很广泛，脑子里装的问题很多，辩证法、认识论、历史观、唯心论、唯物论、哲学史，在我看来这些领域都有许多值得研究和有待解决的'问题'，初期写作对这些问题大都涉猎过。我也曾设想，选定一个领域作为我的主攻方向。随着研究的深入我渐渐发现，这些领域的问题是相互牵连着的，它们很难单独去解决，不论你进入哪个领域，都关联着一个总体性问题，这就是'哲学观'的问题。只有弄清楚''哲学'究竟是什么、在今天它应该是什么'，更新了哲学观念之后，对问题才会有可遵循的理解方向。而关于'哲学'的看法，在我看来，又是不仅最为复杂而且也最为分歧的问题，人们在那些领域出现的不同理解和认识，归根结底，表现的都是哲学观上的分歧。这样，经过50年代到60年代，我便逐渐形成并确立了以'哲学总体观念的变革'为方向的研究路数。这个方向一经确定，以后就没有再改变过。而且我愈来愈感到这个问题的重大性和根本性，它不但直接关系着哲学理论自身的变革和进一步发展，还是关联当前社会实践乃至我国未来前途和命运的一个重大问题。"① 概括地说，高先生的哲学研究，是既有自己的研究领域和哲学问题，又没有自己的研究领域和哲学问题：说他有自己的研究领域和哲学问题，是指他把哲学观和哲学观念的变革作为他的哲学研究不变的领域和问题；说他没有自己的研究领域和哲学问题，是指他从来不把自己的研究固定在某一具体的领域。这种有和没有，恰恰体现了高先生哲学研究的独特气质。

尽管如此，我们还是能够看到他生平哲学创造中的一个持续终身的

---

① 高清海：《我的学术道路》，载《哲学与主体自我意识》，中国人民大学出版社2010年版，第196—197页。

领域，这就是，马克思主义哲学原理教科书。高先生之所以对马克思主义哲学原理教科书的研究保持终身的兴趣，是因为他处在一个马克思主义哲学原理教科书建构与解构的时代，他是这个时代的哲学家，就要面对这个时代的问题，要解决这个时代的问题。但是，作为一个富于创造性的马克思主义哲学家，一个把哲学思想创造作为自己使命的哲学家，高先生从来不满足于编写出一部马克思主义哲学原理教科书，而始终把马克思主义哲学原理教科书作为研究的对象、批判的对象，力图从中找寻一条哲学的创新之路。在20世纪50年代，他通过批判苏联的马克思主义哲学原理教科书，揭示了苏联马克思主义哲学原理教科书的教条主义的理论根源；在20世纪80年代，他通过解构中国的马克思主义哲学原理教科书，走上了主体性哲学、实践哲学的创造之路。

以下，我们分别论述高先生在这两个时间节点上的思想创造活动。

三　高先生20世纪50年代对苏联马克思主义哲学原理教科书的批评

1959年启动编写中国自己的马克思主义哲学原理教科书的工作，是在中央的直接领导下展开的。当时，中央指示在全国组织六个编写小组，其中北京有三个，即中央党校、中国人民大学、北京大学各一个，另外三个分别由时任上海师范学院政教系主任兼上海社会科学院哲学研究所副所长冯契、武汉大学校长李达、吉林省委文教部、宣传部部长宋振庭和东北人民大学（现吉林大学）党委书记兼校长匡亚明负责组织编写。从这个组织名单看，高先生当时并没有参加1959年的中国马克思主义哲学原理教科书的编写工作。但这不等于说，他在这一时期完全没有涉及马克思主义哲学原理教科书的工作。事实上，早在1959年以前，他就在他的导师刘丹岩先生的指导下，开始了对马克思主义哲学原理教科书的研究。这一研究的重心是批判和解构苏联的马克思主义哲学原理教科书体系，其代表作就是高先生和刘丹岩先生合著的《论辩证唯物主义与历史唯物主义的关系》。在这里，我以这本著作为文本，分析高先生这一时期的哲学思想。

《论辩证唯物主义与历史唯物主义的关系》，是高先生20世纪50年代出版的诸多著作中的一本,也是高先生最看重的一本。这部著作写于 1956 年,1958 年由上海人民出版社出版。全书由三篇论文汇编而成:第一篇是刘丹岩先生写的《论辩证唯物主义与历史唯物主义的区别与联系》;第二篇是高先生写的《论辩证唯物主义与历史唯物主义的关系——哲学与社会学的统一和分化》;第三篇是刘丹岩与高先生合写的《再论辩证唯物主义与历史唯物主义的关系》。1996 年,高先生在编自己的哲学文集——《高清海哲学文存》时,将其中的第二篇,即高先生独立完成的一篇,收入了《高清海哲学文存》第 1 卷单独成篇,并冠之以"体系改革思想溯源"。在收入这篇论文时,高先生只是将论文第四部分的标题改成了"哲学与科学",使该论文主题更加突出,而将原来的标题"辩证唯物主义是马克思列宁主义的哲学。历史唯物主义是马克思列宁主义的社会学"移入该目下的正文开头,其他的章节和文字都没有改动。对此,高先生作了一个专门的说明:"这篇文章是我早年写的,其中基本观点虽然后来变化了,但很多思想的连续轨迹还是很清楚的。现在把它作为'历史'档案放在这里,所以叫做'体系改革思想溯源'。读者从中可以看到,那时不只思想、观点有很大局限,连语言风格也与现在的不同,明显表现了受到苏式翻译语句影响的痕迹。当时能够看到的马克思、恩格斯和列宁著作的译本,译文都不够准确,有的还是苏联出版的中译本,语言更是'蹩脚'。为了保持原貌,这些都未作改动。"[①] 从这一说明中,我们可以看到,这篇论文是高先生对苏联马克思主义哲学教科书的一种理性的思考,他强调这篇论文的时代局限性,也都是相对于理论思考或语言的表达而言的,并不是指的政治思想上的批判,这在政治压倒学术的年代,是十分难得的,而他提到的"很多思想的连续轨迹",更是道出了其中的逻辑理路与他后来解构中国马克思主义哲学原理教科书的逻辑理路是相通的。正是这种逻辑理路的相通,决定了这篇论文的学术价值,并且使这种学术价值既不限于当时,也不限于 20 世纪 80—90 年代,就是在今天,对于我们了解中华人民共和国的一段马克思主义哲学思想史、对于我们研究高先生的哲学思想,都有着巨大的理论价值。从这个角度看,高先生这里所说出的具体观点的局限性,是这篇论文的次要方面,而他对苏联马克思主义哲学教科书的体系结构的批评,才是这篇论文的

[①] 《高清海哲学文存》第 1 卷,吉林人民出版社 1997 年版,第 426 页。

主要方面,因而应该是我们今天阅读和理解这篇论文的重点。

  刘丹岩先生在该书的第一篇论文《论辩证唯物主义与历史唯物主义的区别和联系》的开篇写道:"辩证唯物主义是马克思主义的哲学理论,是真正科学的哲学或宇宙观。历史唯物主义是马克思主义的历史理论,是真正科学的社会学或历史观。"① 这是该书的核心观点。值得提出的是,这个观点的提出,其实也是受到了苏联马克思主义哲学的影响。20世纪30年代,苏联学术界进入了一个空前繁荣的时期。在这个时期,苏联哲学界相继产生了三个思想派别:一派是德波林派,又称"辩证法家";一派是机械论派,又称"机械论者";一派是斯大林以及支持斯大林的职业哲学家 M. 米丁、Ф. 康斯坦丁诺夫、П. 尤金等人。这三派在历史唯物主义的理解上,出现了两种不同的观点:一种观点是斯大林派主张的,强调"历史唯物主义是辩证唯物主义在社会领域的具体应用";另一种观点是机械论派的代言人布哈林主张的观点,即"历史唯物主义理论是社会学"。布哈林提出这一定义,旨在强调历史唯物主义的基础不是自然科学,而是历史学、经济学、法学、政治学等人文社会科学的具体科学,历史唯物主义是对这些具体科学的抽象。他把这种抽象出来的理论定义为"社会学"。所以,在布哈林那里,"社会学"不是指的实证科学意义的社会学,而是指哲学意义上的社会学。不过,布哈林在给历史唯物主义下这一定义时,并未论及历史唯物主义与以自然科学为基础的辩证唯物主义之间的关系。后来,布哈林因与斯大林之间发生了政治上的分歧而被撤销了《真理报》主编和共产国际的领导职务,并以间谍、内奸、破坏分子和异端分子罪被判处死刑,布哈林的历史唯物主义理论也因此被定性为机械论,而斯大林主张的"历史唯物主义是辩证唯物主义在社会领域的具体应用"的定义,成为苏联哲学界的主流观点,苏联的马克思主义哲学原理教科书也依此将马克思主义哲学辟为辩证唯物主义和历史唯物主义两大块。② 刘先生和高先生在批判苏联的马克思主义哲学原理

---

  ① 刘丹岩、高清海:《论辩证唯物主义与历史唯物主义的关系》,上海人民出版社1958年版,第1页。
  ② 关于这一时期苏联哲学界的思想论争及其过程,请见何萍《马克思主义哲学史教程》上卷,人民出版社2009年版,第三编第一章:苏联马克思主义哲学的历史进程。

教科书时，借用了布哈林的历史唯物主义是社会学的定义①，但又不停留于对历史唯物主义原理的论述上，而是把它提升为马克思主义哲学的基本问题，力图通过考察历史唯物主义的社会学基础和思想起源，来论证"历史唯物主义是辩证唯物主义在社会领域的具体应用"这一定义的不科学、不合理之处，进而论证把马克思主义哲学的基本原理简单地区分为辩证唯物主义与历史唯物主义两大块是不合理的。在这里，用社会学这个词来定义历史唯物主义，用高先生的话来说，的确是受当时苏联哲学用语的影响，但无论如何，用"社会学"这个词来定义历史唯物主义，难免造成用语上的混乱。当然，就本文的论题而言，这种用语上的混乱并不是最重要的，最重要的是刘先生和高先生通过这个用语厘清了辩证唯物主义与历史唯物主义的关系，对马克思主义哲学原理教科书体系作出自己的思考。这样一来，高先生的论文就变得十分重要了。

高先生的《论辩证唯物主义与历史唯物主义的关系——哲学与社会学的统一和分化》一文的最大优点，就是通过哲学思想史的考察，阐明了历史唯物主义的社会学基础和思想起源，论证了"历史唯物主义是辩证唯物主义在社会领域的具体应用"这一定义的不科学性和不合理性。那么，高先生是如何考察历史唯物主义的社会学基础和思想起源的呢？又是如何论证"历史唯物主义是辩证唯物主义在社会领域的具体应用"这一定义的不科学和不合理性的呢？细读全文，可以清晰地看到，高先生是通过考察哲学史上出现的哲学与科学之间的分化过程来论证这些观点的。在论文的第一个部分，高先生论述了自然科学的发展对于哲学的研究对象形成的意义。他考察了古代自然科学的发展对于哲学的宇宙观形成的意义，考察了近代自然科学的发展对于哲学对象变化所起的决定性作用，考察了19世纪自然科学的三大发现对于马克思主义哲学创立的意义。通过这些考察，他得出的结论是：自然科学的发展为马克思主义辩证法的产生创造了条件，而马克思主义哲学的产生又终结了旧哲学，促成了哲学的变革。从这时开始，马克思主义哲学作为新唯物主义，"既

---

① 列宁也依据马克思和恩格斯把历史唯物主义定义为历史科学的思想，把历史唯物主义定义为社会学。所以，在苏联哲学史上，"社会学"一词不是指具体的社会科学和人文科学，而是指历史哲学。高先生在该书的论证中专门解释了列宁的这一定义。据此，我认为，该书讲的社会学绝不是具体的社会科学，而是哲学意义上的"社会学"。详见刘丹岩、高清海《论辩证唯物主义与历史唯物主义的关系》，上海人民出版社1958年版，第54—55页。

不是包罗一切科学的综合知识体系，也不是压在一切科学之上的'科学的科学'，马克思主义哲学是从共性出发研究世界，以世界整体的本质及其发展变化的一般规律为对象的科学"①。这就确立了马克思主义哲学与科学之间的共性和个性的关系。紧接着，高先生指出，这还只论及到了哲学与科学关系的一个方面，除此之外，哲学与科学的关系还有另外一个方面，这就是哲学与社会科学的关系。这个方面应该是哲学与科学关系的更重要的方面。循此思路，高先生在论文的第二个部分专门考察了"历史唯物主义在哲学发展中的形成"②。高先生明确提出，历史唯物主义是社会学发展的成果。社会学不同于自然科学的一个根本特点，就在于它不是以自然界为研究对象，而是以人为研究对象，"社会学的基本问题，也就是关于社会的本质的问题"③，亦是关于人的本质的问题。对于这个问题，哲学史上的唯心主义不能理解，旧唯物主义也未能弄清楚。17、18世纪的哲学家们，比如霍布斯、斯宾诺莎、法国唯物主义者，都研究过人和社会，但他们都是从外在自然的观点来看人和社会，把人和社会归于外部物质世界的一部分，从而"把人的物质的客观实在性仅仅归结为生物的或自然物质的存在"④，而当他们用这一观点来说明人的精神和意识时，就陷入了不可自拔的矛盾；黑格尔是第一个从人本身来说明人的本性的哲学家，他认为，"人的本性就存在于人这个概念的内容之中"，"人的实在性，就在于是一种思维的实体的存在，是宇宙精神发展的一定阶段的表现"⑤。黑格尔的这一观点充满了辩证法，但却是唯心主义的辩证法。黑格尔的这一唯心主义观点受到了费尔巴哈的批判。费尔巴哈认为，"人决不是一个所谓观念的理性的存在，人是一个有血有肉并处于与自然同一关系中的'感性存在'"⑥。但费尔巴哈所理解的"感性存在"是自然肉体的、生物的存在，这又使他对人的说明退回到了18世纪的法国唯物主义的水平，依然没有解决人和社会的存在问题。真正解

---

① 刘丹岩、高清海：《论辩证唯物主义与历史唯物主义的关系》，上海人民出版社1958年版，第38页。
② 刘丹岩、高清海：《论辩证唯物主义与历史唯物主义的关系》，第38页。
③ 刘丹岩、高清海：《论辩证唯物主义与历史唯物主义的关系》，第41页。
④ 刘丹岩、高清海：《论辩证唯物主义与历史唯物主义的关系》，第42页。
⑤ 刘丹岩、高清海：《论辩证唯物主义与历史唯物主义的关系》，第43页。
⑥ 刘丹岩、高清海：《论辩证唯物主义与历史唯物主义的关系》，上海人民出版社1958年版，第45页。

决人和社会的存在问题的,是马克思。马克思在《关于费尔巴哈的提纲》中,"第一次提出了对于人的本质问题——这个作为全部历史科学基础的根本问题的科学说明"①。在马克思看来,人的本质是社会关系的总和,而这个社会关系是从人的实践活动中产生出来的,"而这种社会实践的性质就构成了人的社会本质"②。马克思的这一观点在他与恩格斯合著的《德意志意识形态》中得到了系统地阐发。正是因为马克思发现了社会实践及其对人的形成和发展的作用,社会学的研究才突破了以往抽象空洞的概念式研究,转向了对现实的、实在的人的研究,从而成为了一门科学。由此,高先生得出结论:"历史唯物主义奠定了社会学的科学基础,把社会学推上了科学发展的道路,这同时就是说,历史唯物主义本身就是这样的理论。历史唯物主义就是马克思列宁主义的社会学,就是科学的社会学的别名。历史唯物主义的出现不仅把社会学或历史学变成了科学,与此相适应的,也把其他一切对社会的认识置于科学的基础上了。"③仔细分析,高先生的这一结论中所说的社会学实际上包含了两层意思:一层是社会科学下的各分支学科,这是具体的科学意义上的社会学;一层是理论的社会学,这是抽象意义上的,准确地说,是辩证法意义上的社会学,也就是历史唯物主义。这里的确存在着一个用语混乱的问题,但是,如果联系上下文进行阅读,其中的意思还是十分清楚的。在这里,高先生采用"社会学"这个术语,是要说明历史唯物主义不是从以自然科学为基础的辩证唯物主义中推演出来的,而是从社会科学和人文科学的土壤中生长出来的,因此,它有着自己独特的研究对象,这就是人的本质问题;有着自己独特的研究方法,这就是历史辩证法。由于这一区别,那种把历史唯物主义定义为"辩证唯物主义在社会领域的具体应用"的观点就站不住脚了。正如高先生在具体论证这一观点时所指出的:"关于'历史唯物主义是辩证唯物主义在社会领域内的具体应用'这一公式,在本质上自然是无可非难的。但应当指出的是,这一公式或定义却并没有揭示出历史唯物主义的科学实质。很明显,历史唯物主义决不是用逻辑演绎的办法从辩证唯物主义理论中产生出来的。历史唯物主义是

---

① 刘丹岩、高清海:《论辩证唯物主义与历史唯物主义的关系》,第46页。
② 刘丹岩、高清海:《论辩证唯物主义与历史唯物主义的关系》,第46—47页。
③ 刘丹岩、高清海:《论辩证唯物主义与历史唯物主义的关系》,第53页。

应用辩证唯物主义的方法和理论对社会历史进行了具体研究的结果。""因为如果过分夸大了历史唯物主义科学之理论演绎结果的性质，很自然会看不到历史唯物主义的特殊理论内容从而得出否认历史唯物主义独立科学地位的结论。"① 可见，高先生不是抽象地反对"历史唯物主义是辩证唯物主义在社会领域内的具体应用"这个定义，而是反对把这个定义当作僵化的公式、一种演绎方法，来讲历史唯物主义与辩证唯物主义的关系，以自然科学的唯物主义来讲历史主义的原理。他认为，这样讲出来的历史唯物主义的基本原理只能是见物不见人的抽象理论。与之相反，他主张用一般和个别的辩证法来讲辩证唯物主义与历史唯物主义的关系，强调辩证唯物主义是辩证的方法，历史唯物主义是运用辩证方法研究人类社会历史现象提出来的理论。也就是说，辩证唯物主义与历史唯物主义是方法与理论之间的关系，而不是苏联的马克思主义哲学原理教科书所说的理论与理论之间的关系，不是逻辑推演的关系。应该说，高先生的这一分析，深刻地揭示了苏联马克思主义哲学原理教科书走向教条主义的理论根源，击中了苏联马克思主义哲学原理教科书的要害。

如果联系高先生20世纪80—90年代对中国马克思主义哲学原理教科书的建构与解构的思路来读高先生的这篇论文，我们又可以看到这两个时期高先生思想创造的"连续轨迹"。这一"连续轨迹"主要体现在如下几个方面：

其一，高先生始终重视辩证的思维方式，把辩证思维方式看作哲学的本真意义，与他在20世纪80—90年代提出实践思维方式的观点是相通的；

其二，高先生强调历史唯物主义是研究的人的本质的学说，这一思想与他在20世纪80—90年代打破辩证唯物主义与历史唯物主义的二分结构，从人的解放、人的主体性为切入点来建构中国马克思主义哲学原理教科书体系的思路是相通的；

其三，高先生对苏联马克思主义哲学原理教科书过分强调和运用逻辑演绎方法的批判与他在20世纪80—90年代区分"讲坛哲学"和"论坛哲学"，强调哲学必须走进中国的现实，面向中国问题，转向问题研究的观点是相通的。

---

① 刘丹岩、高清海：《论辩证唯物主义与历史唯物主义的关系》，第90页。

如果我们抓住这三个相通之处，就能够更深刻地理解高先生在20世纪80—90年代解构中国马克思主义哲学原理教科书的基本思路。

四　高先生20世纪80—90年代对中国马克思主义哲学原理教科书的解构

高先生虽然没有参加20世纪50年代中国马克思主义哲学原理教科书的编写，但却参加了20世纪80年代启动的新一轮的中国马克思主义哲学原理教科书的编写。他主持编写的《马克思主义哲学基础》就是这一时期出版的诸多马克思主义哲学原理教科书中最有特色的一本。对于这本教科书，国内学术界给予了高度的评价，公认这本教科书第一次突破了传统的马克思主义哲学原理教科书的理论框架，是对哲学原理教科书的一次重大改革。然而，这个评价还只论及了这本教科书的一个贡献，即对于中国马克思主义哲学原理教科书建构方面的贡献，并未论及这本教科书的另一个贡献，即对于中国马克思主义哲学原理教科书解构方面的贡献。其实，后者才是高先生编写这本教科书的本意，也是这本教科书的真正价值所在，我们只有研究了后一个方面的内容，才能真正理解它的前一个方面的内容及其贡献。鉴于此，我在这里转换一个视角，从解构的视角来重读这本教科书，发掘其中值得我们今天思考和借鉴的内容。

从解构的视角看，20世纪80—90年代的任何教科书的修改和建构，其实都是在解构马克思主义哲学原理教科书，只是解构的方向不同而已。一类教科书是沿着改进内容的方向来解构传统的马克思主义哲学原理教科书。在这类教科书的编写者看来，传统的马克思主义哲学原理教科书中的基本原理是完全正确的，理论框架也是合理的，它的不足主要在于那些用以论证基本原理的材料过时了，所以，只要吸收当代自然科学和社会科学的新材料加以补充、加强论证，就可以了。另一类教科书是沿着改变形式的方向来解构传统的马克思主义哲学原理教科书。在这类教科书的编写者看来，传统的马克思主义哲学原理教科书不仅仅是内容过时了，而且逻辑结构也过时了，两者相比，后者是更为根本的方面，因为传统的马克思主义哲学原理教科书的逻辑结构没有充分地贯穿马克思主义哲学的内在精神，既未体现马克思主义哲学在哲学史上的革命性变革,也无法坚持马克思主义哲学的理论与实践相结合的原则;运用这样的逻辑结构,是根本无法纳入自然科学和社会科学发展的新成果,从而实现内容的更新的,因此,马克思主义哲学原理教科书的解构,关键在于建构一个新的、符合马克思主义哲学的内在精神的逻辑结构。这两种不同的解构方向,对于马克思主义哲学原理教科书体系的变革具有完全不同的意义:前一类的解构是在马克思主义哲学原理教科书的范式内展开的,按照库恩的说法,是在常规科学的规范下作一些修修补补的工作,这种解构只能带来马克思主义哲学原理教科书的量的变化,而不可能带来马克思主义哲学原理教科书的质变,因而谈不上是真正意义上的解构;后一类的解构是对马克思主义哲学原理教科书的研究范式的批判,按照库恩的说法,是研究范式的革命,这种解构势必带来马克思主义哲学原理教科书的质变,从而实现马克思主义哲学原理教科书的革命。这是对传统的马克思主义哲学原理教科书所作的真正的、实质性的解构。高先生主编的《马克思主义哲学基础》就是这样一类的教科书。这也是这本教科书得到国内专家高度评价的原因。

从对传统的马克思主义哲学原理教科书逻辑结构的解构看,《马克思主义哲学基础》一书最大的长处,是突出了马克思主义哲学的世界观、认识论和方法论相统一的观点,并由此建构了一个以实践为基础的主—客体相统一的逻辑结构。在这本教科书的"序"中,高先生强调,这个逻辑结构是他自20世纪50年代至80年代始终如一地探索的结果。在20世纪50年代,他在刘丹岩先生的指导下,对苏联马克思主义哲学原理教科书将"辩证唯物主义与历史唯物主义分割开来并列为哲学的两个组成部分"[1]的逻辑结构进行了批判性的思考,这一思考的结果是,"辩证唯物主义应当内在地就概括历史唯物主义的基本原则,否则它就不成其为马克思主义哲学;而现有历史唯物主义的大部分问题,并不属于哲学基础理论的内容,而是属于马克思主义一般社会学理论的内容"[2]。这个结果突出了历史唯物主义理论中的认识论和辩证法的原则,它证明,历史唯物主义能够成为马克思主义哲学的一部分,不是因为它对社会现象的描述,而是因为它揭示了人类历史的辩证运动,因而,只有将它置于世

---

[1] 高清海主编:《马克思主义哲学基础》上册,北京师范大学出版社2012年版,第4页。
[2] 高清海主编:《马克思主义哲学基础》上册,第4页。

界观和认识论的层面，才具有哲学的意义，反过来说，那些不具有辩证法、认识论和世界观意义的内容，不是哲学的，而是社会学的。这个结果看似针对历史唯物主义的，实则是针对苏联马克思主义哲学原理教科书体系的，是反对苏联马克思主义哲学原理教科书中叙述的以物质本体论为核心的马克思主义哲学观，强调马克思主义哲学的原则应该是世界观、认识论和方法论的统一，因而也是中国的马克思主义哲学原理教科书建构的基本原则。这个思想在20世纪80年代得到了进一步的发展。这种发展主要体现在，高先生充分地吸收"实践是检验真理的标准"讨论以来取得的理论成果，把实践的观点作为世界观、认识论和方法论统一的基础，进而把实践的内在结构，即主—客体相统一，作为《马克思主义哲学基础》的基本的逻辑结构。这一逻辑结构，就是高先生所理解的实践的思维方式，而以这一逻辑结构叙述出来的马克思主义哲学，无论在形式上，还是在内容上，都全然不同于传统的马克思主义哲学原理教科书。在形式上，传统的马克思主义哲学原理教科书是由"两个主义（辩证唯物主义和历史唯物主义）和四大块（唯物主义理论、辩证法理论、认识论学说、唯物史观理论）"[1]构成，而《马克思主义哲学基础》是由四篇构成：第一篇：意识与存在的关系——认识的基本矛盾；第二篇：客体——世界的统一性和多样性；第三篇：主体——人作为主体的规定性及其主体能力的根据和发展；第四篇：主体与客体的统一——在实践基础上真善美的统一与自由的实现。在内容上，传统的马克思主义哲学原理教科书只论及了马克思主义哲学有关物质世界及其规律方面的理论，并未论及马克思主义哲学有关实践及建立其上的主体性和人的自由的学说，而《马克思主义哲学基础》则突出了实践在马克思主义哲学中的核心地位，重点论述了马克思主义哲学有关人的精神世界和人的自由的学说。这种形式上和内容上的区别，的确是令人耳目一新。在这一意义上，把《马克思主义哲学基础》称之为最具有创新性的马克思主义哲学原理教科书，一点也不为过。

然而，对于高先生来说，建构一个新的逻辑结构，以此来编写马克思主义哲学原理教科书，只是变革马克思主义哲学原理教科书的一种手段或一种方式，而不是目的。变革马克思主义哲学原理教科书的真正目

---

[1] 高清海主编：《马克思主义哲学基础》上册，第2页。

的，是根除马克思主义哲学原理教科书中束缚哲学思想创造的教条主义，恢复马克思主义哲学的内在精神，开放马克思主义哲学的思想创造。由这一目的所决定，评价一本马克思主义哲学原理教科书的好与坏、合理与不合理的标准，就不应该是逻辑结构是否变换了、叙述的内容是否新颖，而应该是教科书本身是否充分地表达了马克思主义哲学的内在精神，是否充分体现了马克思主义哲学在哲学史上的变革，是否充分地吸取了马克思主义哲学发展的最新成果，能否满足新的实践对理论的需求。显然，高先生这里提出的目的和评价标准，是马克思主义哲学的研究原则，而不是马克思主义哲学原理的叙述原则，因为马克思主义哲学的研究追求的是思想创造，而马克思主义哲学原理的叙述追求的是逻辑结构的严密和完整。高先生在编写《马克思主义哲学基础》时提出一个适合于马克思主义哲学研究的目的和评价标准，显然还保持着20世纪50—60年代中国人对于马克思主义哲学原理教科书的观念。但这个观念，无论如何，是有问题的，因为马克思主义哲学原理教科书，究其本质来说，不是一个研究系统，而是一个叙述系统。这一点，高先生在思考《马克思主义哲学基础》一书中存在的问题时，立即就意识到了。所以，他在《马克思主义哲学基础》的"序"中写下了这样一段话："我们在编写本书中，力求体现马克思主义哲学的科学性，贯彻世界观、认识论和方法论统一的原则，揭示马克思主义哲学作为全部旧哲学的否定，同时又是人类思想史精华的最高结晶所具有的丰富内容，表现马克思主义哲学随着实践和科学而不断发展的强大生命力，反映科学特别是当代自然科学发展的最新成果，回答当代人类普遍关心的重大问题。体系的改革是一项艰巨的科学工作，决非我们少数人在这样短的时间里所能完成。我们的工作只是一个尝试，企望能有更多的同行专家和广大哲学工作者、哲学爱好者来参加此项工作。我并不认为本书表述的体系就是马克思和恩格斯当初想建立而未来得及完成的那种体系，也不认为这个体系完全表达出马克思主义哲学的内在逻辑联系。这里能有若干合理的思想和内容就不容易了。何况有些问题虽已认识到，能否贯彻到内容中去还是另一回事。在我们的稿子尚未完全脱手之际，我就已感到有些问题的安排和处理不够理想、不够妥善，例如客体篇的有些内容就很值得进一步研究。此外，还存在内容有重复、阐述不清之处。"[①] 从这段话中，可以看出，高先生为这本教科书达不到他所提出的目的而陷入了苦恼，他在这里强调这本教科书在诸多方面的处理"不够理想、不够妥善"，是相对于所提出的编写目的而言的，旨在强调这本教科书在实际上并没有达到他所期望的目标，正是这一苦恼，促使他进一步分析这本教科书达不到他所期望的目标的深层原因，他感到，这个原因并非是由编写时的考虑不周，或编写者的能力不足造成的，而是由马克思主义哲学原理教科书自身的缺陷造成的，即马克思主义哲学原理教科书是一个"表述的体系"，这个体系与"马克思和恩格斯当初想建立而未来得及完成的那种体系"是根本不相同的，因此，马克思主义哲学的研究要贯彻马克思主义哲学的内在精神，坚持理论与实践相结合的原则，就必须超出马克思主义哲学原理教科书体系，进到"马克思和恩格斯当年想建立而未来得及完成的那种体系"中去。在这里，高先生虽然没有明确地说出"马克思和恩格斯当年想建立而未来得及完成的那种体系"究竟是一种什么样的体系，这种体系与马克思主义哲学原理教科书的体系究竟有什么区别，但是，他提出这一问题本身就表明，他对马克思主义哲学原理教科书体系的思考已经从对传统的马克思主义哲学原理教科书的逻辑结构的解构进到了对马克思主义哲学原理教科书的话语体系的解构。至此，高先生不再纠结于马克思主义哲学原理教科书的改革问题，而转向了对哲学问题的关注和研究。

五　几点启示

高先生对马克思主义哲学原理教科书体系的解构，既是他的哲学思想创造，也是一个时代哲学问题的反映。因此，研究高先生对马克思主义哲学原理教科书的解构，必然引发我们对1949年以来的中国马克思主义哲学的新思考。这种新的思考主要体现在如下三个方面。

其一，在1949年以来的中国马克思主义哲学发展史上，的确有一个马克思主义哲学原理教科书的时代，但是，这个时代的马克思主义哲学原理教科书不是苏联版的，而是中国版的。说它是中国版的，是因为这

[①] 高清海主编：《马克思主义哲学基础》上册，第5页。

个时期中国人编写的马克思主义哲学原理教科书在指导思想上、在叙述方式和内容上，都不同于苏联版的马克思主义哲学原理教科书。在指导思想上，中国版的马克思主义哲学原理教科书是以毛泽东思想为指导，突出毛泽东的"哲学就是认识论"，强调哲学的世界观、认识论和方法论的原则；在叙述方式和内容上，中国版的马克思主义哲学原理教科书坚持一般与个别相结合的原则，把马克思主义哲学的一般与中国马克思主义哲学的个别相结合，在辩证唯物主义和历史唯物主义的各个部分都融于了中国马克思主义哲学的思想成果和中国革命实践的内容，也融于了中国传统哲学的内容。这些区别表明，中国版的马克思主义哲学原理教科书即便采用了苏联的马克思主义哲学原理教科书的体例，它也不是苏联的马克思主义哲学原理教科书的摹本，而是体现了中国马克思主义哲学传统的中国版的马克思主义哲学原理教科书。这一点，只要读一读艾思奇主编的《辩证唯物主义历史唯物主义》和李达主编的《唯物辩证法大纲》，就一目了然了。高先生和刘丹岩先生合著的《论辩证唯物主义与历史唯物主义的关系》更是体现了中国马克思主义哲学家在构建中国版的马克思主义哲学原理教科书上的理性自觉。这足以证明，那种把中国在 20 世纪 50—60 年代出版的所有的马克思主义哲学原理教科书统统归于苏联的马克思主义哲学原理教科书的说法，并由此把这一时期的中国社会主义建设简单地归于苏联模式的观点，是不符合历史事实的。因此，就正在开展的 1949 年以来的中国马克思主义哲学的研究而言，重要的问题是要重新研究和评价 20 世纪 50—90 年代中国马克思主义哲学原理教科书的建构与解构，要分析这一时期中国马克思主义哲学原理教科书的中国特色及其对于中国马克思主义哲学建设的积极意义，探究 1949 年以来中国马克思主义哲学发展的内在逻辑进程。

其二，中国马克思主义哲学原理教科书的形成和变革是在建构与解构的节奏中展开的。在中国马克思主义哲学原理教科书的建设中，建构与解构是辩证地结合在一起的，两者共同构成了中国马克思主义哲学发展的内在逻辑，同时又因其建构与解构的内容不同，而形成了中国马克思主义哲学原理教科书的不同发展阶段：在 20 世纪 50—60 年代，中国马克思主义哲学原理教科书的建构是通过解构苏联的马克思主义哲学原理教科书体系而实现的。在这一阶段上，解构是为了建立中国马克思主义哲学的理性自觉，建构是为了继承中国的马克思主义哲学传统，彰显马克思主义哲学原理教科书的中国特色。但是，无论如何，这个阶段的建构与解构都是在马克思主义哲学原理教科书的范式下展开的，其目的不过是用一种马克思主义哲学原理教科书取代另一种马克思主义哲学原理教科书，因此，它创造了一个马克思主义哲学原理教科书体系的时代；在20世纪80—90年代，中国马克思主义哲学原理教科书的建构与解构是中国马克思主义哲学的一种自我反思和自我变革，因为这个阶段上的解构主要地不是针对苏联的马克思主义哲学原理教科书，而是针对20世纪50—60年代中国人自己建构的马克思主义哲学原理教科书，是要通过建构新的逻辑结构来进行解构，进而彻底破除马克思主义哲学原理教科书的体系化的研究方式，走向哲学问题式的研究方式。因此，它所创造的是马克思主义哲学原理教科书终结的时代。在一过程中，建构与解构的辩证法贯穿于1949年以来的中国马克思主义哲学的发展与变革之中，构造1949年以来中国马克思主义哲学发展和变革的内在逻辑。

其三，从高先生对马克思主义哲学原理教科书的解构中，我们可以看到，在建构与解构的辩证关系中，解构是更为深刻的方面，也是中国马克思主义哲学变革的主导性方面。正是这个方面，展示了中国马克思主义哲学原理教科书解构的复杂性和开放性。其中，开放性是从复杂性中产生出来的，而复杂性指的是解构的双重性：一重是从对苏联马克思主义哲学教科书的解构进到了对中国马克思主义哲学教科书的逻辑结构的解构；一重是从对中国马克思主义哲学的逻辑结构的解构进到了对马克思主义哲学原理教科书的话语体系的解构。这双重的解构既是一个历时性的过程，也是一种共时性的构造。历时性的过程展现的是中国马克思主义哲学从20世纪50年代至90年代所经历的变革；共时性构造呈现的是这双重解构之间在逻辑上的递进关系。这种关系表现为：马克思主义哲学原理教科书自身出现的逻辑结构问题不可能在马克思主义哲学原理教科书的范式内解决，而必须超出马克思主义哲学原理教科书的话语系统，到马克思主义哲学原理教科书之外的话语系统中去解决。正是这种递进关系，决定中国马克思主义哲学原理教科书的解构必然从第一重解构进到第二重解构，并最终走出单一化的马克思主义哲学原理教科书体系时代，创造一个由多种话语体系构成的复杂开放的马克思主义哲学研究的新时代。在这个时代，马克思主义哲学的体系是由两个相互作用的话语体系构成的：一个是马克思主义哲学原理教科书的话语体系，这个体系的主要功能在于进行马克思主义哲学的思想教育和引领意识形态、掌握意识形态的领导权,即发挥马克思主义哲学的社会功能;一个是马克思主义哲学史的话语体系,这个体系的主要功能是推动马克思主义哲学理论的创新,即发挥马克思主义哲学的认识论功能。① 这两个话语体系的形成表明,解构马克思主义哲学原理教科书绝不是摒弃马克思主义哲学原理教科书,而是消解它的研究功能,保留它的教育功能,通过给其合理的定位,而更有效地发挥它的功能。从这个角度看,解构本身是积极的,是中国学术开放的环节和内在动力。因此,研究中国马克思主义哲学原理教科书时代,不仅要研究它的建构方面,更要研究它的解构方面。只有研究了解构方面,才能发现中国马克思主义哲学变革的内在机制。

  以上三点,既是启示,又是研究的原则。有了这个原则,1949 年以来的中国马克思主义哲学研究才会越出材料的整理和现象描述的层面,深化到其内在逻辑的层面,探究 1949 年以来中国马克思主义哲学的内在理性及其变换的内在机制。这就是我们研究高先生解构马克思主义哲学原理教科书的真正价值所在。

(该文原载于《吉林大学社会科学学报》2020 年第 4 期)

---

① 关于马克思主义哲学的两种话语系统的形成及其各自的功能的论述,详见何萍《马克思主义哲学史的话语系统及其建构》,《光明日报》2014 年 3 月 19 日。

论高清海马克思主义哲学研究的三个阶段

张静宁[*] 张祥浩

高清海先生（1930—2004）生前是吉林大学哲学系教授、博士生导师，是我国著名的马克思主义哲学家，为繁荣和发展我国的哲学事业作出了毕生的贡献。其主要著作有《哲学的憧憬》《哲学与主体自我意识》《人的类生命与类哲学》《高清海哲学文存》等。

一个学者治学，往往是作为一个过程而展开，其思想也往往作为过程而存在。其前期和后期研究的重心可能不同，即便对同一问题的认识，其早期和晚期也可能不同。故在中国哲学史上，王阳明有《朱子晚年定论》之作，在国际马克思主义哲学界，亦有人提出青年马克思思想和晚年马克思思想不同之说。高先生在他的自述中，曾说他早年是基于本体论视角接受马克思主义哲学，20世纪80年代后，是从认识论和实践论视角理解马克思主义哲学，90年代后又立足于"类哲学"领会马克思主义哲学。高先生的马克思主义哲学研究视角的转变，充分体现了他的不断自我超越的探索精神和哲学思想的创新性。

一 以本体论"接受"马克思主义哲学

所谓本体论，是指探究万物之源的哲学思想。高清海先生解释本体论说："本体论，按照传统的解释是关于存在本身的学说，即探究存在作为存在所具有的本性和规定的一种哲学理论……本体哲学强调要去把握存在本身，是基于下面这样一种观念，即认为我们感官所观察到的事物并非存在本身，隐藏它后面作为它的基础的那个超感官的对象，才是真

---

[*] 张静宁，东南大学副教授。

正的存在，即所说的本体。"① 新中国成立以后流行的辩证唯物主义和历史唯物主义哲学教科书，认为物质是一标志客观实在的哲学范畴，它不依赖于我们的感官而存在，意识则只是物质的反映而又反作用于物质等等，都是围绕着世界的本源是物质这一核心而展开。因此可以说，这一时期的辩证唯物主义是一物质本体论。

高先生在20世纪50年代初就读于中国人民大学哲学研究生班，在苏联马克思主义哲学专家的指导下，系统阅读和学习了当时的哲学原理教科书的基本内容。这一时期的学习经历被他后来总结为从物质本体论"接受"马克思主义哲学。毕业后回到东北人民大学，他于1956年撰写了《什么是唯心主义》，1959年撰写了《唯物辩证法的实质与核心》，1962年撰写了《论唯心主义的认识论根源》等书，这些著作所阐述的主要内容正是辩证唯物主义的物质本体论。

在《什么是唯心主义》一书中，高先生阐述了唯心主义与唯物主义的对立、唯心主义的基本派别、唯心主义的根源等问题。该书认为："唯物主义世界观，根据人们在社会实践中积累起来的经验，从物质决定意识这一原则出发。认为世界并不由人们的意识产生，也不是由上帝创造的，世界是不依赖于意识而独立存在着的客观实在，而意识则是物质世界发展到一定阶段上产生的东西，是对于物质世界的反映。因此，唯物主义哲学认为物质是第一性的，是世界的本源，意识是第二性的，是由物质派生的。唯心主义的观点却相反，他们站在和唯物主义根本对立的立场上，从意识决定物质这一原则出发来回答物质与意识的关系问题。"② 高先生的这一论断，即是哲学原理教科书对物质本体论最好的说明。

在写于1962年的《论唯心主义的认识论根源》中，高先生剖析了唯心主义哲学的两个根源，一是阶级根源，它是适应反动阶级利益的需要而产生的。二是认识论根源，它是由认识中的主观主义产生的。高先生认为，哲学认识的特点是主客观交互作用，在这一过程中，如果某一认识环节脱离了客观对象的来源，也就势必夸大了认识的能动作用，把认识与对象的关系歪曲为主观创造客观的关系，从而颠倒了主客观的正常关系，这样就走向"存在就是被感知"的主观唯心主义。如果把概念这

---

① 《高清海哲学文存》第1卷，吉林人民出版社1997年版，第141页。
② 高清海：《什么是唯心主义》，辽宁人民出版社1956年版，第3页。

种认识形式绝对化，使它脱离了感觉的基础，使一般变成了独立的实体，就会走向"理性是世界的灵魂"的客观唯心主义。高先生的这一分析，亦是当时国内马克思主义哲学界对唯心主义认识论根源的基本共识。

从接受辩证唯物主义的这些基本观点出发，在20世纪50年代全国对胡适的批判中，高先生写了《批判胡适实用主义唯心论的反动本质》一文，对胡适的实用主义进行了批判，认为胡适的实用主义集中到一点，就是否认客观世界的物质性。但是，"世界是不仅不依赖实用主义的意志也并不照顾实用主义的兴趣存在着的……它是按照它自己的规律发展变化着的，只能是人的意志适应客观规律，却不是客观规律适应人们的意志"①。

高先生的这种批判，亦是当时批判者的共识，他们所依据的，就是马克思主义哲学的物质本体论。

在20世纪50年代，高先生还对华岗的《辩证唯物论大纲》进行批评。华岗是我党的一个老干部，后任山东大学校长，他在讲授辩证唯物主义的讲义的基础上，整理出版了《辩证唯物论大纲》一书。高先生在书评中虽然也肯定该书的出版，对于宣传辩证唯物论是有意义的。但他认为此书在体系和观点方面都存在许多缺点，特别在辩证唯物论基本理论方面有不少的错误。因此，他对该书的批评多于肯定。从马克思主义哲学的物质本体论的观点看，该书确实存在着如高先生所指出的种种理论错误和表达的不当。

当然，在20世纪50年代，高先生也对《辩证唯物主义和历史唯物主义》哲学教科书提出质疑。在当时教研室主任刘丹岩教授的启发下，高先生认为辩证唯物主义作为哲学世界观，应该包括历史唯物主义原理的内容，而所谓历史唯物主义，只是马克思主义的社会学，而不属于一般的哲学世界观，亦不能与辩证唯物主义并列。他把这一观点，写成《论辩证唯物主义与历史唯物主义的关系》一书，后由上海人民出版社出版。这本书给高先生带来了不少灾难。在1957年的反右斗争和1959年的反右倾运动中，高先生和刘丹岩教授被斥为分割马克思主义哲学一整块钢铁的分家论，而遭到长时间的批判。但从这本书中，我们也看到高先

---

① 高清海：《批判胡适实用主义唯心论的反动本质》，《东北人民大学人文科学学报》1955年第1期。

生在20世纪80年代提出哲学原理教科书体系改革，以及摆脱物质本体论而转向马克思主义哲学认识论和实践论的端倪。后在编辑高清海哲学文存时，高先生以《体系改革思想溯源》之名，收在文存第一卷里。

二 以认识论和实践观点"理解"马克思主义哲学

这个时期是从上世纪的改革开放之初开始，到1990年，大约有十年时间。高先生在《十年哲学自述》中说："我从1980年接受哲学教科书体系改革问题的研究任务，到现在正好十个整年。回顾十年来的工作，就理论方面说，我主要开展了三项研究：1.突破僵化模式，改革教科书的哲学体系；2.克服本体论化倾向，重新理解马克思主义哲学的思想实质；3.体现时代精神，变革哲学观念，推进哲学理论进一步发展。"①

高先生所说的改革教科书的哲学体系，是指主编完成了《马克思主义哲学基础》一书，克服本体论倾向，是指克服《辩证唯物主义和历史唯物主义》教科书把马克思主义哲学本体论化，变革哲学观念，推进哲学理论进一步的发展，是指从哲学是认识论和实践论这一视角来重新理解马克思主义哲学。

在这一时期，高先生曾反复指出教科书的僵化的本体论倾向。他认为，旧哲学是建立在哲学和科学尚未分化，或者分化还不彻底的基础上的，由于受到当时科学条件的限制，它们就寻求世界的终极存在，万物的始基及其隐秘的本体，这种方法显然是不科学的。马克思主义哲学是科学的理论，决不会对这种不可能得到的科学结论作出科学的回答。可是教科书却按照旧哲学的传统观点来理解哲学的定义，强调哲学是研究整个世界发展规律的科学，而不是研究以人为主体的主观思维与客观世界相互关系的规律，并以此安排马克思主义哲学各个部分的内容。这样做的结果，造成在阐述唯物主义和辩证法的许多问题上，沿用早已被科学的发展否定了的旧哲学的提法，例如追求世界的本源是什么，整个世界的本质是什么等等。他说："哲学的任务不是要为这些问题提供答案，

---

① 《高清海哲学文存》第1卷，第312页。

而是要为科学获得这些答案指明认识的道路和提供思维的方法。马克思主义哲学的物质概念的基本作用就在于此。如果把物质概念看作是对上述问题的答案,那就不但使人感到除了空话丝毫没有解决问题,而且也会使人对马克思主义哲学形成一种不正确的看法。"①

对于如何正确理解马克思主义哲学,或者说以什么为基点去理解马克思主义哲学,高先生提出了以哲学认识论去理解。他认为,哲学的核心是认识论问题。他说:"科学的哲学是关于认识的理论,也是关于客观世界的理论。只有符合于客观对象的性质和状态的认识理论,才能是科学的理论。"② 又说:"世界观与认识论、方法论并无分别。它们都是关于如何认识世界的理论。世界观也就是认识和方法论。"③ 马克思主义哲学当然也是这样。"在马克思主义哲学中,世界观同时就是认识论……恩格斯从对哲学历史发展的总结中,明确地提出了思维对存在的关系的问题是哲学基本问题。意识与存在的矛盾既是认识论的基本矛盾,也是世界观的基本矛盾。"④

当然,高先生所说的认识论与传统的认识论并不相同,依照传统的认识论,认识是对客观对象的反映,又反作用于客观对象,这就是所谓"能动的反映论"。高先生则不同,他强调:"在认识中,必须灌注着人的主体需要、目的,并表现着人的主体能力、水平等主观因素。认识是主体和客体相互作用的产物。没有客体对主体的作用不可能产生认识,同样地,没有主体对客体的作用也不可能产生人的认识。人只能在主体对客体的作用中去接受客观的作用、反映客体的特性和本质。因而,在认识中既包括客体的内容,同时也不能不打上主体——人及其所用的认识工具的烙印,即对象化着主体的性质、状况、目的和需要。"⑤ 也就是说,认识不只是客体的主体化,同时也是主体的客体化,或者说,并不是先是客体到主体,同时也是主体到客体,是一主客体的交互过程。

基于这样的认识,在他主编的《马克思主义哲学基础》一书中,除绪论外,就分为四编,第一编是《意识与存在的关系——认识的基本矛

---

① 高清海:《找回失去的"哲学自我"》,北京师范大学出版社 2004 年版,第 86—87 页。
② 《高清海哲学文存》(第 1 卷),第 187 页。
③ 《高清海哲学文存》(第 1 卷),第 188 页。
④ 《高清海哲学文存》(第 1 卷),第 190 页。
⑤ 高清海:《马克思主义哲学基础》上,人民出版社 1985 年版,第 96 页。

盾》，阐述人类认识的本质是处理主体反映客体的认识关系和改造客体的实践关系。第二编是《客体——世界的统一性和多样性》，阐述作为人类认识和实践的客体状况。第三编是《主体——人作为主体的规定及其主体能力的根据和发展》，阐述人作为主体的基本规定。第四编是《主体和客体的统一——在实践基础上真善美的统一与自由的实现》，阐述主客对立统一的关系本质和内容，以及作为统一主客体的实践的本质等等。

从认识的主观能动性出发，突显认识过程中主体的积极建构作用，并以此克服物质本体论的自然哲学观点的局限，重新构筑马克思主义哲学教科书的构架和内容，这是高先生在20世纪80年代的主要工作，它集中反映了高先生这一时期是从认识论去理解马克思主义哲学的思想倾向。

至于实践，亦是高先生这一时期思考马克思哲学的主题之一。可以说，20世纪80年代的前期，高先生较多地从认识论重新理解马克思主义哲学，而在后期，较多地从实践观点的思维方式重新理解马克思主义哲学。他在《马克思主义哲学基础》和此后撰写的《哲学与主体自我意识》这一重要著作中，都有论述实践的章节。1987年，他撰写了《论实践观点作为思维方式的意义》，1989年又撰写了《再论实践观点的思维方式本质》。

在高先生看来，虽然传统哲学原理教科书也强调马克思主义哲学的实践性，但只把实践局限在认识论的狭小领域里，而在高先生的思想里，实践则是马克思主义哲学的思维方式。他说："对于'实践'观点，不能只看作用来回答认识基础、来源和真理标准等问题的一个原理，而应看作马克思主义哲学用以理解和说明全部世界观问题的一种崭新的思维方式。"[①] 高先生所说的思维方式，是指思维活动中用以理解、评价客观对象的基本依据和模式。实践是马克思主义哲学的思维方式是说，马克思主义哲学是立足于实践去观察和认识一切哲学问题的，不是把实践仅仅看作是认识论的一个原理，而是把实践作为一种解释原则和思维方式去重新理解人、世界以及人与世界的关系。

高先生强调，实践的本质是人与世界分化和统一主客观矛盾的基本活动。与高先生的哲学同时流行的实践唯物主义和实践本体论，亦都重视实践，这与高先生无异。但是这些哲学流派重视实践，或是就马克思

[①]《高清海哲学文存》第1卷，第1页。

主义哲学的实践功能上说，或是就马克思主义哲学的实践地位上说，他们大多数都固守实践是客观的物质性的活动。高先生则不同，他强调的实践既是分化世界的活动，造成人与自然矛盾的根源，又是统一世界的活动，消解人与自然的对立；既是体现着物质对精神本质作用的活动，吸收唯物论哲学合理性的根据，又是体现精神对物质的能动的创造性活动，吸收唯心论哲学合理性的根据。所以实践既不是唯物论的范畴，也不是唯心论的范畴，所以他的实践哲学被学界称为"超越的实践哲学"。

正是出于对实践的这一理解，高先生就有重新评价唯物论和唯心论对立之作。高先生认为，实践是主客观相统一的过程，或者说是主客观互动的过程，而不是单纯的客观性物质活动。所以，马克思主义的实践哲学既不是唯心主义哲学，也不是唯物主义哲学，而是一种超越了二者的哲学，对于以往把唯物论和唯心论对立的思维模式，有必要重新进行审视和评价。高先生说：马克思主义哲学在哲学史上的伟大变革，首先并不在于他具有辩证思想，而在于它发现了超越唯物论唯心论两极对立的实践哲学，为哲学开辟了新视野，实现了新变革。马克思主义哲学所具有的辩证思想，主要也来自这一实践理论。高先生的这一观点，在我国改革开放后的哲学界，以其理论的彻底性，引起了学术界和社会的热切关注和争论。

高先生还强调，不能把唯物论和唯心论的对立看成是真理与谬误的对立，因为真谬属于科学知识评价的范畴，而哲学判断并非事实判断，在本质上说是一种反思性理论，把真谬的判断简单地套在哲学的头上，并不合适。这样，他就对当时流行的唯物论是真理，唯心论是谬误的观点作了合理的否定。

高先生还提出了为主观性正名的观点。中国的哲学界，几十年来一直贬斥主观性而高扬客观性。高先生尖锐地指出，把主观性等同于主观主义，这是"从客观实际出发"吗？主观性果然如此之坏，如此一无是处，人的"主观能动性"从何而来？在现实生活中，人们在处理哪一件事情上不抱有主观目的、主观的意见，即不是从主观愿望出发的呢？有谁能离得开主观性呢？没有主观的想象，人们怎么可能在行动之前就在观念中把"应然之物"创造出来呢？

高先生强调，人的主观性是一具有双重性格的矛盾本性。也就是说，人们做事既要从主观性出发，也要从客观性出发。它既可以把人们引向创新的一面，也可以把人们引向虚幻的一面。所以要从主观性的双重性格考量主观性，要引导主观性走向创造性源头的一面，避免和减少主观性的负面作用。而不是单纯地贬斥主观性。

高先生的上述诸观点，富有马克思主义哲学的理论彻底性和创新精神，为当时深受哲学原理教科书哲学影响的国内马克思主义哲学界，带来了一股久违的清新之风，产生了重大的学术意义。其一，以认识论原则完成对哲学原理教科书体系的重构，突破以物质本体论原则构建的苏联教科书的僵化自然哲学体系，为我国改革开放初期的思想解放奠定哲学基础。其二，以主体性原则重新理解哲学，构建"有我"的"署名"哲学，推动国内哲学界的哲学观念变革和哲学创新。其三，以实践观点的思维方式超越实践认识论、实践本体论和实践唯物主义等观点，实现对马克思主义哲学的创新性理解，推动国内马克思主义哲学创新。

三 以人学和类哲学"阐释"马克思主义哲学

进入20世纪90年代以后，高先生的马克思主义哲学思想又有了新的变化。他自述他的哲学思想说："进入90年代以后，我的思想自觉更加明确了。我意识到一切问题集中在'人的问题'上，都决定于对人的基本看法，马克思的实践观点也首先是用来表征人的本性的。于是'人'就成为我这一阶段思考的主要课题。"①

高先生在20世纪90年代以后以人学为中心领悟马克思主义哲学，这是他在20世纪80年代以实践阐释马克思主义哲学的自然发展，因为实践的本性是创造性，这只是属于人的本性，实践的主体是人，所以从实践的哲学必然要引申到人的哲学，这个变化是完全合乎逻辑的。

在这一时期，高先生强调："哲学的奥秘在于人。"他说："人是哲学的真正的主题，哲学不过是人的自我理解、自我反思、自我意识的一种理论形态，要了解哲学的性质、功能及其历史的演变，'人'应是它的基础和前提。"②又说："人是哲学的核心内容，哲学作为一种世界观理论，

---

① 《高清海哲学文存》第6卷，吉林人民出版社1997年版，第388页。
② 《高清海哲学文存》第1卷，第97页。

归根到底是为了理解人和说明人,只是它取的方式是通过人与世界的关系来把握人的。"①

因此,在高先生看来,哲学史也就是人学史。他说:"在历史上,哲学涉及的问题很广泛,几乎没有什么是哲学不能研究的,但有一点也很明确,不论以什么为对象,哲学都是从人出发,以人的观点去看待、认识人的本性,这是'哲学'与'科学'在研究视角上的根本区别。"②1992年,高先生还专门写了一部著作《哲学的憧憬——形而上学的沉思》,专门阐述人在哲学中的地位,提出哲学史就是人学史的思想。

哲学的奥秘或中心是人,马克思主义哲学的中心当然也是人。他说:"我们都清楚,只是到了马克思的哲学,才确立了关于人的具体性的观点。马克思的重大理论贡献之一,就是发现了走出'抽象王国'进入'现实世界'的道路,从'抽象的人'转到了'活生生'的现实的人。按照恩格斯的说法,马克思哲学也就是'关于现实的人及其历史发展的科学。'"③ 高先生还特别强调,认为实践是马克思主义哲学的基础和人是其哲学的核心的观点是统一的。在高先生的哲学里,说实践是马克思主义哲学的基础,这是就人的认知和活动而言,说人是马克思主义哲学的中心,这是就人是实践的主体而言,二者是二而一、一而二的。

哲学家当然都谈人,黑格尔的"自我意识"是谈人,不过是抽象的人;费尔巴哈的"感性实体"也是谈人,不过是生理学上的人。高先生谈人,关注人作为"种"和"类"的区别,并在此基础上提出了"类哲学"的概念。所谓种,是指生物互相区分的概念,人不同于猫,猫不同于狗,这是因为种的不同。如果没有这种"种"的不同的概念,我们就不能区分各种物种的区别。高先生认为,种的本性是自然赋予的,它的特点是前定的,人之所以为人,猫之所以为猫,从种上说,不是他自己选择的结果,而是由自然赋予的,这就是所谓"前定性"。"类"则不同,类当然也包含着种的含义,但它又超越了种的界限,人之所以是人,所以不同于物,主要不在于他能直立走路,两足无毛,而是他的本性亦即作为类的本性是能进行自我创生的活动,亦即能进行社会实践的活动。

---

① 《高清海哲学文存》第 1 卷,第 327 页。
② 高清海:《找回失去的"哲学自我"》,北京师范大学出版社 2004 年版,第 5 页。
③ 高清海:《找回失去的"哲学自我"》,第 240 页。

这种实践活动并不是自然赋予的,并没有前定性。他引马克思的话说:"通过实践创造对象世界,即改造无机界,证明了人是有意识的类存在物,也就是这样的一种存在物,它把类看作自己的本质,或者说,把自身看作类存在物……因此,正是在改造对象的世界中,人才真正证明自己是类存在物。"① 所以,高先生的"类",就是关于人的类本性,就是指人的自我意识达到了自觉的状态,或者说,人是有社会性的动物。他说:"类是人的真正的本性,它也就应当是以人的主题的哲学的真正的内容和实质……我们如果认识到了这一点,在我看来就不能不承认,哲学实质也就是以类(人的真正本性,这种本性同时包括了人所生活和活动的世界)为核心内容和根本性质的'类哲学'。"这也就是说,哲学的实质也就是"类哲学",亦即研究和把握人的类本性的一门学问,或者说,哲学的实质就是一门研究人的社会性的学问。

高先生认为,以往的哲学都没有准确地把握人的类本性,或者都把人的本性抽象化,只有马克思的实践哲学才准确地把握了人的类本性。他说:"按照马克思的观点,人的实践活动是类本性的活动。因而以实践为本性的人,也就是一种具有类本性的存在。"②

高先生还多次引用马克思关于人的三个阶段发展的话。马克思曾说,人和社会的发展,要经历三种历史形态。这就是"人的依赖关系(起初完全是自然发生的),是最初的社会形态","以物的依赖性为基础的人的独立性,是第二大形态","建立在个人全面发展和他们共同的社会生产能力成为他们的社会财富这一基础上的自由个性,是第三个阶段"。高先生解释说:"这三个阶段,可以看作是人的依次以群体为主体和本位,以个体为主体和本位,以自由个性的人的联合体,即自觉的类主体和本位的三种发展形态。"③ 这三个阶段,就是人的类本性历史生成、历史展开、历史实现的过程。前两个阶段人的类本性还处在由种向类脱胎、转化的过程,只有到了第三个阶段,人才进入自觉的以类为存在状态的人,亦即充分获得自由的人。

与此相适应,哲学的发展亦经历了相应的形态。在"以人的依赖关

---

① 高清海:《找回失去的"哲学自我"》,第272页。
② 《高清海哲学文存》第6卷,第5页。
③ 高清海:《找回失去的"哲学自我"》,第275页。

系"的社会形态中，哲学表现为追问原初的先天的绝对的东西，这就是本体论的思维方式；在表现为"物的依赖关系"的社会形态中，哲学走向弘扬自身的主体权威，从本体论走向生存论、功能论，哲学理论从彼岸逐渐回到了现实的人间。只有到了自由联合体的社会形态下，哲学才达到"类哲学"，亦即人的自我意识达到了自觉的形态。马克思在哲学上所实现的变革，就在于为这种类哲学奠定了基础，开辟了方向。我们今天从类哲学的观点去理解马克思主义的哲学，才能把握马克思主义哲学的真谛。

从此出发，高先生对传统的哲学教科书进行了批判。高先生认为，传统的哲学教科书最大的弊端是"人"的缺失。他指出，旧的教科书要人相信一切都是客观规律决定的，要人承认自然是老大，是第一，在主客观关系上，客观是老大，是第一；在活动和规律关系上，规律是老大，是第一；在真理和价值关系上，求真是老大，是第一，价值要服从真理；在自由和必然的关系上，必然是老大，是第一，自由应顺从必然。在情欲与理性关系上，理性是老大，是第一，情欲要服从理性等等。说到底，这种哲学教科书宣传的是"客体中心论""客观决定论"，也就是说，在这种哲学里，人的地位是没有的，人被失落了。

由于旧哲学教科书贯彻的是客体中心主义，即使讲到人，也不讲人的主体性。他说："在今天，我们花费了那么大的精力，引用了那么多的材料，仅仅去证明自然在先，有了自然，才会有人和人的意识，而且到此便终结不再往下论证人如何主宰自然的问题，能引起人们多大兴趣呢？从自然产生出了人，人为什么却成了主体，人怎样才能实现并发挥人的主体性？这才是人们需要从哲学中了解到的。"[1] 可是我们的教科书却不讲这些，真是匪夷所思！

由于不讲人，人所关心的问题，如情感、欲望等，在教科书中便成了禁区。高先生说："人最为关心的就是人自己的问题。人所以要去认识人以外的事物，也是为了了解人自身的问题。人的全部活动，包括实践活动、认识活动、评价活动等等在内无非都是为了了解人自身及其周围环境的矛盾问题。在前述倾向影响下，关于人的权利、地位、价值等问题都成了禁区……学完了马克思主义哲学的全部原理，能回答出什么是

---

[1] 《高清海哲学文存》第1卷，第304页。

人,以及人在整个世界中占什么地位,人和自然的关系是怎样的,人的价值如何等等问题吗?"① 哲学如果不讲人所关心的生命、情感、欲望等等问题,学习这样的哲学又有什么意义?

高先生大声疾呼,必须要改革我们哲学的现状,推进哲学的发展,使哲学体现时代精神,其中关键问题是要改变哲学中人的观念,人的地位和人的处境。为了创新马克思主义哲学体系,改造旧教科书的模式,推动哲学观念变革,高先生贡献了毕生的精力。

结语

纵观高清海先生马克思主义哲学研究的三个阶段,我们看到,高先生对于哲学和马克思主义哲学的理解一直处在变化中。这种变化,是不断自我超越的变化,正如他在自传中说:"我从'本体论'接受哲学,经过了从'认识论'和'实践论'理解哲学的发展阶段,最后捕捉到现实和具体的'人',由此确立了'类'哲学的观念。"② 高先生的这一自述,是符合他的思想历程的。

如果有人要问,高先生在不同的三个时期对马克思主义哲学有三种不同的理解,哪个阶段的理解是正确的呢?在我们看来,三个阶段的理解,不是正确不正确的问题,而是理解的层次不断深入的问题。它们彼此并不互相否定。后一阶段的理解,虽然不同于前一阶段,但其理论根源,即寓于前一阶段的理解之中。它们只是视角的不同,而不是正确和不正确的不同。我们知道,哲学不是凝固不变的东西,它始终处于发展之中。因此,哲学也就是哲学史。马克思主义哲学当然也是这样。它不是终极不变的一套知识,而是一种哲学思维方式,不是一种教条,而是行动的指南。在马克思主义哲学诞生一百多年时间里,它处于不断发展、不断丰富之中。时代不同,它的理论形态也就不同,所以20世纪有20世纪的马克思主义哲学,21世纪有21世纪的马克思主义哲学。地域不同,它的理论表现也就不同。所以西方有西方的马克思主义哲学,中国有中

---

① 《高清海哲学文存》第1卷,第303页。
② 《高清海哲学文存》第6卷,第390页。

国的马克思主义哲学。马克思主义哲学如果凝固不变了，也就失去了生命力。

哲学家的思想只有与时俱进、不断创新才富于理论的生命力。当然，创新不是任意的，它应有历史和理论的依据。不断自我超越，不断跟上时代和哲学发展的步伐，这是一个真正的马克思主义哲学家应有的思想品质。高先生就是这样一位马克思主义哲学家，他的哲学思想的深邃性就在这里，即使到了弥留之际，他还谆谆教导学生：中华民族的未来发展需要有自己的哲学理论。这是他生前发表的最后一篇文章，被看作是他的"哲学遗嘱"。究竟如何完成高先生的哲学遗嘱？拿什么来告慰先生对中国哲学发展的毕生求索？这值得我们每一个哲学理论工作者深入思考，也是我们在当代再度学习研究高先生哲学思想的意义与价值所在。

[该文原载于《东南大学学报》（哲学社会科学版）2018年第5期]

当代中国马克思主义哲学观念的变革

——以吉林大学四本马哲著作为例

白　刚[*]

哲学观是哲学的根基和灵魂，从哲学的"根基"和"灵魂"来理解和思考马克思主义哲学，或者说不断反思和追问马克思主义哲学观念的变革，是吉林大学马克思主义学科及其学术团队的最大优势和最突出特色。从高清海先生到孙正聿和孙利天先生再到贺来先生，三代学人都在以不同的方式却持之以恒地追求和推进着马克思主义哲学观念的变革。其中，四位先生的四本书——《马克思主义哲学基础》《马克思主义哲学智慧》《让马克思主义哲学说中国话》《马克思哲学与现代哲学变革》[①]（以下简称《基础》《智慧》《说中国话》《变革》），就最具代表性和典型性地表征了当代中国马克思主义哲学研究的观念变革。

一　《马克思主义哲学基础》：马克思主义哲学"教科书体系"变革

哲学的生命在于创新。高清海先生作为吉林大学马克思主义哲学学科的主要奠基者，一生都在追求哲学理念创新和哲学观念变革，从"教科书哲学体系"改革到"实践观点的思维方式"确立，再到"类哲学"的提出和建构，高先生总是在不断追求哲学观念的变革和创新。所以有

---

[*] 白刚，吉林大学教授。
[①] 高清海主编：《马克思主义哲学基础》，人民出版社1985年上册、1987年下册；孙正聿：《马克思主义哲学智慧》，现代出版社2016年版；孙利天：《让马克思主义哲学说中国话》，武汉大学出版社2010年版；贺来：《马克思哲学与现代哲学变革》，中央编译出版社2018年版。

人说高先生一直都在"变",是颇有道理的。在一定意义上,吉林大学马克思主义哲学学科就是靠变革教科书哲学体系起家的。而这一变革的标志性成果,就是高清海先生主编的《马克思主义哲学基础》。《基础》一书的宗旨,就是"要突破教科书旧有的框架,建立一个能够充分反映马克思主义哲学的科学性和革命性,反映马克思主义哲学在新时代应当具有的丰富内容的原理体系"①。可以说,《基础》是国内第一部真正突破传统教科书模式的"具有专著性"的教材,在当时的中国哲学界确实产生了"石破天惊"的冲击和震撼,它既极大地推动了国内马克思主义哲学体系的反思和研究,又极大地扩大了吉林大学马克思主义哲学学科的地位和影响。

《基础》立足于思维与存在的关系这一哲学基本问题,具体从"客体篇—主体篇—主客统一篇"的"认识论结构"来展开和阐释马克思主义哲学的理论体系和理论内容。《基础》一书共分四篇(十二章),除绪论之外,第一篇论述认识的基本矛盾(矛盾篇),第二篇论述客体的本质和规律(客体篇),第三篇论述主体(人)的本质、能力及其根据(主体篇),第四篇论述主体与客体通过实践和认识的发展所达到的统一(统一篇)。每篇都包括一系列的范畴,通过这些范畴阐明各篇内容及其整体关联,力求揭示马克思主义哲学是对全部旧哲学的否定,又是人类思想史精华的最高结晶,体现马克思主义哲学的科学性和革命性,表现马克思主义哲学随实践而不断发展的强大生命力,从而实现了对马克思主义哲学理论体系和理论内容的新理解。《基础》"这部新教科书给人印象最深的地方,无疑是打破了旧教科书体系将辩证唯物主义与历史唯物主义两大块并列的结构方式,而采用了'客体—主体—主体与客体的统一'的结构方式"②。因此,《基础》彻底突破了"两个主义"——辩证唯物主义和历史唯物主义—"四大块"—唯物论、辩证法、认识论、历史观——的传统教科书模式。仅从《基础》体系构架的变革来说,它确实就给了人们耳目一新的视觉冲击和别具一格的理论震撼。可以说,这种结构转变的背后,正是深刻的哲学观念的变革。改革开放初期,人们一

---

① 高清海主编:《马克思主义哲学基础》上册,第 1 页。
② 王南湜:《启蒙及其超越——高清海哲学思考的轨迹与意义》,《天津社会科学》1999 年第 3 期。

般还停留在马克思所批判的旧唯物主义或直观的唯物主义的意义上,也就是在世界是物质的、物质是运动的、运动是有规律的、规律是可以把握的"前康德"的"非认识论反省"的意义上来理解和定位马克思主义哲学的时候,以高先生为代表的吉林大学哲学团队,已经站在德国古典哲学、甚至是超越德国古典哲学的高度来理解和阐释马克思主义哲学了。这从《基础》一书的基本结构安排和内在理论内容、特别是其贯彻的哲学原则和所体现的哲学精神就深刻体现出来了。在实质性意义上,《基础》是以实现了"认识论反省"的深厚的德国古典哲学作"基础",而不是以直观的旧唯物主义作基础,它的理论体系充分借鉴和运用了黑格尔哲学的"正—反—合"的理论逻辑。《基础》的体系变革,既大大突破了僵化的旧教科书体系,又远远超越了直观的旧唯物主义体系,达到了马克思主义哲学作为"辩证唯物主义"的原则高度和理论意义。"变革哲学教科书原有的理论体系,这个问题实际上不仅是对马克思的哲学思想精神的重新认识和理解的问题,而且对全部哲学和哲学史都要进行重新认识、作出新的理解。只有这样,才能把握住马克思所实现的哲学变革的真正精髓。"[①] 所以说,《基础》具有巨大的"启蒙"意义,它把诞生于19世纪的马克思主义哲学提到了当代应有的高度和视野,并使我们的哲学研究和哲学思考走出了苏联教科书模式的束缚而能够真正地面向理论、面向本文、面向现实、走向未来。《基础》使马克思主义哲学更像或更接近"哲学"了。可以说,《基础》正是高先生自觉"找回失去的哲学自我"的第一次尝试。在随后的《哲学与主体自我意识》(吉林大学出版社1988年版)中,高先生继续深入推进了哲学观念的变革,在不仅是"体系"、更是"哲学观"的意义上找回了"失去的哲学自我"。

在根本而重要的意义上,《基础》的教科书体系变革的伟大"启蒙及其超越"意义,就在于它实现了人们对马克思主义哲学的理解从"本体论范式"向"认识论范式"的转变,它"引领了中国马克思主义哲学界的'认识论转向',使传统哲学原理教科书的独断的本体论范式转换提升为教科书改革的认识论范式"[②]。在一定意义上,《基础》对马克思主义

[①] 《高清海哲学文存》第5卷,吉林人民出版社1997年版,第5页。
[②] 孙正聿等:《改革开放以来的当代中国哲学史(1978—2009)》,人民出版社2019年版,第74页。

哲学的理论体系和理论内容的理解和阐发，为我们今天研究马克思主义哲学树立了一个新标杆，甚至可以用它来衡量我们研究马克思主义哲学所能够达到的理论水平和原则高度。《基础》所站在和达到的哲学的原则高度，我们今天的哲学教科书甚至依然难以达到和超越。令人遗憾的是，《基础》作为"教材性专著"也许太"另类"了，并没有像作为"专著性教材"的《哲学通论》那样，作为"教科书"很好地应用和普及开来，而只是作为"参考教材"来用。

二 《马克思主义哲学智慧》：马克思主义哲学"学术体系"构建

作为今日吉林大学马克思主义哲学学科乃至国内马克思主义哲学界当之无愧的"领军人物"[①] 的孙正聿先生，一以贯之地通过"元哲学"追问而推动哲学观念的变革，这也是其影响和闻名中国哲学界的独特"理论标识"："沿着正聿老师哲学理论研究和探索的道路，我们能够清晰地把捉到其源于生命体验和理论想象的独特哲学研究风格以及系统独到的哲学观"[②]。从《理论思维的前提批判》（辽宁人民出版社1992年版）到《哲学通论》（辽宁人民出版社1998年版），再到《哲学：思想的前提批判》（中国社会科学出版社2016年版），都是这一"元哲学"追问的直接呈显和印证。而这一"元哲学"追问，实际上体现的就是哲学的巨大思想解放和哲学观念的深刻变革。近些年来，在"教科书体系"变革和"元哲学"追问的基础上，孙正聿先生又在自觉尝试构建当代中国马克思主义哲学的"学术体系"[③]。但在此之前，其实孙正聿先生就已经在开始构建马克思主义哲学的"学术体系"了，其标志性成果就是《马克思主义哲学智慧》一书。《智慧》最大的理论特色，就是不再纠缠于马克思主义哲学的教科书体系的争论，而是从"体系意识"转向了"问题意识"，

---

① 孙利天、孙祺：《生命体验与理论想象——孙正聿教授哲学理论研究和创新之路》，《吉林大学社会科学学报》2017年第2期。

② 孙利天、孙祺：《生命体验与理论想象——孙正聿教授哲学理论研究和创新之路》，《吉林大学社会科学学报》2017年第2期。

③ 参见孙正聿《构建当代中国马克思主义哲学学术体系》，《哲学研究》2019年第4期。

侧重于从马克思主义哲学的重大基本理论问题入手，依托马克思主义哲学的经典文本，在总结和回答这些重大基本理论问题中，不自觉地走向和初步构建了马克思主义哲学的"学术体系"，只不过该书还处于对马克思主义哲学"学术体系"构建的"初级阶段"。

《智慧》以马克思主义哲学的科学世界观和方法论为基本内容，以马克思的哲学革命为总体线索，从"学说""学术"和"学养"的三者统一来系统地阐述马克思主义哲学的一系列重大基本理论问题，进而初步构建了马克思主义哲学的"学术体系"。全书分为八章：第一章从"世界何以可能"到"解放何以可能"，阐述了马克思的世界观变革，论证了马克思主义哲学的解放的旨趣和道路；第二章从"理性批判"到"资本批判"，阐述了马克思《资本论》的"资本批判"，论证了《资本论》的哲学；第三章从"历史唯心主义"到"历史唯物主义"，阐述了马克思主义的唯物史观，论证了历史唯物主义的哲学；第四章从"唯心辩证法"到"唯物辩证法"，阐述了马克思主义的辩证法，论证了唯物辩证法的哲学；第五章从"直观反映论"到"能动反映论"，阐述了马克思主义的认识论，论证了能动反映论的哲学；第六章从"表达时代精神"到"塑造时代精神"，阐述了马克思主义的哲学观，论证了马克思主义哲学是塑造和引导时代精神的哲学；第七章从"解读马克思"到"发展马克思"，阐述了当代中国的马克思主义哲学研究，论证了中国学者总结和概括的马克思主义哲学研究；第八章从"转识成智"到"掌握群众"，阐述了马克思主义哲学大众化，论证了作为"学说""学术"和"学养"统一的马克思主义哲学。可以说，《智慧》对马克思主义哲学的理论性质、理论内容和理论旨趣的具体论证和阐发，无一不是在教科书体系改革之后，"问题意识"自觉凸显和哲学观深入反思的基础，自觉的"学术体系"构建。

所以，《智慧》对马克思主义哲学的一系列最为重大的基本理论问题的研究和阐发，早已迥然不同于传统教科书"观点+实例"的表述，而是完全立足于马克思主义的经典文本，深入哲学史和现代哲学的理论背景中，面向重大理论和现实问题，进行富有生命力和时代性的学理阐发和逻辑论证。《智慧》对马克思主义哲学"学术体系"的"自觉"构建，绝不是再去重构新的"教科书体系"，而是在"后教科书时代"的"问题意识"觉醒之后，马克思主义哲学观念变革和时代发展的必然的逻辑归结。唯此，当代中国特色社会主义之伟大"实践"方能升华和凝结为马克思主义哲学的"实体性内容",马克思主义哲学的"实体性内容"也才能转变和活化为人民的"学养"。《智慧》既是社会解放思想和哲学思想解放的产物,又是"现实活化理论"和"理论照亮现实"的产物,它典型地体现了马克思主义哲学就是"时代精神的精华"和"文明的活的灵魂"的统一。在一定意义上,虽然《智慧》"无意"直接建构马克思主义哲学的"学术体系",但却在具体阐发马克思主义哲学的哲学观、历史唯物主义、唯物辩证法、认识论、理论性质、理论旨趣、思维方式,以及对世界观、本体、实践、真理、价值等核心概念的独到分析等方面,无一不自觉地贯彻了马克思主义哲学作为学说、学术和学养的统一,从而初步构建了马克思主义哲学的"学术体系",并为未来马克思主义哲学"学术体系"的构建指引了一个正确的方向和开辟了一条可能性的道路。从"教科书体系改革"到"学术体系构建",是当代中国马克思主义哲学繁荣发展、让世界了解"学术中的中国"的必由之路。对此,孙正聿先生以巨大的理论勇气,较早就有着自觉的"学术的使命与学者的担当",而这实际上也是其"乐于每日思考,志在终生探索"的"生命体验"与"理论想象"的必然结果。

三 《让马克思主义哲学说中国话》:"中西马会通"中的马克思主义哲学

在吉林大学马克思主义哲学学科的学术共同体中,以"二孙"并称的孙正聿先生和孙利天先生的共同之处就是都擅长理论思辨,以研究辩证法见长并以之起家的。但相比较而言,孙利天先生更以"中西马"的会通与融合见长。从《论辩证法的思维方式》(吉林大学出版社 1994 年版)到《让马克思主义哲学说中国话》,再到《在哲学根基处自由思想》(中国社会科学出版社 2018 年版),实际上无一不蕴含和体现着孙利天先生"会通中西马"的功底和情怀。其中,最为标志性的成果,当属《让马克思主义哲学说中国话》。《说中国话》最大和最突出的理论特色,就是在希腊的理性精神、中国的德性精神和马克思主义哲学的实践精神的"中西马哲学会通"中深入阐释了马克思主义哲学的观念变革。诚如孙正聿先生所言:让马克思主义哲学说中国话,对于当代中国的哲学学者来说，非常重要的是达到"说中国话"的学问境界。"中西马哲学会通的思考"体现了作者的一种理论自觉：以中国哲学的关于"日常日用"的思考来探讨和阐述具有重大意义的哲学问题，在这种探讨和阐述中达成"中西马哲学的会通"，并进而实现"让马克思主义哲学说中国话"。①

《说中国话》虽然是孙利天先生自选的一本论文集，所收论文时间跨度达二十多年，但它却紧密围绕"中国化马克思主义哲学的理论追求"这一宗旨，大致表现了作者学习、思考和研究马克思主义哲学的基本思想轨迹。该书分为上中下三编：上编为"马克思主义哲学的新视野"，主要是在改革开放的总体精神氛围中，从重新理解马克思主义哲学开始，基于对德国古典哲学的理解，把马克思主义哲学的辩证法理解为思想内容的真理，理解为认知概念框架和价值态度框架统一的学说，理解为哲学的人生态度和境界。作者一方面试图利用现代西方哲学思想重新阐释马克思主义哲学的当代意义，另一方面力求用马克思主义哲学对现代西方哲学的挑战和它自身的理论困难作出回答。中编为"现代西方哲学批判"，主要集中探讨了关于哲学的合法性、生活世界转向、语言转向、分析哲学的辩证运动和后现代主义哲学的批判，作者都力求坚持马克思主义哲学的立场。下编为"中西马哲学会通的思考"，主要是在马克思主义哲学、西方哲学和中国哲学的比较和会通中"朴素地追问我们自己的问题和希望"，力争推动中华民族精神家园的建设。可以说，《说中国话》集中而深刻体现了在对马克思主义哲学的重新理解和现代西方哲学的批判以及"中西马哲学会通的思考"中，作者始终坚持中国化马克思主义哲学的最根本理论追求——"让马克思主义哲学说中国话"。在孙正聿先生看来，让马克思主义哲学说"中国话"，既不是用中国哲学的范畴体系、表达方式来改造和取代马克思主义哲学文本及其教科书体系的表述，也不是把马克思主义哲学文本及其教科书的内容"装进"中国哲学的概念框架，而是以"面向世界，面向现代化，面向未来"的理论自觉，在回应时代性的人类问题中，以马克思主义哲学的"本真精神"塑造属于中华民族的"思想自我"，并以这种"独特声音"影响世界历史进程。这

---

① 孙正聿：《"说中国话"的马克思主义哲学——〈让马克思主义哲学说中国话〉的思路和意义》，《学习与探索》2012 年第 8 期。

就是"说中国话"的马克思主义哲学。① 也就是说,"让马克思主义哲学说中国话"本质上就是要在"中西马会通"的哲学观念的变革中使马克思主义哲学"落到实处",从而根本改变哲学不食人间烟火的抽象形象,使哲学尤其是马克思主义哲学更贴近现实、贴近生活。

在为这部书写的评论中,孙正聿先生强调:"这部著作给予人的突出印象,是它的凝重而又空灵的哲学思考。说它凝重,是从它所论证的问题和对问题的论证说的;说它空灵,是从它对问题的领悟和表达的思想说的。这种凝重和空灵,不只是凸显了作者的写作风格,而且体现了'让马克思主义哲学说中国话'的努力。"② 可以说,"让马克思主义哲学说中国话"是孙利天先生早在读大学时就立下的学术志向,在后来的学术人生中,他一直以"做哲学的学生"的姿态努力践行着这一志向。虽然作者后来自谦"在今天没有谁真能做到会通中西马,因为这已经超出了一个学者可能的学习能力和研究能力",自己"现在能做的是在中西马哲学的比较研究中,深化某些哲学问题的思考,拓展思想的可能空间,寻绎新的思想道路"③。但在实质性意义上,《说中国话》已经告诉我们如何在"中西马会通"中把马克思主义哲学落到实处,这才是真正意义上的"思想的移居"。

四 《马克思哲学与现代哲学变革》：马克思主义哲学的"现代哲学"意蕴

作为人生阅历和知识背景都不同于高先生和两位孙先生的吉林大学新一代马克思主义哲学学人的杰出代表,贺来先生有着与其年龄极不相称的"思想成熟"。贺先生虽然年轻,却很好地继承和发扬了吉林大学哲学学科追求哲学观念变革的优良传统。坚持"努力推动哲学观念的深入变革",贺来先生有着充分的理论自觉和学术担当:"哲学观念变革不是

---

① 孙正聿:《"说中国话"的马克思主义哲学——〈让马克思主义哲学说中国话〉的思路和意义》,《学习与探索》2012 年第 8 期。
② 孙正聿:《"说中国话"的马克思主义哲学——〈让马克思主义哲学说中国话〉的思路和意义》,《学习与探索》2012 年第 8 期。
③ 孙利天:《在哲学根基处自由思想》,中国社会科学出版社 2018 年版,第 3—4 页。

一项一劳永逸的工作,而是一种需要哲学不懈奋力承担起来的天命。正是基于这种自觉认识,我希望自己在这方面能做出一点有限的贡献。"①因此,孜孜以求地努力推进哲学观念深入变革,是贺先生自攻读博士学位以来,持之以恒的奋斗目标和学术理想。从《现实生活世界:乌托邦精神的真实根基》(吉林教育出版社1998年版)到《辩证法的生存论基础》(中国人民大学出版社2004年版),再到《边界意识和人的解放》(上海人民出版社2007年版)和《有尊严的幸福生活何以可能》(中国社会科学出版社2013年版),就一以贯之地很好体现和证实了这一点。而《马克思哲学与现代哲学变革》,更是集中代表和表达了作者在现代西方哲学背景中,对马克思主义哲学观念变革的深入探索。

《变革》一书分为上中下三篇:上篇为"马克思哲学与哲学存在方式的变革",是对马克思哲学在哲学存在方式方面所实现的现代哲学变革的探讨。对哲学的合理存在方式重新进行反思和探寻,这是传统哲学向现代哲学转向过程中哲学的重要主题,马克思在此方面作出了十分特殊的贡献。对马克思哲学在哲学存在方式的转换上所做的重要工作及其在此过程中所显示的特殊的哲学维度,以及与此密切相关的马克思哲学在"哲学的立足点""形而上学""实践观""现代性反省"等重大问题上所实现的范式转换,进行了专门的研究和阐发。中篇为"马克思的现代哲学变革与哲学观念的范式转换",围绕着哲学领域最为基本和重大的一系列问题,探讨马克思所实现的哲学观念的现代变革。这些问题包括"存在论""辩证法""历史唯物主义""社会观""人的自我理解""主体性"等等。所有这些问题,均是哲学史上最为经典和核心的问题,马克思以现代哲学的眼光,对它们作出了区别于传统哲学的创造性回答。下篇为"马克思的现代哲学变革与现代社会",是对马克思的现代哲学变革与现代社会深层关系的探讨。马克思的现代哲学变革,是与他对现代社会生活深刻的批判性理解密不可分的,甚至可以说,对现代社会生活的批判性理解,构成了其哲学变革的深层现实基础。在这一部分,围绕着马克思哲学的"社会观"与"发展观"、马克思哲学的"类"概念与"人类命运共同体"思想、马克思哲学的"关系理性"思想与"真实共

---

① 贺来、马新宇:《努力推动哲学观念的深入变革——贺来教授访谈》,《学术月刊》2010年第1期。

同体"的探寻、马克思哲学关于"有尊严的幸福生活"的理解、马克思哲学对于"价值虚无主义"的反省等与今天人们的现实生活有着最为内在关联的重大问题,都作出了有一定新意的理解。正如作者所言:自己内在的思想脉动"就是在充分吸收和消化现当代哲学发展成果的基础上,立足于中国哲学与社会的理论与现实语境,针对长期以来不予反思的一些重大哲学观念,进行批判性的反思,努力推动哲学观念的变革,以推动哲学从过时的教条中实现自我解放,并以此推动人的解放与社会的解放"①。

《变革》表明,马克思作为现代哲学家,是推动哲学从传统向现代转向过程中极为重要的人物。然而,很长时间以来,不少人停留于传统哲学的理论视野和思维方式理解马克思哲学,由此所造成的后果便是:马克思哲学中那些最富现代意义的理论创见和思想智慧被深深地掩蔽起来。这是对马克思哲学和对我们自身的双重损害。揭示马克思哲学的现代哲学意蕴,不仅具有重要的学术价值,而且具有重大的现实旨趣。这不仅体现在马克思哲学关于现代人生存状态的深刻反省,对未来人的更为合理的可能生存样式的探索,是正在向往和追求美好生活的当代中国人必须认真聆听并深入体味的富有穿透力的声音。更重要的是,由于马克思哲学在今天中国人思想和语言中极为特殊和重要的地位和影响力,彰显马克思哲学的现代哲学意蕴,对于我们进一步变革哲学观念、推动思想解放,摆脱和避免过时的、陈腐的观念和原则的纠缠和困扰,并因此推动中国社会的文明进步,具有十分特别的必要性。因此,阐发和拯救马克思哲学的现代哲学意蕴,并从今天的现实生活和哲学思考出发,彰显和焕发其应有的思想魅力,使之成为我们时代哲学智慧的内在构成力量,是我们必须承担的重要理论任务。为此,贺来先生强调这才是"纪念马克思并向他致敬的最好方式"②。

如果说高清海先生主编的《基础》,实现了马克思主义哲学观从"本体论"到"认识论"的转向,那么贺来先生的《变革》,则又立足于现代哲学的革命,实现了从"认识论"向"存在论"的转向。从"本体

---

① 贺来、马新宇:《努力推动哲学观念的深入变革——贺来教授访谈》,《学术月刊》2010年第1期。

② 贺来:《马克思哲学与现代哲学变革》,中央编译出版社2018年版,第1页。

论"到"认识论"再到"存在论",这四本书所实现的马克思主义哲学观念变革的共同的理论倾向,"就是把教科书时代的政治型哲学原理转为后教科书时代的学术型哲学原理"①。也即从"教科书体系"向"学术体系"的转变。

五 结语：在"学术体系"构建中推进马克思主义哲学观念变革

时至今日,马克思诞辰已过 200 周年,中国共产党成立也近 100 周年,新中国成立已 70 周年,改革开放也已 40 多年,中国特色社会主义已经进入新时代。面对社会实践的巨大变化,中国的马克思主义哲学研究已经跳出了传统"教科书模式",更加注重在面向本文、面向现实、面向未来中挖掘和拓展马克思主义哲学的理论精神和理论旨趣。在此意义上,当代中国的马克思主义哲学研究,已经在推进社会解放思想的同时,实现着自身的思想解放。也就是说,当代中国的马克思主义哲学研究,实际上已经从"体系意识"转向了"问题意识",在自觉提出和解答重大理论问题中推进马克思主义哲学的观念变革和深入发展。但今天的马克思主义哲学研究,仅仅停留于"问题意识"是不够的,还必须把对重大理论问题的思考和探索进一步升华和凝结为一定的"学术体系",也即从"教科书体系"走向"学术体系",使当代中国的马克思主义哲学研究在构建"学术体系"中真正获得其"实体性内容"。对此,孙正聿先生已有了充分的理论自觉："任何一门学科的实质内容、研究水平和社会功能,无不集中地体现为该门学科的学术体系。学术体系的系统性和专业性,是该门学科成熟的标志;学术体系的权威性和前沿性,是该门学科的实力的象征;学术体系的主体性和原创性,则不仅是该门学科成熟的标志和实力的象征,而且是该门学科的特色、优势和自信的体现。"② 为了构建当代中国马克思主义哲学学术体系,孙正聿先生正在努力为之："以中

---

① 张法:《从四本哲学原理著作看中国当代哲学原理的演进》,《中国政法大学学报》2010 年第 5 期。

② 孙正聿:《构建当代中国马克思主义哲学学术体系》,《哲学研究》2019 年第 4 期。

国特色社会主义的伟大实践活化当代中国的马克思主义哲学研究，又以源于中国特色社会主义伟大实践的哲学理论照亮当代中国和当代世界的现实，并引领人类文明新形态的变革，这是构建具有主体性、原创性的当代中国马克思主义哲学学术体系的根本方向。"[1] 而作为孙正聿先生"学术知音"的孙利天先生，也提出要在"中西马会通"中，构建当代中国马克思主义政治哲学学术体系。[2] 实际上，马克思主义哲学"学术体系"的构建，并不是为了简单地取代"教科书体系"，而是为了进一步凸显和澄明马克思主义哲学的本真精神和理论旨趣，其本质上仍然是哲学观念的深刻变革，其最终目的仍然是要创造中华民族的"思想自我"，让世界知道"学术中的中国"。

在一定意义上，以高清海先生为代表的吉林大学马克思主义哲学学科的学术共同体，通过20世纪80年代的"教科书体系改革"，成功地奠定和拓展了该学科在国内哲学界的主流地位和长远影响。而在今天，以孙正聿先生为代表的吉林大学马克思主义哲学学科的新学术团队，又在自觉地积极进行当代中国马克思主义哲学"学术体系的构建"。实际上，在高清海先生实现"教科书体系变革"的《基础》之后，无论是孙正聿先生的《智慧》，还是孙利天先生的《说中国话》，以及贺来先生的《变革》，都在不同程度上自觉或不自觉地进行着马克思主义哲学"学术体系"的探索和构建。可以毫不夸张地说，这一"学术体系的构建"是当代中国马克思主义哲学发展的必然趋势，它势必会极大推动当代中国马克思主义哲学的研究和进展，并进一步维护和稳定吉林大学马克思主义哲学学科在国内学术界的地位和影响。

（该文原载于《马克思主义哲学研究》2019年第2期）

---

[1] 孙正聿：《构建当代中国马克思主义哲学学术体系》，《哲学研究》2019年第4期。
[2] 孙利天：《构建马克思主义政治哲学学术体系》，《中国社会科学报》2019年6月27日。

实践观点的思维方式与类哲学

——试探高清海先生的哲学创新逻辑

元永浩*

高清海先生（1930—2004）是我国改革开放以来最具创新意识和思想洞见的哲学家。在大多数人看来，高先生是自20世纪80年代以来我国传统的马克思主义哲学教科书体系改革的先锋，是以马克思的实践观点来推动我国马哲界"实践转向"的著名学者。应该说，这种评价简明扼要概括出了高先生在马哲界的地位和作用，因而没什么出格的问题；不过，这种说法过于关注高先生的那些显现在表面的贡献，而忽略了他的思想深层的逻辑和潜在价值。不要忘记，高先生强调实践观点不仅是为了确立它对马克思主义哲学的基础地位，更是为了以实践观点的思维方式去整理马克思的哲学遗产，并开拓和创立自己的类哲学。于是我们必须要思考这样一个问题：如何理解高清海先生所关注的核心问题，如何理解他所提出的实践观点的思维方式与类哲学之间的关系？

高清海先生在晚年回顾自己学术生涯时说，自己有长久以来持之以恒的学术研究的方向：一要走出苏联模式的哲学体系，重新建立马克思主义的哲学世界观体系；二要通过哲学观念和理论的更新，推动当代中国哲学的发展。[①]只要我们结合先生终生的学术成果而仔细品味这段话就不难发现，他的哲学研究存在着相互纠缠在一起的两条主线：一是从德国哲学传统深入研究马克思哲学，二是从马克思哲学入手建构当代的中国哲学。如果说，在20世纪80年代先生的研究中心在于实现第一个目标，那么从20世纪90年代开始他一直致力于实现第二个目标。当然这只是一个方便的说法，实际上先生哲学的终极目的在于实现第二个目标，

---

* 元永浩，吉林大学教授。
① 高清海：《找回失去的"哲学自我"》，北京师范大学出版社2004年版，序2。

第一个目标不过是通往第二个终极目标的一个阶段。如果把高先生的思想历程比作一次飞机的飞行，那么可以说实践观点是机场上的跑道，其思维方式是飞行的轨道，而类哲学是飞行的终点。当然先生的这种努力和尝试存在着意识形态的风险，只有真正的哲学家才能拥有如此的胆识和智慧。应该说，实践观点是马克思哲学思想的精髓，而实践观点的思维方式是高清海先生创立类哲学的建构原则。

一 从苏联模式的唯物论到马克思的实践观点

我国哲学界对传统马克思的哲学的反思，是从20世纪80年代改革开放正酣之际开始的。那时由于思想解放运动的不断深入，人们的思想观念发生一系列的翻天覆地的变化，其表现主要包括以下几个方面。首先，人们的兴趣逐渐转向现实的物质利益，从而开始远离极"左"的思想和理念；其次，人们不再崇拜那些领袖人物，不再把他们的言论当作包含绝对真理的神圣的东西；再次，人们不再以市场和资本简单归结为资本主义的东西，也不以两极对立的角度去理解资本主义与社会主义。伴随这种新的时代风尚，学界和意识形态领域也都开始意识到传统的马克思主义理论的重大的局限性。尤其作为关于世界观的学问的马克思主义哲学，因其思想内容抽象化、简单化、庸俗化、教条化深受学者们的质疑和批判，于是出现马克思主义哲学教科书体系改革，开始关注马克思的哲学世界观。

根据高先生的考察，传统的马克思主义哲学理论体系的雏形，是斯大林撰写的《联共（布）党史简明教程》的第二章第二节"论辩证唯物主义和历史唯物主义"。在这部后来发表成单行本的著作里，斯大林将把辩证唯物主义当作是马克思主义的世界观。更值得关注的是，斯大林在这里概括出了辩证法的四个基本观点、唯物主义的三条基本原则和历史唯物主义三个基本观点，为后来马克思主义哲学教科书提供了基本观点和框架。当然只要我们进一步追本溯源就不难发现，斯大林的这一哲学体系和基本观点都来自恩格斯和列宁的科学主义的哲学观。在恩格斯看来，哲学是经验和科学发展综合的结果，并且历来的唯物主义的基本观点是科学的，其主要缺陷只在于他们没达到辩证思维的高度，也不能在社会历史领域贯通唯物论的观点。在他看来，马克思已经揭示了"历史唯物主义"的基本观点和基本原理，剩下的任务在于把辩证法与唯物主义结合起来完成"辩证唯物主义"哲学体系。于是恩格斯试图把辩证法从黑格尔的唯心主义体系当中剥离出来，然后将它嫁接到唯物主义体系当中来。应该说，列宁的《哲学笔记》也是这样一种企图的产物。后来斯大林又将"辩证唯物主义"与"历史唯物主义"更加系统化和通俗化、教条化，从而形成了传统马克思主义哲学教科书的原型。

高先生说："由苏联学者制定的'马克思主义哲学'的内容和体系，是经过他们的理解和消化而后改造过的理论。"[1] 实际上，先生的这一说法不仅揭示出传统哲学教科书体系与斯大林"论辩证唯物主义和历史唯物主义"的一致性；而且更进一步揭示了该理论体系与苏联的意识形态之间的内在的关联性。恩格斯曾认为，思维与存在（精神与物质）的关系问题为全部哲学的基本问题，并根据如何回答这个问题把哲学分为唯心主义与唯物主义两大阵营。然而哲学的这一基本问题到列宁和斯大林那里，就演变成为与阶级斗争、党派斗争有关的"哲学的党性"问题。于是经过他们改造的"辩证唯物主义和历史唯物主义"直接成布尔什维克党的世界观和意识形态，从而使之完全失去了学术性。问题的严重性还在于，斯大林对内推行专制主义而对外推行大国沙文主义，使共产主义思想演变成为一个维护新型帝国的保护伞。因此，这种经过苏联人"理解和消化"的"论辩证唯物主义和历史唯物主义"传入中国之后，也成为极"左"世界观和价值观依据。

冷战的终结和社会主义国家的改革意味着人类历史有了一个重大的转折，尽管人们对这个转折的真实内容莫衷一是众说纷纭，但有一点认识是相同的，那就是我们进入了一个不同于过去的崭新的时代。哲学不能离开时代精神，如果说我们的时代已经发生了重大变化，那么作为把握时代精神的哲学应该有重大的变化和发展。如果说邓小平的判断是正确的，我们时代已经不再是"帝国主义和无产阶级革命的时代"，而是"和平与发展的时代"；那么我们必须要摆脱长期以来人们对特定领袖任务的神化和崇拜，必然要同时清理他们的思想中具有局限性的立场和观点，进一步在马克思哲学思想的源头去寻找新的起点和增长点。

---

[1] 高清海：《找回失去的"哲学自我"》，北京师范大学出版社2004年版，第1页。

那么，我们能不能在马克思那里找到不同于唯物论的另一种哲学出发点呢？当人们把眼光收回到马克思的文本时不难发现，在他《关于费尔巴哈的提纲》中就存在一种与过去传统的马克思主义哲学完全不相同的一种哲学世界观。如果说传统的马克思主义哲学本质上是一种唯物论的基本观点，那么在这里马克思所强调的是一种实践的观点。他在这里明确指出：一切唯物主义的主要特点在于，对对象世界只是从客体的或者直观的形式去理解，而他的却跟他们不同，是从主体的和感性的人的实践活动去理解。① 这实际上也就是说，马克思的实践的观点与传统的唯物论的观点存在天壤之别。于是我国哲学界力图以马克思的实践观点为基础去重新建立马克思主义哲学思想体系成为一种风尚，于是出现了一次马克思主义哲学的"实践转向"，并形成了"实践唯物论派""实践本体论派"等不同的派别。

当然这些诸多实践派对马克思的实践观点的理解是有所不同的，不仅如此，"实践唯物论"和"实践本体论"这两个主流对实践观点的理解也都尚未达到马克思哲学思想的高度。例如，马克思在《关于费尔巴哈的提纲》中，批判唯物论"只是从客体的或者直观的形式去理解"世界；而"实践唯物论派"还忽略实践活动的目的性和主体性，而片面地强调规律性和客观性；这实际上还是把实践归结为物质的属性，因而根本上没能摆脱唯物论哲学。又如"实践本体论派"，尽管他们强调人的实践活动对属人世界的基础意义，但他们又对实践赋予本体意义，因而也没能走出传统哲学的老路子。

从马克思实践观点看，传统教科书当中的唯物论的观点是不懂得人的主体性的旧观点，而唯物史观当中的许多观点又都是未经反思的社会学或历史学的观点。因此当国内学界逐渐意识到马克思的实践观点的重要性，力图在原有的马克思主义哲学之唯物论、辩证法、唯物史观等诸多观点中加入实践观点的时候，高清海先生却并不关注马克思哲学的一些具体的观点和结论而关注他的哲学思维方法。"举出一些具体的观点，哪怕是很基本的观点，都很难确切地表明马克思主义哲学的本质……这是因为哲学作为世界观理论的最高本质是集中表现在思维方式里面的。"②

---

① 《马克思恩格斯选集》第 1 卷，人民出版社 1995 年版，第 53 页。
② 《高清海哲学文存》第 1 卷，第 132 页。

二 实践观点：超越传统本体论思维方式的逻辑起点

在高清海先生看来，马克思提出实践观点的意义不在于建立合理的本体论哲学，而是"以'实践的观点'为基础去改造本体论化的思维方式"①，建立一种新的哲学世界观。纵观西方哲学史，不管是古代的泰勒斯、赫拉克利特、柏拉图、德谟克利特和奥古斯丁，还是近代的笛卡尔、莱布尼兹、康德，他们都力图寻找一个世界最终的本原，或试图找到一个世界之所以如此这般的终极解释原则，这一最终的本原或终极的解释原则就是西方哲学意义上所谓的"本体"。例如，传统的唯物论与唯心论哲学，他们分别从始原性的"物"与超越性的"心"的角度去理解宇宙的本质；或者把"心"完全归结为"物"，或者把"物"完全归结为"心"。这在最抽象的意义上充分体现了传统本体论哲学的特征，即，在始原性与超越性的对立关系中，这两种哲学都立足于一极并把另一极归结到这一极。凡是传统的本体论都有这种还原论的思维方式。

因此想要超越传统本体论哲学，就必须要破除立足于一极并把另一极归结到这一极的还原论的思维方式，而这种超越还原论的思维方式就是黑格尔所运用的辩证法的思维方式。马克思的哲学继承了德国古典哲学的思想传统，而德国古典哲学真正要解决的是人与世界的主客体关系问题。人与世界的主客关系包括差异性与统一性两个方面的问题。从差异性的角度看，人之主体性意味着他对对象世界的主动性、能动性和自由性，而对象世界的客体性意味着它的被动性、被给予性和规定性。但从统一性的角度看，一方面人是自然界演化出来的东西，因而归根结底是自然的一部分；另一方面主体又是客体的目的，人以自己的力量去不断地改变对象世界，使之成为属人的世界。为了理解主体与客体以差异性为基础的统一性关系，就必须抛弃非此即彼的本体论的思维方式。于是黑格尔激活被两千多年的本体论思维所凝固了的概念，在逻辑的层面上打通了主体通往客体的道路，这就是黑格尔的概念辩证法。黑格尔的

---

① 《高清海哲学文存》第 1 卷，第 327 页。

伟大之处就在于，他以概念运动的否定性原理，表达了人的创造性活动所具有的普遍原则①，从而开创的不同于传统本体论的辩证法的思维方式。

黑格尔尽管超越本体论和还原论的思维而创立了辩证法的思维方式，但他正如马克思所指出的那样并不了解实现主客体统一的是一种"现实的、感性活动本身"②，因而没能意识到人的实践活动是辩证法的现实基础。高先生说："在研究中我发现，马克思继承的虽然是历史上的'唯物主义'思想传统，他与先前的唯物主义有本质的区别，这个区别首先不在于他具有的辩证法思想，而在于他提出的'实践观点'。先前的哲学争论集中在'思维和存在（物质和精神）'的关系问题上，这构成那时所谓的'哲学的基本问题'。由于人们不了解能够把思维和存在统一起来的现实基础——'实践'，所以近代以来陷入唯物论与唯心论的两极观点的争论。马克思提出的实践理论，在我看来正好解决了思维与存在的统一基础问题（哲学基本问题），由此也就超越了唯物论与唯心论的两极对立，为哲学开辟了新的视野，并把纯理论性的哲学引向现实生活。马克思所具有的'辩证法'思想也主要是来源于这个实践理论。"③

马克思不仅继承了黑格尔的辩证法，并以人的实践活动为出发点去理解主客体之间的关系。在高清海先生看来，这一点恰好说明马克思发现辩证法的真正奥秘，从而实现了哲学史上的一次重大的革命性变革。按照高先生的解释，人的实践活动一方面导致人与自然、主体与客体、主观性与客观性相互分离、相互对立，另一方面它又使这些对立的双方相互作用、相互转化，从而实现这两者的统一。传统本体论哲学因为其思维方式的局限，无法理解人的实践活动的这一本质特征。尽管黑格尔发现了不同于传统本体论的新的思维方式，但同样由于不理解矛盾的产生与解决都依赖实践，从而辩证法引向了逻辑的抽象。马克思哲学的真正意义就在于，他明确揭示出实践对人的存在的基础意义，从而把辩证法改造成为基于实践观点的思维方式。

可以说，"是否贯彻实践观点的思维方式，就应该是判定马克思主义

---

① 《马克思恩格斯选集》第1卷，人民出版社1995年版，第101页。
② 《马克思恩格斯选集》第1卷，人民出版社1995年版，第42页。
③ 高清海：《找回失去的"哲学自我"》，北京师范大学出版社2004年版，第2页。

哲学与非马克思主义哲学原则界限的基本依据"①。这无疑是高先生长期探究马克思主义哲学教科书体系改革的过程中得出的结论，同时也是不断地去追问马克思哲学所实现的革命性变革过程中得出的结论。

三 实践观点的思维方式：
建构类哲学的基本原则

综上所述，马克思的实践观点提供了超越苏联模式唯物论的新的世界观，也提供了超越本体论和还原论的辩证法的思维方式。不过高先生所强调的实践观点思维方式，不是为了给人们提供一种没有内容的抽象方法，而是为了创建符合当代中国发展的类哲学思想体系。

毋庸置疑，高先生的类哲学是在继承马克思的哲学思想遗产的过程中创立的。首先，"类"概念是马克思在《1844年经济学哲学手稿》中使用过的概念，而且这个类概念不同于阶级、资本等有限性概念，是一个表达人、社会与自然相统一②的全体性概念。其次，高先生在分析和综合以《德意志意识形态》为代表马克思的哲学文本过程中发现实践概念与类概念之间的内在关联性，从而进一步将实践概念从对象性活动进一步解释为生成人的类本质的活动。另外，高先生还特别关注马克思关于人和社会发展三形态说③，并把它解释成为人类从"群主体"出发，经过"个人主体"再形成"类主体"的历史过程。实际上，高清海先生通过整理、分析和吸收马克思的哲学遗产，为类哲学思想体系勾勒出了基本的概念框架。

应该说，高清海先生建立类哲学是一个非常复杂的创造性过程，但如果非要给出一个理解该过程的清晰的路径，那就是始终抓住实践这一最根本的出发点。在高先生那里，实践首先是表达人与自然之间对立统一关系的哲学范畴。高先生说："实践，按其本性说，既是造成世界两重化矛盾性质的根源，又是解决这一矛盾实现它们统一性的基础。在实践

---

① 《高清海哲学文存》第1卷，第115页。
② 《1844年经济学哲学手稿》，人民出版社2000年版，第81页。
③ 《马克思恩格斯全集》第46卷（上），人民出版社1980年版，第104页。

活动中既体现着自然物质的本原性作用，又体现着人及其精神的能动创造作用。既然实践是本原存在与超越形态的对立统一，自然关系本质与属人关系本质对立统一，那么，它就是理解自然世界与属人世界否定性统一关系的基础。马克思把实践作为理解一切哲学问题、解决各种哲学纷争的立足点和出发点，这就意味着确立了一种崭新的思维方式。这种思维方式不是单纯从脱离人的自然出发，也不是单纯从脱离自然的人出发，既不是单纯以本原存在为依据，也不是单纯以超越形态为依据，而是从人和自然、主体和客体、主观性和客观性在现实活动中相互作用关系出发，以本原存在和超越形态在现实活动中的统一关系为依据，去观察各种事物、理解现实世界、回答两重化矛盾的思维。"① 在这里，高清海先生将把人和自然、自然世界与属人世界之间对立统一的关系叫作"否定性统一关系"。

进一步说，实践活动所具有的这种"否定性统一关系"还表现在人的双重生命的关系之中。生命本来是自然的产物。不过在自然界出现生命也就意味着，出现了一个能动的自我活动中心并把自身与周围的存在区分开来了。尽管如此，自然界里的生命体本质上还是被环境决定的，即，任何一个生命体只有通过它与环境之间固定的能量交换和新陈代谢关系，才能保持住自己的生命力。在这个意义上，人也有这种自然生命，高先生把它叫作人的种生命。然而对人而言，生命体与环境之间的关系发生了重大的变化，环境不再是单方面地规定人的生命的力量，人同时也以强大的力量去改变环境；也正是通过这种人与自然之间的互动关系，人成为类的存在物，开始形成一种超越于种生命的类生命。

从高先生类哲学的角度看，人的实践活动不再仅仅是主体通过物质、能量、信息的交换和控制来能动地改造客体的过程，也是通过"本质交换"生成类生命的过程。因而人的实践活动既是左右人类自己命运的活动，也是决定宇宙整体命运的活动。高先生说："本来的生命只是面对它的生存环境，人的生命则是面向整个存在的，人的最终归宿是要使生命去融化宇宙，也要把生命融化于宇宙。也可以这样说，自然的潜在能量通过人的生命活动变成了现实的力量，这也就意味着人通过自己的生命活动把宇宙变成了生命的活物，也就是赋予了自然存在以生命意义……

---

① 《高清海哲学文存》第 1 卷，第 134—135 页。

可以说物质宇宙的奥秘集中在生命的本质中，生命的奥秘体现在人的本质中……人在宇宙中，宇宙在人中，应当从宇宙去理解人，从人去理解宇宙，这两者的统一，正是'类哲学'应有的内容。"① 这也就是说，人与人、人与世界都是互为客体和互为主体的一体关系，而类哲学是一种包含人学的宇宙论哲学。

人的实践活动具有宇宙论的意义，这一点恰恰是当代人最应有的自我意识。高先生说："人愈是敞开自我，愈能涵容他我和他物，人的自我才能愈充实、愈丰满，人是在与他人、他物的一体关系中获得独立和自由的。这就是人的'类本性'，也是人类文明——'全球文明'的人性根基。"② 随着人类实践能力的不断提高，如今人类的生产和生活方式已经严重地影响整个地球的生态环境，而人们尚未意识到自己的类生命，于是就出现包括生态危机在内的各种全球性问题。换句话说，尽管实践具有奠基性的作用和意义，为人的生存和类本质的生成提供基础；但如果人们没有充分的类意识，那么其实践活动也许对类生命起到否定性的作用，并且其破坏性作用与实践能力成正比。

如果仔细品味上述内容就可以发现，高先生在考察人与自然、种生命与类生命关系的过程中充分吸纳了中国人所特有的"天人合一"的哲学智慧。通常在西方人的哲学思维中，人作为自然生命体跟其他动物没有区别，区别只在于人有意识。从这个意义上看，西方哲学所能理解的作为主体的类，至多是一种泛神论的"自我意识"或社会化的"大我"。只有在中国古人智慧中才有天人合一的大生命意识，也只有在宋明儒学家才充分的讨论过关于天地之性与气质之性、道心与人心之间否定性或统一性关系问题。当然由于中国儒家没能意识到实践对于人的生命的基础意义，从而没能理解贯通否定性与统一性的真正的根据。这也就是说，中国儒家的这种生命和存在意识需要一种走进当代语境的通道或方式，而高先生恰恰通过实践观点的思维方式把它提升到了当代哲学的高度，从而实现了马克思哲学与中国哲学的真正的汇通和融合。可以说，他的类哲学是中国传统哲学在当代话语当中的创造性表述，因而是属于凝聚着中华民族生存智慧的自己的哲学理论。

---

① 《高清海哲学文存》第2卷，吉林人民出版社1997年版，第151—152页。
② 高清海：《新世纪："人性革命"的时代》，黑龙江教育出版社2004年版，第102页。

毋庸置疑，人的类本质的生成过程，也就是人通过实践活动实现人与社会、自然之统一的过程；不过这种统一性的实现，完全依赖于个人所实现出来的差异性和多样性。高清海先生指出："与物的规定不同，类的统一体是以个体的独立性为前提，内含自由个性差异的多样性、多元化的统一……个体愈是发挥独立性，类本性的内容愈丰富、愈充实。"[1]当然个人的独立性和创造性的发展离不开市场经济的发展，而在市场经济条件下人的价值取决于他的交换价值或无差别的抽象劳动；唯当个人成为真正的价值主体，根据自身特有的内在尺度进行生产时，才能真正成为创造类生命的主体。从这个角度看，任何一种要建立整齐划一帝国的企图都是背离人的类生命原则的；而真正面向人的类生命的实践活动一定也是个体的、自由的和审美的。

综上所述，高清海先生以马克思的实践观点去批判和消解苏联模式的唯物论及其意识形态，以实践观点的思维方式去重新梳理马克思的哲学遗产，并以此为基础融合中国传统的天人合一的生命意识，最终建构了符合我们时代和未来的类哲学理论体系。应该说，高先生的类哲学是马克思实践哲学与中国生命哲学有机结合的产物，是当代人应有的自我意识和存在意识。

（该文原载于《吉林大学社会科学学报》2017年第4期）

---

[1] 高清海：《找回失去的"哲学自我"》，第258—259页。

思想的丰碑

——高清海与当代中国哲学变革

张　旭[*]

研究和把握哲人、先贤的思想，一般有两种路径。一是深入研究哲人的理论著述，从中体悟哲人深邃的思想内涵及其对后人的启迪。另一种是将哲人的思想放入人类思想奔涌的潮流中，观其在特定历史时代其思想在人类思想之河中击起的浪花和引领潮头的高度，从中体悟其思想的时代价值和历史地位。纵观改革开放四十年中国哲学的发展轨迹，高清海先生是人们无论如何都绕不过去的思想界标。犹如康德哲学是西方哲学史上绕不过去的桥一样，高清海哲学则是矗立在当代中国哲学变革之路上的思想丰碑。今人往往用颇具争议，最有影响力来评价先生在中国哲学界的地位。这种评价不仅没有遮掩先生的思想光芒，反而映照出先生思想在当代中国哲学发展中的不可或缺的地位。所谓颇具争议，说明其理论、思想的创新性、开拓性即为囿于传统，故步自封的理论"权威"所不容，也引起了渴望突破传统囿限，接受新思想的中青年学者的广泛认同；所谓最具影响力，说明先生的锐意创新，勇于突破理论禁区，破除传统羁绊的哲学批判精神和理论创作，不仅推动了中国哲学的理论变革，而且感召、引领了一批新生代中国学人，献身中国哲学变革大业，造就了一批勇立潮头，锐意创新的哲学新人。

因此，尽管人们对高清海先生的学术观点和他所倡导的至思取向可能有这样或那样的不同看法，但我们都应承认如下基本事实：即高清海先生率先倡导的"教科书哲学体系"改革，揭开了我国马克思主义哲学改革的大幕；它所提倡的"哲学观"变革，有力地推动了我国哲学观念的更新和哲学理论的繁荣；他的"类哲学"研究，开辟了我国哲学"面

---

[*] 张旭，沈阳城市建设学院教授。

向未来"的新视域；它的"中华民族的未来发展需要有自己的哲学理论"的哲学遗嘱，表达了绝大多数中国哲学工作者的心声。可以说，20 世纪 80 年代至 21 世纪初中国哲学所有重大理论变革和理论问题的提出，都是与高清海先生的理论创新联系在一起的。他以非凡的理论勇气和卓越的哲学智慧，引导和推动了当代中国哲学的变革。

一　批判创新——领时代之风潮

当我们再次翻开厚重的《高清海哲学文存》，重新领悟先生的思想风采时，首先感受到的是先生敢闯禁区，突破传统羁绊，锐意创新的理论勇气和批判精神。回首 40 多年来中国马克思主义哲学变革的理论路径，不论是体系批判，还是马克思主义哲学当代性的弘扬，乃至马克思主义哲学中国化的理论诉求，其理论前提批判的对象即"苏联教科书哲学"。重温先生的"教科书哲学批判"系列论文和著作，将我们带回到那个思想解放，风云激荡的年代。正像在 18 世纪的法国、19 世纪的德国一样，20 世纪 80 年代的中国，哲学革命也作了政治变革的先导。"关于真理标准问题"的讨论不仅奠定了中国改革的理论基础，而且也为中国哲学的发展进行了理论准备。而高清海先生的"苏联教科书哲学批判"则开启了中国哲学变革的理论实践大幕。面对着被奉为国家哲学和马克思主义哲学最经典、最权威表述及国家意识形态集中表现形式的"苏联教科书哲学体系"，曾经历过 1958 年"反右"时"引蛇出洞"、1959 年"反右倾"时的"秋后算账"和"文化大革命"时"打翻在地，再踏上一只脚"苦痛经历的高清海先生，以极大的理论勇气、扎实的学术素养和破除迷信、解放思想、突破禁区的理论追求，敏锐把握到哲学变革的契机，率先对禁锢人们思想的"苏联教科书哲学体系"展开了反思和批判。他指出："每当哲学濒临大发展之际，人们对于已被公认为正统的哲学观念，都要进行一番新的反思。这在哲学史上是具有规律性的现象。以往哲学发展的这一规律，当然同样适用于马克思主义哲学的发展。"[①]"哲学的'批判性'是哲学的灵魂，这里体现着哲学的真价值，尽管许多人不

[①] 《高清海哲学文存》第 3 卷，吉林人民出版社 1997 年版，第 9 页。

喜欢。哲学最忌'媚俗''媚权''媚古'。哲学安于现状、迁就现存，它就会失去哲学的生命：创造性和超越性。"而对这种批判和反思可能因国内惯常的学术问题政治化给自己带来的政治风险，先生则掷地有声地说"哲学家必须要有一副能够顶住风浪的骨头架，要想追求'荣华富贵'最好不要去搞'哲学'。"① 经过深入的哲学思考，先生明确指出：教科书哲学"是崇尚权威、迷信经典、脱离现实、贬抑自我、上不着天、下不着地的旧哲学思维方式。其宗教教条化的理论方式，泛政治化的独断态度，充满虚幻观念和长官意愿的理论内容。""并未充分地反映出马克思主义哲学的理论实质，既未体现马克思主义哲学与旧哲学在哲学理论性质上的真正区别，也未充分反映马克思主义哲学在理论观点上变革的深刻内容和意义。"②

高清海先生从马克思哲学原则出发对苏联教科书哲学的系统反思与批判，在当时的学术界的影响可谓振聋发聩、醍醐灌顶。犹如马丁·路德的宗教改革使"圣经"从"天国"降到人间，开始讲德语一样，先生的苏联教科书哲学批判则使中国的马克思主义哲学从讲神话、讲鬼话变为讲人话、讲中国人自己的话。这对于当时的哲学界乃至于整个人文社会科学界产生了巨大的思想启蒙与解放作用。正像恩格斯在《费尔巴哈和德国古典哲学的终结》一书中回顾当年费尔巴哈思想对马克思和自己的影响时讲的那样："在那个风云变幻的时代，费尔巴哈的'基督教的本质'出版了，体系被打破了，魔法被解除了，我们都成为费尔巴哈派了。"先生的"苏联教科书哲学"批判同样产生了巨大的"蝴蝶效应"，许多人一时成为"高清海派"。正是在先生思想感召下，一大批长期受苏联教科书哲学熏陶的学者返回到马克思哲学，对传统的苏联教科书哲学体系展开了批判，并由此走向了哲学创新之路。

对此，每一位经历了20世纪80年代中国那场历史性转折的人，都会深有感受。正是在高清海先生开启的苏联教科书哲学批判之路引导下，使整整一代哲学工作者冷静反思自己的历史遭遇，深入思考国家民族的现代性处境与使命，融入当代中国已经生成的思想文化语境，全面开始了各种形式的具有当代中国社会发展意义的哲学探索。通过苏联教科书

---

① 高清海：《人就是"人"》，辽宁人民出版社2001年版，第200页。
② 《高清海哲学文存》第3卷，第55页。

哲学批判，重新理解马克思主义哲学，进而建构马克思主义哲学中国化的当代理论形态，则成为当今中国马克思主义哲学发展的基本路径。

二　慎思明辨——探哲学之奥秘

先生在"我所信奉的做人'格言'"中指出："哲学家的能力不在于解决什么问题，他的长处只是善于在常人不认为是问题的地方发现问题，在人们未看出道理的地方能够挖掘出道理来……发前人所未发，发他人所未发，在别人视而不见的地方发现问题，并提出与已知程式不同的新的思路和观点，把他人讲不明白的道理讲明白。"① 通过"教科书哲学批判"，高清海先生敏锐地发现，导致我们哲学落后的根源不仅在于教条化的"教科书哲学"体系，更在于我们"落后"的"哲学观"。因此，通过"哲学观"变革推动中国哲学的发展，进而构建中华民族自己的哲学理论，则成为先生毕生的理论追寻。先生在"我的学术道路"一文中，回顾自己的学术生涯时说：在哲学理论研究中"不论你进入哪个领域都关联着一个总体性问题，这就是'哲学观'的问题。只有弄清楚'哲学'究竟是什么、在今天它应该是什么，更新了哲学观念之后，对问题才会有可遵循的理解方向"。"这样，经过50年代到60年代（指20世纪，笔者注），我便逐渐形成了以'哲学总体观念的变革'为方向的研究路数。这个方向一经确定，以后就没有再改变过。"② 21世纪初，先生在回顾改革开放以来中国哲学成就时指出，20世纪80年代和90年代，改革开放以来这20年……我以为我们主要做了两件大事：前十年主要是围绕"苏联模式的'马克思主义哲学'"展开了论争，后十年进行的主要是现代哲学观念与传统哲学观念的论争；通过前十年的讨论我们挣脱了"苏联教科书哲学"框架的束缚，后十年又进一步走出了传统哲学理论模式的限制。这就是20年中哲学理论的主要进展。③ 而这两件事都是与先生的名字联系在一起的。特别是在"哲学观"的探讨中，先生敏锐地指出"哲

---

① 高清海：《人就是"人"》，第198—200页。
② 高清海：《面向未来的马克思》，中央编译出版社2018年版，第363—364页。
③ 高清海：《找回失去的"哲学自我"》，第4页。

学观念的变革必须从'人'入手，哲学观念的转变在实质上也就是人的观念（包括人的世界观念）的转变，"①因为，"'人'的观念直接关联着'哲学'的观念。人的观念的变化使我们对'哲学'的本性也有了一个不同于过去的认识，在历史上哲学涉及的问题很广泛，几乎没有什么是哲学不能研究的；但有一点也很明确，不论以什么为对象，哲学都是从人出发，以人的观点去看待、认识人的本性，这是'哲学'与'科学'在研究视角上的根本区别。如果说科学就对象研究对象，得出的认识是'物'（对象）的本性，那么哲学从人出发去研究对象得出的便主要是'人'的（自我）本性。正是根据这点，我得出的结论是：'人是哲学的奥秘'，'哲学不过是人的本性的自我意识'"②。这种通过"人学"研究推动中国哲学观念变革的研究路径的开辟，在那个"人学"被国内某些"理论权威"贴上"资产阶级自由化"的政治标签而极力打压的特殊年代和特殊环境下，是需要有极大的政治勇气和理论自信的。这种勇气和自信并不是仰仗于某个"政治权威"或追寻一种理论时髦，而是建立在先生对马克思哲学的深邃理解、对现代哲学特质的科学把握、对中国改革开放火热生活的热切关注、对人类未来发展趋势的哲学反思的基础上的。体现的是一个哲学家的人格与社会担当。他说："'哲学'作为一种世界观理论、时代精神的结晶、人的自我觉解意识，本身就是一门大学问。博大足以包容天地，精深必得穷究毫微。做这种大学问当然更需要大胸怀、大气度、大视野、大智慧。"正是出于这种哲学家的理论自觉，先生寻古观今、贯通中西，深究形上之理、细辨玄学之蕴、求解哲学之谜。他说："在我看来，无论西方或中国，'哲学'的基点都在人的生命活动中。二者的差别只是表现在：西方关注的主要是成就人的生命活动价值，完成人的生存使命，这是它从一开始就把'智慧'引向了认知方向，从'对象意识'走上概念化的逻辑思辨之路；中国关注的是完善人的生命本性，开发生命的内在价值，由此中国发挥了注重义理性的悟觉思维。"因此，哲学的内容可以无所不包，"然而哲学理论围绕的轴心、生发的基点却是明显的，这就是人、人的生存、人的本性、人的生存世界和人的生

---

① 高清海：《人就是"人"》，第5页。
② 高清海：《找回失去的"哲学自我"》，序第5页。

活意义，总之离不开'人'和人的生存活动"①。先生认为，从思维方式变革的逻辑来看，关于人的观念和关于哲学观念的变革，都以处于历史变化中的人性为本源。人找到了自我的真实本性，哲学才能找到自己的理论归宿。哲学观的变革是以人的观念变革为前提和基础的。从现实生活实践来看，所谓人的观念的变革，哲学观念的变革，并非仅仅是认识的变化，在更深层的意义上，他意味着人自身的生存状态发生了变化，人的生活方式的变化决定着哲学思维方式的变革。哲学由传统向现代的转向与发展，实际上反映的是"人"从非人发展为人的"人性"不断觉醒的过程。"人是世界的奥秘所在，也是哲学的奥秘所在，只有紧紧地抓住人，才能回答世界之谜，也才能解开哲学之谜。"② 先生在哲学观上的独到见解和在"人学"理论上的独特建树，使其成为20世纪90年代中国"人学"研究的领军人物，被誉为"人学"旗手。而其关于"人学"理论的一系列哲学著述，则构成了当代中国哲学发展史上最具特色的绚丽华章。

三 锐意超越——创未来之新学

先生在回顾新中国成立后中国哲学发展过程时，曾感慨地说："曾几何时哲学便走上了颂经、解经、注经的路子……我们习惯于'引经据典''照本宣科''以他人是非为是非'"……"我们在哲学基础理论的研究中很难谈到有什么'建树'，特别是原创思想的'建树'。半个多世纪以来，我们的眼睛一直盯着别人，只是围着别人转，为别人的事情忙乎，解释他人的思想，注解他人的著作，运用他人的哲学，引用他人的语言，演绎他人的观点，我们刚刚脱出一种框框，又被套进另一种模式，我们几乎丢掉了自己，忘记了我们还有自我，包括'哲学工作者'的自我、我们民族的自我和时代的自我。"③ 为此，先生在晚年不仅力主哲学家要找回失去的"哲学自我"，而且在生命的最后时刻大声疾呼"中华民族的

---

① 高清海：《找回失去的"哲学自我"》，第69页。
② 高清海：《找回失去的"哲学自我"》，第386页。
③ 高清海：《找回失去的"哲学自我"》，第5页。

未来发展需要有自己的哲学理论",并以抱病之躯,身体力行,在当代中国哲学界率先提出了既具显明的个人特征又具强烈的时代特征,集原创性与开创性于一身的"类哲学"理论。

"类哲学"在当代中国哲学发展中的意义就在于:

1. 原创性与开拓性。先生的"类哲学"从哲学与人性的内在关联性入手,以"人是哲学的奥秘"为理论原点,以人与世界的否定性统一为解释原则,以人的双重生命及从种生命向类生命的跃迁为理论内容,以人的"类本性"的理论自觉为价值诉求,从理论基点、解释原则、理论范式等方面首次在中国当代哲学谱系中建构了既不同于"主义哲学",也有别于西方哲学,集独创性与开拓性为一身的,具有鲜明中国特色和哲学家个人理论特征的哲学理论。在这一意义上,"类哲学"结束了当代中国哲学长期以来或者屈从于意识形态的规制,或者跟在西方哲学后面,仅仅满足于解读政治权威的思想和理解西方人的话语,离开权威和他人的话语不会思想的"依附哲学"状态。这不仅为中国哲人由"哲学工作者"向"哲学家"的跃迁开辟了理论道路,同时也使中国哲学在国际哲学舞台上拥有了一个可以拿得出手的具有完全自主知识产权的当代中国哲学理论。这是中国"哲学工作者"的解放,更是中国哲学的解放。

2. 人类性与时代性。哲学的感召力最主要的是其表征了时代精神,关注人类命运。时代性与人类性的统一是哲学合理性的现实基础。"类哲学"作为具有原创性与开拓性的哲学理论,本质上是建立在先生对人类命运的观照和时代发展趋势的深邃把握的基础上的。他指出:"21 世纪,将是'人类本性完善化'的时代。我们必须清醒地看到这点:人的发展,社会的发展,归根结底也就是人的类本性的生成、实现、展开的过程。历史的昭示和现实的呼唤,都要求我们必须从过去神化时代和物化时代所形成的那些陈旧观念和关系的束缚中解放出来,按照人化人的要求实现人性的全面整合,以便使人真正能够'以一种全面的方式……作为一个完整的人,占有自己的全面本质。'"[①]"新世纪的人呼唤着'人'观念的新意境。'类哲学'就是属于自觉了的人的更为宽广和高远的思想境界、思维方式和思考方法。"[②] 正是从人类性与时代性角度,先生在 20 世

[①] 高清海:《新世纪:"人性革命"时代》,第 11 页。
[②] 高清海:《人就是"人"》,第 268 页。

界末的全球文明第一届世界大会的发言中指出：20世纪以来，人类发展中的经验教训及我们当前面临的种种人类困境，都表明人类一直以来都是以'物种'的观念来看待和对待人和人类社会，这是导致人类社会长期动荡和生态破坏的思想根源。"今天我们正处在一个关键的转折点上，长期以来，我们遵循的把人类分割为不同种群的那种区域性、团伙性的文明观念和文明原则，在人类日益走向全球一体化的今天，它不但不能推进人类文明，相反地，已经成为造就人间不文明悲剧、推行'文明式野蛮'的一种根源。所以，在今天，转变我们旧有的文明观念，适应人类的现代发展树立起'全球文明'的理念，就成为非常迫切的事。""'全球文明'的理念，就是'类文明理念'"，"只有把我们的观念提高到类的观念，建立起普遍的'类意识'，才会有人类真正文明，而人的真正文明必然就是'全球文明'"①。以一个中国哲学家的哲学智慧，向世界阐明了建构人类文明共同体的哲学理念。

3. 未来性与发展性

时代性与前瞻性的统一是哲学发展的根基"类哲学"作为中国哲学家立足于时代，展望未来，对人类发展趋势的哲学思考，其本质上具有强烈的前瞻性和发展性。先生指出："人类在走向未来，哲学也必将走向未来。'未来引导现实'是自由自觉人类发展的本之规定。随着人类走向自觉的类存在，哲学也必将会从个人体验的理论转向以类为主体的理论。'类哲学'作为一种哲学意境和哲学思维方式，既是适应人类未来发展本质的哲学，也是哲学发展趋向成熟的更高的理论形态。"② "类哲学"作为从反思理性出发思考人类面临的问题和人类文明未来发展的哲学表述，其表明未来哲学只能是建立在对人类本性生成与成熟的全面把握的基础上。随着经济全球化，世界一体化进程的加速，当今人类已经摆脱了封闭式、单子式的生存状态。世界村的形成使人们开始由个体本位走向类本位，民族国家走向世界国家，"狭隘的国家本位和抽象的世界本位转变为民族国家世界性融合的人类共同体"。当代人类的交往和生产实践已经使人摆脱了"种本性"进入到"类本性"时代，用类哲学表征变化了的人和变化了的时代，是哲学理论发展的应有之义。在这一意义上，"类哲

---

① 高清海：《新世纪："人性革命"时代》，第99、103页。
② 高清海：《面向未来的马克思》，中央编译出版社2018年版，第372—373页。

学"不是封闭的理论体系,而是开放发展的理论。因为,"人性"是在不断地生成的,社会是不断发展的,人类文明不断进步的,面向未来的"类哲学"也将是日新月异的。"类哲学"所昭示的人类理想的高远境界,将是思想引领现实的不息的灯火。

四　思想求新——时代留痕

高清海先生在自己的理论生涯中,之所以能在当代中国哲学发展的每个思想转折点上,独领风骚,留下难以磨灭的思想印痕,主要在于他一直坚守的"思想求新"的理论原则。他曾多次强调"哲学贵在出'思想'。"针对当时哲学理论研究现状,先生一针见血地指出:"当前我们缺少的不是理论而是思想,现实中我们有了太多的有理论而无思想的哲学,这对我们并不是一件好的事情。"[①] 他说,长期以来,我们已经养成了"引经据典""照本宣科"的思想习惯……"我们国家应该说并不缺少'理论著作',也不缺少'理论家',但是翻开理论家的理论著作,去掉古代权威、现代权威、洋权威的话,还能够找出多少是经自己独立思考得出的自己要说、自己想说、又以自己的话语方式说出的话?"[②] 针对这种思维机能萎缩、想象力退化、思维范式固化和理论创新权威化的理论现状,先生认为,中国哲学要重新焕发出自己的生命力,就必须坚持和贯彻马克思一贯坚持的"在批判旧世界中发现新世界"的理论原则。他说:"哲学的'批判性'是哲学的灵魂,哲学最忌'媚俗''媚权''媚古'。哲学如果安于现状,迁就现存,它就会失去哲学的生命:创造性和超越性。"[③] 他以哲学家的理论自觉,坚守着哲学批判创新的理论本性,不唯上、不畏权、只为实。用自己的眼睛去观察现实,用自己的头脑去独立地发现、思考和研究问题,从而为我们留下了以先生名字命名的"教科书批判哲学""实践观点思维方式理论""类哲学"等系列在当代中国哲学发展中不可忽视的思想遗产。

---

① 高清海:《新世纪:"人性革命"时代》,第372页。
② 高清海:《人就是"人"》,第66页。
③ 高清海:《人就是"人"》,第200页。

特别是先生不仅在自己的理论活动中秉承锐意创新的哲学原则，而且在自己的教学实践中，也时时引导和鼓励自己的学生坚持和发扬哲学创新的原则。他告诫自己的学生"理解和发展马克思主义哲学不是某些人的特权，每个人都有可能从各自的角度出发，充分发挥自己的理论创造力，为马克思哲学的发展作出贡献，只有这样，哲学园地才真正能够生意盎然"[①]。正是在先生的引领下，在中国当代哲学发展中形成了以"思想求新"为特征的具有引领性和时代性的"吉林大学哲学学派"。"北望吉大"成为20世纪八九十年代中国哲学的一道独特风景，也使吉林大学哲学系成为国内公认的"有哲学"的哲学系。

今天，在这样一个功利、价值扭曲、精于理性算计、思想匮乏、一个人思想代替所有人思想的时代，面对着洋洋洒洒的九卷本"高清海哲学文存"和"哲学与主体的自我意识""哲学的憧憬""类哲学"这些在当代中国哲学发展的历史节点上曾起过重大影响的传世之作中所焕发出的强大思想魅力，我们如何坚守吉大哲学的传统，延续先生的思想血脉，发扬光大吉大哲学学派，这不仅是我们这些先生的门人弟子和吉大哲学后辈们必须思考的问题，而且是我们应当身体力行，躬身践履的事业。为此，才是对先生最好的纪念和告慰。

---

① 高清海、胡海波、贺来：《人的"类生命"与"类哲学"》，吉林人民出版社1998年版，第215页。

"类哲学"与当代中国马克思主义哲学的发展

个性化的类本性：
高清海"类哲学"的内涵逻辑

孙正聿[*]

高清海先生的一生，是在思想上"跟自己过不去"的一生，也就是在思想中"上下求索"的一生。高先生的"求索"，在其所从事的"专业"的意义上，是追问"哲学何为"的一生；在其所追求的"价值"的意义上，则是探究"人类命运"的一生。以"专业"的方式而实现其"价值"的追求，由此构成的就是高清海先生创建的具有"署名"意义的"类哲学"。"类哲学"所展现的理论形态的人类自我意识，以"人是哲学的奥秘"为逻辑支点、以"人对世界的否定性统一"为解释原则、以"人的双重生命"为实质内容、以"人的类意识觉醒"为价值诉求，构建了以"个性化的类本性"为内涵逻辑的"类哲学"。在先生辞世十五周年之际，作此文以追思先生所创建的"类哲学"。

一 "类哲学"的逻辑支点："人是哲学的奥秘"

在高清海先生的人生历程和思想历程中，作为其哲学思想的标志性概念——"类哲学"——的提出，既不是在其脱颖而出的青年时期，也不是在其叱咤风云的中年时期，而是在其孤寂反思的老年时期。然而，高清海的"类哲学"思想，既不是其晚年"另辟蹊径"的哲学成果，也不是其晚年"灵感爆发"的哲学想象，而是在其漫长的学术生涯的双重追问——"哲学何为"与"人类命运"——中所构成的哲学的内涵逻辑。这个内涵逻辑的"支撑点"，就是高先生所提出的振聋发聩的哲学命

---

[*] 孙正聿，吉林大学教授。

题——"人是哲学的奥秘"。

"人是哲学的奥秘",既在"专业"的意义上回应和回答了"哲学何为"这个最具理论意义的哲学问题,又在"价值"的意义上回应和回答了"人类命运"这个最具现实意义的哲学问题。"人是哲学的奥秘"这个哲学命题,不仅具有深厚的哲学史内涵和深刻的时代性内涵,而且具有强烈的思想针对性和强大的思想引领性。研究和阐释高清海的"类哲学",首要的是把握和理解"类哲学"的逻辑支点——"人是哲学的奥秘"。

首先,"人是哲学的奥秘"这个哲学命题具有强烈的思想针对性和强大的思想引领性。长期以来,在把哲学定义为"理论化、系统化的世界观"的同时,又把"世界观"定义为"关于整个世界的根本观点",由此导致的直接后果就是把"哲学"视为关于"世界"的整体图景及其普遍规律的理论,也就是把"哲学"视为关于"外部世界"的理论。这种理解,既是缘于对人类把握世界的两种基本方式——哲学与科学——的混淆,又是从理论上固化了对人类把握世界的一种特殊的基本方式——哲学——的理解。正是针对这种由于混淆哲学与科学的真实关系而造成的对哲学的固化了的理解,高清海先生在其《哲学文存》"总序"中明确地提出:"人是哲学的真正的主题,哲学不过是人的自我理解、自我反思、自我意识的一种理论形态,要了解哲学的性质、功能及其历史的演变,'人'应是它的基础和前提。"对此,高先生从"哲学"与"科学"的关系作出简洁而精辟的论证:"哲学当然也要思考、研究外部世界的问题",但是,"人是出于关心人才去关心外部世界。""为了理解人而研究世界,这应当是'哲学'研究世界与'科学'研究世界在任务、视角和方法上的根本分野。那种把'世界观'说成应当提供有关世界整体知识图景的看法,并不符合哲学理论的本性。"[①]

从论证"哲学理论的本性"出发,高清海先生对"人是哲学的真正的主题"这个核心思想和基本命题,作出层层深入的剖析与论证:其一,哲学不是也不能像"科学"那样提供有关世界整体的知识图景。"要求哲学去提供关于世界的客观知识,不仅有'越俎代庖'之弊,而且,手无寸铁的哲学要去完成这样的任务也是'无能为力'的。"其二,哲学家们不是也不能提供像"科学家们"那样的"大体相同"的世界观。这是因

---

① 《高清海哲学文存》第1卷,第1—2页。

为，虽然"世界是同样的那个世界，哲学家们从它却创造了不仅彼此不同甚至完全相反的无数种世界观理论"。"造成分歧的原因，只能从人的不同、从人在变化、从人对自我理解的差别中去寻找。"其三，哲学家们不是也不能离开"人的观点"而构成其"世界观理论"。"他们是怎样的人，是怎样理解人的，是怎样期望于人的，他们所创立的世界观也就是属于怎样的理论。"其四，哲学家们是并且只是"为人们提供升华自我精神世界的意境，向人们提供能够以人的方式对待世界事物的人的观点和方法"，因此，"哲学理论根本地说来，只是一种'价值理想'和'思维方式'，它的作用也只是在于推动人的自我超越、自我提升和自我解放"①。正是基于上述思考，高清海先生所得出的"结论"是："人是哲学的奥秘。"因此，只有"抓住人，从对人、人的本性、人的历史发展的理解中，才能揭开、解开哲学理论中的一切秘密"②。高先生的"类哲学"，正是以"人是哲学的奥秘"这个逻辑支点构建而成的。

其次，"人是哲学的奥秘"这个命题具有深厚的哲学史内涵和深刻的时代性内涵。哲学是历史性的思想，哲学史则是思想性的历史；离开思想性的历史，就不可能形成历史性的思想。高先生指认"人是哲学的真正的主题"，是以其系统地反思哲学史为依据的；高先生以"人是哲学的奥秘"为逻辑支点构建其"类哲学"，是以其对当代哲学的历史使命的自觉为依据的。高先生说："在我看来，对'哲学'这种理论，我们必须从人的本性以及这一本性的历史变化中，方能获得深切理解；同样地，对于'人'，虽然众多学科都在研究人，也只有从哲学思维的高度才能把握人的真实本性。在人类的历史发展中情况总是这样：我们是怎样理解哲学的，也就会怎样理解人；反之，人的发展状况如何，特别是人对自我意识的状况怎样，人们对哲学的理解也就会怎样。""当人觉醒为人，意识到自己是人，要去追求人的生活，开始思考人的存在本性、生存意义以及人与其他存在的关系等种种问题时，就产生出哲学，有了哲学理论。"③ 总结哲学史，高先生提出，哲学的"曾经是"，与人的"曾经是"，是直接相关的。对此，高清海先生从哲学演进中的思维方式的基本

---

① 《高清海哲学文存》第1卷，第2—3页。
② 《高清海哲学文存》第1卷，第3页。
③ 高清海：《"人"的哲学悟觉》，黑龙江教育出版社2004年版，第1页。

类型的特征，与对人的不同理解的相互关系，作出如下的论证：（1）"从未分化的笼统的自然出发认识一切问题的思维方式，可以称之为自然观点"。"这种观点是从人的对象性存在中去了解人的本质的。"（2）"从脱离人的自然出发认识各种问题的思维方式，属于存在观点"。"存在观点"是"从人的本原存在中把握人的本质"。（3）"从脱离自然的主体（即意识）出发认识各种问题的思维方式，属于意识观点。""意识观点是注重于从人作为主体能动本质的外部显象中把握人的本质。"（4）"从抽象的人出发去认识各种问题的思维方式，属于人本学观点。""这种观点试图直接从意识和存在的统一出发去把握人的本质。"（5）"从人与自然的具体统一即从具体的人的现实活动出发去认识各种问题的思维方式，属于实践观点。""对实践的理解，也就是对人之为人的本质的理解"，"理解实践问题的关键在于，如何在人的感性活动中赋予它以能动性和创造性的内容。而这就意味着对人的本质要达到一个完全不同于过去的全新的理解"[①]。正是从人的历史形态及其自我意识去探索哲学的历史形态及其思想内涵，又从哲学的历史形态及其思想内涵去反观人的历史形态及其自我意识，高清海先生奠定了构建其"类哲学"的逻辑支点——"人是哲学的奥秘"。

以"人是哲学的奥秘"为逻辑支点而创建"类哲学"，是同高清海先生自觉到的当代哲学的历史使命息息相关的。高先生提出："20世纪，可以认为是人类历史中最为惊心动魄的一个世纪。"在这一百年间，人类社会发生重大跃迁，人类文明获得重大进步，人类自身也面对重大挑战。从人与自然的关系看，人类面对环境问题、生态问题、能源问题；从人与人的关系看，人类面对种族歧视、国家冲突、利益争夺、热战冷战问题；从人与自身本质的关系看，人类面对精神萎缩、信仰危机、道德沦丧问题[②]。高先生由此提出："面对如此众多难题，人类将走向何方？未来的命运将会如何？我们应当怎样对待当前的生活，看待和理解人的本性？这就使人不能不重新思考有关人、人性以及人走过的道路等种种问题。"[③] 对于这些关乎人类未来命运的重大问题，高先生从人与自然、人

---

① 高清海：《哲学与主体自我意识》，中国人民大学出版社2010年版，第154—159页。
② 参见高清海《"人"的哲学悟觉》，黑龙江教育出版社2004年版，第14—15页。
③ 高清海：《"人"的哲学悟觉》，第15页。

与人、人与自我这三大方面作出哲学的反思与回答:从人与自然的关系说,"人需要走出自然,还得回归自然",而人只有"成为人",才有可能深入于自然本性,与自然形成深层的"本质融合";从人与人的关系说,"人属于类性的存在,共同体是人的基本存在方式,人只能在人与人的一体关系中生存和发展",而"另一方面,在发展中人的个体又必须走向独立","人的一体本性,人的独立个性,这两方面都属于人的'类本性'的内在规定";从人与自我关系说,"个体只有占有人的类性本质,他才能获得自主能力,形成个性化的自我",而"人的自我愈是个性化、多样化,人的类本性才能愈益充实,愈加丰满"①。正是基于对当代哲学使命——"类意识觉醒"——的理解,高清海先生创建了被他称之为"人性革命时代"的"类哲学"。

二 "类哲学"的解释原则:人对世界的否定性统一

"人是哲学的奥秘",这不仅意味着必须从"人"出发去理解"哲学",而且意味着必须把"人"本身作为阐述"哲学"的根本性的"解释原则"——如何理解"人",就会构成怎样的关于"人"的哲学。高清海先生把"人"的本质理解为"类"存在,因而他所创建的哲学就是"类哲学"。

高先生对"人"的理解,直接地缘于他对人的存在方式——"实践"——的理解。在《关于费尔巴哈的提纲》中,马克思明确地提出:"凡是把理论引向神秘主义的神秘东西,都能在人的实践中以及对这个实践的理解中得到合理的解决。"② 由此提出的最具根本性的理论问题就是:究竟如何理解"实践"? 通常的解释是:"实践是指人能动地改造物质世界的对象化活动"。对"实践"的这种理解和解释,凸显了"实践"活动的能动性、对象性和物质性,揭示了"实践"活动与"精神"("认识")活动的区别,但却没有抓住"实践"之于"哲学"的两个最为重

---

① 高清海:《"人"的哲学悟觉》,第 15—16 页。
② 《马克思恩格斯选集》第 1 卷,人民出版社 1995 年版,第 56 页。

大的理论问题：一是如何在对"实践的理解中"揭示出人对世界的特殊关系并从而揭示出"人本身"的特殊性；二是如何在对"实践的理解中"形成阐释人与世界关系的"合理的"哲学思维方式。高先生敏锐而深刻地捕捉到蕴含于"实践"之中的这两个重大哲学问题，在对"实践的理解中"，不仅深刻地揭示了"人对世界的否定性统一关系"，而且鲜明地提出了以"实践观点的思维方式"去阐释"人对世界的否定性统一关系"，由此构成了他创建"类哲学"的根本性的"解释原则"——以"人对世界的否定性统一"的"实践观点的思维方式"来回应和回答全部哲学问题。

高先生对人与世界的否定性统一关系的理解，直接地源于马克思在《1844年经济学哲学手稿》中所阐述的基本思想。马克思提出："动物和自己的生命活动是直接同一的。动物不把自己同自己的生命活动区别开来。它就是自己的生命活动。人则使自己的生命活动本身变成自己意志的和自己意识的对象。他具有有意识的生命活动。""有意识的生命活动把人同动物的生命活动直接区别开来。"这种"区别"的实质就在于，"动物只是按照它所属的那个种的尺度和需要来建造，而人懂得按照任何一个种的尺度来进行生产，并且懂得处处都把内在的尺度运用于对象；因此，人也按照美的规律来构造"①。高先生对"实践"的理解，正是基于他对马克思关于人同动物的"直接区别"的理解：人的"实践"活动内蕴着马克思所指认的"物的尺度"与"人的尺度"这两种"尺度"，既是依据"物的尺度"的"合规律性"活动，又是依据"人的尺度"的"合目的性"活动；人的既"合规律性"又"合目的性"的"实践"活动，构成了人与世界的独特关系——"人对世界的否定性统一关系"。

以"人对世界的否定性统一"来理解和阐释"实践"，并不仅仅是揭示了"实践"作为人类存在方式的本质，而且是在哲学的意义上提供了理解和阐释人与世界关系的思维方式。高清海先生提出，在人对世界的否定性统一的实践活动中，"实践既是消除主观性与客观性各自的片面性、使主体与客体达到统一的活动，又是发展主观性与客观性的对立、造成主体与客体的新的矛盾的活动"。这意味着，"在实践活动中不仅蕴藏着人类社会生活的一切秘密，也蕴藏着人的对象世界的一切秘密。它

---

① 《马克思恩格斯选集》第1卷，第46、47页。

是人类面对的一切现实矛盾的总根源，同时又是人类能够获得解决这一切矛盾的力量和方法的源泉和宝库"①。因此，在对"实践"的理解中，就不仅要把"实践"理解为"人对世界的否定性统一"活动，而且要把"人对世界的否定性统一"的"实践"作为理解和阐释人与世界关系的"合理的"思维方式。高清海先生把这种"合理的"思维方式概括为"实践观点的思维方式"。

关于"思维方式"及其哲学意义，高清海先生作出如下的概括："思维方式是人们思维活动中用以理解、把握和评价客观对象的基本依据和模式"，"不同历史时期主体的发展程度及其与客体发生关系的方式不同，人们用以观察和评价事物的思维方式也便不同"，"从一个时代转变到另一个时代，不仅必须经历哲学思维方式的根本变革，而且人们只有改变了看待一切问题的思维方式，才能彻底变革社会的意识形态，进而实现整个社会生活的深刻变革"②。由此，高先生提出："马克思主义哲学就是代表自19世纪中叶以来人类进入新的历史时期，适应时代变革的要求而出现的一种崭新的思维方式。马克思主义哲学的产生之所以引起了整个哲学理论观点的革命性变革，从根本上说也就是因为思维方式发生了变革。马克思主义哲学是立足于实践的基础去观察、认识一切问题的。这种新的思维方式也就集中体现在马克思主义的实践观点之中"③。正因如此，高清海先生明确地把马克思主义哲学的"思维方式"概括为"实践观点的思维方式"。

在高清海先生看来，"对于马克思主义的实践观点，我们决不能把它看作仅仅是用来回答认识的基础、来源和真理的标准等认识论问题的一个原理；而必须把它看作马克思主义用以理解和说明全部世界观问题、区别于以往一切哲学观点的新的思维方式。只有认识到这一点，才能把握马克思主义哲学全部内容和实质"④。正是基于这种认识，高先生在"思维逻辑"的意义上，进一步阐发了"实践观点的思维方式"的哲学意义："实践观点作为一种崭新的思维方式，它也就是马克思主义哲学对待一切问题的思维逻辑。每一种哲学，都主要是由于它的思维逻辑而与其

---

① 《高清海哲学文存》第1卷，第125页。
② 高清海：《哲学与主体自我意识》，中国人民大学出版社2010年版，第151、152页。
③ 高清海：《哲学与主体自我意识》，第152页。
④ 高清海：《哲学与主体自我意识》，第152页。

他哲学相区别的。是否贯彻实践观点这种思维方式，就应当是判定马克思主义哲学与非马克思主义哲学原则界限的基本依据。"① 由此，高先生又在坚持和发展马克思主义哲学的意义上提出："所谓发展马克思主义哲学，其实质也就是运用马克思主义的实践观点——这一崭新的思维方式去分析、总结、回答现时代社会实践和科学技术所提出的那些新成果、新思想、新问题。""只要我们坚持运用马克思主义的实践观点解答我们时代提出的问题，我们就能大大丰富马克思主义哲学的内容、推进马克思主义哲学理论发展。"②

高清海先生在自己的哲学研究中，不仅自觉地以"实践观点的思维方式"去回应和回答全部的哲学问题，而且拓展和深化了"实践观点的思维方式"的思想内涵，从而以"实践观点"的"思维逻辑"构建了"类哲学"的内涵逻辑：首先，他把作为"实践观点的思维方式"的核心范畴——实践——概括为"人对世界的否定性统一关系"，从"否定性的统一"去看待和阐释人对世界的全部关系；其次，他从"人对世界的否定性统一"去把握和阐释人与自然的关系，不仅把"实践"视为改造自然的对象性活动，而且把"实践"视为构成人的"二重世界"——"自然世界"与"属人世界"——的现实基础，进而从"属人的世界"去看待人与世界的关系；再次，他以"实践观点的思维方式"去探讨人与世界关系中的根本性矛盾——主观与客观的矛盾，把主观与客观的对立与统一归结为"人对世界否定性统一"实践活动，以"实践"的发展来说明"现实的人及其历史发展"；最后，他以"实践观点的思维方式"去反思"理论形态的人类自我意识"——哲学——的理论特性、历史演进和当代使命，形成了以人的"类意识觉醒"为价值诉求的类哲学。

三 "类哲学"的实质内容："人的双重生命"

为什么"类意识觉醒"是"类哲学"的根本性的价值诉求？以"类

---

① 高清海：《哲学与主体自我意识》，第153页。
② 高清海：《哲学与主体自我意识》，第153页。

意识觉醒"为价值诉求的"类哲学"所要解决的根本性的理论问题到底是什么？高先生的回答是：必须提出和探索"人的双重生命"，从而达成对"个性化的类本性"的哲学自觉。

对"人"的认识，最根本的是从"人"与"物"的区别去规定"人"；对"人与世界关系"的理解，最根本的是从"人对世界的关系"与"物对世界的关系"的区别去理解"人对世界的关系"。这意味着，当着我们把"人"与"动物"区别为"有意义"的生命活动与"无意义"的生命活动，把"人与世界关系"与"动物与世界关系"区分为"否定性的统一关系"与"肯定性的统一关系"，就要求我们有两种不同的认识方式——认识人的方式与认识物的方式。然而，正如高清海先生尖锐地指出的，"我们过去虽然把人看作是与物不同的存在，但我们用以认识人的方式却基本上是认识物的方式，也就是在以'物种'的规定方式去理解人与物的区别本性"。正是由于"用物的方式去理解人"，其结果就是"历史上人总是被抽象化，同时又经常被分裂、分割为单子"式的存在。因此，要"改变人的观念，首要的就是破除这种从物去认识人的方式和业已习惯了的物种观念，应该转变到以真正人的方式、人的观念"，也就是"以'类'的观点和方式去理解人的本性"[①]。高先生的上述表达，是其创建"类哲学"的"奥秘"之所在，也是其以"人的双重使命"——种生命和类生命——为实质内容而构建其"类哲学"的"奥秘"之所在。

"在一切存在物中，人可以说是最为特殊的一种存在了"。那么，"人"的特殊究竟"特"在哪里？高先生的回答是："人具有双重生命、双重本性"。这具体地表现在："人来自于物，原本也就是物，却不能把人归结为物"，因为"人同时又具有超物性"；"人是生命存在，本来属于生命体"，但"人作为人又超越了生命局限"，因此"也不能把人简单地划归生命存在"[②]。由此就构成了"认识人"的最具根本性的"悖论"：人既是"物"又是"非物"，既是"生命的"又是"超生命的"，既是"自然的"又是"超自然的"；由此所提出的最具根本意义的哲学问题就是：如何以"人的方式"认识人？正是从这个最具根本意义的哲学问题出发，高清海先生以"人的双重生命"为实质内容，展现了其"类哲学"

[①] 高清海：《哲学与主体自我意识》，第245页。
[②] 高清海：《"人"的哲学悟觉》，第4页。

的内涵逻辑。

"类哲学"的内涵逻辑,以"人是哲学的奥秘"为逻辑支点、以"人对世界的否定性统一"为解释原则,首先是诉诸对人的"双重生命"——"种生命"与"类生命"——的辨析与论证。高先生明确地提出:"人的'第一生命',就是自然赋予人的'自在生命',属于人与动物共同具有的物种生命、本能生命、肉体生命。人一生下来就有了这个生命,它在性质上服从于生物规定,属于生死有定限的存在";人的"第二生命",是指"在生物生命的基础上通过本能生命活动、由人自己创生的'自为生命',它属于智慧性、社会性、意义性、永恒性的生命"。正是基于对人的"第一生命"与"第二生命"的区分,高先生提出了"人的双重生命":自然给予的"种生命"和超越了物种生命的"类生命"[①]。

在高先生看来,理解"人的双重生命",首要的是必须突破"单一生命本性"这个关口。"按照生物学或既有的科学观念,生命只有一种,这就是生物有机体的生命",因此,"如果认为人是一个生命体",就"只能从物种的观点去理解人的本性"[②]。由此提出的问题就是:如何突破"生命的生物学含义"而形成"生命的人学含义"。高先生对这个问题的回答是:"人作为已经发展到具有更高级本性的生命存在,他就不会为既有的动物式生命的本性所限制,人在这种生命基础上通过生命的活动完全可能创生出更高级的生命,这就是'主宰生命的生命',或者叫做'自主生命'"[③]。人的"自主生命",就是作为"生命的人学含义"的"类生命";"生命有了自主性,能够转而支配本能,这就是人"[④];因此,"人"的本质不在于其"本能生命"的"种生命",而在于其"自主生命"的"类生命"。

从"人的双重生命"——"种生命"与"类生命",高清海先生合乎逻辑地提出作为"物性"的"种性"与作为"人性"的"类性"的关系问题。"物性就是种性,物种的规定对动物个体来说属于先天规定,它们生来是什么就是什么,动物个体自我无法改变它的种性"[⑤],因此,"动物的生命个体仅仅是物种本性的个别存在形态,不同个体之间只有实体

---

① 高清海:《"人"的哲学悟觉》,第34—35页。
② 高清海:《"人"的哲学悟觉》,第20页。
③ 高清海:《"人"的哲学悟觉》,第22页。
④ 高清海:《"人"的哲学悟觉》,第32页。
⑤ 高清海:《"人"的哲学悟觉》,第41页。

性的差异，没有个性的区别"①。与动物不同，人的"自主生命"所构成的"人性"即"类性"，则使人成为富于"个性"的存在，"每个人和每个人不只是不同的实体存在形式，他们之间还有着各自不同的性质、秉性、特质和特性"②。这种体现人的"自主生命"的"个性"，就在于"人能够由自己的活动去创造自己的本质，完善自己的本性，实现自己的目的，这也就是与物种的必然本性相对待的人的'自由性'"③。

由作为"类性"的人的"自主生命"，高清海先生进而合乎逻辑地提出"人之为人"和"人之成人"的问题。高先生提出，"类性"与"种性"的重大区别，在于它们与"个体"的关系是不同的。"种性"之于个体是先天的、本能的、强制的规定——"种性"是什么，"个体"就是什么；"类性"之于"个体"，则是"双向选择关系而不是单方面的强制规定"——"在类本性的同等前提下，不同个体从中获得的人性""会有很大的差别"④。这深切地体现了"类性"与"个性"之间的辩证关系：一方面，人的"类性"以"个体生命的创造性活动为内容源泉"，所以人的"自由性"本身就"属于类本性的内在规定和本性要求"；另一方面，"类本性"又"以个性的多样性为基础"，个体的"努力程度、所持态度以及创造性的发挥"又规定"个性"的"形成和塑造"⑤。因此，"一个人从获得种生命到确立自我人格，需要经历学习和成长的漫长过程，确立了人格自我之后，还要进一步发挥生命的创造性去丰富自我的内涵、实现自我的价值，以便赋予有限的生命以永恒和无限的意义"⑥。正是从"类性"与"个性"的辩证关系出发，高先生提出了自己的"类哲学"的"成人之道"："一个人只有用人类所创造的类本性装备起来，并充分吸收他人之我的创造成果，以此为基础才会有自己生命的创造，形成具有真正个性的自我。"⑦ 在高先生看来，"这样的自我，按其本性来说，不过就是以个体独特形态而存在的人的'类性'本质，或者叫作个性化的

---

① 高清海：《"人"的哲学悟觉》，第45页。
② 高清海：《"人"的哲学悟觉》，第45页。
③ 高清海：《"人"的哲学悟觉》，第45页。
④ 高清海：《"人"的哲学悟觉》，第49页。
⑤ 高清海：《"人"的哲学悟觉》，第50页。
⑥ 高清海：《"人"的哲学悟觉》，第54页。
⑦ 高清海：《"人"的哲学悟觉》，第57页。

类本性"①。

反观高清海"类哲学"的思维逻辑，我们会发现，高先生是以人的双重生命——种生命与类生命——为逻辑起点，又以人的双重本性——种性与类性——为逻辑中介，进而升华为关于人的双向生成——类性与个性——的辩证逻辑。在"类哲学"的思维逻辑中，"种生命"与"类生命"、"种性"与"类性"、"类性"与"个性"，构成其三组基本范畴。通过对这三组基本范畴层层推进的剖析与论证，高清海先生深刻而睿智地阐明了"类哲学"的核心范畴——"类性"——的真实内涵和真实意义。在高先生看来，人的"类性"，就是自主性和创造性，因此，人的生命既是"本质规定存在"——自主性和创造性的"类性"规定人的存在，又是"存在规定本质"——人在自己的自主性和创造性的活动中成就自己的"个性"。这就要求"哲学"既从"类性"去看待"个性"，又从"个性"去看待"类性"；既不能从"前定"的"种性"去看待"人"，又必须从"人"的"类性"去看待人的"本质"；既不能离开人的"本性"去看待人的"生成"和"发展"，又必须从人的"生成"和"发展"去看待体现"类性"的"个性"。从"类性"与"个性"的辩证关系看，人类的文明史，就是人类以其"类性"而造就其"个性"，又以其"个性"而丰富其"类性"的历史，也就是"个性化的类本性"的生成史。"类哲学"的"真实意义"，就是在对"个人"与"人类"的辩证关系的反思中，以揭示"类性"与"个性"的辩证关系为内涵逻辑而推进人的"类意识觉醒"。

正是基于对作为"物性"的"种性"与作为"人性"的"类性"的辨析与论证，特别是基于对人的"类性"与"个性"的辨析与论证，高清海先生进而着重地从"思维方式"的高度转变"哲学"的传统观念——超越"本体论的思维方式"。高先生认为，作为思维方式的本体论，其本质是"由预设本质去解释现存世界的前定论、先验论的思维方式，从初始本质去说明后来一切的预成论、还原论思维方式，从两极对立追求单一本性的终极论、绝对论思维方式"②。在高先生看来，长期以来统治哲学的本体论的思维方式，其本身难以克服的"致命弱点"主要

---

① 高清海：《"人"的哲学悟觉》，第57页。
② 高清海：《"人"的哲学悟觉》，第170页。

表现在三个方面：其一，"人性、物性不分，把人和物看做同根、同源乃至同性，'人'和'人性'的特质因而被淹没"，是一种适于说明"物的本性"而不适于说明"人的本性"的"前定论""预成论"的思维方式；其二，哲学家们以各自的"断言"来规定"本体"，他们对"本体"的规定愈是具体和详尽，"他的思想便愈显得武断"；其三，"本体"一旦转化为"概念"，"就在无形中被凝固化，失去了事物固有的联系性、生动性和变化性"，"只有依靠人为的逻辑才能使它们建立起联系，发生变化"①。在剖析本体论思维方式的"致命弱点"的基础上，高先生进而深切地揭示了构成这种思维方式的"思想前提"：一是就其思想本质说，是把"存在本身"与"存在的现象"割裂开来、对立起来，把"本体"视为隐藏在经验现象背后的"超验的存在"；二是就其思想原则说，是把"主观"与"客观"割裂开来、对立起来，把"本体"视为排除掉主观性的纯粹的客观性；三是就其追求目标说，是把"绝对"与"相对"割裂开来、对立起来，把"本体"视为排除掉相对性的纯粹绝对性。这种以本质与现象、主观与客观、绝对与相对的相互割裂为思想前提的本体论的思维方式，就是传统哲学的形而上学的思维方式。这种思维方式的最深层的思想根源，就在于以"前定"的"种性"而不是以"自主性"的"类性"去看待人以及人与世界的关系。因此，高清海先生不仅提出必须以"辩证法的思维方式"重新理解"人"，而且提出要以"实践观点的思维方式"来理解"人"以及"人和世界的关系"，从而形成人的"类意识自觉"。

四 "类哲学"的价值诉求："人的类意识觉醒"

哲学家们创建一种什么样的哲学理论，是同"他们是怎样的人，是怎样理解人的，是怎样期望于人的"息息相关，密不可分。高先生创建以"人的类意识觉醒"为价值诉求的"类哲学"，从根本上说，是基于他对人类命运的关切。诉诸高清海先生的哲学探索，我们会真切地体会到，高先生终其一生所关切的，绝不仅仅是个人的命运，也不仅仅是哲

---

① 高清海：《"人"的哲学悟觉》，第171—172页。

学的命运,他是把个人的命运和哲学的命运与国家的命运、民族的命运、人类的命运密切地联系在一起的,或者可以说,他是从国家、民族和人类的命运出发来思考个人的命运和哲学的命运。以"人的哲学悟觉"而达成人的"类意识觉醒",这就是高先生所创建的"类哲学"的价值诉求。

把人的"类意识觉醒"作为"类哲学"的根本性的价值诉求,直接地取决于高先生对人的"特殊性"的理解。"对于动物来说,并不存在'为动物之道'的问题,而作为人,却必须讲求'做人之道',要认识自己所以为人的道理,不断去审视、规划、校正自己的人生目标和生活道路"[①]。在高先生看来,"为人"的根本之道,就在于人的"类意识"的自觉。在《理论的命运与中国的命运》一文中,高先生进一步提出:"人是按照事先经过思考的目标而行动的动物。如果说生物以其生命作为探索工具,因而往往要以大量个体的死亡为代价,有时还要甘冒整个种族灭亡的风险才能获得一种成功的生存模式;那么,人类高明之处就在于,它有一个思想实验室,能够运用理论为工具去实现生物必须由生命来完成的探索功能。"[②] 正因如此,哲学的命运就决不仅仅是哲学自身的命运,而且关乎国家的命运、民族的命运、人类的命运;哲学的使命就决不仅仅是哲学自身的使命,而且关乎国家的未来、民族的未来、人类的未来。在高先生看来,哲学乃是民族之魂,哲学不仅标志着一个民族的自我意识所达到的高度和深度,而且体现着一个民族的心智的发育和成熟的水准。高先生独树一帜地创建其"类哲学",是因为他认为人是超越了"种"存在的"类"存在,而"哲学"的实质内容就是关于"类"存在的理论形态的人类自我意识,"哲学"的根本使命就是使作为"类"存在的人类达成"类意识自觉"。

"类意识自觉",对于当代的人类来说具有更为严峻的紧迫性,这是"类哲学"的价值诉求的更为深沉的哲学思考。高先生提出:"人面前的路从来不只一条,在走什么样的道路上人是有着相当大的选择性的",而"这就意味着,人的发展道路并没有天然的保证,完全可能走进岔路,陷入歧途,乃至迷失方向",因此,"历史愈往前走","道路愈加艰难,责

[①] 《高清海哲学文存》第1卷,第4页。
[②] 《山高水长高清海纪念文集》,吉林大学出版社2006年版,第38页。

任愈加重大，人的选择愈要小心谨慎"①。正是这种关切"人类命运""人类未来"的忧患意识，强化了高清海先生对"人的类意识觉醒"的渴望，并促使其在饱受病魔折磨的晚年构建以"人的类意识觉醒"为价值诉求的"类哲学"。

如果说高先生对人类命运的忧患意识显示了他的博大的人文情怀，那么，高先生对中华民族未来的关切则更深切地体现了他的炽烈的家国情怀。在其生命的尾声，高先生写下了两篇被称之为"思想遗嘱"的论文——《中国传统哲学的思维特质及其价值》和《中华民族的未来发展需要有自己的哲学理论》。先生说："中华民族的生命历程、生存命运和生存境遇具有我们的特殊性，我们的苦难和希望、伤痛和追求、挫折和梦想只有我们自己体会最深"，因此我们需要有自己的哲学理论。先生充满期待地对我们说，创造"当代中国哲学"，实质就是要创造中华民族的"思想自我"。"一个社会和民族要站起来"，"关键在于首先要在思想上站立起来"，"一个在思想上不能站立的民族"，"不可能真正成为主宰自己命运的主人"。这是先生求索终生的思想箴言，也是先生临终的思想嘱托。

需要深入思考的是，高清海先生以"类意识觉醒"为价值诉求而创建其"类哲学"，从其所从事的专业——哲学——上看，直接地是同他所接受的中国哲学精神密不可分的。按照现代中国哲学家冯友兰先生的看法，"哲学"之所以区别于其他学科，就在于它是"使人作为人而成为人"，而不是像其他学科那样使人成为"某种人"。成为"某种人"，就要学习某种专门知识，掌握某种专门技能，并因而能够从事某种专门行业，扮演某种专门角色。培养"某种人"，重在对"某种物"——特定的客观对象——的了解和把握；"使人作为人而成为人"，则重在对"人"——人的本性、人的生活和人的成人之道——的理解。从根本上说，"使人作为人而成为人"的中国哲学，是关于"应然的人生"的哲学，是以应然的人生准则为前提、以应然的人生追求为内容、以应然的人生境界为诉求的"应然的人生"哲学。冯友兰先生提出的人生境界说——自然境界、功利境界、道德境界、天地境界——并非仅仅是冯友兰先生个人对哲学的理解和追求，而且是"使人作为人而成为人"的中

---

① 高清海：《"人"的哲学悟觉》，第14页。

国哲学的价值诉求。作为现代中国社会学家的费孝通先生,则从人与人、群体与群体、国家与国家的"应然"性出发,在哲学的意义提出"各美其美、美人之美、美美与共"的关于人作为"类"的价值诉求。高清海先生将其"类哲学"的价值诉求定位为人的"类意识觉醒",不仅是源于"使人作为人而成为人"的中国哲学的根本性的价值诉求,也不仅是源于现当代中国哲学对"历史已经转变为世界历史"的民族之间、国家之间的"美美与共"的价值诉求,而且是从人之为"类"的"类存在"出发,也就是从人类的命运和人类的未来出发,把"类哲学"定位为关于"类意识觉醒"的哲学。

需要进一步思考的是,以"类意识觉醒"为价值诉求的"类哲学",又是同高清海先生所坚守的哲学——马克思主义哲学——息息相关的。从根本上说,马克思主义哲学就是"关于现实的人及其历史发展"的哲学,具体言之,是以"现实的人"为出发点和立足点,以"人的历史形态"为内涵逻辑,以"现实的历史"为反思对象,以"人类解放"和"人的全面发展"为价值诉求的哲学。在《关于费尔巴哈的提纲》中,马克思就明确地指出:"人的本质不是单个人所固有的抽象物,在其现实性上,它是一切社会关系的总和。"[①] 费尔巴哈"所分析的抽象的个人,是属于一定的社会形式的"[②];"旧唯物主义的立脚点是市民社会,新唯物主义的立脚点则是人类社会或社会的人类"[③]。在《德意志意识形态》中,马克思更为明确地提出:"只有在共同体中,个人才能获得全面发展其才能的手段,也就是说,只有在共同体中才可能有个人自由。"然而,"从前各个人联合而成的虚假的共同体,总是相对于各个人而独立的;由于这种共同体是一个阶级反对另一个阶级的联合,因此对于对被统治的阶级来说,它不仅是完全虚幻的共同体,而且是新的桎梏。"因此,只有"在真正的共同体的条件下,各个人在自己的联合中并通过这种联合获得自己的自由"[④]。对此,马克思还特别强调地指出,"各个人的世界历史性的存在,也就是与世界历史直接相联系的各个人的存在"[⑤],"每一个单个

---

① 《马克思恩格斯选集》第1卷,第56页。
② 《马克思恩格斯选集》第1卷,第56页。
③ 《马克思恩格斯选集》第1卷,第57页。
④ 《马克思恩格斯选集》第1卷,第119页。
⑤ 《马克思恩格斯选集》第1卷,第87页。

人的解放的程度是与历史完全转变为世界历史的程度一致的"①。高清海先生以"类意识觉醒"作为其"类哲学"的价值诉求,是与历史转变为世界历史的时代性的哲学使命息息相关的。

哲学的根本问题,是如何理解"人"的问题;而理解"人"的根本问题,则是"个人"与"人类"的关系问题,也就是"个性"与"类性"的关系问题。高清海先生以"个性化的类本性"为其哲学的实质内容,把"类哲学"的价值诉求定位为"类意识觉醒",其根本依据就是以"人类社会或社会的人类"为"立脚点",为"人类解放"和"人的全面发展"提供"理论形态的人类自我意识":使人自觉其"类"的存在,并为真正实现其"类存在"——马克思所指认的以每个人的自由而全面的发展为前提的一切人的自由而全面的发展——奠定"个性化的类本性"的哲学基础。

(该文原载于《社会科学战线》2019 年第 7 期)

---

① 《马克思恩格斯选集》第 1 卷,第 89 页。

"创建当代中国哲学理论"：
我们当如何"接着讲"？

王南湜[*]

"创建当代中国哲学理论"，这是高清海先生在其生前发表的最后一篇文章中留给我们的"哲学遗嘱"。作为高先生的学术后辈，执行这一"遗嘱"，自是我们责无旁贷之事；但如何有效地执行，却非一个简单的问题，而是我们要认真地用生命去思考的问题。因为这种思考便是对高青海先生学术生命的延续，是在最为真切的意义上对于高先生的纪念。对于高清海先生这样一位终生奉献于当代中国哲学事业的思想者来说，最好的纪念莫过于推进他所钟爱的事业，即将他未竟的"创建当代中国哲学理论"事业延续下去，"接着讲"下去。

一

"创建当代中国哲学理论"，是高清海先生孜孜以求的事业，但先生所召唤的却并非一个特殊的哲学理论，而是一种能够体现中华民族亦即"我们的苦难和希望、伤痛和追求、挫折和梦想"的"当代中国哲学理论"，因而，它便是一种具有极大普遍性诉求的理论。面对这样一种普遍性的宏大目标去"接着讲"，无疑是存在着诸多可能的入手之处的，但笔者想指出的是，从高清海先生那里"接着讲"，我们能够更为切近地抓住"创建当代中国哲学理论"核心问题，从而能更为有效地推进这一宏伟事业。

关于为何要从高清海先生那里"接着讲"的问题，笔者在两年前的

---

[*] 王南湜，南开大学教授。

一篇文章中曾对中国马克思主义哲学发展中张岱年、冯契和高清海等几位"学院派"哲学家的理论贡献做过一点梳理,其中的讨论或许能够回答这一问题。笔者曾写过这样一段话:"张岱年、冯契、高清海三位先生,称得上是二十世纪最著名的三位'学院派'马克思主义哲学家。三位先生虽然学术性格和研究领域各异,但却有一个显著的共同点,那就是终生持续探讨如何重建现代中国所需要的哲学,即能够鼓舞国人精神的哲学。'论现在中国所需要的哲学',是张岱年先生1935年发表的一篇文章的标题;而'中华民族的未来发展需要有自己的哲学理论',则是高清海先生2004年发表的一篇文章的标题。前者是张岱年先生青年时期(时年26岁)之作,后者则是高清海先生生前(时年74岁)发表的最后一篇文章,被视为是'高清海先生的哲学遗嘱'。两篇文章发表的时间间隔大半个世纪,且一为青春之作,一为垂暮之作,但却在文章的标题中都出现了'中国'或'中华民族''哲学''需要'这些关键词。这些词语意味着什么呢?它意味着从上个世纪初期直到当今,创造中华民族所需要的哲学理论历史使命仍然未能完结,仍然需要我们作出持续的努力。"① 而所谓"持续的努力",便是不仅要对诸位先生们的哲学思想"照着讲",更重要的是要接续诸位先生的思想趋向,推进以至完成诸位先生的哲学愿望,亦即要对诸位先生的哲学思想"接着讲"。三位先生之间虽然并无直接师承关系,甚至深度学术上的交集,但从学理上看,却有某种内在的逻辑关联,因而也可以说从张岱年先生到冯契先生,再到高清海先生,其间亦存在者一种理论的接续,亦即是一种"接着讲"的序统。而基于这一序统,我们今天要接着讲的便直接地是接续高清海先生的问题而"接着讲",而这也就间接地是对三位先生之创建当代中国所需要之哲学理论的"接着讲"。

而既然是直接接续于高清海先生的"接着讲",那么,这个"接着讲"要接着高先生的问题来讲。为此,我们需要回到高清海先生所留给我们的问题上去。高清海先生在被视为其"哲学遗嘱"的《中华民族的未来发展需要有自己的哲学理论》一文中,给我们留下的是这样一个理论任务:"'当代中国哲学'就是这样一种由中国哲学家探索、创造的主

---

① 王南湜:《重建中华民族的价值理想——中国马克思主义哲学一条未彰显的发展路径及其意蕴》,《学习与探索》2017年第7期。

要反映我们自身的境域和问题的'民族性''时代性'和'人类性'内在统一的哲学样式。"①"民族性""时代性"和"人类性"三个方面,便是高清海先生对这一重大任务所规定下的基本原则或轮廓。这三项原则无疑是高度概括而抽象的,但高清海先生不仅在该文中做了相当的讨论,而且更重要的是高先生在其晚年所一直思考的就是这一问题,并发表了一系列思考的重要成果。而这就给我提供了一个颇有深度的理论框架或颇高的讨论平台,使得我们能够在一个相当高的起点上来做进一步的思考。下面就据此作进一步讨论,看看我们当如何在高清海先生之后"接着讲"。

二

"民族性"是高清海先生所呼唤的"当代中国哲学理论"的首要特征。

高清海先生把"民族性"列为建构当代中国哲学之第一原则,初一看,似乎也是像那些耳熟能详的此类言说一样,亦只是一种老生常谈,无甚新意。人们下意识地认为,关于"民族性",人们谈论得已经很多很多了,似乎很难再说出什么新的东西来。但高先生此处的论说,却不同于那些习见的说法,而是颇见深意的,是触及民族性问题之深层的。一说到民族性,最常见的说法便是强调要有中国的民族形式,而似乎内容方面可以是一般的。而谈及民族形式时,作为比照的也是一种笼统的西方哲学,似乎"西方"也是一个单一的整体,其哲学也是整齐划一的东西。但高清海先生在文中却不但未将西方哲学视为单一性的存在,反而将西方诸国哲学的不同作为一个无可置疑的事实来指证民族性之必然性:"在近代哲学发展史中,英、法、德三国哲学的关系最足以说明问题。这三个国家的发展程度尽管有所差别,它们所处的历史阶段和面临的历史任务却是基本相同的,即都需要结束专制压迫、解放个人、争取自由,以便为资本主义的发展扫清道路。这可以说是那时它们共同的奋斗目标。

---

① 高清海:《中华民族的未来发展需要有自己的哲学理论》,《吉林大学社会科学学报》2004年第2期。

这里给我们的启示是，它们并没有因为目标相同、任务一致，在哲学理论上便去互相借用或彼此搬用别国的理论，法国并没有因为有了英国的理论，德国也没有因为有了在先的英国和法国理论便放弃自己的哲学创造；而是相反，它们每个国家都独立地创造了反映本国特殊发展情况、赋有'自我个性'的哲学理论。"① 这里，高清海先生在人们往往熟视无睹的境况中独具只眼地看到了其间的问题，将民族性问题的讨论引向了内容方面的深度方向。

诚然，只是比照英、法、德三国哲学的不同而来指证民族性之必然性，尽管从形式方面进入到了内容方面，但论证本身却仍是现象性层面的。人们也可能会将这段话理解为英、法、德三国哲学理论的不同只是法、德的哲学家们为了与英国哲学家相区别，而进行的有差别的理论创作。哲学理论既然是哲学家们的创造，就不可避免地是哲学家们的有意识的活动，若只是停留于这个层面说事，自然不免流于肤浅。但高清海先生的论证却并未止于此，而是从一个更深的层面作了展开。诚然，哲学家是能够自由地构造任何他所欲构造的理论的，但这种自由构造的哲学能否成为一个时代真正的哲学，亦即成为时代精神的精华，却是有待时代的抉择的。并非一个时代所创造的哲学理论都能够成为时代精神的精华，即成为真正的哲学的。只有那些能够抓住时代脉搏的理论，才可能有望成为时代精神的精华。在此意义上，真正的哲学家的创造并非是任意而为的，而是一种为某种超越于自身意识的东西所推动的活动。这其中的道理，便是高先生所指出的："哲学理论所以有个性，这同人的本性有关。就本源意义而言，哲学代表的是一种人所特有的对自身生存根基和生命意义的永不停息的反思和探究性活动，通过这种反思和探索，不断地提升人的自我意识和生存自觉，是哲学的根本使命。哲学作为人的'生命之学'，它既不可能是先验的'知识'性体系，也不可能是现成的'科学'，因为人的生命不是生活在世界之外的幽灵，它总是存在于具体、现实的'场域'和'语境'之中，在不同的场域，人的生命存在充满着特殊性和差异性，或者说，人的生命的'样式'和'活法'具有不同的特质和内容。因此，哲学对人生命意义的追问和反思，便不是对脱

---

① 高清海：《中华民族的未来发展需要有自己的哲学理论》，《吉林大学社会科学学报》2004 年第 2 期。

离时空之外的生命本性的抽象演绎和思辨,而是对生活在历史中的、在特殊的社会关系综合体中实现着自己的目的和利益的人的具体生命的审视和反思。"① 将哲学作为人的"生命之学",作为对于处在历史中的各各特殊的社会关系综合体中追求着自己目的和利益的人的具体生命之意义的追问与反思,便自然地、不可避免地具有各异的民族性,甚至个体性的。

如果我们沿着高清海先生的思路,再向更为具体的民族性方面进一步追问,即追问当代中国哲学之民族性到底如何体现,或者说,追问在我们创建当代中国哲学理论之时,到底应当从何着手去体现民族性,那么,我们也就来到了民族性问题的最核心之处。在此,虽然没有现成的答案,但高先生给我们指出了一条正确的思考之路,那就是从我们自身的生命历程去追问,而不能指望直接可搬用的东西:"西方哲学是以西方人特有的生命形态和生存经验为基础的,它的审视和追问方向也主要是西方人特有的生命经验,我们不可能期望让他们代替中国人去理解、反思我们自己的生命境遇和生存意义,仰仗他们的理论具体解决中国的现实问题。中华民族的生命历程、生存命运和生存境遇具有我们的特殊性,我们的苦难和希望、伤痛和追求、挫折和梦想只有我们自己体会得最深,它是西方人难以领会的。我们以马克思的哲学为指导,对于这类具体问题也仍然需要有我们自己的理论去回答和解决。"② 这里的关键词是在"中华民族的生命历程、生存命运和生存境遇"中的"我们的苦难和希望、伤痛和追求、挫折和梦想",即处于这一独特的生存境遇中的"希望""追求"和"梦想"。何谓中华民族的"希望""追求"和"梦想"呢?用哲学术语讲,就是中华民族的"价值理想"。这也就是说,一种哲学之民族性的核心是其"价值理想"。那么,"创建当代中国哲学理论"的核心之点也就是将中华民族之价值理想呈现于哲学理论之中。

说到中华民族之价值理想,便不能不进一步追问,从人类历史上看,与其他文化民族相比,中华民族之"价值理想"到底有何独特性这一问题。这是因为,尽管"当代中国哲学"不可能现成地从传统中搬来,而

---

① 高清海:《中华民族的未来发展需要有自己的哲学理论》,《吉林大学社会科学学报》2004年第2期。

② 高清海:《中华民族的未来发展需要有自己的哲学理论》,《吉林大学社会科学学报》2004年第2期。

是必须当代人的创造,但这种创造若是割断了与传统价值理想的关联,便也不可能还是"中国的",从而也就不可能为广大国人所接受。人们常说,哲学或文化是人们的精神家园。但既是"家园",便必有世世代代生活于其中,体现着"我们的苦难和希望、伤痛和追求、挫折和梦想"的血肉相连的亲切感。因而,若是割断了传统,也就丧失了亲切感,从而也就难以为人们所接受而失去了其效能。

关于中华民族价值理想之独特之处,这里不可能进行详细的述论,但却可以指出一点,那就是中国文化传统中的价值理想是与"家"的理念分不开的,这一点是与源于希腊和基督教文明的西方文化传统大不相同的。希腊文明之典型特征是"城邦",在那里城邦之为政治共同体或公共领域,是与家庭之为私人领域全然分别的。而基督教文明之典型特征则是教会,教会之为精神共同体亦是与家庭分别的。但中华文明之典型特征却是家国一体,是以"家"为基本单元而扩展为"国家"观念的。在这里,"国"不仅不与"家"相分离,而且是"国"之价值合理性之根基。这样一种价值理想构造方式,在宋儒张载的"民胞物与"观念中得到了最为典范的表达。而这样一种思维方式并非只是思想层面之存在,而是有着实在的社会存在方式的支撑的。尽管中国社会结构形态经历了多次重大变化,但在这种变化中,"家"之存在方式却也以变化了的形态延续了下来,从而"家"之观念也就以变化了的方式延续了下来。因此,可以预言,尽管今日之中国正在经历两千年未有之变局,但中国特有的"家"之存在必定会以新的方式延续下去,从而"家"之观念也就必定会相应地以新的形式延续下去。因此,我们对于中华民族价值理想的当代重建,也就必然要从"家"的观念重建开始。

三

高清海先生所呼唤的"当代中国哲学"的第二个基本特征是"当代性"。

"当代性"这一规定往往会被人视为不言而喻之事,以为只要是当代人创造的东西便会自然具有"当代性"。但认真地说来,要做到"当代性",并非易事。"当代性"决非那种追赶时髦理论,更非卖弄几个时尚词语，而是要竖起民族的当代之魂，亦即在当代"为往圣继绝学，为天地立心，为生民立命"，从而贡献精神力量于"为万世开太平"。这里且看高清海先生对于"当代性"之理解："'哲学'是民族之魂。哲学标志着一个民族对它自身自觉意识所达到的高度和深度，体现着它的心智发育和成熟的水准。从这一意义说，创造'当代中国哲学'，实质就是要创造中华民族的'思想自我'。一个社会和民族要站起来，当然经济上的实力是必要的基础，然而这并不是关键，关键在于首先要从思想上站立起来，一个在思想上不能站立的民族，哪怕它黄金遍地，也不可能真正成为主宰自己命运的主人。"① 这是说，"创造'当代中国哲学'"，一方面有赖于整个中华民族"从思想上站立起来"，而哲学作为时代精神之精华，便是对于"思想上站立起来"的中华民族精神之表达；但另一方面，哲学也绝非只是消极的"反映"，而是以自己的方式促成民族在思想上的站立。因此，"创造'当代中国哲学'，实质就是要创造中华民族的'思想自我'"，这便是高清海先生效法宋代大儒张载为创造"当代中国哲学"设定的目标！实现这一目标，这是何等崇高而艰巨的使命啊，如何可能是轻而易举的呢！故若欲仿效高清海先生投入到创造"当代中国哲学"的崇高使命之中，便只能以先圣之语来自励："士不可以不弘毅，任重而道远。仁以为己任，不亦重乎？死而后已，不亦远乎？"

那么，如何实现这一目标呢？高清海先生也给予了原则性指引："当今中国社会正处在社会转型的关键时期，它内在地要求人们从理性的高度来判断中国社会的历史方位，澄明社会发展的价值前提，反思未来发展的可能道路，也即是说，创建当代中国哲学理论，乃是中国人反思自己的生命历程、理解自己的生存境域、寻找自己未来发展道路的内在要求和迫切需要。"② 因此，中国哲学的"当代性"便决非人们通常所认为的那样，是所谓的与当代西方哲学同步，追赶当代最时尚的哲学潮流，人家现代了，我们跟着"现代"，人家后现代了，我们也紧随着"后现代"。或者，干脆将中国传统的东西贴上"现代"的标签，说成是比西方更早为"现代"的，甚至早已经是"后现代"的了。若从高先生所理解

---

① 高清海：《中华民族的未来发展需要有自己的哲学理论》，《吉林大学社会科学学报》2004 年第 2 期。

② 高清海：《中华民族的未来发展需要有自己的哲学理论》，《吉林大学社会科学学报》2004 年第 2 期。

的"当代性"来看,这种亦步亦趋的观念"更新"或旧物翻新的"贴牌"游戏是毫无价值的东西,是精神的倦怠、思想的懒惰。而真正的"当代性"需要真真切切的理论创新。这创新的关键之处非他,便是对于中国社会或者说中华民族生命的历史与现实的再认识,而只有在这一再认识的基础上,才有可能形成真正具有"当代性"的中国哲学。

这一"再认识"之所以必要,根本之点"便在于中国社会的极大独特性,而以往对于中国社会历史发展的认识却又往往简单地比附于西方社会而极大地忽略了这一点。社会存在具有历史路径依赖性,中国社会发展之独一无二性,他国皆未有过之社会存在方式,无法简单归结为西方概念中任一种。简单地套用西方之模式,如古代之整体主义与现代之个体主义,皆有可能无法真正把握中国社会之特征"①。而既然西方既有的理论都是基于西方社会发展之特征而构建的,它对于中国社会的历史与结构的把握便不可避免地在相当程度上是不适合,甚或是扭曲的,因而,这一"再认识"便同时是对于认识中国社会方法的再认识,并在这种再认识中创造适合于中国社会之认识方法和理论。

但这种"再认识"可能会被认作一种对于中国历史之独特性的哲学性思辨,即依据某些简单的规定,简单地将中西方认定为两种不同的类型,设定西方人具有某些特征,然后设定中国人具有某些相异或相反的特征,然后推断中国未来发展之途径。这种极度抽象的思考不能说毫无意义,但对于实现中国哲学之"当代性"来说,其意义是极其贫乏的。依据高先生对于实现这一"当代性"之要求,这种再认识和理论创造也不能停留于在哲学层面对比于西方社会对中国社会做某种概观性描述,而是有十分的必要通过建构适合于中国社会之再认识的各门实证性的社会科学来进行深入细致的再认识。而哲学在这一再认识中一方面是为各门实证社会科学提供适当的方法论基础;另一方面是借助各门社会科学之眼观察中国社会,并从中提取概括出对于中国社会的真实而非虚幻的总体性认识。在这方面,马克思之从青年时期的哲学思辨走向对于资本主义社会之经济运行把握的政治经济学批判研究,当作为我们中国社会再认识的范例。

---

① 王南湜:《社会科学对象的建构性与当代中国社会科学的建构》,《学习与探索》2019 年第 8 期。

四

现在我们考察高清海先生所呼唤的"当代中国哲学"的第三个基本特征"人类性"。

那么,何为"人类性"呢?说到"人类性",人们往往会不假思索地将之与"民族性"对立起来,以为"人类性"便是从不同文化传统中抽绎出若干个在某种意义上具有普适性的概念或范畴。但认真说来,这样制作出来寡淡无味的"人类性"是没有多少意义的。当然,还有正相反对的说法,径直将民族性等同于世界性,照一种流行的说法,便是越是民族的便越是世界的。此说颇为"辩证",但也颇为费解,至少愚钝如我者便百思而未得其解,尚待识者揭秘。而高清海先生所理解的"世界性"或"人类性",却既非那种简单地抽绎出来的寡淡之物,亦非现成地以辩证法之名给民族传统之物贴上"世界性"的标签,而是须建基于当代中国哲学家的辛劳创造。而这一创造前提,则是"'当代中国哲学'生长在世界发展到今天的理论语境,它必须以人类文化已有的全部历史的成果为基础,并广泛地吸纳别国一切有价值的先进思想,从这一意义上说,它作为当代中国的哲学,同时也就具有了世界性和人类性。"[①] 那么,高先生为何要设定这样一个前提呢?这是我们必须追问的。要回答这一问题,我们又须回到前述关于创造"当代中国哲学"必须直面"中华民族的生命历程、生存命运和生存境遇"中的"我们的苦难和希望、伤痛和追求、挫折和梦想"之问题,即创造当代中国哲学,必须直面这些根本问题而思。但在现时代,中华民族所遇到的根本性问题,已经不再仅仅是中国自己内部的事情,而本身已经成为世界性的,因而,要使得这一思考能有效地回应当代问题,便必须面向全世界、全人类,从而必须通过对于全人类优秀文化之把握,方能够胜任。在当代,任何一个民族国家的问题,都已经深深地卷入到了世界范围之中,已经没有一个国家能够独自存在和发展。这也就是说,在全球化发展的今日,整个世界已经

[①] 高清海:《中华民族的未来发展需要有自己的哲学理论》,《吉林大学社会科学学报》2004年第2期。

形成了一个息息相关的人类命运共同体,对于处于这样一种命运相关的世界之中的民族国家自身的问题的处理,如何能抛开他国的优秀文化而在与世隔绝的情况下去独自进行。在当今时代,可以说民族性与世界性在某种意义上已经相互贯通、融为一体了。在这样一种条件下所从事的哲学思考,如果是真正能够切中自身民族现实生活的,那么,它也必定是具有世界性或人类性的。

但以上所说的民族性与人类性之贯通,还只是在一种十分一般的意义上看的,由于中华民族在人类历史上所具有的独特性,对于此一贯通还须从更为深层的意义上去理解。人类历史或世界历史诚然是由各民族历史汇合而成的,但在世界历史的进展中,各民族国家所贡献的作用却并非是相同的,而是在特定的历史时期,总会有一些民族在其中发挥了更为显著的作用。这些贡献了更大作用的民族,黑格尔曾将之称为世界历史民族。由此观之,中华民族由于超级巨大的体量和极为独特的发展道路(从秦汉时代便开始的中华民族大一统国家的建构,至少从唐宋以来的在某种意义上的现代国家体制之建构)这两个方面的独特性,而在当代重新具备了成为世界历史民族之资格。在这种情形之下,我们便不能把中国道路仅仅理解为一种典范,一种对于其他民族国家构成的成功示范样本,而是由于中华民族之超级巨大体量和独特的发展道路,必须将这一中国道路理解为由于中国的发展本身便改变了世界历史之格局,或者更准确地说,改变了世界历史之进程和方向,从而同时就将中国性渗透到了全世界,使得中国的民族性本身即成为世界性或人类性的。如此一来,当代中国哲学家对于中国问题的思考若是真正切中了问题,它便同时具备了当代性、民族性和世界性或人类性。

如果我们沿着高清海先生所指出的进路"接着讲"了,那么,经过数十年的努力,高先生所设想"'当代中国哲学'就是这样一种由中国哲学家探索、创造的主要反映我们自身的境域和问题的'民族性''时代性'和'人类性'内在统一的哲学样式"[①],当能显现于中国大地之上,并放射其能量于全世界。

(该文原载于《现代哲学》2020年第3期)

---

① 高清海:《中华民族的未来发展需要有自己的哲学理论》,《吉林大学社会科学学报》2004年第2期。

走向未来的哲学精神

——高清海先生"类哲学"思想的自我意识

胡海波　马军海[*]

强调"抓根"和"笨想",这是高清海先生在自己一生的哲学教育与哲学研究中一以贯之的哲学立场和思想方法。"抓根"是先生从刘丹岩教授那里继承发扬的哲学研究方式,强调抓住重大的根本问题进行深入研究;"笨想"则是先生提出的治学方法,强调"暂时抛开书本加予的概念和原则,清除头脑里积存的一切公式和教条,让自己恢复到原来的本我,使问题退回始源的根基,从真实的生活重新起步,以发挥'自我'的思考能力。"[①]高清海先生青年时期摆脱教条主义习气的哲学批判,中年时期思考马克思主义哲学体系与内容的改革,以及晚年研究人与哲学,创想"类哲学",一直以来始终坚持与发挥"抓根"与"笨想"的思想方式,创造了他自己极具个性的哲学生命,展开了丰富多彩的哲学思想。

高清海先生于20世纪50年代较早地开始反思苏联模式的哲学教科书,探索哲学内容和体系的改革,在20世纪80年代末中国哲学界马克思主义哲学教科书改革的思想讨论中,先生创造性地提出马克思主义哲学的实质在于"实践观点的思维方式",应该以此重新理解马克思主义哲学的性质、对象与功能。按照这种理解马克思主义哲学的自我意识,高清海先生在20世纪90年代开始集中思考"人与哲学"的思想理论问题,尤其是在中国特色社会主义市场经济的语境下研究马克思关于人的发展的三个基本阶段或形态的重要理论。在这一理论基础上,高清海先生基于坚持马克思主义哲学、批判西方传统哲学、弘扬中国哲学传统的思想精神,按照自己把握时代性与人类性问题,以及人类世界的未来发展趋

---

[*] 胡海波,东北师范大学教授;马军海,东北师范大学讲师。
[①] 《高清海哲学文存·续编》第2卷,黑龙江教育出版社2004年版,第262页。

向的独立思考，创造性地提出了"类哲学"的思想。

一 "类哲学"的人性自觉

高清海先生的哲学研究始于对苏联式马克思主义哲学教科书的反思。在刘丹岩教授的影响和启发下，高清海先生认为从苏联借鉴而来的马克思主义哲学教科书并不完全符合马克思的思想原义，开始摆脱对马克思主义哲学的照本宣科式地讲授与教条化理解。真正超越苏联模式的哲学教科书，实现对马克思主义哲学的真实理解，是在20世纪70年代末以后。高清海先生在20世纪80年代初提出"辩证法就是认识论"，并通过主持编写《马克思主义哲学基础》，以"客体—主体—主客体统一"为框架打破苏联教科书的传统模式，实现对马克思主义哲学的认识论理解。在编写《马克思主义哲学基础》的同时，高清海先生发表了一系列"哲学探进断想"文章，主张从哲学思维方式的变革把握马克思哲学革命的真义，认为"实践观点的思维方式"破除了传统哲学的本体论思维方式，是现代哲学的思维方式。从20世纪90年代开始，高清海先生以"实践观点的思维方式"研究人与哲学的问题，深入思考哲学表达人性的方式与当代中国哲学的理论形态，提出"类生命"与"类哲学"的思想，这是高清海先生哲学思想集大成意义的变革与创新。

在创想"类哲学"的思想过程中，高清海先生把哲学研究的视角转向人的本性与哲学的本性，深入到人的观念变革当中。在先生看来，理解哲学的本性，关键在于抓住"人"这一根本。"只有抓住人，从对人、人的本性、人的历史发展的理解中，才能揭开、解开哲学理论中的一切秘密。"[1] 高清海先生立足于人来审视哲学，提出"哲学的奥秘在于人"，"人是哲学的真正的主题，哲学不过是人的自我理解、自我反思、自我意识的一种理论形态"[2]。基于对哲学与人性关系的这一理解，先生认为哲学史是人性生成与完善的人类生命史，是人的思维方式、价值理想和精神境界不断更新的自我意识的历史。虽然哲学在不同的民族和国家呈现

---

[1]《高清海哲学文存》第1卷，总序第3页。
[2]《高清海哲学文存》第1卷，总序第1页。

出不同的表达方式、理论品格,但哲学的基点和轴心都是人的生存活动和生活意义。哲学理论、哲学研究离不开人、人性。哲学的发展及其理论形态和人性的生成与发展有着内在的一致性关系。哲学理论向我们展现出的是人自我觉解的程度,以及表达自己的方式。

人们怎样理解关于"人"的观念,就会怎样理解曾经的哲学、当下的哲学和未来的哲学。"人与哲学有着最为密切的关系,'人'的观念关联着整个哲学内容的理解。"① 在一切观念的变革中,转变"人"的观念是带有根本性的。只是在哲学体系的意义上转变哲学观念并不能导致根本性变革,唯有转变"人"的观念才能导致根本性的哲学变革。重新理解"人",成为哲学观念变革的一个关键问题。在"人"的观念转变过程中,高清海先生认为有两个问题需要解决:

第一个问题是在认识人的方式上从按照"物"的方式转变到按照"人"的方式认识人,从抽象的人走向具体的人。"认识'人'的关键,在我看来,主要不在于把人看作什么,而在于如何去看人。"② 在人类思想史上,关于人的认识,不外乎两种基本看法:或者把人"物化",归结为物质本性,如"人是'机器'"的观点;或者把人"神化",归结为精神本质,如"人是'纯粹理性'"的观点。③ 物化观点和神化观点是认识人的两种方式,这两种观点在本质上都是以认识物的方式去认识人。所谓认识物的方式,是指按照物种的规定方式与原则,追求单一、前定、不变本性的思维方式。按照这种思维方式,人的本质是预先规定的、外在给予的、单一的、绝对的,这是对人性的一种抽象化理解。高清海先生将其概括为"物种思维""物种逻辑"。西方传统哲学总是从某种本原性的存在去解释人的存在,通过某种本体如柏拉图的理念、亚里士多德的 ousia,包括基督教、中世纪神学的本体来理解人,亦即所谓的人总是从其所不是的存在者那里来理解自身存在。在这种前提下,人被抽象化、非人化,没有被作为人本身来理解。变革和超越传统哲学,就要打破物种思维、物种观念,确立与人本性相符合的思维、观念,实现以人的方式来认识人与哲学。

---

① 高清海:《找回失去的"哲学自我":哲学创新的生命本性》,序第 3 页。
② 高清海:《找回失去的"哲学自我":哲学创新的生命本性》,第 203 页。
③ 高清海:《找回失去的"哲学自我":哲学创新的生命本性》,第 204 页。

高清海先生认为马克思对人的自为本性做出了具体的理解,在认识人的方法论上实现了一次历史性的根本转变,结束了从本体、实体而非人本身理解人的历史状态,"真正突破自然物种思维的规定和限制,开创了从'人'的观点去理解人的本性的全新思路"①。高清海先生经常引述马克思恩格斯在《德意志意识形态》中的一段话来说明马克思所开启的认识人的新思路与新方法:"可以根据意识、宗教或随便别的什么来区别人和动物。一当人开始生产自己的生活资料,即迈出由他们的肉体组织所决定的这一步的时候,人本身就开始把自己和动物区别开来。"② 依马克思的看法,一当人自己生产自己的生活资料时,才开始生成为人。生产活动、劳动是人所特有的生存活动方式,"是对自然、自然性、自然关系的一种否定性活动"③。高清海先生认为马克思把人视为自己活动的创造物,突破了传统哲学的"种的思考方式",为人们理解人的本性提供了一种崭新的原则和方法。马克思关于人的观点,构成了高清海先生认识人的本性、创想"类哲学"的重要方法论原则和思想资源。高清海先生认为,以人的方式和观点认识人,就是"从人之为人的自身根源去理解人、把握人,确立起把人理解为自身创造者的思维方式";"从人的生存方式的历史变化中去把握人的历史的和具体的本性","把人理解为处于自我追求中的不断否定自身、超越自身的'自由自觉的存在'";"从人与对象的双向的主导作用去理解人的生存活动";"从两重化的观点去理解人的本性,把人理解为多重性、多义性、多面性、多层性的存在体系";"从'否定性统一'的观点去理解人与自然的关系"。④

第二个问题是从"类生命"入手理解人的本性。人应从人本身来理解,"人本身"是什么?高清海先生认为"人本身"即是人的"双重生命"本性。高清海先生把人的本能生命、自然生命视为人的第一重生命,即"种生命";把人的自为生命、超自然生命视为人的第二重生命,即"类生命"。"种"的概念代表天然、给予、单一、不变的本性,而"类"概念则表示自在的自为性、历史的生成性、否定的统一性、超越的自我

---

① 高清海:《找回失去的"哲学自我":哲学创新的生命本性》,第244页。
② 《马克思恩格斯文集》第1卷,人民出版社2009年版,第519页。
③ 《高清海哲学文存》第2卷,吉林人民出版社1997年版,第125页。
④ 高清海:《找回失去的"哲学自我":哲学创新的生命本性》,第244页。

性、自由的整体性。① 具体来说：第一，"种"的内涵是自然的、本能的或者野蛮的、蒙昧的，"类"的内涵则是超越本能的、超自然的；第二，"种"具有单一性、前定性、固定性，"类"是对"种"属性的超越，不是前定的、先天的，它来源于人的生命活动的自我创造，它是创造性的、具体性的。"类"是人的生命的本质，它的根本含义是创造性和创新性。

高清海先生对类、类生命的理解，得益于马克思在《1844年经济学哲学手稿》中关于人的类特性的论述。马克思说："一个种的整体特性、种的类特性就在于生命活动的性质，而自由的有意识的活动恰恰就是人的类特性。"② 马克思把人视为类存在物，通过赋予"类"以新的含义，实现了对人的本质的具体理解。在马克思之前，费尔巴哈把人的本质也理解为"类"，但他所理解的"类"并未跳出"种规定"。马克思批评费尔巴哈没有抓住人的本质，把"类"理解为"一种内在的、无声的、把许多个人自然地联系起来的普遍性"③。费尔巴哈所理解的"类本质"依然是一个自然的、神学的抽象本质，"并不是从人的现实存在和历史本质中概括出来的"④。马克思从生命活动的自为性质和社会历史的现实过程论述人的类本性，指出人把自己的生命活动变成自己意志和意识的对象，实现合规律性与合目的性的统一。

高清海先生认为类生命作为人生命的本质，是人"在后天活动中自我创生的自为生命"，是"主宰生命的生命"，"属于生命又突破了生命、依托个体又超越了个体、区别于万物又与万物一体、属于有限又趋向于永恒、服从必然又具有自由"。⑤ 人的类生命体现了人与自然、人与人、人与自身之间的"否定性统一关系"。人并非生来就能占有自己的生命本质，而是需要不断地"超越本能生命，达到自我主宰（'自主生命'）"，"超越个体自我，与他人的本质结为一体（'社会生命'）"，"超越物种界限，通过变革对象与世界达到一体关系（'自由生命'）"⑥，以生成为"人"。

---

① 高清海：《找回失去的"哲学自我"：哲学创新的生命本性》，序第4页。
② 《马克思恩格斯文集》第1卷，第162页。
③ 《马克思恩格斯文集》第1卷，第501页。
④ 高清海、胡海波、贺来：《人的"类生命"与"类哲学"：走向未来的当代哲学精神》，吉林人民出版社1998年版，第232页。
⑤ 高清海：《找回失去的"哲学自我"：哲学创新的生命本性》，序第4页。
⑥ 高清海：《找回失去的"哲学自我"：哲学创新的生命本性》，序第4页。

二 "类哲学"的现实基础与未来关怀

以人为主题探索哲学的思想者,总是把哲学思想的自我超越与人的生命历程、生存境遇紧密地联系在一起。高清海先生立足于人去追问和思考哲学的本质,理解哲学的思想活动,以哲学的方式实现对人性与人类命运的深刻觉解,他的哲学创新是面向人类未来生存与发展的思想探索。在先生看来,马克思主义哲学蕴含着一种从人本身来理解问题的思维特质。马克思在《1857—1858年经济学手稿》中阐述了人所经历的发展阶段,提出了关于人与社会发展的"三形态"理论,揭示了人的自为本性的展开过程及其历史形态。基于对马克思的"三形态"理论的理解,高清海先生就人的存在形态作了如下的概括:在"人的依赖关系"阶段,人以群体为本位,属于集群主体形态;在"以物的依赖性为基础的人的独立性"阶段,人以个体为本位,属于个人主体形态;在人的"自由个性"联合体阶段,人自觉以"类"为本位,属于类主体形态,这是人类的高级存在形态。[①]当代人类经由"群体"依赖性、"个体"独立性,正在走向"类体"自由个性的时代。按照高清海先生的理解,随着人的存在形态与发展趋向的变化,哲学的思维与哲学的形态也必定会发生一个相应的根本性转变,"从个人的主体体验哲学转向具有更为广阔的宏观视野的类主体哲学"[②]。先生从人的主体的生成过程把握哲学理念与哲学精神的走向。

在马克思关于人的发展的"三形态"理论的启发下,高清海先生提出从人的主体生成研究市场经济,将"市场经济与中国哲学的发展"问题作为自己研究和思考的主要课题,关注中国人在世界历史进程中的命运与未来,撰写了"市场经济、个人主体与现代哲学"相关问题的文章。高清海先生说,如果按照马克思的"三形态"理论来理解市场经济,那么市场经济的本质不仅仅是生产、分配、交换、消费问题,不仅仅是资源配置问题,而是关涉到人的存在形态的变革,具有社会历史形态变革的意义。"市场经

[①]《高清海哲学文存·续编》第3卷,黑龙江教育出版社2004年版,第73页。
[②]《高清海哲学文存》第2卷,第116页。

济发展最为根本的意义就在于促进普遍的独立个人的生成。"[①] 促使人生成个体的独立性是市场经济发展的根本历史作用。从人的存在形态的历史性变化来看，市场经济具有促使人性的发展和完善的意义。人类的历史形态变革和人性的发展完善，归结起来就是市场经济的形上意义。中国特色社会主义市场经济，对于中国人生成"个人的独立性"和成为"具有自由个性的人"有着特殊的历史作用和意义，是人的发展中一个不可或缺的阶段。随着人的存在形态的变化，人的思想观念也必将发生深刻的变革。高清海先生对中国市场经济的形上理解，既切中了中国改革的核心问题，也创新了当代中国哲学研究中国问题的理论范式。从当今社会的发展来看，人类已经进入到个体本位的时代。市场经济在唤醒和调动个人的主体性的同时，也造成了异己力量的统治，产生一系列社会矛盾及其弊端。人必然会从以个体为主体和本位的时代，走向以类为主体和本位的时代，从而在思想理论上引起新一轮的观念变革。"类哲学"是从对人的发展的理性映照中引申出来的新的理解方式和理念模式，是对人的类存在、类本性的表征。人类的未来需要自觉按照超越"种哲学"的"类哲学"思维来理解人的生命和人类社会。在高清海先生的论著中，《人的"类生命"与"类哲学"》一书是集中阐释"类生命"与"类哲学"思想的著作。从该书的思想内容来看，"类哲学"主要表达了如下思想：

第一，类哲学是面向未来的新哲学理念。《人的"类生命"与"类哲学"》一书，最初拟定的书名是"走向未来的当代哲学精神"。书稿写完之后，根据书中的内容，把两个最核心的概念"类生命""类哲学"提取出来，定名为《人的"类生命"与"类哲学"》，将"走向未来的当代哲学精神"作为书的副标题。从书名的变化可以看出，"类哲学"是作为面向未来的哲学理念提出的，是人类走向未来的哲学精神和价值追求。人们以往把哲学看作关于终极存在的绝对真理、科学之上的理性权威，今天应当重新调整理解哲学的基点和视野，确立一种与哲学的本性、人的本性相契合的新哲学理念和人性观念。"今天人类已经开始进入自觉的类存在阶段，那么，哲学也必然会从自发的类观念走向自觉的类观念。"[②]

[①] 高清海：《找回失去的"哲学自我"：哲学创新的生命本性》，第 180 页。
[②] 高清海、胡海波、贺来：《人的"类生命"与"类哲学"：走向未来的当代哲学精神》，吉林人民出版社 1998 年版，序第 10 页。

"类哲学"是以"类"为核心内容和根本性质的,是适应于现代人走向自觉的类存在的哲学观念,是符合人的类生命本性的思维方式、价值观念与精神意境。在这个意义上,"类哲学"是价值性、超越性的概念,是富有追求性、理想性、创造性和个性的哲学理论。

第二,类哲学是人的自我意识达到了自觉形态的哲学。哲学是对人的发展状态和生存境界的表征。以往的哲学只是对人的存在形态作了自发的、本能的表达,形成了片面化、绝对化的观点,没有摆脱物种的规定方式、思维逻辑。"类哲学"则是在对人的本性及存在形态的思考和研究中形成的新观念。"所谓'类哲学',是从对人的重新理解中引申出来的对哲学的一种新的理解和认识。类哲学并不意味着一种什么另外的哲学体系、哲学门派,它实质只是从人的更高意境、人的更本质的关系、人的全部发展历史尤其是他的未来发展前景,去看待人和人的一切存在的一种理解方式、理念模式、理论框架。"① "类哲学"是以人的类存在和类本性为主题的哲学,是对人的类生命所形成的自觉的自我意识。"类哲学"的基础和核心是"类生命"。"类生命"主要是指对"种生命"的超越;"类哲学"则是指对以本体论思维方式为基础的"物种哲学"的超越。高清海先生提出的"类生命"以及表达类生命的自我意识的"类哲学",面向的是走向自由个性的新时代的人。"类哲学"作为一种崭新的哲学观念和思维方式,内在地包含着对种本性、物种思维的否定与超越,是按照人的生命本性以"否定性统一"的观点去看待和认识人与自然、人与人、人与自身的关系,是人走向未来的超越性精神。

第三,"类哲学"对于理解和回答人类社会的发展问题有着重大的现实意义和实践价值。"社会的发展根本上就是人的发展。"② "类哲学"作为理解人和看待事物的根本性的理念原则和观念方法,是符合时代发展精神的哲学理念。"类哲学"的提出触及到了当代人类社会和中国社会发展的现实。解决人类社会的发展问题,特别是那些全球性问题,需要充分发挥人的观点,升华人的思想境界。"从提高人的类意识,从个体本位

---

① 高清海:《高清海哲学文存》第2卷,吉林人民出版社1997年版,前言第6页。
② 高清海:《找回失去的"哲学自我":哲学创新的生命本性》,北京师范大学出版社2004年版,第280页。

提高到自觉的类本位的格局中，去求取解决办法。"① 高清海先生认为现代哲学已经到了研究"类哲学"的时候了，这是时代、历史的趋势。人的发展应该走出狭隘的民族国家界限去形成人的"类本位"。世界性难题的解决必须诉诸超越个体、民族国家的类思维与类意识。"今天的人类已经发展到了这一地步，每一个人、每一民族或国家的生存发展都与人类总体（包括人的世界）的生存命运直接连在了一起，因此必须从人类总体的发展需要出发去对待一切事物，这是今日人类走向'一体化'的现实，也是'类意识'的根本要求。"② 只有确立"类哲学"的精神与意识，个人和民族国家所面对的民族性和世界性问题才能得到彻底的解决。"'类哲学'是包容人类的世界性整体、把全人类的生命意义和生活价值作为终极关怀的哲学。"③ 总而言之，高清海先生提出的"类哲学"的理念，既是对自己思想理念的理论表达，更是对当代中国哲学新形态的理论展望。"类哲学"是人的充分自觉的理论形态，是人类未来的哲学精神和哲学观念，是我们理解人类的发展及其未来的重要思想资源。

三 "思想自我"的哲学个性

伴随着人类进入 21 世纪，高清海先生的"类哲学"思绪转向哲学个性与哲学自我的悟觉，倡导研究和挖掘中国传统哲学的精神特质及其当代价值，呼吁走向未来的中华民族应有属于自己的哲学理论。"哲学个性"与"哲学自我"，作为他对人的生命本性与具体人性论研究的思想升华，是"类哲学"理念直面中华民族哲学传统以及当代中国人与社会发展问题的思想诉求。

在构想"类哲学"的过程中，高清海先生有着自己的苦恼，这个苦恼主要来自于人们对"类"概念、"类哲学"的误解和不理解。人们习惯于停留在原来的"物种思维""物种观念"上，一时难以理解"类哲学"

---

① 高清海、胡海波、贺来：《人的"类生命"与"类哲学"：走向未来的当代哲学精神》，吉林人民出版社 1998 年版，第 264 页。
② 高清海：《找回失去的"哲学自我"：哲学创新的生命本性》，第 55 页。
③ 高清海、胡海波、贺来：《人的"类生命"与"类哲学"：走向未来的当代哲学精神》，第 252 页。

这一面向未来的哲学理念。但高清海先生并未因此怀疑与动摇"类哲学"的研究方向和他已经取得的思想成果。虽然晚年的高清海先生不再频繁使用"类"概念，但仍坚定地在"类哲学"的思想境界中琢磨和体会哲学的个性，悟觉中华民族自己的哲学理论。在生命的最后阶段，高清海先生更加关注中国传统哲学，阐释中国人理解生命问题的方式，从中国经典思想当中寻找"类哲学"的思想基因。高清海先生从1996年开始直到2004年去世，投入了相当多的精力来研究中国传统哲学，撰写了《中国传统哲学属于全人类的精神财富》《中国传统哲学的思维特质及其价值》等数篇关于中国传统哲学的论文。高清海先生指出我们应该使中国传统哲学所蕴含的巨大能量和潜在价值充分发挥和展现出来，不能丢弃自己的传统。如果失去了思想自我及其特质，也就失去了中华民族特有的存在价值和意义。[①]"类哲学"的思想理念作为当代中国人自我意识的哲学理念，理应是反映中华民族鲜明个性、时代精神、生活情境的哲学理念。高清海先生认为中国传统哲学的思想特质、中国人的思维方式和思想智慧，必定会对中国的发展以及人类文明产生重要的影响。

东西方哲学的交流和对话以及思维方式上的相互批判和借鉴，是未来哲学创新的必由之路。"走向一体性的自觉类化趋向并不排除自我的个性，不但不排除，它还必须以自我个性的充分发展为自己的内在规定和发展基础。"[②] 按照"类"的观点，人类走向"一体化"不是消解差异、泯灭个性，而是人与他人、人与（人的）世界处于本质的统一联系之中。[③]"类意识"所要求的个性化，意味着要尊重文化及其哲学的民族差异性。高清海先生晚年常讲："'哲学'作为人的自我意识理论，不同于科学，它表达的是人的多重性、多样化并始终处于变化中的内在本性；哲学不仅没有先验固定的对象和理论模式，哲学的表达方式也是多种多样的。哲学当然也具有人类性，哲学同时又属于那种历史性、时代性、民族性，一句话，赋有个性化的理论。"[④] 哲学作为人性的自觉意识、思

[①] 高清海：《中华民族的未来发展需要有自己的哲学理论》，《吉林大学社会科学学报》2004年第2期。
[②] 高清海：《找回失去的"哲学自我"：哲学创新的生命本性》，第54页。
[③] 《高清海哲学文存·续编》第1卷，第180页。
[④] 高清海：《中华民族的未来发展需要有自己的哲学理论》，《吉林大学社会科学学报》2004年第2期。

想样式，对人性的表达离不开它所属的民族和时代，这就形成了不同民族、不同时代在哲学思维方式和理论形态上的差别。中西方哲学各有自己的思维方式、理论形态、价值取向、精神意境和语言风格。关于哲学个性的思考，是高清海先生生命最后阶段"类哲学"研究的重要成果。

从理论性格和思维特质上看，尽管中西方哲学的基点都在人的生命活动中，但西方主要关注的是成就人的生命活动价值，完成人性的生存使命，讲求"知物"，着重发挥了理性的认知功能，形成了"存在论"形态的哲学；中国关注的则是完善人的生命本性，开发生命的内在价值，讲求"悟道"，着重发挥了"心性"的悟觉作用，形成了"生成论"形态的理论。① 中国哲学和西方哲学在思维方式上确实有着根本性的差异，西方哲学"概念"的表达方式与中国哲学"意象"或"体悟"的把握方式也各有其优势。黑格尔的概念辩证法代表着西方哲学概念化思维的最高成就，它打破概念的凝固性，赋予概念自身以变化的本性。"中国的辩证法不同于黑格尔的概念辩证法，它是一种'生命辩证法'，是从生命的体验当中形成的一种活的思维。"② 相比于西方哲学逻辑化的概念思维，中国哲学的意象思维、悟觉思维，是通过意象或体悟深入到事物内部去了解和把握事物的本性，使意象和对象始终处于一体性的关系中。中国哲学以意象或体悟的方式把握形而上的东西，形成了以道为核心的理论，走的是内在性超越之路。"中国哲学所理解的'道'，体现的是一种生命本性，'生命'与'物种'的区别就在于，它不是预先包含一切，而是在变化中化育万物，生成一切。"③ 中国哲学的"道"论，不同于西方哲学本体论的外在性超越。中国的意象思维、悟觉思维不仅在表达人的形而上学本性方面，在把握人、人的本性、人的生命、人与外部世界的关系方面也有其长处。中国哲学是真正关于人的生命本身的理解和领悟的学问，在理解生命的问题上它要比西方哲学有更大的优势。中国哲学立足于人的生命体验、现实活动，强调靠"心"去体悟，在思维上讲究时、权、中、和的变通，不会陷入西方哲学诸如"本体不可知"之类的理论困境。

高清海先生在晚年如此关注中西哲学思维的不同特质，主要是基于

---

① 高清海：《找回失去的"哲学自我"：哲学创新的生命本性》，第401页。
② 《高清海哲学文存·续编》第1卷，第226页。
③ 高清海：《找回失去的"哲学自我"：哲学创新的生命本性》，第73页。

他对哲学发展和时代发展的一个基本认识。先生认为，西方文化只是人类文明多种文化样式中的一种。"我们只能从我们自己的生活出发去吸取我们需要的成果，不应该一味去模仿西方式的生活。"①更何况，西方人的生活样式也陷入了一种生存困境。"在那里，'文明已经征服了世界'，而人却'失去了灵魂'，变成了'物和技术的奴隶'，异化为'失落个性的机器人，待价而沽的商人，贪婪占有的消费人'，一句话，成了失去了内在精神世界的'单面人'。"②现代西方社会的生存困境，反映的是西方理论思维方式的困境。要想跳出西方式的生存困境，就必须走出西方理论思维的困境。现代西方哲学对传统哲学的概念化思维和本体论理论展开了持续的批判与反思，"对西方以先验理性为核心的'主客二元对立'、'逻各斯中心主义'、追求抽象普遍原则、相信铁的必然规律等传统理论思维，进行了彻底的'摧毁''解构'和'消解'"③。现代西方哲学已经意识到传统哲学的内在局限。高清海先生认为现代西方人囿于自己的民族特性，很难完全超越自己的思想传统，并不能彻底摧毁和消解"本体论思维方式"。

高清海先生认为现代西方哲学对传统哲学的批判与反思启示我们：一方面，西方哲学并不是唯一、绝对的哲学形态，它既有优长又有局限和不足，我们不能陷入"西方话语中心主义"，用西方的哲学理论代替我们自己的哲学思考和研究；另一方面，不能忘记"我们自己是谁"，"不能失掉民族的自我，特别是不能失掉自己的文化传统和思想传统"④，把中国传统哲学这一人类共有的精神财富充分发挥和展现出来，创造合乎人的本性与哲学的本性的哲学理念与哲学精神。高清海先生在晚年的最后一篇论文中提出"中华民族的未来发展需要有自己的哲学理论"，呼吁创建能够反映我们自身生存境遇的"民族性""时代性"和"人类性"内在统一的当代中国哲学⑤。

（该文原载于《社会科学战线》2019年第7期）

---

① 高清海：《找回失去的"哲学自我"：哲学创新的生命本性》，第56页。
② 高清海：《找回失去的"哲学自我"：哲学创新的生命本性》，第57页。
③ 高清海：《找回失去的"哲学自我"：哲学创新的生命本性》，第57页。
④ 《高清海哲学文存·续编》第1卷，第204页。
⑤ 高清海：中华民族的未来发展需要有自己的哲学理论，《吉林大学社会科学学报》2004年第2期。

"当代中国哲学"作为问题的语境意义

——论高清海先生关于"构建当代中国哲学"的呼吁

张 蓬[*]

1. 随着中国哲学界对自身存在意义的反省,哲学之于中国的缘起作为问题逐渐凸显出来,人们基于逻辑圆满性思维的习惯,自然会发出诸多疑问。诸如"哲学之于中国有没有意义"?"中国哲学"作为专有名词和学科是否具有合法性?如何以"哲学"为参照框架,清理、整理、梳理中国传统的思想与文化?哲学作为以学科分类为方便而进行知识的传承与传播,如何走出学院高墙而为思想文化的载体?等等。对这些问题依不同的思想与学术参照系统,都可以做出"是"或"否"的解答,但这些基于逻辑上的习惯而得出的结论与历史中的现实却相去甚远。因为,"哲学"无论作为名词还是作为形容词,在中国的文化语境中已经存在了百年之久,这是不争的事实。从逻辑与历史相统一的思想史原则出发[①],从逻辑的设定出发构造出来的存在性与历史中的存在性相比较,其摄取人们相信的力量就显得黯然了。如此说来,思考"当代中国哲学"的出发点就不应该是逻辑上对于哲学于中国是否具有合法性的应然性判定,而是应该依照历史事实中的存在性,为中国哲学的已经存在(不论是以学科、名词、意识形态、思想文化或什么方式存在)与我们对其可能的历史角色的期盼作出可能和如何相应的判断。所以,"当代中国哲学"对

---

[*] 张蓬,西安电子科技大学教授。

[①] 历史与逻辑统一的原则来自于思维与存在的统一原则的设定,作为哲学思考的原则,其设定根据来自于逻辑的同一性原则。但逻辑的同一性原则本身就是公理化方法的认定,理性的缺环使得这一原则还可被画上问号。在此处,我们姑且承认历史与逻辑的原则的合理性,但只作为分析与论述的方便。

[②] 实际上,"合法性"之"法"作为评判标准的确定,不可能在逻辑的设定中找到,还是只能在历史的存在中才可能攫取这个判定所依之"法"。

于当下我们的存在来说，其作为问题，不是其是否具有合法性[②]的问题，而是"当代中国哲学"应以什么样的身份，什么样的角色，什么样的相貌在当代存在的问题，是"当代中国哲学"向何处去的问题。

2. "中国哲学"的身份、角色、相貌应该如何，"中国哲学"可能向何处去的问题，从汉语系统中出现了"哲学"一词后就一直存在着，只是在不同的时期，问题的表现形式有所差异。这是哲学作为中西思想文化形成对话语境之后，以对话作为缘起而出现的必然的文化现象。可以说，在对话缘起的语境中，"我们"于"哲学"的思考实际是对处于中西文化交流、对话、融合的某种关系中的我们的存在状态的观察与认识。于此，自然要由我们的存在而对哲学的身份、角色、相貌等解释性要素作出描述，因此也就不可避免地出现了由于存在方式的多元性所发生的如此与如彼进行解释都可以圆通的文化悖论现象，其悖论的缘起就在于从何出发来观察的立场问题。这种文化悖论现象在哲学上具体表现为近百年来出现在中国哲学界的诸多哲学之辩，如"科玄之辩"、"中西医之辩"[①]、"一分为二"与"合二而一"之辩、"辩证逻辑"（辩证法）与"形而上学"之辩、"教科书体系"之辩、"人性、人道主义"之辩、"真理标准之辩"、"辩证唯物、历史唯物、实践唯物"之辩，等等。这些从是非分别的知识论思考方式而展开的"论辩"，如果我们越过知识论是非逻辑的羁绊，似乎可以发现这些"论辩"背后的历史因缘，实际都是对于处于中西思想与文化作为哲学之对话语境中的中国哲学应该如何的如此或如彼的发问与解答，从而也是"中国哲学"作为中国思想文化的体现应该向何处去的探索，也是"中国哲学"依何而立的思考。

改革开放是中国经历了半个多世纪的摸索而找到的一条发展之路，随之而来的是通过思想文化的视角对自身的存在进行的历史反思。中国哲学经过三十多年的破析与建构的探索，已经形成了与以往大不相同的深广视角，中国哲学在历史的延续中承载着中国人与中华民族的思想与文化，应该说，在社会角色的分工上，"中国哲学"已经有了存在的理由，因为在国家思想与文化的制度建设中，"哲学"从学科分类到语言传

[①] 关于中医存废的论辩，实际是中医与西医的一种对话，这个对话的背后实质是中西两种文化的对话，也是中西两种思维方式的对话，亦即中西两种哲学的对话。因此，我们把中医西医之辩划入中西哲学之辩中来看待。

播，从历史反思到未来设想，都留下了"哲学"思考、建议、鉴别、评判的印记。社会越是需要哲学，哲学作为社会角色需要承担的就越多。但是，作为"当代中国哲学"超越了哲学前辈们的思考语境了吗？它找到了自己的可能的存在方式和发展方向了吗？其实不尽然！对于如此境遇中的"当代中国哲学"的如何而为，成为诸多有历史担当责任意识的"哲学工作者"所思考的问题，高清海先生在生前发表的一篇文章中所提出的"构建当代中国哲学"的呼吁，就是这些思考中的一个代表。我认为，这个呼吁所传递出来的思考应该引起哲学界的高度重视，其内涵的深刻思想对当代中国哲学之向何处去可能会有重要的启迪意义。

3. 高清海先生关于"构建当代中国哲学"的呼吁，是在《中华民族的未来发展需要有自己的哲学理论》①一文中提出来的。高清海先生指出："'哲学'是民族之魂。哲学标志着一个民族对它自身自觉意识所达到的高度和深度，体现着它的心智发育和成熟的水准。从这个意义说，创造'当代中国哲学'，实质就是要创造中华民族的'思想自我'。"②"中国哲学界自新时期以来经过二十多年的发展，目前正处于一个转折性的关键时期。通观今日国内哲坛，'马哲'由其热点问题引导的原有研究范式正变得走向不明，众多贫乏空洞的理论言说流于"假问题"而受到冷落；80年代的'国学热'和90年代后期以来的'西学热'似亦难免自说自话的弱点，对文本的'过度诠释'因缺乏思想灵性而显得平庸琐碎。然而，此种看似消极的局面其实正孕育着中国哲学发展的转机，因为新时期以来，经过马克思主义哲学的思想解放和观念创新，对现代西方哲学话语全面深入的引进以及中国传统哲学资源的重新发掘等准备性工作之后，中国哲学界的学术品位已变得更加高雅，学术心态也更加成熟坚毅。进入21世纪，当代中国社会的深刻变革正在呼唤'当代中国哲学'的创生，探索和创造真正具有中国气质并能自立于世界哲坛的当代中国哲学形态，已成为今日我国哲学工作者充分自觉的使命和雄心。"③

---

① 高清海：《中华民族的未来发展需要有自己的哲学理论》，《吉林大学社会科学学报》2004年第2期。

② 高清海：《中华民族的未来发展需要有自己的哲学理论》，《吉林大学社会科学学报》2004年第2期。

③ 高清海：《中华民族的未来发展需要有自己的哲学理论》，《吉林大学社会科学学报》2004年第2期。

这是高清海先生集一生之学术精华向哲学界发出的"构建当代中国哲学"之呼吁,其言真意切,动人心扉。高清海先生何以发出这样的呼吁?其呼吁内含着什么样的思想密意?是我们解读这个呼吁的缘起。我们认为,高清海先生集一生哲学思考之精华,通过"构建当代中国哲学"的呼吁,指出了未来中国哲学作为思想文化的可能方向。高清海先生告诉我们的是:当下之际,中国哲学界孕育着中国哲学的转机,此乃为哲学作为思想文化在中国文化中身份意识的自觉觉醒和承担;思想的历史也是思想的现实,当下之际的中国哲学,离不开马克思哲学、中国传统哲学、西方哲学作为思想学术资源的清理;创生"当代中国哲学"的基本理念是:"探索和创造真正具有中国气质并能自立于世界哲坛的当代中国哲学形态"。可以说,高清海先生之呼吁提示了当代中国哲学向何处去的方向,也内含着如何趋向这一目标的基本路径,对当下中国哲学界的学术研究有着重要的启示意义。解读高清海先生的呼吁,实际是对"当代中国哲学"的意义进行界定,由此可以明确我们的哲学任务与使命。

4. 从高清海先生对于问题的提出所确定的语境意义看,"当代中国哲学"有这样几个哲学语境构成要义:

第一,中国哲学界孕育着中国哲学的转机。这里的问题是如何看待中国哲学的文化身份、社会角色以及历史使命的问题。我们知道,哲学是近代才进入中国的一个学科性词语,其成为中国思想文化生活中的一个构成要素,是缘于北京大学"哲学门"的设立与一些西方哲学书籍的引入,特别是胡适以《中国哲学史》为书名,出版了《中国哲学史》(上册)一书,并且使用了"中国哲学"这个称谓和表述之后,在中国的学术语境中就开始了"中国哲学"作为学科的建构。其后有冯友兰、张荫麟、张岱年等一批中国本土知识分子开始以"中国哲学"为学术框架,梳理、解释中国本土的思想与文化。其中,尤以冯友兰先生之"三史六书"[①]最具代表。冯友兰先生有两副对联,其一是"阐旧邦以辅新命,极高明而道中庸"其二是"三史释今古,六书纪贞元"。这两副对联既概括了他对于中国思想文化作为哲学学术的承前启后的学术成就,也道出了

---

① "三史",是指《中国哲学史》(两卷)、《中国哲学简史》和《中国哲学史新编》(七卷),而"贞元六书"是指他在抗日战争期间"贞元之际"所著的六本书,即:《新理学》(1937)、《新世训》(1940)、《新事论》(1940)、《新原人》(1942)、《新原道》(1945)、《新知言》(1946)。

他作为近代思想文化转型期的知识分子的学术理念。哲学一词进入中国学术语境，就与其在西方原初的意义有了变异，"哲学在中国"虽然是以学科构建的方式出现，但却担负着"阐旧邦以辅新命"的使命，其学术境界则是"极高明而道中庸"。而哲学在中国就有了"释今古"、"纪贞元"之功用。如此，"中国哲学"从进入这块土地开始，就担负着中国的历史与未来的文化使命，可以说，中国哲学从其使命、境界、社会角色上都是以中国的文化身份的角色出现的。它所面对的是如何在旧邦上辅以新命，这里，旧邦乃是如何传承本土原有的传统思想文化，"新命"则来自于如何对待西方在鸦片、坚船利炮裹挟下的"德先生"与"赛先生"，以及美元英镑包裹着的市场之潘多拉。

此后，"中国哲学"经过一批学术前辈的精心呵护，在形式上成为中国学科体系中的一员，其所承载的意识形态功能，使"中国哲学"一词在历史的沧桑中留下了中国现代学术的历史痕迹。我们知道，"中国哲学"一词会使我们在历史的岁月里自然地会想起一个世纪中所经历的各种文化思想事件，诸如"科玄论战""中医存废问题的论战"等；中华人民共和国成立以后，传统的学科意义上的"中国哲学"因时因地之变迁，它的意识形态角色渐为浓厚[①]。思想文化领域内的各种争论体现在哲学界，则就有了关于一分为二还是合二而一的争论，形式逻辑与辩证逻辑作为形而上学与辩证法的争论，还有抽象继承法、思维与存在的同一性问题、美的本质问题等。改革开放以来，我们又经历了"关于真理标准的讨论""哲学教科书"问题、人性与人道主义问题、实践唯物主义以及哲学体系的讨论等。这些哲学问题的讨论在中国特有的哲学语境里具有特殊的意义指向。尽管这些讨论都是在理论界展开，但其意义却在理论界之外。比如，在抽象继承法的讨论中，并非是用什么方法继承传统思想文化的问题，而是如何批判传统文化的问题。一分为二与合二而一的争论，其背后隐喻则是阶级关系问题，等等。可以说哲学进入中国本土后总是离不开其政治依附性的角色，也离不开其作为一种说明论证手段为某种权力的合法性进行论证的功用。而中国哲学之"阐旧邦以辅新命"

---

① "中国哲学"如何在当代中国逐渐强化其意识形态角色的问题是一个重要理论问题，对于这个问题的解析涉及中国传统哲学的政治依附性特质作为思想文化心理积淀在当代是如何显现的历史清理，这个问题需要另行行文论述，此不赘述。参见张蓬《中国传统哲学的政治依附性与中国哲学的特质》，《学术研究》2009年第5期。

的使命，"极高明而道中庸"的学术境界却日益淡化。哲学在特殊的历史语境中更突出的是政治依附的工具作用，而哲学在中国就有的"释今古""纪贞元"功用被合法性论证所取代，如此一来，"中国哲学"所担负的负载中国的历史与未来的文化使命的角色则渐行渐远。所以，在中国哲学界的潜意识中，不时会发出对哲学本来角色回归的呼吁。所以，如高清海所发表的论文前面附的编者的话所言，"通观今日国内哲坛，'马哲'由其热点问题引导的原有研究范式正变得走向不明，众多贫乏空洞的理论言说流于'假问题'而受到冷落；80年代的'国学热'和90年代后期以来的'西学热'似亦难免自说自话的弱点，对文本的'过度诠释'因缺乏思想灵性而显得平庸琐碎。然而，此种看似消极的局面其实正孕育着中国哲学发展的转机"①。这里，"马哲"研究范式、贫乏空洞的理论言说、国学与西学的自说自话、对文本的过度诠释等学术现象，实则都根源于哲学社会角色的异化，亦即以其作为政治依附暨意识形态角色对其作为中国文化身份的历史使命角色的替换。在此意义上的哲学转机则是当下中国哲学作为问题的基本语境的要素。

5. 第二，马克思哲学、西方哲学、中国传统哲学是当下思考中国哲学问题所必须依赖的学术资源，如何对待、处理这些资源，是当下"中国哲学"作为问题的基本语境要素。可以说，以何种态度，以何种范式对待马克思哲学、西方哲学、中国传统哲学，是所谓"哲学转机"的关键。百年来中国的思想文化以学术的方式经过了东学西渐与西学东渐，对于我们的文化语境而言，西学东渐不仅仅是一个以德先生和赛先生的引进问题，而且是一个德先生与赛先生在中国的本土化问题。并且，东渐的不仅仅是个狭义的西学问题，而且还有一个以意识形态的方式，从苏俄输入的马克思列宁主义的问题。所以，在这样的文化语境中，马克思列宁主义作为意识形态，西方思想文化作为学术，以及本土原来既有的传统思想文化在哲学这个特定的学科化的语境里，已然以马克思哲学、西方哲学、中国哲学②的学科身份出现，这样，对于"当代中国哲学"而言，这三种哲学的存在无疑是其不可逃避的思想对镜，更是其必须借鉴

---

① 高清海：《中华民族的未来发展需要有自己的哲学理论》，《吉林大学社会科学学报》2004年第2期。

② 这里的"中国哲学"一词的实际指向是中国传统思想文化作为哲学，此为"中国哲学"之狭义。

的思想资源。因此，如何面对这些思想文化作为哲学的资源，就成为"当代中国哲学"进行哲学创作的必须依赖的背景和资源。

这里的关键不是以何种方式确定这些思想文化资源的有效性，因为从理论上确定有效往往离不开符合逻辑的某种论证，但这种论证的形式化规则却可能使被论证者远离现实的生活本身，如同美丽的人造花一样，再美丽，它也不是活生生的鲜花。因此在什么意义上把马克思哲学、中国哲学与西方哲学作为建构"当代中国哲学"的学术资源是这一问题的前提性思考，也就是说以什么样的文化态度对这个问题进行观察与思考是必须建立的前行基础。按照我们现在的思考习惯，我们是把马克思哲学、中国哲学、西方哲学三个称谓仅是在学术分科的意义上来使用的，即马克思哲学、中国哲学、西方哲学仅仅是作为哲学这个一级学科卵翼下的二级学科。结果形成了总是以分科式的学科分类思维来对待这三种学术资源，也就是以知识论的把握方式遮蔽了这些学术资源背后的深刻问题。这从我们的研究方式的简单化、概念化、形式化倾向即可看到。当我们从历史中的思想文化发展来看待这些学术资源的时候，这些学术资源的显现就发生了深刻的变化，他们即刻化身为我们建构作为文化身份的当代中国哲学的历史中的思想构成要素，这样，这些学术资源就有了文化生命的意义。

当下需要面对的现实语境是，如何突破对于马克思哲学、中国哲学与西方哲学教学式的学科化研究方式，找到三种哲学的思想融通逻辑，这样才有可能把马克思哲学、中国哲学、西方哲学从学科身份的知识系统，转变为作为历史存在中的思想文化的整合资源。

6. 第三，创生"当代中国哲学"的基本理念，是"探索和创造真正具有中国气质并能自立于世界哲坛的当代中国哲学形态"。这里有三个要点：第一是"当代中国哲学"要有"中国气质"；第二是"当代中国哲学"要"能自立于世界哲坛"；第三是这个哲学体现为"当代中国哲学形态"。如何理解"中国气质"和"自立于世界哲坛"，以及"当代中国哲学形态"呢？我认为，这三个要点提出了"当代中国哲学"的自立标准和理念。"气质"一词显然是非常中国化的词语，它表明的是要有自己的独特体性和风貌，也就是说"当代中国哲学"首先是"中国的"哲学，而不是西方的。"自立于世界哲坛"指的是"当代中国哲学"作为具有"中国气质"的哲学与其他哲学在世界哲学话语平台上，具有平等的对话身份，具有独立的哲学话语权力。这就是说，"当代中国哲学"不仅仅是中国的，而且还要通过与世界其他哲学对话而走向世界。"当代中国哲学形态"则是指作为"当代中国哲学"的表现、表达、表述（叙述）形态，既要区别于西方哲学的范畴、理性逻辑表现形态，又要区别于中国传统思想文化之象数、直觉体验思维观察表现形态。

具体来说，所谓"中国气质"，其含义是指作为"当代中国哲学"一定是"中国的哲学"，而以"中国的"作为定语修辞的具体内容就是指"中国气质"。对于"中国气质"一词，从语言表述的解义方面来说，是"中国"这一所指作为规定性的提升而对"气质"的语义进行限定，从而在时空关系中确定了所指的意义域。这就是从人们历史中形成的语言语义习惯来确定的"在中国"历史与文化中形成的意义界。这里的关键是"气质"一词。所谓"气质"一词来源于宋明理学中的"气质之性"之说。王夫之总结前贤"气质"之说认为，所谓气质之性者，犹言气质中之性也。质是人之形质，范围著者生理在内；形质之内，则气充之。而盈天地间，人身以内、人身以外，无非气者，故亦无非理者。理行乎气之中，而与气为主持分剂者也。故质以函气，而气以函理。质以函气，故一人有一人之生；气以函理，故一人有一人之性也。若当其未函时，则且是天地之理气，盖未有人者是也。乃其既有质以居气，而气必有理。自人言之，则一人之生，一人之性；而其为天之流行者，初不以人故阻隔，而非复天之有。是气质中之性，依然一本然之性也①。我以为，作为"当代中国哲学"之"中国气质"之说，实际是借用宋明理学之"气质之性"的提法，表达的是"当代中国哲学"应有的品格和个性。我们似乎可以理解为，"当代中国哲学"应该是在"中国之形质"之内，则气充之，以中国之文"理行乎气之中"，以此含中国文理之气，充盈于天地之间。也就是说，作为当代中国哲学要有自己的品格、取向和个性，即中国之形质、中国之气运、中国之文理，并以此运化于天地之间。

所谓"能自立于世界哲坛"，其意欲在于作为具有"中国气质"的"当代中国哲学"与其他哲学在世界哲学话语平台上，具有平等的对话身份，具有独立的哲学话语权力，"对话身份"与"话语权力"的俱足，才能使其得以"自立"。这里，"对话身份""话语权力""自立"是解读其

---

① （清）王夫之：《读四书大全说》卷七。

深意的关键词。因缘起的差异而形成的各种思想文化,通过各种平台进行对话已经成为当下世界文化存在与发展的主要方式之一,也是各种哲学自身存在与发展的可能路径。对于"当代中国哲学"来说,处于中西思想文化对话的历史语境中,是它当下的不共处境,这是历史的存在性给予的言说起点。也就是说,对于"当代中国哲学"来说,不可能关起门来,回到传统儒释道之圆融合一的思想形态,而是既要面对自身思想文化历史的传承,也要面对来自域外思想文化的各种提问。实际上,近代以来,因缘于西方思想文化对于中国传统文化的压迫式冲击(实际已经超越了文化对话的对等关系的原则),我们对于经过先秦诸子学、汉代经学、魏晋玄学、隋唐佛学、宋明道学(理学和心学)、清代朴学的历代传承所形成的道统与学统的当代性产生了疑问,故而对其所形成的既有的文化身份也失去了记忆,可以说,我们在与西方文化的对话中失去了我们原有的文化身份,从而形成了不对等的文化对话。所以,对于"当代中国哲学"来说,寻找我们的文化身份,与西方文化(哲学)形成平等的对话关系①,是其不可推卸的历史使命和责任。有了自己的文化身份,才可能建立平等的对话关系。实际上,所谓平等的对话关系就是赋予对话各方以平等的话语权利。如此说来,确立了自己的文化身份,就为建立平等对话关系找到了前提基础,从而在此基础上可以通过话语权力的博弈过程获得话语权力。有了文化身份、平等的对话关系以及话语权力,才有可能自立于世界哲坛。可以说,在文化身份、平等对话关系与话语权力等关键词语中,文化身份的确立是前提和基础。所以,我认为要使具有"中国气质"的"当代中国哲学"能够"自立于世界哲坛",关键是要寻找、确立自己的文化身份。

所谓"当代中国哲学形态",概要来讲,是指作为"当代中国哲学"的再现、表达、表述(叙述)形态,既要区别于西方哲学的范畴、理性逻辑表现形态,又要区别于中国传统思想文化之象数、直觉体验思维观察表现形态。这里的"区别"是从个性存在的意义上来使用的。确切的意义是指"当代中国哲学"要找到与西方哲学、中国传统哲学相应的再现、表达和叙述方式。这个问题已经成为当前中国哲学界的难点问题。

---

① 如何与西方文化(哲学)形成平等的对话关系,是一个需要继续深入研究的话题,而不是如我们现在采取的平面式的学理化比较模式。对此问题需要另外行文探讨。

可以看到，我们有从西方哲学借用各种思维框架、概念范畴、叙述方式来梳理中国传统哲学的各种努力，也有以中国传统思想表达方式与西方哲学进行比较的尝试。但我们感到中西具有两种不同的思考与表达方式，还没有一个可以圆融二者的方式呈现给我们，所以，中国哲学界的基本状况是：中、西、马三个思想系统各说各的话，这给"当代中国哲学"的构建提出了一个难题。对此，恐目前我们还没有找到比较好的解决办法和思路。

7. 对于如何构建属于中国的哲学，百年来的诸多学术先贤做了各种努力，也进行了诸多的尝试，梳理一下他们的哲学建构，对于我们解读"构建当代中国哲学"的呼吁，寻找适合中国哲学语境的问题意识、表达与叙述方式，可能会得到一些启迪。这里，我们仅取冯友兰、金岳霖和熊十力的哲学处理方式为典范，从他们具有代表性的三种哲学态度与处理方式中，一方面去体会对传统哲学"接着讲"的承继，另一方面探索"当代中国哲学""开新"之路。一方面可为"当代中国哲学"提供对于"历史"的态度与方法，另一方面他们的哲学发问方式和问题也为今天的哲学话语提供言说起点的参照。因此，"当代中国哲学"说什么，如何说，从何说起等问题，从这些哲学先贤的探索轨迹中可能会寻找到一些脉络。

8. 首先，冯友兰为在中国思想之上冠以"哲学"之名，采取的方法是以西方的"实在论"哲学为参照标准，对中国传统思想进行哲学化的梳理与解释，从而就有了"三史与六书"。冯友兰在"三史"之《中国哲学史》绪论开篇就指出："哲学本一西洋名词，今欲讲中国哲学史，其主要工作之一，即就中国历史上各种学问中，将其可以西洋所谓哲学名之者，选出而叙述之。"①"所谓中国哲学者，即中国之某种学问之某部分之可以西洋哲学名之者。"② 可以说，他的"三史"之用意是通古今之变，为往圣继绝学，采取的学术范式是"以西释中"；他的"六书"之目的则是究天人之际，以为万世开太平，其思想方法是"援西入中"。这构成了冯友兰先生心目中的《中国哲学史》与"中国哲学"的基本要义。在冯友兰这里，对中国文化以哲学之观照，乃为"援西入中"，但"入中之'西'"已非原来之"西"了。如此即为对于中国的哲学传统不是

---

① 冯友兰：《中国哲学史》，中华书局1961年版，第1页。
② 冯友兰：《中国哲学史》，第8页。

"照着讲",而是"接着讲"。在"接着讲"的中国哲学中,其精神就不是如希腊哲学那样寻找一个具有逻辑解释力的本体,为拯救现象,在现象之外建立现象的实在性,而是"超世间"的哲学,亦即"即世间而出世间"。"中国哲学有一个主要底传统,有一个思想的主流。这个传统就是求一种最高底境界,但又是不离乎人伦日用底。这种境界,就是即世间而出世间底,这种境界以及这种哲学,我们说它是'极高明而道中庸'。"① 可以说,冯友兰先生所说的中国哲学是西方哲学的"筐子",筐里装的是中国本土的"柿子"。这就是冯友兰心目中的"中国哲学"的样子。这样的哲学是"中国哲学"吗?这需要我们的甄别。

9. 其次,对于"中国哲学",熊十力则采取了与冯友兰不同的方法。他的《新唯识论》《体用论》《明心篇》《原儒》等著作,表明了他并不是以西方哲学为出发点和标准来裁定"中国哲学",而是从中国本体文化传统提取"新"意。熊十力认为:"中国哲学虽不妨分别唯心唯物二派,而格以西洋之学,则中国唯心论穷至根源处,毕竟与西洋唯心家言不似,中国唯物论穷至根源处,毕竟与西洋唯物家言殊趣。""粗略而谈,则中国人却不曾以解剖术去分裂宇宙,不好为一往之论。惟务体察于宇宙之浑全,合神质(精神、物质、本不可分,而人或分之,故不得已而言合耳)彻始终(由终究始,始复为终。又更有始,终始递迁,相续而流。彻乎此者,不得谓后起者傥然而来)、通全分(全不碍分,分不碍全。通于此者,故不执分以失全)、和内外(内外、假立之名耳)、遗彼是(是犹言此,彼此以相待而形耳。遗之则不滞于一方矣),上达于圆融无碍之境。故中国虽有唯心之论,要未尝以为唯独有心而无物。"②"中国既无唯心唯物之争,今何故效法西洋,以此二名强分学派?"③ 由此,熊十力提出了"体用不二"之说,其文化情怀昭昭然。"体用不二"之意非体非用,而在于"不二"。"不二"即有"本体、现象不二","道、气不二","天、人不二","心、物不二","理、欲不二","动、静不二","知、行不二","德慧、知识不二","成己、成物不二",等等④。"不二"亦

---

① 冯友兰:《新原道》,载《贞元六书》(下),华东师范大学出版社1996年版,第706—707页。
② 刘梦溪主编:《中国现代学术经典——熊十力卷》,河北教育出版社1996年版,第526页。
③ 同上书,第527页。
④ 参见刘梦溪主编《中国现代学术经典——熊十力卷》,河北教育出版社1996年版,第105—106页。

"不一",乃为中国独有之智慧(西学方法则为或者一、或者二,即执著于一或二)。此说之意蕴在于为中国文化作为哲学之"中国意味"确定态度与方法。在熊十力先生的思想与心路历程中,我们可以感受到他对于中国文化本土性的眷恋与执著。他虽由"旧唯实学"转"新",但其"新"并非"援西入中"之"新",而是"中国哲学"本身的"旧邦新命"之意。对此,冯友兰称熊十力之哲学体系发展历程为:"出入佛老者数十年,凡求诸六经而后得之"[1]。可见,在熊十力的哲学世界中,"中国哲学"既不是西方哲学眼中的"中国哲学",也不是移植西学后的"哲学之中国",而是中国本土之"中国哲学"也。

10. 其三,如果说冯友兰与熊十力为处理"中国哲学"之态度与方法相对待的两极,那么金岳霖的哲学思考可以称之为"第三条道路"。冯友兰称金岳霖亦为"接着讲"的"新理学"之代表,但金岳霖的主要著作《逻辑》《论道》《知识论》等,表明其哲学思考与冯友兰的"新理学"有别。其"别"在于金岳霖更看重哲学之普遍性的追求,这种追求就表现为他对于逻辑学的格外青睐。在金岳霖看来,"思议的范围比想象宽","思议底范围就是逻辑,思议底限制就是矛盾,只有矛盾的才是不可思议的。这当然就是说只有反逻辑的才是不可思议的,而可以思议的总是遵守逻辑的。任何可以思议的世界都是遵守逻辑的世界,我们当然可以思议到没有归纳法所需要的秩序的世界也遵守逻辑"[2]。逻辑中的普遍是形式化的普遍,这种思路与中国传统的名实相即的思想是不同的。对金岳霖来说,如何既保有中国哲学"名实相即"之思想,又依哲学之逻辑的普遍性要求,找到合乎逻辑的本体,是他必然要遭遇的思想困境。他在《论道》《知识论》等著作中,就依靠逻辑工具,将中国传统思想中的"道"进行形式化处理,使其作为哲学解释性预设的本体具有了普遍性的品格。这种设计是否成功,是否具有最大的解释力,我们姑且不论,其对于哲学体系进行构造的努力却昭示了中国哲学的当代境遇。我们从金岳霖先生的著作中可以看到"中国哲学""第三条道路"的问题与矛盾。金岳霖出于哲学学科化的现实需要,就要构造出可以被称为"中国哲学"的理论体系,才能使得这个学科既有庙又有神。具体说就是如何把中国

---

[1] 冯友兰:《中国现代哲学史》,广东人民出版社1999年版,第218页。
[2] 金岳霖:《论道》,商务印书馆1985年版,第3页。

的"道"与西方的哲学逻辑以某种哲学的设计圆融为一个整体。他在《论道》中提出的"道，式—能"的范畴，并在此基础上以逻辑来说明"可能的现实"之演化过程。在此基础上，《知识论》的"主旨是理解知识"，"知识论既是理解知识的学问"①。他认为"知识论的对象是知识的理。知识论即研究知识的理的学问。"② 这里的"理"是"普遍"，这种普遍是逻辑基础上的普遍。可以说，无论是他的"道—式、能"，还是知识的"理"，都离不开逻辑的工具，所以，逻辑在他的哲学里就有着特别的地位和意义。他的逻辑已不是纯粹西方的了，而是"中国化"了的逻辑③。由此可以看出金岳霖先生在中西文化之间的苦心、困惑与无奈。他对于哲学纯粹性的追求，使得他的哲学只能是小众的、边缘的、学院的，难以对中国哲学的身份产生实质性的影响④。

11. 冯友兰先生在《中国现代哲学史》中亦以金岳霖、冯友兰，熊十力为现代哲学的最后代表，可以说，这三种哲学路向在"中国哲学"作为学院式的学科建构中，具有典型的意义。他们的哲学工作所表现出来的独创性，使他们的哲学也具有"当代中国哲学"的意义。可以说，时至今日，在哲学的原创性、哲学思想体系的整体性上很难说谁的哲学能够超越了他们。他们所面对的哲学问题和困惑仍然是今天的我们所必须面对的哲学问题和困惑，并且，他们处于"中国"语境中的哲学态度、哲学方法所展现的研究方式对于我们的哲学书写仍具有意义。

12. 如前所述，无论是高清海先生的呼吁还是诸位哲学先贤的探索，都是力图将"哲学"这个西学中的学科与中国的思想文化联系起来，这实际上也是中国近代以来"古今与中西"问题的体现。所以，"当代中国哲学"作为问题的语境离不开"古今"与"中西"问题。从"古今"来看，"当代中国哲学"离不开对中国传统思想文化基本特质与思考方式的观察、取舍与抉择；从"中西"来看，是能否与如何以西方思想文化为框架来把握、整理、叙述中国的哲学。

---

① 参见金岳霖《知识论》，商务印书馆 1983 年版，第 1 页。
② 金岳霖：《知识论》，第 2 页。
③ 参见张茂泽《金岳霖逻辑哲学述评》，陕西人民出版社 2003 年版，第 30—39 页。
④ 金岳霖先生的哲学探索以及后他的思想的处境很值得我们思考，为什么纯粹哲学得不到权力的重视和大众的青睐？为什么超乎实用、政治性的哲学思考只能处于学术的边缘？为什么这样的哲学只能留在象牙塔之中？

首先,"当代中国哲学"作为问题必须面对"古今"问题的挑战,具体来说就是如何承接的问题,而关键在于我们如何观察、看待、取舍、抉择我们的思想传统。这一方面需要读懂思想的历史,如陈寅恪所说的"同情之了解";另一方面是要对自己的存在状态有所觉悟,明确"我在哪儿""我是谁",具体来说就是认识中国传统思想的基本特质和中国思想独有的思维方式。

中国传统思想在历史中体现出的是一种"政治依附性",它拒绝对学术纯粹性的追求,而是要在社会的政治生活中有所作为。张横渠的四句话道出了中国文人的学术价值取向和使命:"为天地立心,为生民立命,为去圣继绝学,为万世开太平"①。就是说,"中国哲学"追求的是"内圣外王"。

中国传统思想的思维方式是圆融双运、不二亦不一,这种思维方式把自己的思想安立在独有的"道论"之中。此道即不二之"道术""道器",从而形成了久远传承的"生生之道"的思想文化。中国传统思想可以儒、释、道三家为代表,其思想都是依从圆融不二的思维方式。可以说,圆融不二的思维方式是解读中国传统思想文化之儒释道何以和谐共生的门径与奥秘。

其次,"当代中国哲学"也必须以"中西"对话为思考语境。在这个问题上,钱穆与冯友兰代表了两种全然不同的看法与态度。钱穆先生认为,中国的学术思想和学问是中国的,其发源与发展演化有其独特的语境和理路,不能用诸如哲学、科学等学科分类的方式去看待,也就是说,"中国的"只能用中国的方式去表达,不能用西方的方式。在他的学术原则中,坚守的是中国人要说中国话。冯友兰先生面对中国"三千年未有之大变局"②,主张以西方哲学的思想框架来梳理中国的学问,如此才能把中国的学问"接着讲"下去。二位先生的理路各有其道理,很难对此作出是与非的评价。而于我们有价值的,是以其为对镜观察、探索"当代中国哲学"问题的现实语境。庄子说:"道,行之而成"③,只要我们不懈地思考、求索,在路上,那么,属于中国的哲学也就离我们不远了。

---

① 《张载集》,中华书局1978年版,第320页。
② 李鸿章语。引自梁启超《李鸿章传》,百花文艺出版社2000年版,第44页。
③ 《庄子·齐物论》,上海古籍出版社1989年版,第13页。

高清海价值哲学思想初探

刘进田[*]

以寻索人及其"类生命"和"类哲学"为显著特色的高清海哲学，实质上是一种深湛的价值哲学，具体来说是马克思主义价值哲学，再具体说是一种结合中国实际和中国传统哲学的中国化马克思主义价值哲学。因而高清海先生也是一位杰出的价值哲学家。

一 高清海哲学属于价值哲学

为什么说高清海哲学是一种价值哲学？

1. 高清海先生强调哲学与科学的区分和划界。人与物、应然与实然、价值判断与事实判断、自由与自然，是世界上两种性质不同的现象，也是哲学首先要面对和处理的现象。如果哲学家不能自觉地区分这两类现象，我们就难以判断他的理论性质是科学思想还是价值哲学思想。研究物、实然、事实判断、自然的理论属于科学或科学方法论，与此不同，研究人、应然、自由、价值判断的理论属于价值哲学。我们所以把休谟和康德视为价值哲学的先驱，就是因为他们开始自觉地区分"是"与"应该"、"事实判断"与"价值判断"。

作为对西方哲学有精深研究的高清海先生，休谟和康德划分是与应该、理论理性与实践理性的思想不能不对其思想有所影响，从而非常自觉地在哲学与科学之间进行划界。高先生断言，哲学与科学无论在研究的出发点、对象还是方法上都是不同的。"不论以什么为对象，哲学都是从人出发，以人的观点去看待、认识人的本性，这是'哲学'与'科学'

---

[*] 刘进田，西北政法大学教授。

在视角上的根本区别。如果说科学就对象研究对象，得出的认识是'物'（对象）的本性，那么哲学从人出发去研究对象得出的便主要是'人'（自我）的本性。正是根据这一点，我得出的结论是：'人是哲学的奥秘'，'哲学不过是人的本性的自我意识。'①"与科学有别的以人为主题的哲学，就是价值哲学。

2. 高清海强调哲学的奥秘，主题是人，哲学是人的本性的自我意识。高先生说："进入90年代以后，'人的本性'和'哲学本性'的问题就成为我思考和研究的主题。②"在高先生看来，哲学的奥秘在于人，人的奥秘在于生命，人的生命的奥秘在于类。当哲学把人、人的生命、人的类生命作为主题时，意味着哲学超越了物、物种、动物、实然这些既在性、受动性存在，而进入人的超越性、未来性、创造性、应然性领域，而这个新的领域正是价值哲学的探讨领域。在高先生看来人的生命本质不在于其本能生命，而在其有超越动物本能生命的能力。他说："动物是属于它的生命的，对人而言，生命却是属于人的。动物不能超越它的生命（本能），人则必须超越人的本能生命。"③ 作为人的真正生命的超越本能生命的能力，也就是价值哲学意义上的价值。因此，当高清海将"人"作为哲学的奥秘和主题时，也就是将价值作为哲学的奥秘和主题，因而其哲学自然属于价值哲学。

3. 高清海强调以人性思维、类性思维，而非物性思维、种性思维来研究人。一种哲学是不是真正的价值哲学，不仅在于它是否将人、价值作为哲学的对象和主题，更在于它研究人、价值的方法是科学方法还是价值方法，是物种思维还是人类思维、人性思维。如果用科学方法、物种方法来研究人、价值，那也很难说是真正的价值哲学。

因此，高先生非常强调要用适合人、适合价值的方法来研究人、价值，强调类思维、人性思维与种思维、物性思维的区别，主张必须从人出发，适用人性思维、类思维来研究人、研究价值。这样就在哲学的研究对象和方法论两个重要层面上保证了高清海哲学的价值哲学性质。

类思维、人性思维是超越了种思维、物性思维的价值哲学或类哲学

---

① 高清海：《找回失去的"哲学自我"——哲学创新的生命本性》，第5页。
② 高清海：《找回失去的"哲学自我"——哲学创新的生命本性》，第3页。
③ 高清海：《"人"的哲学悟觉》，载《高清海哲学文存·续编》第3卷，第242页。

思维方式，它反对从物性思维、种思维那种前定性、既有性、自然性、单一性、抽象性出发来理解人、价值，要求从未定性、创造性、生成性、超自然性、具体性角度来把握价值，理解人的本性。在此方法论视域中，我们才能把握真实的本真的人和价值。这种类思维、人性思维方法同现象学的加括号方法有异曲同工之妙，都要求把自然的、物性的、心理的、逻辑的东西放置在括号里，抓住剩余物，这剩余物就是人本身，就是价值本身。正是因为方法论的改变，我们看到高先生对价值问题的看法是创新性的看法。

4. 高清海明确强调人的"类生命"和"类哲学"是价值性的概念。

"类生命""类哲学"是价值性问题、价值性概念、价值性理论，是追求性、理想性、目的性、未来性、创造性、自由个性的问题。"类生命"和"类哲学"追问的不是"'世界是什么（what）'或'怎么样（how）'，而是自觉地表达着对人生存价值的理解，它所追问的是：'世界应该怎样？'、'人应该怎样？'、'人们的行动和目的是否合理？'这种提问方式已经表明，哲学在本性上总是表征着人与世界理应如此的祈想和希望，承诺着关于未来世界的一种价值理想。哲学对人的价值理想的执着追求，根源于人的价值化的存在方式……人是自我创造，自我发展的存在[①]。"人的"类生命"的价值性、应然性、创造性、自我实现性，决定着"类哲学"的价值性、应然性、创造性、自我实现性。以人的"类生命"为主题的哲学是真正的价值哲学。

二 高清海哲学属于马克思主义价值哲学

价值哲学有多种不同流派，有经验主义、先验主义、心灵主义、语言主义、实用主义等价值哲学。高清海价值哲学有其自己的独特个性，有他自己对马克思主义价值哲学的理解，属于马克思主义价值哲学。

1. 高清海价值哲学的思想基础是马克思主义哲学。

高清海价值哲学把马克思实践观点，实践思维方式作为基础，在实

[①] 高清海、胡海波、贺来：《人的"类生命"与"类哲学"——走向未来的当代哲学精神》，第90页。

践性和实践思维方式基础上创造性地阐释价值哲学思想。

2. 高清海价值哲学的核心概念"类""自由个性""自由自觉性""人的自由全面发展"等来源于马克思哲学。

"类"概念虽然是费尔巴哈哲学概念,但马克思将其借用过来,且对其进行了改造。在《1844年经济学哲学手稿》中,马克思将"类"概念同人的自由自觉性劳动联系起来,同异化劳动、经济关系联系起来。在《资本论》中马克思仍然讲"人类能力"。这说明马克思在新的哲学基础上肯定"类"概念的。"类""人类"在当代思想界越来越受到重视,不应将其拒于马克思主义哲学门外。

3. 高清海价值哲学的历史观前提是马克思主义历史观。

高清海在强调社会实践的基础上,把马克思在《1857—1858年经济学手稿》中的人类历史发展三大形态和阶段理论作为自己价值哲学的历史观前提。高清海对马克思人类社会历史发展三形态进行了创造性解释,提出人的发展经历了群体本位到个体本位,再到类体本位三种形态和阶段。与此相应作为价值的"类生命"也从以群体为载体发展为以个体为载体,再发展为作为群体与个体合起来的类体载体。群体不能等同于类体、类生命。原子化的个体也不能等同于"类生命"。只有"自由个体"才是类生命的体现,是价值的实现。高清海的价值哲学体现着马克思主义历史观和价值观的有机统一,这保证着高清海价值哲学的厚重性、客观性、可靠性、合理性。

4. 高清海价值哲学同马克思主义价值哲学一样,都有极为深切的人性关怀、人的命运关怀、人的生命关怀。都有以人性为尺度的强烈批判性。高清海在中山大学演讲人的类生命和类哲学时把中山大学的女生们都讲哭了,说明高先生的哲学对人及其生命有多么深沉、切己的眷顾、关切!

三 高清海价值哲学是中国化马克思主义价值哲学特色

高清海既是一位马克思主义哲学家、西方哲学家,也是一位中国哲学家,特别是晚年他开始关注和研究中国传统哲学,因而高先生的价值哲学也可以说是中国化的马克思主义价值哲学。

1. 高清海价值哲学关注和研究的问题一直是中国问题。这是由马克思哲学的实践性特征和现实性品格决定的。关注实践和现实首先是关注中国人的实践和现实。高先生之所以在 20 世纪 90 年代后高度重视对人、人的本性、价值问题的研究，与中国自那时起开始实行社会主义市场经济内在相关。历史和逻辑在此是统一着的。在高先生看来，市场经济不只是具有形下的经济效应，更重要的是有形上的人性效应。市场经济是个人独立活动的社会化交往形式，它必然使人的存在方式、价值方式发生变化，生成独立性的个人。因此个性主体性、个人价值问题必然在中国突显出来。类生命、类价值必然会从群体转变为个性，同时在此基础上人的价值也将走向类生命、类价值。可以说，是中国社会主义市场经济的实行、实践催促高清海研究人的哲学、类哲学。市场经济一方面将生成新的人的存在形式，另一方面将形成人的世界历史性的普遍联系，因而哲学作为时代精神的精华就必须研究个体生命和类生命。这个哲学发展趋势今天我们看得愈来愈明显。

2. 高清海先生在批判本体论思维、两极思维，主张实践思维、实践观点的时候，已经在方向上走向中国哲学。高先生发现，西方哲学思维要么是物性思维，要么是神性思维，而不是人性思维，这种两极思维方式并不适合研究人的类生命和类哲学，因而在思维方式上应超越两极思维，运用人性思维。超越两级思维的人性思维，是中国传统哲学所具有的思维方式。因此，高先生晚年回过头来研究中国传统哲学，写出了《中国传统哲学的思维特征及其价值》《中国传统哲学属于全人类的精神财富》等数篇论文，对中国传统价值哲学进行了高屋建瓴的研究梳理。

3. 高清海在身罹重病期间对人的生命的理解走向重视境遇、情境、变化和非确定性方向，体现出中国哲学特质。

西方哲学运用逻辑思维追求确定性，而中国哲学则重视体验体知，根据境遇、情境的变化把握人的价值和生命。因而具有不确定性，甚至混沌性。意义、价值存乎一心。高先生在生病之前和之后，对人的"类生命"或"类本性"含义的理解是不完全相同的。在生病（境遇）前对"类生命"的含义的理解是确定的："类生命"包括人的第一生命与第二生命、物种规定的本能生命和自我创生的自为生命，是人的双重生命、双重本性。但在高先生生病期间，由于第一生命已无法挽回，生命体验发生了重大变化，因而坚持"类生命"不是双重生命，而是第二生命、超自然生命、自为生命。高先生的学生胡海波教授在思考此问题时说："后来我一下子明白了，对类生命的理解体现在自己对生命的体验和梦想。当他得病了，第一生命被宣判缓期执行死刑了，他对第一生命不能寄予太大的希望，他全部的注意力都放在了第二生命上，所以他高看第二生命好几眼，把生命的本质都赋予第二生命上了，因为第一生命没指望了。"存在的意义、价值随此在、个人境遇、情境的变化而变化，具有非固定性，这是中国传统哲学的特点。

对人类生命，生命意义，价值的这种具体化、非固定化理解，更加切合人的生命的特征，这个生命特征就是非固定性、流动性、波动性、明灭性。这就是道家的最高范畴"道"。"道"有不确定性，非实体性。道是有与无的统一，是视之不见，听之不闻，搏之不得的生命存在，具有恍兮惚兮的混沌性。在这样的理解中，"类"范畴与中国最高的"道"范畴融通起来了，"类本性"与"道本性"融通起来了，中西方哲学融通起来了。这是中西马哲学生命的融通，可谓"道通为一""万物一体""民胞物与"。这是一种至高的生命境界，价值境界！

"类"与"道"、"类本性"与"道本性"的融通，作为中西哲学的融通或许可以称为"类道"。"类道生命""类道价值""类道哲学"是富有生命力的走向未来的哲学精神。

四 高清海价值哲学对价值范畴的理解

价值是价值哲学的核心范畴。高清海将价值放在人的类生命和类哲学的总体框架中加以理解和界定，得出了符合价值本性的价值界说。高先生对价值范畴的界定主要体现在其论文《价值与人》中。

1. 用类性思维方式，实践思维方式理解价值，反对用物种思维，两极思维理解价值

对价值的理解，人们往往从物种思维、科学思维、两极思维来理解。例如，当人们把价值理解为需求和满足需求时，并没有区分其中的自然关系和超自然关系，常常将自然关系混同于价值关系。而高先生则十分重视区分二者。他强调："需求和满足需求之间有两种不同的关系，一种

是自然性的关系，一种是超越了自然性的关系。对于动物的需求与满足需求的关系，我们并不称作价值关系，因为它属于自然关系，天然如此，本来如此，无须选择，也无从选择。"① 自然关系无选择，是非价值关系，超自然关系是人的、有选择的关系，因而是价值关系。在此有着自然领域和自由领域的划分，价值属于有选择的自由领域，这是自由王国，是人的领域，是人的类生命、类本性所在。

2. 以人及其自身本质来界定价值

在区分了人的自然性和超自然性之后，高先生对价值的内涵做了规定："价值属于人对自身本质的追求。价值只是属于人的本质，表现的只是人所有的本性，也可以说所谓价值不过就是人作为人所追求的那个目的物，而这个目的物也就是人的自身本质。""人本身也就是价值本身，人的存在就是价值存在，人的价值就在于把自己创造为真正的人。"② 值得注意的是，当高先生强调价值是人的自身本质时，并未否定"物"的价值。他说："价值属于人的本质特点，并未把'物'排除在价值之外，因为人的本质本身就包括了物在内，不只是人身之物，而且也包含身外之物。"③ 因为人的生命是双重生命。人是一个包含自然生命和超自然生命的存在，是一体双元存在。人作为整体统摄着自然性和超自然性，统摄于人这个整体之中的自然性同样也具有价值，只是它不是价值的全部，不是价值的特质。因而高先生说："价值虽然包含满足需要、有用价值这些意思在内，但它并不是这样一个简单含义的概念，也绝不限于这类直观的意义，它总还另外有点什么深刻的隐性涵义蕴藏其中。"④

3. 主张价值和评价不能分开，二者在实质上是一回事

人们常常把价值和评价分开来，认为前者是既定的被评价、被反映者，后者是反映者、评价者。这是一种知识论思路。与此不同，高先生认为价值本质上是超自然之物，因而由此必然生出价值选择，价值评价。这样价值与评价就是内在相关难以分解的。"价值的问题与人们对价值的评价分解不开。不能认为价值评价只是对于既定价值事实的简单认定，

---

① 高清海：《哲学的奥秘》，吉林人民出版社1997年版，第327页。
② 高清海：《哲学的奥秘》，第87、89、91页。
③ 高清海：《哲学的奥秘》，第91页。
④ 高清海：《哲学的奥秘》，第88页。

它同时还具有开掘和开拓价值内涵的意义。"①

4. 主张价值和价值观不可分开

由于价值和评价不可分开，而评价总有评价标准，评价标准和价值理想、价值观不可分割，因而价值和价值观是很难分开的。价值同价值观难以分开，从根本上来说，是因为价值是超自然性的存在，是有用性与人的类生命相联系的存在，而人的类生命同主观性不可分开。

---

① 高清海：《哲学的奥秘》，第88页。

通过改变"世界观"来改变"世界"

——高清海先生哲学探索的重大旨趣

贺 来[*]

高清海先生到今年已经去世十五周年。学界同行和朋友相聚,品评学界人物和学术现状,时常听到这样的感慨:高先生过早的离去,使哲学界失去了一种重要的声音,随着时间的流逝,这种声音愈加显示其珍贵和稀缺。这迫使人们思考:究竟是什么使得一个学者,在去世多年之后仍被人难以忘怀?这种声音为何具有如此强大的力量,能够穿透岁月的阻碍,让今天的人们仍为之动容?

毫无疑问,这是一种思想的力量,但对于高清海先生而言,这种思想力量不仅源于纯粹理论理性的思辨,更来自于实践理性的自觉关怀。高清海先生的思想探索与新中国的风云变幻和历史变迁始终密不可分地关联在一起,其不同凡响之处就在于他以一种哲学的方式,深入中国当代社会现实,努力通过变革人们的世界观而改变现实世界付出了一个中国马克思主义哲学家真诚的努力并贡献了重要的思想智慧。

一 自觉撞击理论与现实的边界:"世界观的变革"与"世界的变革"

作为一个马克思主义哲学家,如何在当代中国波诡云谲的社会现实中找到其合适的位置并发挥其应有的作用?这是每一个以严肃的态度投入这一领域的人都不可回避的问题。对这一问题的不同回应,形塑了历史上不同人物的学术形象和理论品质。

---

[*] 贺来,吉林大学教授。

对于高清海先生而言，哲学的命运与中国的命运密不可分，哲学肩负着改变世界的独特使命，但哲学改变世界的方式，不能是别的，而是通过改变人们的世界观来实现的。

高清海先生曾说："世界观对于人们的思想行为具有根本的意义。通常说的'世界观'不必非指那种对于整个世界的看法。在人的每种认识、活动中都能体现出世界观来。在这一意义上的世界观。主要是表现为人们看待各种事物所遵循和运用的那种思维逻辑、价值取向、概念框架，或者叫思维方式。"[①] 这即说，哲学的"世界观"并非关于"整个世界"的总体性认识，而是关于人理解和把握世界的基本方式。在此意义上，"世界观"不仅是关于"世界本身"的，更根本的是关于人的，人持何种看待世界的方式，也就会呈现出何种"世界"，以不同方式看待世界的人，生活在完全不同的"世界"，看待世界的方式既规定了对"世界图景"的理解，也规定了对"理想世界"的想象。在此意义上，改变"世界观"，也就意味着改变对"世界图景"的理解和对"理想世界"的想象，它构成了世界得以改变的观念前提和价值前导。换言之，通过改变人们的"世界观"去寻求"改变世界"，就是要以一种哲学的方式，撞击理论与现实的边界并推动其不断突破其边界，从而发挥哲学所特有的"改变世界"的功能。

高清海先生对哲学理论工作的这种自觉定位，首先基于他对于理论与实践关系的深邃洞察。在他看来，对于人的现实存在来说，理论与实践并非人们通常认为的那样，是彼此外在的两种不同活动，而是相互关联、内在影响的人的存在的两个维度。人之区别于动物，体现在其行动是按事先经过思考的目标而进行的，高清海先生说道："人类高明之处就在于，人有一个思想实验室，能够运用理论工具去实现生物必须由本能来完成的探索功能。当然人也难免犯错误，但人能够发挥理论的作用，尽量避免犯已经付出过代价的错误。"[②] 因此，人的实践活动并非机械唯物主义所认为的那样是脱离理论参与的抽象物质活动，相反，理论是人的实践固有的内在要素和环节，对于实践活动具有重大的引导作用；与此相辅相成的另一方面是，对理论作为实践活动的内在要素和环节的自

---

① 高清海：《找回失去的"哲学自我"》，第 22 页。
② 高清海：《找回失去的"哲学自我"》，第 9 页。

觉和重视并不意味着对理论单向度的自恋和迷信，理论也需在实践中获得其合法性根据，在与实践活动的关系中，理论的旨趣不仅是为"再现世界"并提供"客观知识"，更是为了回答"怎样行动"，从而使"更好的生活如何可能"。熟悉马克思主义哲学发展史的人都可看到，高清海先生对理论与实践关系的这种理解，与柯尔施等西方马克思主义学者批判第二国际理论家对马克思哲学的庸俗唯物主义理解并强调"理论与实践内在统一和互动的辩证法"可谓异曲同工。很显然，基于上述理论与实践关系的理解，通过理论的反思和批判而推动现实世界的改变，必然成为哲学的自觉使命。

高清海先生对哲学理论工作的这种自觉定位，还基于他对于哲学作为人类诸理论思维中一种特殊样式的本性的深刻理解。在高清海先生看来，哲学不是靠提供某种具体的理论观念并直接作用于实践活动和现实世界而体现其思想功能，而是以一种反思意识的形式、通过对构成理论与实践关系的基本前提的先行批判和澄清而得以实现的。

这一基本前提，即是前述高清海先生所指的"人们看待各种事物所遵循和运用的那种思维逻辑、价值取向、概念框架，或者叫思维方式"，"思维逻辑""价值取向""概念框架"等并不是某种具体的理论观念，但却构成为一切具体的理论观念成为可能的基本前提，对此，高清海先生说道："哲学思维方式，属于哲学理论的内在的思维逻辑，表现着哲学对待事物的模式、处理事物的方法。思维方式是无形的，它却像'灵魂'一样贯彻并支配着哲学的整个内容，哲学中的那些原理、观点、范畴不过是它表现于外的具体形式。"① 这即是说，哲学思维方式如同"看不见的手"，它虽然不可见，却构成了一切可见的具体的理论言说的深层逻辑，规定了具体理论言说的实践旨趣，支配着其理解一切事物的基本立场和观点。

高清海先生认为，上述"思维逻辑""价值取向"和"概念框架"等，是哲学之外的其他理论思维形式所不予以关心，也无力抵达的，对它们的自觉反思，是只有哲学才能承担起来的任务。哲学之外的其他理论思维样式，所坚持的是一种"对象性"的思维方式，其旨趣在于获得关于认识对象的"如实了解"和"真切领会"，与此不同，哲学则要透过

---

① 《高海海哲学文存》第1卷，第82页。

这一切，对认识与认识对象、思维与思维对象之间的关系进行反思性追问：人的认识、思维和理论究竟是以何种方式切中对象的？在人的具体认识、思维和理论活动中，先行蕴含和遵循着何种思维逻辑、表达着何种价值取向、蕴含着什么概念框架？很显然，这些问题都是包含在具体理论观念和知识系统之中隐而不现、然而却对它们起着支配和规定作用的深层根据。对于它们，对象性的提问和回答方式是无效的，而只能采取一种反思批判的方式，而这，正是哲学之为哲学的特质。哲学是反思性和批判性的理论形态，而非对象性的、表象性的理论形态。正是基于对哲学特殊理论特质的这一自觉把握，高清海先生把对"哲学世界观"的反思和批判作为为哲学理论参与和介入实践活动的切入点，从而为通过"世界观的改变"来发挥哲学"改变世界"的功能确立了坚实的理据。

把"哲学世界观"的改变视为哲学"改变世界"的切入点，还因为高清海先生对于哲学之于实践所具有的双重效应的深刻洞察。与人们对于哲学一厢情愿的理想化想象不同，高清海先生清醒地意识到，无论在历史还是现实中，哲学所扮演的并非完美无缺的角色，它既可能推动人走向自由和解放，也可能把人带向奴役和束缚，既可能把促进人的自由创造并因此推动社会的文明进步，也可能成为僵化教条并因此阻滞社会的文明进步，既可能增进"真""善""美"，也可能滋养"假""恶""丑"，既可能成为人逐渐从"幼稚"走向"成熟"的"启蒙"力量，也可能试图让人停留于"幼稚"的"蒙昧"状态而成为"启蒙"的敌人。这即是说。哲学的实践功能本身具有"两面性"，它是一种具有"双重品格"的复杂存在，包含着"自我异化"的思想风险。对哲学之于实践的这种双重效应的洞察，必然对哲学相应地提出了双重任务：一是对僵化的、随着人与社会发展已变得不可接受的"世界观"的检讨和反省，二是对克服僵化的"世界观"，以一种更为合理的方式理解现实世界并推动人与社会未来发展的新的"世界观"的探求和阐发。如果前者是一种"否定性"和"治疗性"的工作，那么后者则是一种"肯定性"和"建设性"工作。

综观高清海先生的理论和学术生涯，我们可以看到，上述两方面的工作同时贯穿在他不同时期的理论探索之中。早在20世纪50年代，高清海先生就通过反思辩证唯物主义和历史唯物主义的关系，开始了对传统哲学教科书体系的深层理论逻辑的批判性反思，从20世纪80年代到21

世纪初的 20 多年间，高清海先生对哲学教科书体系的反思和对人的"主体自我意识"的阐明、对"传统本体论思维方式"的深入反思和对"实践观点的思维方式"的独创性理解、对前现代社会以"人的依赖关系"为核心的人的生存状态的反省和对现代社会"以物的依赖性为前提的个人独立性"为核心的人的生存状态的辩证、对"物种逻辑"的批判和对"人文逻辑"即"人的类的生命逻辑"的原创性建构，等等，所有这些，虽然关注的重点和侧面有所不同，但深入其内在脉络，就可发现，这些不同阶段的探索，并非独立和不相干的，而是体现着不断深化和推进的内在思想轨迹，而贯穿其中的核心，正是高清海先生这一最深切的眷注和关怀：那些人们深信不疑的"世界观"和"思维方式"究竟是如何遮蔽和扭曲了我们对世界的理解并成为人与社会文明进步的阻碍？应确立何种与人和社会文明的发展相适应的新"世界观"和"思维方式"并使之成为推动人与社会发展的内在环节和思想力量？

二 对"抽象世界观"的检讨和"治疗"：破解束缚人与社会发展的"脑中之轮"

从哲学层面，对束缚人与社会发展尤其对阻碍以改革开放为主题的中国特色社会主义实践的抽象的思维逻辑、价值取向和概念框架的自觉澄清、反思和破解，是贯穿于高清海先生长期理论探索的重大主题之一。纵观高清海先生近半个世纪，尤其 20 世纪 80 年代以后的理论工作，这是一个持续的、不断深入的反思过程，在不同阶段，高清海先生捕捉和提炼这种"抽象世界观"的本质特征时所使用的表述并不完全相同，但认真揣摩，就可看到，高清海先生的这条反思之路一直在不停歇地朝纵深处掘进，其反思水平被不断地推向新的高度。可以说，正是在这方面，高清海先生哲学思考展示出当代中国哲学界十分罕见的批判力量，时至今日，我们的不少哲学观念和现实生活状态依然处于这种批判力量的射程覆盖之内。

20 世纪 80 年代初所进行的教科书哲学体系和内容的改革，是高清海先生在当代中国哲学史上确立其特殊理论个性并获得学术界公认的重要工作。众所周知，教科书哲学体系和内容在中国已经沿袭数十年并成为

"天经地义"和"不容置疑"的"准经典"性质的权威言说,那么,为何把它选择为哲学突破的首要目标?对此,高清海先生这样自述道:"在亲身经历了我国历史的重大转折之后,我更加强烈地感受到,我们过去在课堂上所传授的那套哲学理论严重地落后于实际。它脱离时代、脱离生活,不适应改革开放历史发展的要求,不受人们的欢迎,难以在现实中发挥作用,对这种哲学理论必须加以根本的变革。适应改革实践的要求,推动哲学观念转变,进行哲学理论改革,这就是我在这一时期为自己确定的研究目标和课题。"[1] 可见,理论与实践的矛盾、理论的滞后对改革开放实践的制约和阻碍是高清海先生投身于教科书哲学体系和内容的改革的直接动因。

要切实回应这一矛盾,不能停留于直观认识,而是需要深入哲学教科书体系和内容本身,诊断和解蔽其内在的思想痼疾。在围绕着教科书哲学体系和内容改革的系列著述中,高清海先生对此有十分丰富和充分的论述,本文无法作细致的展开讨论。从这些论述中,我们可以清晰地看到,高清海先生所集中批判的对象是一致和集中的,在此仅引述他在《马克思主义哲学基础》前言中的一段代表性表述:"变革哲学教科书原有的理论体系,这个问题实际上不仅是对马克思的哲学思想精神的重新认识和理解的问题,而且对全部哲学和哲学史都要进行重新认识,作出新的理解。只有这样,才能把握马克思所实现的哲学变革的真正精髓。从苏联引进的教科书的体系和内容所以未能反映马克思的哲学精神,主要就是因为它没有——在我们看来——跳出旧哲学的藩篱,而是往往按照传统的哲学观念去理解马克思的哲学思想,结果使很多本来是创新的理论,又重新被拉回到旧日的哲学轨道,因而失去了现时代的精神和内涵。"[2]

"按照传统的哲学观念去理解马克思哲学",这是教科书哲学体系的要害。而"传统的哲学观念",在高清海先生看来,不仅是某些特定的具体观念,更是传统哲学的总体性的哲学思维方式和理论原则,对此,高清海先生说道:"在哲学总体性质上,教科书体现的完全是旧日传统哲学的原则,把马克思的理论实质上已变成了一种追求终极存在、先定本质、

---

[1] 韩民青等主编:《我的哲学思想:中国当代部分哲学家自述》,广西人民出版社1994年版,第129页。

[2]《高清海哲学文存》第5卷,第5页。

永恒本体的绝对真理体系。教科书哲学所以能够适应苏联政治体制的要求，对高度集权和集中的计划经济体制服务得那样得力，造成人们把抽象原则看得比生活更重要，总是去追逐脱离现实的空幻目标，原因就在这里。"① 可见，高清海先生对教科书哲学体系的反省，既指向其思维方式和理论原则的思想缺陷，更指向这种思维方式与理论原则与历史实践活动之间的深层矛盾。用"追求终极存在、先定本质和永恒本体"的思维方式理解马克思哲学，必然使马克思哲学沦为僵化的、独断的"绝对真理体系"，以之引导实践，必然把社会主义当成一种"现实应当与之相适应的理想"②，抽象的理论思维方式在实践中引导和转化为人的抽象的生存方式，并在政治、经济、文化等各个层面和领域反映和体现出来，从而成为中国人与社会发展的重大观念障碍。

对教科书哲学体系及其深层理论逻辑的反省，这仅是高清海先生哲学批判之途中的一个路标。在这一工作告一段落之后，他不再局限于教科书哲学体系，而是穿过它，把批判的高度跃迁到更为基础性和一般性的层面，即把反思批判的目光集中到了对传统哲学思维方式的抽象性和独断性的总体性清算上面。高清海先生认为："在传统哲学中，那些分歧观点所包含的共同本质，集中体现于'本体论'这种理论形态中，传统哲学基本上都是本体论的哲学。本体论既是传统哲学的基本理论形式，也是这种理论的核心内容，同时是以往哲学用以对待、处理人和世界关系的基本方式和方法。"③ 那么，这种哲学形态最为根本的缺陷是什么？

对此，高清海先生用"本体论化的思维方式"或"传统形而上学的本体论思维方式"来予以概括。在高清海先生看来，"传统哲学"是与"现代哲学"相对而言的哲学形态，要确立现代哲学思维方式，就必须全面批判传统哲学借以安身立命的一系列根本原则。传统哲学以"本体论"为主要研究对象，但它远远超出作为一种"研究对象"或"研究领域"的范畴，而是具有了"理论原则"和"思维方式"的意义，这种"理论原则"和"思维方式"体现在世界理论上，表现为"追求世界最高统一性的终极存在"，体现在认识论上，表现为"追求知识最高统一性的终极

---

① 韩民青等主编：《我的哲学思想：中国当代部分哲学家自述》，第130页。
② 《马克思恩格斯文集》第1卷，第539页。
③ 《高清海哲学文存》第4卷，第26页。

解释",体现在价值论上,表现为"规定一切行为原则的最高的善的追求",高清海先生这样阐发这种"理论原则"和"思维方式"的本质特征:追求终极实在的绝对论特征,追求溯源、返璞归真的还原论思维、从两极对立中把握事物本性绝对一元化思维①。这种"理论原则"和"思维方式"最大问题在于"失落了人和人的主体性这一根本点上,按照本体论思维方式的理解,人的本质并不在人自身,而是被规定于先在的本体里,这正像动物的本性和行为方式早已由其他的物种规定好一样。人也是按照本体所确定的尺度而活动的,甚至人所理想的未来,在本体里也安排就绪。很显然,在这种理论里,本体是支配一切的主体,人则不过是实现规定的一个活动工具而已"②,"本体论化的思维方式"以一种异在的方式表达着人的觉醒,它是对人的存在真理的"解蔽",然而,由于它不能从的现实生命出发去理解人,而是从人之外的先定本体演绎人的规定,其结果必然是现实的人的遮蔽和抽象化。这就是传统哲学及其所代表的思维方式的根本缺陷。

围绕高清海先生关于传统哲学"本体论化思维方式"的批判,国内学术界曾有学者质疑,认为高清海先生此说否定了哲学本体论的应有地位和意义,尤其否定了在当代哲学视域中重新理解,甚至重建本体论的可能性,因而存在着对哲学本体论的片面否定倾向。事实上,这种见解并没有真正捕捉到高清海先生这一批判的真切关怀和深刻意义。高清海先生并不简单地否定哲学本体论研究的必要性和重要性,相反,他充分肯定哲学本体论研究在哲学的历史和现实中的重要地位,他说道:"本体理论与本体思维方式不完全相同,与此相适应的是,哲学对本体的研究和把哲学'本体论化'也有根本的区别。哲学可以研究本体,也需要去研究本体,在哲学中关于对象总有某种本体的理解。它表现着哲学对于终极存在的某种追求和关怀。但把本体理论看作为哲学的基础理论和核心内容,一切观点都需要从它引申出来,都要服从于它的需要、需要按照它的原型予以确立,这就不只属于本体的理论,而是把本体观点当作为哲学的基本思维方式加以贯彻的问题。"③ 在此意义上,高清海先生并

---

① 参见《高清海哲学文存》第 4 卷,第 236—239 页。
② 《高清海哲学文存》第 4 卷,第 241 页。
③ 《高清海哲学文存》第 4 卷,第 238—239 页。

非一般性的反对哲学本体论研究，而是强调对作为一种思维方式和解释原则的本体论进行批判，其批判的焦点指向其超越一切限制，试图成为"无条件的绝对真理体系"，并因此成为人之外的一种统治人的抽象教条的独断性质。在此意义上，我认为，高清海先生的这一努力，与康德的《纯粹理性批判》的"理性批判"有着深刻的一致之处，那就是他们都努力通过揭示传统形而上学的独断性与专制性，为人的自由自觉的存在方式，即实践活动的本源性地位开辟空间（正是在此意义上，高清海先生把与"传统哲学本体论化思维方式"相对的现代哲学思维方式称为"实践观点的思维方式"，对此后文将作专门阐释）。就此而言，高清海先生对传统本体论思维方式的批判，体现着对传统哲学理性内在痼疾的洞察和推动哲学从传统向现代转型的高度自觉。

不仅如此，哲学理性的转型是现代人的生存方式转型的理论表达，本体论化的哲学思维方式之所以变得不可容忍和无法接受，更因为它与现代人生存方式之间的内在矛盾，对此，高清海先生说道："时代的变化意味着人发生了变化，处在新时代的人需要有新的哲学以表现自己，旧日的传统理论当然要被否定，被扬弃，这是不可违抗的历史性的潮流。"①人的存在方式决定哲学的思维方式和话语方式，哲学的思维方式和话语方式表达着人的存在方式，就此而言，高清海先生对本体论化思维方式的批判，表达着他努力通过哲学思维方式的变革，推动人的生存方式转换的鲜明的实践旨趣。

高清海先生对传统哲学思维方式的消解和批判的在其晚年关于"类哲学"的系统思考中得到了进一步的深化和推进。高清海先生认为，人是哲学的奥秘，任何哲学都以一种反思意识的方式体现着人的自我认识，"本体论"哲学也不例外，它以一种特殊的方式体现着人超越性的生命存在本性，但另一方面，"本体论化的思维方式"试图从人的"源始本质"理解人，实质上"是要把人还原为物，从物的根本性质去理解人、说明人，这里体现的完全是把握物的那种'对象意识'的认识方式"，其追求终极存在、追求永恒本体、追求绝对意识的绝对化特征，以及否定个体性质差异的绝对整体论，非历史性的运动进化论的观点等等，表现的都

---

① 《高清海哲学文存》第 4 卷，第 250 页。

是"物种"的本性①。在此意义上，高清海先生把"本体论化的思维方式"称为"物种思维方式"，指出它代表着与认识物没有根本区别的思维方式，运用这种观点和方法，"当然不能把握活生生的人，必然会把人物化，而人的'物化'，也就是人的'抽象化'"②。

把传统哲学"本体论化的思维方式"归结为"物种思维方式"，这是高清海先生从其个性化和独创性的"类哲学"思想体系出发，在哲学人类学的层面对传统哲学思维方式所进行的更加深入的批判。在这种批判中，高清海先生更为透彻地表达了这样的价值诉求：批判传统哲学的思维方式，祛除其独断性与抽象性，其根本目的是为了把人真实的生命存在从其扭曲和遮蔽中拯救出来，从而为哲学以一种合乎人独特生命存在的方式把握和理解人的现实存在开辟道路。

从对教科书哲学体系的深层理论逻辑的批判性检讨，到更进一步从基础理论层面对以本体论化的哲学思维方式为内核的传统哲学观念的批判性反省，再到从哲学人类学层面对传统哲学思维方式实质的深入反思，高清海先生不断深化的反思批判步伐从未停歇。在所有这些工作后面，都体现着他这样的忧思：哲学既可能成为推动人和人的思想走向解放的积极力量，也可能成为束缚人和人的思想的抽象力量，如果不是个人拥有思想，而是思想拥有了个人，那么这一思想就将成为人头脑中的车轮③，对此保持充分的警觉，对那种试图支配和统治人的抽象的、独断的思维方式采取自觉的批判态度，避免使之成为驱使人走向抽象教条的"脑中之轮"，这是哲学必须自觉承担的天职。自苏格拉底，到康德，再到马克思，对哲学天职的这一自觉和担当，构成哲学发展史最富魅力和感召力的旋律。在此方面，高清海先生所作的不竭努力，堪称当代中国哲学的典范。

三 建构与范导：以合理的"世界观"催生合理的"世界"

通过世界观的变革改变世界，不仅要求破除阻碍人与社会发展的抽

---

① 《高清海哲学文存》第2卷，第162页。
② 《高清海哲学文存》第2卷，第5页。
③ 参见斯普林格《脑中之轮》献辞与标题说明，北京大学出版社2005年版。

象思维方式，而且还要求寻求新的哲学世界观，以此范导和催生更为合理的新世界，对于高清海先生而言，这是同一个问题相辅相成的两个侧面。

对支撑教科书哲学体系的传统哲学观念的批判，同时意味着提出了这样的课题：究竟应如何重新阐发马克思哲学的世界观，才能体现其精神和实质，并使其成为表达和引导中国改革开放实践的思想力量？如果说教科书哲学体系的改革属于哲学世界观或思维逻辑和思维方式方面的"理论"层面，现实的中国社会主义改革开放属于"实践层面"，那么，如何才能使前者成为后者的内在环节并发挥哲学特有的思想功能？

高清海先生认为，回答这一问题的突破口在于两个关键。一是在"内容实质"方面，即"从认识史出发重新理解哲学世界观理论的性质、对象和功能以及马克思哲学变革的实质问题"，二是要在"内容构成"上"切实贯彻列宁明确提出的辩证法、认识论和逻辑是同一个东西的原则，或者叫世界观、认识论和方法论统一的原则，也可以简称为三者统一的原则"①。

就前者而言，最重要的是避免用前述的本体论化的方式把哲学世界观理解为关于"整个世界"的普遍规律或本质之观点，而应把贯穿于"主体活动中的属人世界和自然世界、主观世界和客观世界的矛盾"把握为哲学世界观应予解决的基本矛盾②，之所以如此，最根本的原因在于人与其他存在物不同，它不是生存于无人身的自然世界，而是生活于人所创造的"属人世界"，但"属人世界"又来源于自然世界，通过对自然的改造，把自然世界转为为属人世界，这是人的生存发展所要解决的基本矛盾；同时，要把自然世界改造为属人世界，又必须解决主观与客观、思维与存在的矛盾。这表明，人所面对的世界，不是单一的世界，而是一个矛盾的双重的世界，这决定了哲学作为世界观理论，不能如传统本体化哲学思维方式那样，去寻求对世界的绝对化的、瓦解矛盾的单极化理解，而必须把思维与存在、主观与客观、属人世界与自然世界的矛盾，自觉地确立为作为人特有的反思意识形式的哲学世界观的基本主题。就后者而言，对哲学世界观所要处理的基本矛盾的自觉把握，要求哲学所

---

① 高清海：《哲学与主体自我意识》，第76页。
② 高清海：《哲学与主体自我意识》，第100页。

构成的新的理论逻辑必须坚持辩证法、认识论和逻辑学的三者统一："主观与客观、主体与客体、属人世界与自然世界的统一，是逻辑、辩证法、认识论三者统一问题的核心内容和基本实质；逻辑学、辩证法、认识论三者融为一体，是适应认识分化形势，哲学和科学新的分工基础上，贯彻以人为主体的原则，自觉地解决主观与客观、主体与客体、属人世界与自然世界等矛盾的统一的彻底一元化哲学的理论形式。"① 高清海先生在其著作中，对上述三者统一原则有十分深入和丰富的探讨，在此无法具体展开，只能引用其中能够体现高清海先生对"三者统一"的实质内容理解的一段论述："所谓三者同一就是意味着，必须从与认识规律、思维规律的关系中去研究存在规律（本体论、辩证法）；反之，也必须从存在规律的关系中去研究认识规律、思维规律（认识论、逻辑学）。如果真正贯彻了这一点，在哲学中就不会再存在那种不同时也是认识论的辩证法（本体论），也不会存在那种不同时也是辩证法（本体论）的认识论、不同时也是辩证法（本体论）和认识论的逻辑学，即不再有独立的辩证法理论、独立的认识论学说、独立的逻辑理论。"②

从以上简要概述，我们可以看出，高清海先生对教科书哲学体系的改革方案，是在创造性地解读列宁《哲学笔记》，尤其是其黑格尔辩证法解读成果的基础上形成的。无论是"内容实质"还是"内容构成"上的变革，它们所表达的理论自觉和思想追求，集中凝结在高清海先生"主体自我意识"这一核心概念之中，其根本旨趣在于克服教科书哲学体系对人的"主体自我意识"的遮蔽和扭曲，推动哲学获得这样的自我理解："哲学就是人作为主体的自我意识的理论表现，哲学的基本功能，就在于提高人对于自身主体性的意识（以及由此出发的对他意识），在于帮助和指导人类提高主体活动的自觉性"③。前文曾指出，教科书哲学体系的理论逻辑与计划经济体制的实践逻辑之间具有深层的亲和性和同构性，确立哲学的"主体自我意识"，也就意味着要从思想根基上动摇计划经济体制的合法性并为中国现代化实践提供重大的思想支持，黑格尔曾指出："现代世界是以主体性的自由为其原则的"④，在高清海先生那里，"主体

---

① 高清海：《哲学与主体自我意识》，第 182—183 页。
② 高清海：《哲学与主体自我意识》，第 185 页。
③ 高清海：《哲学与主体自我意识》，第 6 页。
④ 黑格尔：《法哲学原理》，张企泰译，商务印书馆 1961 年版，第 291 页。

自我意识"概念正是在当代中国特殊历史语境中,以一种哲学的方式自觉地表达了"主体性的自由"这一现代社会的原则。教科书哲学体系和内容的改革,成为他参与和推进中国现代化进程的理论载体和特殊途径。

教科书哲学体系改革时期,高清海先生更多地站在"认识论转向"的思想成果基础上形成自己的哲学理念并变革传统哲学观,虽然他也十分重视实践观点的重大意义,但实践观点主要是作为主观与客观、思维与存在、主体与客体统一的基础、作为认识论、辩证法与逻辑学三者一致的基础而被强调,实践观点的独立地位尚没有上升到中心地位。随着高清海先生对传统哲学本体论化的思维方式不断深入的总体性批判反思,实践观点逐渐从后台推出,成为高清海先生着力阐发的"现代哲学思维方式"。

与同时期哲学界对马克思实践观点强调的侧重点很不相同,高清海先生说道:"在对马克思主义哲学的论述中,我从来没有使用过'实践唯物论''实践本体论'一类名称,但我赞成突出马克思的实践观点,以实践为基点去理解马克思主义哲学的理论实质。"① 之所以如此,是因为"我认为无论从本体论还是从唯物论去理解或突出实践观点的地位、性质和作用,都是仍然没有从根本上跳出传统思维模式的限制,而造成这种悖谬理解的症结正在于这种思维模式,所以这类名称并不能很好地揭示出马克思哲学思想变革的本质"②。高清海先生认为,实践观点的重要性,在于它在根本上了转变了哲学的思维方式,使哲学进入到了现代哲学发展阶段。

那么,实践观点的思维方式何以是"现代哲学思维方式"?这是因为,实践观点不再如传统本体论化思维方式那样从人之外的抽象本体中去寻求人存在和发展的根据和规定,而是提供了一个从人自身的活动出发理解人的活生生的现实的生存特质的基本观点;实践观点不再如传统本体论化的思维方式那样把人与世界的关系分裂为瓦解矛盾的抽象统一关系,而是为理解人与世界之间多重复杂的矛盾关系的否定性统一找到了现实的道路;实践观点不再如传统本体论化的思维方式那样在两极对立中陷入非此即彼的知性思维,而是为消解和融涵它们的抽象对立、确

---

① 《高清海哲学文存》第 1 卷,第 130 页。
② 《高清海哲学文存》第 1 卷,第 130 页。

立一种包容和辩证的思维方式打开思想的空间，等等，所有这些，意味着实践观点思维方式克服了本体论思维方式的独断性和教条性，为哲学返回现实世界，从抽象的人转向现实的人奠定了现实的基础。正是由于实践观点思维方式所带来的这种转变，充分表明了马克思哲学关注的主题发生了重大位移，它完全放弃了对建构世界的绝对原则和终极原理的追求，而是把人类的命运、前途和社会的现实矛盾及其历史发展，把人的世界和人的关系归还于人，以促进人类的不断解放自觉地被视为哲学的基本关怀①。

高清海先生对实践观点思维方式的思想内涵有十分丰富和深入的阐发和探讨，在此无法一一展开。今天我们需要着重追问和领会的是，为何高清海先生要特殊地强调实践观点作为思维方式的意义？在我看来，这在根本上源于他对于哲学本性和功能的独创性理解。在他看来，一种哲学之所以区别于另一种哲学，其根本标志在于它"为人们提供了一种不同于其他哲学的观察世界的视角，即对世界的一种新的理解方式。哲学派别的区分根源于此，哲学理论的价值也体现在这里"②，哲学世界观之"世界"，总是在特定的哲学思维方式的观照中显现出来的，库恩曾在讨论其"范式"和"科学革命"概念时说道："'范式'一变，这世界本身也随之改变了……范式的改变的确使科学家对他们研究所及的世界的看法发生了改变。只要他们与那个世界的沟通是透过他们所看和所干的，我们就可以说，在革命之后，科学家所面对的是一个不同的世界。"③"范式"的改变意味着"世界观"的改变，同时也意味着"科学的革命"，哲学"思维方式"与科学"范式"虽然有所不同，但二者在"世界观"的变革中所扮演的角色可谓异曲同工。把实践观点的思维方式视为从传统哲学向现代哲学转向的"哲学革命"的标志，在深层表达着这样的吁求：如果说传统本体论化的哲学思维方式所带来的是一种独断论和教条化的"世界观"，那么，坚持实践观点的思维方式，呈现出来的将是一个"不同的世界"，在其中，人从自身出发创造自己的生活世界，人创造的生活世界不是一个单一的抽象世界，而是一个复杂的多元矛盾世界，人

---

① 参见《高清海哲学文存》第 4 卷，第 254—255 页。
② 《高清海哲学文存》第 1 卷，第 132 页。
③ 库恩：《科学革命的结构》，北京大学出版社 2003 年版，第 101 页。

不再服膺某种人的世界之外的、规定自己生活的抽象原则，而成为在自由自觉的活动中创造历史、现实和未来的真实主体……而这样的"世界"，不正是随着中国的改革开放的伟大实践逐渐生成并为我们所不断努力追求的愿景吗？

高清海先生没有止步于实践观点的思维方式这一平台，而是以这一平台为基础，进一步把实践观点思维方式推进到了"类思维方式"。高清海先生自述道：在实践观点思维方式基础上，"我更清醒地认识到，'人'的观念的变革是这一切的根本变革，要为创建当代中国哲学奠定基础和铺平道路，必须从这里深入"，正是出于此考虑，"我提出了'类哲学'的设想"①。确立对人的自我理解的新的哲学理念，被高清海先生视为他所理解的"新世界观"的归宿。

高清海先生的"类哲学"思想体系是其晚年最重要的理论探索成果，除了一系列专题性的学术论文，在2004年，即高清海先生去世的当年，他抱病写成了《"人"的哲学悟觉》这一著作，并把它视为"先前思想的系统总结"②。正如已有不少学者十分中肯的评价所说的那样，"类哲学体系"是高清海先生个性化的理论创造，是中国马克思主义哲学学者中罕有的富有原创性的思想体系。对这一思想体系的具体内容进行探讨，是本文无法完成的任务。联系本文主题，我们只能着重考察：高清海先生围绕着人的观念而形成的"类哲学思维方式"的根本思想旨趣是什么？

在其著述中，高清海先生这样表达"类哲学"思考的现实语境："人类发展到今天，一方面显示出了巨大的创造力量，另一方面也给自己带来无穷灾难，以致人类生存都陷入了困难……人类需要面对自我，透视自我、约束自我，这应该是今日刻不容缓的任务。"③ 对于这一任务的哲学回应，要求我们回归哲学的基本母题，即重新"认识人自己"，更新人的自我理解，探求理解人的生命的新的哲学理念。在高清海先生看来，人的自我认识和自我理解的关键，不在于把人看作什么，而在于如何看人，运用传统本体论化的"物种思维方式"，所看到的必然是"现成存在的"、封闭的、前定的、单极的"物种化"了的人，以此为根据，在实践

---

① 《高清海哲学文存》第1卷，总序，第32页。
② 《高清海哲学文存续编》第3卷前言。
③ 《高清海哲学文存续编》第2卷，第12页。

中必然导致人与人、人与自然的抽象对立和分裂。与"物种思维方式"不同,"类思维方式"则要求在人的个性与社会性、自我与他人、物性与超物性、自然性与超自然性等的多维和多重关系中寻求否定性的统一,在人与自然的关系上,"'类'的含义意味着突破物种的界限,超越种的局限,与生命之外的存在达到了相互沟通,从这一意义可以说,人创造出类生命,也就是为生命自我封闭的循环圈打开了一个通向更广大世界的窗口,使生命世界与无生命世界联通一体"①,在人与人的关系上,"类"意味着个体生命的自由联合,这种联合是"在个体生命独立基础上的联合。这种联合不但不损伤个体生命,相反,这种联合正是为了发展个体生命,为了使个体生命通过相互本质的交流,使各自都能得到充分的发展"②,"人不再是超越个体之上,存在于个人之外的那种实体大我,同样也不再是彼此孤立、相互分裂的单子式存在的小我,而是普遍地存在于每一个体之中,又把一切个体本质统一为整体的'类'存在"③。可见,"类哲学思维方式"彰显了关于人的一种全新的理念,并从这种理念出发,展现出一个全新的人文世界。

高清海先生深知:"人性也有惰性的一面。"④ 因此,长期形成的种种"物种化"的人的观念及其在现实的表现不可能一下子根除。但这不是哲学消极无为的理由,恰恰相反,冲击理论和现实的边界,推动人与社会向未来开辟新的空间,正是哲学的天命。高清海先生说道:"人的本性是自为的本性。自为本性就意味着人是自主的存在。人只能自己主宰自己,自己管理自己,自己约束自己。在这一意义上,人对人性的觉醒意识,在人类自身的发展中就具有极其重要的意义。"⑤ 面向未来,改变人的自我理解及抽象世界观,从而为改变现实世界提供有力的思想资源,这正是高清海先生"类哲学思维方式"以及由此确立的人的"类理念"的最为深沉的关怀。

哲学不能成为规定现实世界的绝对真理体系,否则它就将成为高清海先生所奋力拒斥的独断教条。但另一方面,建构合理的"世界",又离

---

① 《高清海哲学文存续编》第 2 卷,第 18 页。
② 《高清海哲学文存续编》第 2 卷,第 22 页。
③ 《高清海哲学文存续编》第 2 卷,第 49 页。
④ 《高清海哲学文存续编》第 2 卷,第 23 页。
⑤ 《高清海哲学文存续篇》第 2 卷,第 23 页。

不开合理的"世界观"的启示和范导。高清海先生创造性地提出并阐发的"主体自我意识""实践观点的思维方式""类哲学的思维方式"等核心概念,集中表达了他对合理的"世界观"和合理的"世界"的理解。努力以合理的"世界观"不断地推动和催生合理的"世界",高清海先生在此方面表现出的坚定信念和深刻哲思,同样是我们的哲学和我们的时代所匮乏并迫切需要的。

(该文原载于《吉林大学社会科学学报》2020 年第 4 期)

"私有财产的扬弃"与人的类本质的生成

元永浩*

一 私有财产与"粗陋的共产主义"

从近代哲学的角度看,私有财产所表达的是人与对象(财富)之间主客关系或所属关系。在这里,所谓主客关系表明:"我"是对象的所有者,对象是属于"我的"东西。[①]那么,这里的问题就在于,"我"在何种情况下能够成为外在对象的合理的所有者?或者说,一个外在的对象在何种情况下能够成为"我的"东西呢?对这个问题,洛克进行了一个非常经典的解释和说明。在他看来,最初上帝将把土地上所有自然生产的果实和它所养活的兽类归一切人所共有,没有一个人对这种自然的东西具有排他的所有权。不过为了使人们享用这些自然物,必须要有某种拨归私人的方法;[②]这个办法就是从"我"对"自身"的所有权出发,进一步确立"我"对劳动对象的所有权的过程。他的解释说:每个人对自己的人身都有所有权,他的身体所从事的劳动是正当地属于他的,而他的劳动使外在对象脱离自然状态,并将排斥跟他人的共同享有所有权,使之成为他的私有财产。[③]

把劳动理解为财产权的主要凭据,这是近代的政治经济学思想的一

---

* 元永浩,吉林大学教授。
① [德]康德:《法的形而上学原理——权利的科学》,商务印书馆2005年版,第53页。
② [英]洛克:《政府论》(下篇),商务印书馆2005年版,第17页。
③ [英]洛克:《政府论》(下篇),第18页。

个普遍的观念。斯密以此基本观念为前提建立了自己的劳动价值论体系，马克思也基于劳动价值论立场去深入分析资本主义的经济现实。马克思认为，一切财富都来源于劳动，劳动为财产权的唯一依据，劳动者所创造出来的财富不应该无偿地被资本家占有。固然马克思对资本主义的批判受到了当时的共产主义和社会主义学说的影响。不过我们通过《1844年经济学哲学手稿》也可以看出，他关于私有财产及其扬弃的理解不同于在他之前的共产主义者。

按照马克思的分析，傅立叶、巴贝夫等法国共产主义者一开始就意识到私有财产——这一强大而神奇的物质力量——对人的生命的基础意义。毋庸置疑，在人们的劳动生产力尚未发达的情况下，劳动首先是一种谋生行为，人只有通过劳动才能获取自己所需的生存资源，才能维持自己的生命。因此当初的那些共产主义者所关注的焦点，不在于劳动主体的特征及其主体性的展现，而在于作为其结果的财产的占有。他们试图通过"公有化"的方式去解决当时所出现的贫困问题，即，通过公有化使人类生产的财富首先要去满足每个公民生存的基本需求，由此避免大量出现没有财产的绝对贫困者。显而易见，这些初级的共产主义者所主张的"公有化"，其真正的目标在于确保和满足每个人的生活的需求，因此在马克思看来他们所追求的是另一种形式的"普遍的私有财产"。在这个意义上，马克思说出了一句意味深长的话："自我异化的扬弃同自我异化走的是一条道路。"①

马克思的这一表述首先说明，不管财产的占有方式是"私有"的或"共有"的，其首要意义就在于满足生存之基本需求。这也就是说，人们对共产主义的渴望首先不是来自于一种高远的理想，而是根源于人们对生命和安全的需求，以及人们试图通过社会关系来维护生命的本能。即，欧洲的共产主义或社会主义理念跟中国人的"大同"观念一样，都表达着人们希望依靠社会的或者相互合作的道德力量去摆脱贫困所带来的生存威胁问题。从这种意义上看，共产主义或社会主义思想是一种极为朴素的人的生存意识，是人作为社会性动物特有的生存智慧。

但马克思的这句话进一步指明，巴贝夫等初期共产主义者所要实现的平等存在一个绝对平均主义的致命缺陷。根据巴贝夫的说法，要实现

---

① ［德］马克思：《1844年经济学哲学手稿》，人民出版社2000年版，第78页。

社会中人与人之间绝对的平等,应该建立一个属于全民的"公共仓库",并且每个人都把个人的劳动产品送到那里去,而其仓库的管理者将把社会总产品平均分配给每一个公民。① 显然,这种主张试图完全否定一切现存的私有财产关系,试图以强制的方法去实现"普遍的私有财产"——私有财产的彻底的无差别的平均化。其结果,"物质的直接的占有是生活和存在的唯一目的;工人这个规定并没有被取消,而被推广到一切人身上"。② 因此马克思用比喻的方式揭示了这种平均主义的缺陷:"用普遍的私有财产反对私有财产的这个运动是一种动物的形式表现出来的:用公妻制——也就是把妇女变成公有的和共有的财产——来反对婚姻(它确实是一种排他性的私有财产的形式)……粗陋共产主义不过是这种嫉妒心和这种从想象的最低限度出发的平均主义的完成。"③

这种粗陋的共产主义思想的危险之处在于:首先,它完全否定劳动作为赋予财产权的基本尺度;其次,它完全否定一切个体能力的差异以及劳动过程中所付出的劳动的差异;再次,这使人类必然退回到原始的自然状态。显然,在这种意义上的平均化完全扼杀了人类生产活动的内在动力,因而这种公有化的水平不仅远没有达到私有化的水平,退回到了人类原始的状态。因此,马克思指出:"对整个文化和文明的世界的抽象否定,向贫穷的、需求不高的人——他不仅没有超越私有财产的水平,甚至从来没有达到私有财产的水平——的自然的简单状态的倒退,恰恰证明私有财产的这种扬弃绝不是真正的占有。"④

初期共产主义者的出发点是人作为生命体的最基本的和自然的需求,他们极力主张财富的增长要满足社会成员的最基本的生存需求。不过如果人们只是从占有的角度思考共产主义,那么无论这种占有具有多么普遍的和广泛的意义,它所实现出来的东西只能是"平均主义",因而他们的主张始终属于一种"粗陋的共产主义"。马克思明确分析这种粗陋的共产主义者的问题时指出:"它还没有理解私有财产的积极的本质,也还不了解需要具有的人的本性。"⑤ 在这里马克思批判粗陋的共产主义者"没

---

① 《巴贝夫文选》,商务印书馆1962年版,第89页。
② [德] 马克思:《1844年经济学哲学手稿》,第79页。
③ [德] 马克思:《1844年经济学哲学手稿》,第79页。
④ [德] 马克思:《1844年经济学哲学手稿》,第79—80页。
⑤ [德] 马克思:《1844年经济学哲学手稿》,第81页。

有理解私有财产的积极的本质",不是指他们不理解私有财产对人的个体生命的基础意义,而是指他们没有理解私有财产对人性的积极意义。因此马克思说,他们"也还不了解需要具有的人的本性",不理解人通过私有财产真正要实现的东西是什么,没能真正理解人通过劳动创造财富的意义。

二　私有财产与个人主体性

上面我们是从人生命的角度去解释了财产的意义。即,它是作为人劳动的结果构成个人生命所必需的物质条件。然而这种观点实际上还是把人的劳动仅仅理解为一种谋生活动,理解为一种人与对象进行能量交换的物质过程,仅仅理解为一种满足动物性的欲望的过程;而这也就把人仅仅理解为一种动物,还没理解为一个跟动物区别开来的存在者,没有把人理解成为一个真正的主体。马克思是德国古典哲学的继承者,他在主体性哲学的立场上把人与对象的关系理解为人通过劳动不断形成着的主客体关系;因而也应该把财产的本质理解为人的主体性的确证。

个人通过劳动创造自己的私有财产,这在人类发展史上是具有重大意义的事件。即,个人的劳动乃是发挥个人的主体性的过程,因而私有财产的形成标志着个人主体性的形成。人类本来是一种群居的社会动物,一开始就依靠族群的力量得以生存。后来随着人的生产能力的不断提高,人们才能够通过相对独立的劳动来获得生活资源;到了这个时候,人能够从对族群的依赖中解脱出来成为独立的个体。当我们谈到个人是主体的时候,这说明个人属于他自己,个人成为自己的主人;不仅如此,他在劳动中成为主体,这还意味着他的劳动及其成果属于自己。因而可以说,明确的财产权的出现标志着人类文明进入了个人主体的时代。在这个意义上说,私有财产的真正本质就在于促进个人主体性的形成。

根据马克思在《1857—1858年经济学手稿》中的看法,人的主体形态是从群主体到个人主体,然后再到类主体的依次递进和生成的历史过程。他说:"人的依赖关系(起初完全是自然地发生的),是最初的社会形式,在这种形式下,人的生产能力只是在狭窄的范围内和孤立的地点上发展着。以物的依赖性为基础的人的独立性,是第二大形式,在这种形式下，才形成普遍的社会物质变换，全面的关系、多方面的需要以及全面的能力的体系。建立在个人全面发展和他们共同的、社会生产能力成为从属于他们的社会财富这一基础上的自由个性，是第三个阶段。第二个阶段为第三个阶段创造条件。"①

我们在这里要关注是人的发展的第二个阶段以及由此生成的个人主体形态，即，"以物的依赖性为基础的人的独立性"的发展阶段。这里所谓"物的依赖性"指的是个人对财产的依赖性，而"人的独立性"指的是个人摆脱特定的血缘和地缘共同体的状态，从而整个这段话要表达的是前者对后者的奠基意义。也就是说，唯当一个人靠自己的劳动就能够获取私有财产的时候，他才能摆脱对种群的依赖而成为一个独立的个人。在独立的个人成为社会主体的情况下，每个人都不再成为"一定的狭隘人群的附属物"，都将拥有平等和独立的人格；而所谓国家及其社会将成为由不同的个人共同结合在一起发挥作用的有机体，它不再成为某种凌驾个人之上的神圣的集体。

当然，个人获得独立性，这实际上只是意味着个人已摆脱那种基于血缘和地缘的共同体，而并不意味着个人不再与他人发生社会关系。应该说，在个人摆脱狭隘的、片面的和固定的共同体②的束缚的过程中，起到最重要的作用的是自近代以来发展起来的越来越精细和广泛的分工、交往，以及由此形成的更加开放的和全面的社会关系。按照马克思的说法，随着这种分工和交往的发展，各民族封闭的状态被消灭而形成一个世界历史，而本来属于各民族共同体的人就将成为"世界历史性"的个人。"只有这样，单个人才能摆脱种种民族局限和地域局限而同整个世界的生产（也同精神的生产）发生实际联系，才能获得利用全球的这种全面的生产（人们的创造）的能力。"③

这就是说，个人独立性依赖于强大的社会生产能力体系，以及非常广泛的社会关系网络。但问题就在于，在个人主体的时代，社会关系以简单的方式表现为物质利益关系，而社会生产能力也以简单的方式表现资本的生产力；因而在归根结底的意义上可以说，社会成为利益和资本

---

① 《马克思恩格斯全集》第30卷，人民出版社1995年版，第107—108页。
② 高清海：《找回失去的"哲学自我"》，第195页。
③ 《马克思恩格斯选集》第1卷，第89页。

控制的社会，人的独立性也必然"以物的依赖性为基础"。正因为这个时代的人的主体性发源于人的动物本能，并在市场化行为中普遍以财产的增长为中介和目的，这必然会出现人把"类生活变成维持个人生活的手段"的异化现象。即，当市场经济成为支配人们生活的主导力量的时候，人的价值表现为他所生产出来的商品的价值；而商品的价值又表现为交换价值，表现为无差别的抽象劳动的量，表现为能够交换商品的货币的量；而这种无差别的抽象劳动完全抹去了个人的差异性和创造性。正因为如此，在市场经济阶段出现了金钱"拜物教"以及劳动与资本的对立现象。

总之，私有财产的本质只有在它与个人主体的特定关系中才能获得明确的解释。即，私有财产的真正的积极意义就在于它为个人获得独立性奠定基础，而它的缺陷在于它把人的价值降格为物的价值。因此，"扬弃私有财产"包含两个方面的内容：一方面，我们要肯定和发扬它对独立个人主体所奠定的基础意义，唯有如此才能以个人主体为前提建立更加开放和全面的社会，并"形成普遍的社会物质变换，全面的关系，多方面的需要以及全面的能力的体系"，为进入主体发展的第三形态创造条件；但另一方面，我们同时也要克服对财产和金钱的过分依赖，也要克服把人的价值简单等同于商品的交换价值的观念，要摆脱物的必然性对人的控制，努力去充分实现人的"自由个性"和属人的主体性。于是马克思说："共产主义是私有财产即人的自我异化的积极的扬弃，因而是通过人并且为了人而对人的本质的真正的占有，因此，它是人向自身、向社会的即合乎人性的人的复归，这种复归是完全的，自觉的和在以往发展的全部财富的范围内生成的。"[①]

三 人的"类本质"的生成与"扬弃私有财产"

这里我们要注意，在上面引用的关于共产主义的论述中，"合乎人性的人的复归"这一表述是很容易引起误解的，因为"复归"一词似乎意味着历史上曾存在过某种合乎人性的理想状态。但是当我们把这段跟后

---

① ［德］马克思：《1844年经济学哲学手稿》，第81页。

面的论述结合起来理解时就会发现,这种"复归"乃是一种人的本质的历史性生成过程,"是在以往发展的全部财富的范围内发生的"。实际上,马克思关于人的存在和发展的三形态学说恰好明确地表达人的本质生成的三个历史阶段,即,人从"群体"经过"个体"形成为"类"的过程。

那么我们应该怎样去理解"类"概念呢?马克思在《1845年经济学哲学手稿》中曾多次使用"类""类存在""类本质""类意识""类生活"等概念,但并没有对这些概念的规定性进行过深入的探讨和分析。高清海先生曾明确提出:"马克思的哲学实现了哲学理论的根本变革,但在类的问题上我们只能看作奠定了一个基础,这一理论的丰富的内涵,马克思并没有来得及展开,这是历史的原因造成的。今天我们的任务,应当在马克思奠定的基础上,再往前走,进一步结合现实把他发挥成内容更加丰富和完整的理论。"① 高先生在晚年提出的"类哲学"恰恰完成了这样一个工作。在此,我们有必要从人的"类本质"的生成的角度进一步分析和领会"扬弃私有财产"的意义。

在高清海先生那里,"生命"是理解人的"类本质"的起点。生命是迄今为止自然演化的最高阶段的产物。这个阶段,地球上的诸多复杂的因素结合在一起形成一个非常优良的自然环境,奇迹般地创造出了有机的生态系统以及能够持续进化的生命体。在一个生态系统中,每个物种都会获得适合于环境的自身特有的遗传密码,并且依靠这种生物链去保持自己的生命。当环境发生重大变化的时候,有些物种因不能适应新的环境而灭绝;另一些物种通过变异适应新的环境进化成新的物种。人无疑是地球上出现的一个最高级的生命体,因此要理解人的本质,就必须要揭示人作为生命体的本质规定性。

关于人与动物的本质区别,马克思在《德意志意识形态》中提出了一个著名的论断。他说:"可以根据意识、宗教或随便别的什么来区别人和动物。一当人开始生产自己的生活资料的时候,这一步是由他们的肉体组织所决定的,人本身就开始把自己和动物区分开来。"② 这也就是说,对于其他动物来说,它们都有各自所依赖的特定的生存环境,每个生命

---

① 高清海:《找回失去的"哲学自我"》,第272页。
② 《马克思恩格斯选集》第1卷,第67页。

个体都能通过特定的生物链获得自己生存所需的生活资料；但人类却不能在现成的自然链条中去获得生存资源，而只能通过劳动去生产出自己所需的生活资料。这就是人作为一个物种特有的规定性，或人的种生命的特点。人基于生存本能以及为了维持"种生命"而进行生产劳动，这一劳动的结果就是私有财产。

但另一方面，人是以自身为目的的生命体。当人们已具备强大的社会生产力，能够满足自己的最基本的需求时，需要和享受失去利己主义的性质，"我们看到，富有的人和人的丰富的需要代替了国民经济学上的富有和贫困。富有的人同时就是需要有总体的人的生命表现的人，在这样的人身上，他自己的实现作为内在的必然性、作为需要而存在"①。正如多样化是物种演化的一个显著特征一样，每个个人的自由个性的发挥是人类历史发展的必然。当人类出现丰衣足食的状况时，人们的生命活动的目的不再是财富，而将是充分发挥每个人的"自由个性"——即，在打猎、捕鱼、畜牧、批判等行业中自由选择最适合于自己的、创造性活动，从而成就每个人的主体性。此时个人的劳动的真正的价值不在于交换价值或无差别的抽象劳动的量，而在于对象中表现出来的个性的完美程度。

另外，人类的生产活动的显著特征还在于，其对象的范围已越来越广泛，甚至扩大到整个自然界和整个对象世界。"通过实践创造对象世界，即改造无机界，证明了人是有意识的类存在物，也就是这样的一种存在物，他把类看作自己的本质……动物只生产自身，而人再生产整个自然界。"② 这说明，当人们以满足基本的生存需要和财富的增长为目的而进行生产时，其生命活动仍然保持在动物的延长线上，仍没能摆脱种生命的限度和物的必然性的控制；而当人们的生产能力超出动物本能的需求之后，人们的生命活动开始超出"种生命"进入"类生命"。从这个角度看，所谓"每个人的主体性的充分实现"，也就意味着每个人都以"自由个性"去生成人的"类本质"。正如高清海先生指出的那样："与物的规定不同，类的统一体是以个体的独立性为前提，内含自由个性差异的多样性、多元化的统一……个体愈是发挥独立性，类本性的内容愈

---

① ［德］马克思：《1844年经济学哲学手稿》，第90页。
② ［德］马克思：《1844年经济学哲学手稿》，第57—58页。

丰富、愈充实。"①

四　结论

　　本文的问题意识在于，如何在"类哲学"的语境下重新阐释马克思关于共产主义和社会主义理念。综上所述，"私有财产的扬弃"意味着人从物的必然性的控制中解脱出来，以创造性的活动来实现每个人的自由个性和类本质。例如，就一位园丁而言，以他自己高超的手艺和独创的方式给人们创造美好的景色，这是他的快乐和价值所在。也许他所创造的美并不起眼，但他的工作给人们带来欢乐。这说明，他用自己特有的技艺参与到类主体的生成过程当中。人既拥有自己、自己的劳动成果，也拥有自己的类本质，成就美好的共同体和宇宙。这就是"积极扬弃私有财产"状态下人的存在样式。

（该文原载于《湖北社会科学》2016年第8期）

---

① 高清海：《找回失去的"哲学自我"》，第258—259页。

类哲学：中国传统哲学的当代表述

元永浩　张佩荣[*]

高清海是当代我国最具创新精神的哲学家，他在20世纪80年代引领了我国马克思主义哲学教科书体系的改革，而在20世纪90年代则创立了类哲学的思想体系。长久以来，哲学界一直努力去解读他的类哲学，但许多疑惑仍然悬而未决，其最重要的原因在于理解和解释路径方面存在问题。应该说，高清海的哲学之路在20世纪80年代末期曾有过一次重大的转折，如果说前期主要致力于马克思主义哲学体系改革和哲学观念变革，那么后期则致力于建构"类哲学"思想体系。应该说这两个阶段之间既有关联又有差异，因而只是从前阶段的思想逻辑去理解后阶段的哲学，那么理解类哲学必将面临许多无法克服的难题。

在高清海类哲学思想体系的生成过程中，马克思哲学的重大影响是毋庸置疑的。例如，高清海类哲学当中的"类"概念，直接来自于马克思的《1844年经济学哲学手稿》；他以"类"概念去表达人充分实现主体之全体性，即人与社会、自然有机统一的状态。[①]又如，他的类哲学非常重视马克思在关于人类社会发展三阶段说，[②]把人类历史解释成为人独立性和自由个性的形成过程。但只要我们认真分析就会发现，他对待马克思思想遗产的方式不是无条件地全盘接纳，而是将它充分地消化和吸收在自己的思想中来。首先，高清海的类概念固然也在表达人、社会、自然统一的存在状态，但这里的核心不在于如何实现个人的主体性问题，而在于如何修复由于人的支配和开发而遭到破坏的自然生态系统的问题，这已经超出了包括马克思在内的传统人本主义思维方式。其次，高清海

---

[*] 张佩荣，吉林大学博士研究生。
[①] ［德］马克思：《1844年经济学哲学手稿》，第58页。
[②] 《马克思恩格斯全集》第46卷（上），人民出版社1979年版，第104页。

从人之类本质的生成史的角度,将马克思的三阶段说进一步阐释成为,人类从"群体本位"出发,经过"个人本位",进入"类本位"的历史进程。在这里,他将马克思那里人的"自由个性"的形成的过程,进一步解释成为"类主体性"的生成过程;经过这种语境的转换,自由个性问题已提升到人的类本质在个体当中实现的问题。

马克思曾使用过"类""类本质""类存在""类意识""类生活"等概念,而高清海的类哲学所强调的核心概念为"类生命"。高清海不仅区分了种生命和类生命,并以类生命概念来表达人的成熟的生命状态。可以说,高清海的类哲学是一种生命哲学,而这种生命哲学植根于中国的传统哲学。从高清海的读书笔记看,自20世纪80年代以来他曾大量地、仔细地阅读和梳理过中国古代哲学文献,并且对一些重要的文献进行过详尽的分析和概括。他生前发表的最后一篇论文题目为,"中华民族的未来发展需要有自己的哲学理论";这篇论文在一方面表达了他对未来中国哲学发展的期待,另一方面更向人们传达了他的哲学创新所坚持的基本原则。应该说,类哲学是他面向现实和未来建构出来的新的哲学世界观,也是中国传统的生命意识的当代表述。

中国古人的宇宙生命意识和自我意识

中国古人的生命意识和自觉源远流长,可追溯到华夏文明的开端处。根据《周易·系辞传下》:"古者包羲氏之王天下也,仰则观象于天,俯则观法于地,观鸟兽之文与地之宜,近取诸身,远取诸物,于是始作八卦,以通神明之德,以类万物之情。"[1] 在尚未创造文字的上古时期,伏羲氏仰观天象、俯察地理,近取诸身、远取诸物,经过持续的观察、对比、分析,意识到天地万物之间存在有机的相关性,并且其变化呈现出有序的状态,于是用阴阳符号的三重组合来创立了八卦系统。应该说,易八卦系统体现的是一个有机体的世界观,而其根本为由阴阳关系构成的秩序,因而《周易·系辞传上》说:"一阴一阳之谓道。"[2]

---

[1] 黄寿祺、张善文:《周易译注》,第572页。
[2] 黄寿祺、张善文:《周易译注》,第538页。

那么什么是阴阳呢？众所周知，古人的阴阳包含着天地、男女、刚柔、明暗等相互对待的关系，但这些相互对待关系不是来自逻辑的抽象，而是发端于他们的直接的生存经验。许慎在《说文解字》中，按照山的北坡阴暗处与南坡光明处来阐释阴阳两字的直观内涵；而这实际上表明古人在其生存中意识到，天地的交互作用以及春夏秋冬四季的运行对一切生命体的重大的影响。不过古人的阴阳观念还来自于另一个内在的经验：任何一个个人的生命都直接来源于父母，男女关系应该说是人作为族群和物种得以延续的基础；不仅如此，雌雄关系也是一切生命体得以产生和延续的前提条件。如此说来，古人的阴阳概念所表达的是他们这两种生存经验叠加起来的生命意识。

不过古人的阴阳概念不仅表达古人的生存经验范围的事实，同时表达着他们对超越于经验之上的宇宙整体的觉解；因为他们追问的不仅是有限个体生命的由来，还要追问万事万物存在的终极根据。因此《周易·系辞传下》明确指出："天地絪缊，万物化醇；男女构精，万物化生。"[1] 这句话尽管将"天地絪缊，万物化醇"与"男女构精，万物化生"并列陈述，古人也经常把天地和父母统称为"天地父母"；但我们不能把这两个关系简单地等同起来。这两者之间的本质的区别就在于，男女是一对有限的生命个体，而天地是一对无限者。老子在《道德经》中曾强调天地对生化万物的基础意义时指出："天长地久。天地所以能长且久者，以其不自生，故能长生。"[2] 从老子的逻辑看，万物的根源不可能是特定的、有限的事物，而只能是无穷无尽、无生无灭的东西；因为只有无限的、永恒的存在者才无所欠缺、无须自生，如此才能够成为生化万物的根基。

如此说来，"天地絪缊，化醇万物"所表达的是一个终极性的解释原则。首先，这句话表达了天地对万物和人的先在性。当然，这里所谓的天地对万物和人的先在性不是指时间上的先在性，而是指逻辑的先在性；因为我们无法想象抽出万物的情况下作为纯粹空间的天地，更无法想象这种纯粹的时空如何生成万物。《周易·序卦传》更明确指出了天地对万物和人的奠基意义："有天地然后有万物，有万物然后有男女，有男女然

---

[1] 黄寿祺、张善文：《周易译注》，第647页。
[2] 楼宇烈：《王弼集校释》，中华书局1999年版，第19页。

后有夫妇，有夫妇然后有父子，有父子然后有君臣，有君臣然后有上下，有上下然后礼仪有所措。"① 其次，这句话所表达了古人的如下宇宙观：万物是一个活生生的有机整体。如果说万物化生是"天地缊缊"的结果，那么它必然会是一个有机的整体。对此《庄子·齐物论》有个非常形象的表述："天地一指也，万物一马也。"② 即，天地既然具有化生万物的本能，那么它与手指头一样必然是一个有生命力的东西；同样，万物既然是天地化生出来的东西，它必然不会是杂乱无章的或僵死的东西，而与一匹马一样必然是一个有生命力的整体。

天地万物是一个活生生的有机整体，这个命题对后来哲学家们理解人及其本质具有重大的奠基意义。《周易·系辞传下》云："一阴一阳之谓道。继之者善也，成之者性也。"③ 即，道是宇宙整体的阴阳和谐状态。承继该道者便拥有善心，落实该道者便成就人性。中国古代大多数儒家都是在天人合一的大生命的角度去理解人道、人性和人心的。子思就是从生生不息的天命或天道的落实角度去理解人性的，此所谓"天命之谓性"④。在孟子看来，人类与动物的生命活动几乎没有区别，区别只在于心灵当中的一点点的"善端"；人只有把它不断地扩充开来，才能充分实现出人性并通达生生之道，此所谓："尽其心者，知其性也。知其性，则知天矣。"⑤

明代大儒王阳明认为，人们在本心中能够发现通达于一切生命体的"仁体"。他在《大学问》中解释说："大人之能以天地万物为一体也，非意之也，其心之仁本若是，其与天地万物而为一也，岂惟大人，虽小人之心亦莫不然，彼顾自小之耳。是故见孺子之入井，而必有怵惕恻隐之心焉，是其仁之与孺子而为一体也。孺子犹同类者也，见鸟兽之哀鸣觳觫，而必有不忍之心，是其仁之与鸟兽而为一体也。鸟兽犹有知觉者也，见草木之摧折而必有悯恤之心焉，是其仁之与草木而为一体也。草木犹有生意者也，见瓦石之毁坏而必有顾惜之心焉，是其仁之与瓦石而

---

① 黄寿祺、张善文：《周易译注》，第647页。
② 曹础基：《庄子浅注》，中华书局1999年版，第23页。
③ 黄寿祺、张善文：《周易译注》，第538页。
④ （宋）朱熹：《四书集注》，凤凰出版社2008年版，第17页。
⑤ （宋）朱熹：《四书集注》，第331页。

为一体也。"① 在他看来，成人、孺子、鸟兽、草木也都有不忍之心、悯恤之心和顾惜之心等共感，而这些共感发端于宇宙生命整体的"仁体"，人成为人的过程就是通过修行找回本心中仁体的过程。

总之，在中国古人看来，天地万物是一个充满活力的有机整体，其变化的方向为不断地生成生命。在这个宇宙中，人不仅是一个普通的生命体，而且是一个能够体察天命并努力保全宇宙生命系统的生命体。杜维明先生曾阐释天命与人性关系时说道："因为人性是上天赋予的，所以天道（天理应该就是这样起作用的）就内在于人性之中。天使人成为人，但人也应该对天做出反应。天赋予了我们的本性，扩充它是我们的义务。这意味着人类有能力和责任在世上践行天道。仁的最高表现是宇宙论和人类学意义上的。"② 中国古人从大生命的系统去理解天地万物和人的关系，这已经离"类生命"意识不远了。

从类生命生成的角度看人类历史

人类作为一个物种出现在地球上本来就是宇宙整体的杰作。宇宙万物的神奇变化诞生出美妙的地球，而地球上的适宜的温度、空气、水以及诸多生命体共同的交互作用又为人类这一物种的产生创造了条件。人类是天地万物的有机整体孕育出来的结果，其种生命归根结底属于"生生不息"的万物系统。

一般来说，在宇宙大生命系统保持一个比较稳定的状态的情况下，地球上的大多数物种犹如该大生命体中的器官一样也都在保持质的稳定性。正如任何一个个体动物无法改变其本性那样，一个物种的普遍性或本质规定性是通过遗传密码固定下来的，因而对于属于该物种的个别生命体而言是先天给予的、无法选择和改变的，个别的生命体的生存目的就在于，通过新陈代谢和繁殖来延续其物种生命。只有在极端的地质年代，地球大生命系统中的一些因素发生剧变，才会出现许多物种因无法

---

① 《王阳明全集》（下），上海古籍出版社2008年版，第968页。
② 杜维明：《精神人文主义：己、群、地、天》，第24届世界哲学大会论文集，2018年，第375页。

适应该状态而被消灭，另一些物种则通过变异进化来适应新环境，或者通过基因突变产生出新的物种等情况。

当宇宙大生命系统孕育出作为一个新物种的人类的时候，该宇宙系统的状态已经规定了该物种的聚群性本质。最初个人还没有独立的人格和生存能力，只有作为群体当中的一员才具有人格和生存资格，一旦离开自己归属的群体就失去人格和生存资格；这种状况要求个人绝对服从于群体，甚至还要求为群体牺牲个人。在人类历史的最初阶段，人们依靠血缘和地缘关系构成群体，并通过群体内部分工和合作的力量来维持和延续个体和种的生命，在这一点上人群与蚁群或蜂群基本上没什么区别。但人群也有不同于一般动物群体的特点：蚁群或蜂群与环境之间的交互作用关系是恒定不变始终如一的，而人群与环境之间交互作用关系是不断发生变化的；人群对环境的影响力不断增强，逐渐成为改变地球生命系统的重要的力量，甚至逐渐形成为一种主体性的力量。

但人类真正成为主体性是工业革命开始的，从此人类以强大的征服力量将把整个自然界当作满足自己需求的对象和客体。此时的主体不再是群体，而是摆脱人身依附关系的独立个人。由于生产力的提高以及工业商业交往在全球范围里的拓展，各民族国家的历史交互作用形成一个统一的世界历史；在这完全瓦解掉了群体本位时代的"人的依赖关系"，使个人成为"世界历史性的个人"[①]。在此"人的依赖关系"是指群体本位时代的人身依附关系，而"世界历史性的个人"是指摆脱群的束缚而成长为独立个体的人。总之，工业革命造就了作为主体的、普遍交往中的、独立的个人，以及这些强大的主体以实践活动来不断改造的、作为客体的自然界，这标志着人类开始从群本位的时代进入到了个人本位的历史时代。

可以说，个人本位的人的存在方式的出现是具有重大历史转折意义的事件。首先，这说明人的交往的发展扩大和完全突破了种群的局限，使人真正成为具有全球性的人类；其次，人的创造力已经成为人类共同享有普遍的力量，并且为独立个人的发展创造条件。不仅如此，群体结合成为人类，个体成为独立的主体，这说明人开始超出种生命的限度而开始形成自主的生命，即类生命。从这个意义上说，人的类生命不是宇

---

① 《马克思恩格斯选集》第1卷，第86页。

宙大生命赋予人的先天本质，而是人类自己创造的、后天获得的本质。

但另一方面，此时人的独立和解放只是针对群本位时代人身依附关系而言的，因而这并不等于说个人摆脱了种生命固有的限定性关系，而只是说人对群的依赖性转向了人对物的依赖性。这里所谓"物"指的是以商品和财富的形式出现的对象性的东西，而这对象性的东西在自由市场上都将受到资本这一强大力量的控制和支配，如此就出现个人、社会以及自然之间发生的关系普遍都以资本为媒介的状态。在这种情况下，如果人们基于生存欲望而过分地追求物质利益，就出现人的活动结果背离人的本质的异化状况；而人们利用其强大的力量去无度地开发和利用自然资源，导致了严重破坏生态系统的状况。

在这里，所谓的生态系统指的是地球上的生命体与生命体、生命体与环境之间相互制约、相互影响的动态的平衡状态；而当代人们的环境污染和自然资源的无节度的开发利用，这种生态系统开始出现急剧失衡状态，甚至临近生态系统崩溃的边缘。如果从发生学的角度看地球环境系统就不难发现，其中最基础性的条件就是适合于生命出现的温度、空气、海洋和大地等良好的无机环境，在这种理想的环境下才能够孕育出有机物和生命，也只有在这种地球上无机环境和生命系统的复合作用下才会出现人类。从这个角度看，地球自然环境系统可谓是人类生命永恒的前提，人类的生成、存在和发展始终不能离开这一关系，因而破坏自然环境系统实际上等于破坏人类存在和发展的基础和前提。

基于上述情况，生态伦理学家们主张人类对生态系统之间存在着别的生命体之间所没有的伦理道德关系。尽管这种生态意识和生态伦理越来越成为人们的共识，但只要我们认真反思将会发现，人与生态系统的二分法以及生态伦理关系的确认，本质上并没有摆脱人类中心主义的思维模式。如果我们进一步深入考察人类与生态系统的关系就会发现，所谓生态系统的观念表达的是地球作为一个大生命体的存在状态，以及构成该大生命体的各种无机的和有机的因素之间复杂的相关关系，而其中也必然包含作为生命个体的人及其社会关系。从这个角度看，人与生态系统的关系本质上属于宇宙大生命内部的自我相关关系，人的对象意识和自我意识实际上也就属于宇宙大生命的自我意识。

《庄子·齐物论》曾说:"天地与我并生,万物与我为一。"① 庄子的这句话表达了人与天地万物融为一体的存在状态。一般来说,任何个人都不会是独立于外物的孤立的存在者,而总会受到来自外在事物这样那样的影响;但即便如此任何个人也总会是他自己,人总会以独特的方式将来自外物的影响转化成为"我"的生命的构成要素。即,"我"作为一个连绵不断的生命之流,将把生生不息的天道落实在"此处"。当然,庄子在这里所达到的是人与自然尚未分离的状态下的天人合一境界,那么如今人类是否可以通过强大的个人主体性力量去重新建立一种新的天人一体境界呢?应该说,这是可能的。如今人类的生产力已经基本上能够满足人们生活必需品的需要,从而开始摆脱"物的依赖性"追求"自由个性"。正是在这种状况下,"人的自由个性"所追求的不是一种任意的生活方式,而是指一种更好地体现生生不息的天道的个体化生存方式。在这个时代,每个人都以自己独特的方式接纳天地万物,都以自己独特的方式生成一个属于自己的宇宙。

如今地球上的每个人都是一个独立的宇宙,而且每个人以其强大的力量影响周边的世界,不断地参与构成更大的生命活动。即:任何个人的主体性活动不仅影响他者,并跟他者一起共同构成社会;还会影响其他生命体,进而影响整个宇宙生命系统。固然宇宙当中的任何一个生命个体也都与其他生命个体有普遍的互动关系,但如今我们之所以强调人与人、人与宇宙生命系统之间的互动关系是因为,此时人之强大的主体力量已经成为改变宇宙生命系统的最重要的因素。这就是说,人已成为宇宙大生命的灵魂和主体,开始主导宇宙生命系统的未来。

在我们的时代,强大的机械力所推动的工业化已经日落西山了。高清海在 20 世纪末曾经明确提出,人类已经开始从"个人本位时代"进入到"类本位的时代"②。他还说:"本来的生命只是面对它的生存环境,人的生命则是面向整个存在的,人的最终归宿是要使生命去溶化宇宙,也要把生命溶化于宇宙。也可以这样说,自然的潜在能量通过人的生命活动变成了现实的力量,这意味着人通过自己的生命活动把宇宙变成了

---

① 曹础基:《庄子浅注》,中华书局1999年版,第29页。
② 高清海:《新世纪:"人性革命"时代》,第11页。

生命的活物，也就是赋予了自然存在以生命意义。"① 人不仅已成为面向宇宙整体的存在者，同时也成为宇宙大生命的主体，人们的活动方式将决定着宇宙生命共同体的未来的命运。

人的类生命及其价值

我们在上面区分人类发展不同阶段时曾使用"本位"的概念，而所谓"本位"的含义是指人作为主体所追求的核心价值。这也就是说，我们将把人类历史分为群体本位、个人本位和群类本位三阶段，其根据就在于不同历史时期主体所追求的核心价值的不同。即，在群体本位的前现代时期人们崇尚自然和群体的价值，在个人本位时代则推崇个人的价值，而在我们正迈进入的类本位时代将会高扬类生命和类存在的价值。

实际上，个人本位时代是人开始摆脱种生命限度并开始生成类生命的一个过渡阶段，正因为如此其中隐含着深刻的矛盾。那时个人尽管已经摆脱了对血缘和地缘关系的依赖，但个体生命仍没有摆脱种的规定，仍以追求物质利益当作生命的直接目的，个人作为生命主体仍要通过对象性活动实现自己的价值，通常也要卷入资本运作过程之中，并按照获取利益的多少来衡量价值，因而经常会出现人的异化和拜物教的问题。不仅如此，此时的人们把宇宙万物仅仅理解为满足人的各种需求的对象或资源，因而在无度的追逐利益和开发利用资源的过程中导致严重的生态问题和全球性问题，反过来威胁人类的生存和发展。因此要解决这些问题就必须要改变人的自我意识和价值意识，要确立类生命意识和类本位价值观。

在类本位时代，人类的生产和创造力已经能够基本满足大多数人们生存的需求，从而人的实践活动的直接目的不再是为了活着或占有财富，而是为了展现人的自由个性或实现人的类本质。应该说，只有在类本位时代人才真正凸显其作为价值实体的核心作用。如今不管是音乐家、画家、园丁、厨师，只要他们充分发挥他们天命中固有的创造性潜能，以其创造性劳动给人们带来美好的东西就具有价值。在类本位时代，过去

---

① 《高清海哲学文存》第 2 卷，第 151 页。

那种标准化的熟练工种的劳动日益被自动化机器系统或机器人所代替，人的劳动主要剩下了那些独一无二的创造性劳动，而且这种创造性劳动的价值本质上也无法通过抽象劳动量来计算其大小。超越资本统治的办法不在于改变所有制形式，而在于让人们意识到类生命的价值，使人的劳动及其物的占有变为生成人的类生命的途径和手段。

所谓价值范畴表达的是存在者之间的肯定性关系。从常识的角度看，人与自然的关系可归结为高级灵长类动物与环境的关系，因而自然环境的价值就在于满足人类这一物种的生存的需求。但从类哲学的角度看，人与自然万物的关系是类生命内部的自我相关关系，一个人的价值就在于自觉地维护生生不息的宇宙大生命系统，由此来保全人的类生命。

《中庸》云："惟天下至诚，为能尽其性；能尽其性，则能尽人之性；能尽人之性，则能尽物之性；能尽物之性，则可以赞天地之化育；可以赞天地之化育，则可以与天地参矣。"① 意思就是说，只有真诚地面对自己的生命，才能够充分实现自己的天性；只有充分实现自己的天性，才能够充分实现他人的天性；只有帮助别人充分实现天性，才能充分实现万物的天性；只有让万物充分实现天性，才可以赞助天地化育为物；只有赞助天地化育为物，才可以跟天和地并列为三才。在相近的意义《孟子·尽心上》说："尽其心者，知其性也。知其性，则知天矣。存心，养其性，所以事天也。"② 当然在中国古代，"赞天地之化育"属于一些个别圣人的道德人格，其主要目的在于建立社会的伦理共同体；而如今该命题真正包含着人的自由个性对宇宙生命的意义和价值。

就现实的人而言，价值作为存在者之间的肯定性关系，既包括人与自然的关系，还包括人与人之间的社会关系；正因为如此，类概念当中同时包含着人与自然以及人与社会这两个方面的同一性关系。只有通过社会，个人之间才能以"本质交换"的方式共享彼此的创造力，才能充分发展每个人的自由个性并实现自己的类生命本质。不过，这种能够充分实现每个人的自由个性的社会是一种自由人的联合体。"个人得到了发展，发挥出他们生命中内在创造潜能，人的类本性便丰富了，社会也就

---

① （宋）朱熹：《四书集注》，第30—31页。
② （宋）朱熹：《四书集注》，第331页。

进步了。"① 宇宙生命系统在纯粹的自然状态下曾创造出多样性的生命样式，而如今它通过人创造着一种充满个性的人以及日益丰富的、自由的社会和文明世界。

在类本位时代，自由个性的人和宇宙生命意识已成为人类所推崇的最高价值标准，能否遵循这一价值标准将成为决定人类命运的重大的事情。《老子》有言："天下有道，却走马以粪；天下无道，戎马生于郊。"② 天下有道意味着万物维持一个绵延而柔软的秩序，而天下无道意味着这种秩序被暴力所摧毁。我们要清醒地认识到，这个宇宙上始终存在着一种强大的暴力，始终威胁着丰富而美丽的大生命系统，使之成为等质的无生命的沙漠，而人的最高使命在于维护自己的类生命。

结语

高清海是一位最具原创意识的哲学家，他直面我们时代人类遇到的最重大的问题，灵活运用马克思遗留的思想资源，充分吸收和消化中国传统的哲学智慧，创立了符合我们时代的类哲学思想体系。

中国古人一直把天地万物理解为一个有机整体，还把人理解为与该宇宙生命整体融为一体的存在者，这为类生命意识的产生提供了世界观基础。然而，现实中人的类意识的形成经历了漫长的历史过程：只有经过工业化以来个人主体力量的突飞猛进的发展，以及作为主体的人与作为客体的自然之间的矛盾的日益激化，人们才开始逐渐意识到人的生命依赖于宇宙大生命，意识到人除了有一个种生命之外还有一个类生命，意识到人的真正的价值就在于以个人独特的方式实现天道。从这个角度看，高清海的类哲学是我们时代精神精华，也是中国传统的生命哲学的创造性转述。该哲学为我们建立一个美好的人类共同体和生命共同体提供可靠的世界观基础。

（该文原载于《吉林大学社会科学学报》2019 年第 5 期）

---

① 高清海：《新世纪："人性革命"时代》，第 22 页。
② 楼宇烈：《王弼集校释》，中华书局 1999 年版，第 125 页。

高清海"做人"思想的哲学内涵及其哲学观意义

魏书胜[*]

哲学观变革是高清海先生思想成果的重要主题,他在批判苏联模式教科书哲学的过程中明确提出和阐发了自己新的哲学观念。在《高清海哲学文存》的总序中,高先生对自己的哲学观进行了系统总结,基本的结论是"人是哲学的奥秘",具体来说,"人是哲学的真正的主体,哲学不过是人的自我理解、自我反思、自我意识的一种理论形态,要了解哲学的性质、功能及其历史的演变,'人'应是它的基础和前提","哲学理论根本地说来,只是一种'价值理想'和'思维方式',它的作用也只在于推动人的自我超越、自我提升和自我解放"[①]。

一般来说,对于哲学家已经明确提出的观点,我们或者赞成或者反对,直接针对这些观点即可,不必再去探究隐含在他的其他思想中针对同一问题的观念。然而,对于高清海先生而言,事情并不如此简单。高先生在提出他的哲学观念的过程中,还形成了很多具有哲学观意义的思想,比如"属人世界""做人"等。这些思想背后隐含的哲学观不仅高先生没有明确指出,在研究高先生思想的成果中也很少反映。正是由于在高清海先生的思想中还蕴含着需要深入理解和挖掘的思想观念,他才不仅是对时代提出的问题进行哲学回答的哲学家,而且是提出了能够被不断阐释的思想的思想家。本文将以高清海先生提出的"做人"思想为研究对象,深入阐释这一思想背后蕴含的哲学观意义。

---

[*] 魏书胜,东北师范大学教授。
[①] 《高清海哲学文存》第1卷,第1—3页。

一 高清海"做人"思想的提出

做人，在中国人的话语中属于日常生活语言，具有伦理道德属性，指的是依据某种关于人之为人的观念标准，要求或衡量一个人的行为是否符合这一观念。这里所说的人的观念，不是思想理论上的，而是实际生活中的社会观念。例如，在宋明理学影响下的中国人的观念里，"忠孝""仁义"是人之为人的标准，就会要求人们按"忠孝""仁义"行为，其过程就是做人过程，其行为以及结果就是对人的做人如何进行评价的事实依据，如果行为与结果符合了这些观念，就会形成对这个人的文化认同，反之，则会对这个人进行否定与排斥，所谓"不忠不孝、不仁不义非人也"。在当今的现实生活里，以往那些明确的关于做人的标准不再清晰，但做人的观念仍然顽强存在，人们内心有着共同的评价标准，但又难以用具体观念表达出来，在这种情况下就会直接用"做人"一词来表达，如"这个人做人不行"，或者"这个人不会做人"等等。有具体内容的做人话语都属于形下范畴，因为其中对人的理解的普遍性只能局限在文化范围内，也就是说，关于人之为人的具体理解都只是在其文化内部才被理解为普遍的，超出了这种文化，这些理解不仅没有普遍性，连基本的认同都会出现问题，如"忠孝"的人之为人标准之于欧美文化就是如此，这也是在人类不同民族的文化中寻找普遍价值之所以困难的原因。

日常生活中的做人观念既源于人们在生活中形成的对于人之为人的理解，也源于某种文化中的思想成果，这两个维度既有相同相合的内容，也会有相异的内容。作为思想成果的做人观念，可以作为学术研究的对象，很多研究思想史上思想家的做人思想的成果都是在这一意义上的，如"儒家做人思想研究"等。但是，在这一维度展开的做人思想研究，是针对具体做人观念的研究，很少有对做人本身的思考及成果。

之所以分析日常生活话语中的做人，以及提示在这一维度存在思想史中的学术研究，是要表明，高清海先生的"做人"思想并不是在日常生活话语维度的。这也是要表明，"做人"作为一种哲学观点，是高清海先生提出的重要哲学思想，只有在哲学思想的意义上才能理解其重要的哲学观意义。

从发表在学术期刊中的学术论文来看，高清海先生是在1997年发表的两篇文章中明确表达"做人"思想的。一篇是《人是哲学的奥秘——张曙光〈哲学与人生〉序》（《江汉论坛》1997年第7期，1997年7月15日出版）①，另一篇是《"为人治学其道一也"——人生观漫谈》（《吉林大学社会科学学报》1997年第5期，1997年9月24日出版）②。实际上，在比这两篇文章更早的一篇会议发言（《人的"类本性"与"类哲学"——在"类理论"研讨会上的主题发言》，1996年10月25日）中③，高先生首次提出了"做人"思想④。在这篇发言中，高先生在论述提出"类哲学"的背景时提出了"做人"思想，他说："今天应当大力提高人们的'人'的观念，要使人们树立这样的意识，猫不需要去'做猫'，人却是需要去'做人'的，能够做成一个'人'，这本身就是高尚的。为此，就必须确立人的双重生命、双重本质，也就是'类本性'的观念。"⑤ 高先生的这篇发言，是从总体上阐述人的"类本性"与"类哲学"思想的，虽然提出了"做人"思想，但并没有对"做人"本身进行更多的直接阐述。在《"为人治学其道一也"》一文中，高先生讲的"做人"也是直接从人与动物的区别方面来讲的，他说："人不同于动物之处就在于，人要成为人不但要经历第二次的生成，而且还必须去'做人'才能真正成为人。人是要去做的。猫要成为猫不需要去'做猫'，人要成为人却必须学习'做人'、讲求'做人之道'不可。所以作为一个'人'，是很高贵、很荣耀的，但要做成一个人、做好一个人也是很艰难、很辛苦的一件事。"⑥ 在这篇文章里，人与动物的区别意义上的"做人"与日常生活里的做人联系起来了，但这里的"做人"却不是日常生活里具体做人的抽象，而是为日常生活中的做人提供了具有普遍性和一般性的根据，从更一般的意义上明确了"做人"的普遍性，或者说"做人"

---

① 这篇文章写于1997年5月。见《高清海哲学文存·续编》卷一，第269页。
② 这篇文章写于1996年5月。见《高清海哲学文存》第2卷，第394页。
③ 《高清海哲学文存》第2卷，第142—167页。
④ 高先生最早出现"做人"一词的文章是发表在1994年第4期《高教研究与实践》上的《让学生懂得学做人的大道理》，只是这篇文章是在具体做人意义上说到做人，还没有表达"做人"思想。
⑤ 《高清海哲学文存》第2卷，第144页。
⑥ 高清海：《"为人治学其道一也"》，《吉林大学社会科学学报》1997年第5期。

对于人所具有的生命本性依据。这也表明,"做人"已经成为具有新的思想内涵的哲学概念。

　　之所以要对高清海先生"做人"思想的提出进行文献学意义的考证,是要表明"做人"作为中文的哲学概念,是高清海先生提出来的,这一思想的提出有一个思想逐渐清晰的过程。并且,从高先生的文章进行推测,这一概念的提出没有借鉴西方的相关思想理论。目前看到的翻译成中文的直接把"做人"作为哲学概念进行系统讨论的著作①,是美国哲学家赫舍尔的《人是谁》,这部著作的中译本于1994年4月出版。从高先生在1996年明确提出"做人"思想以及这段时期的著述来看,没有迹象表明高先生读过《人是谁》这部著作。如果他读过这部著作,似乎没有理由不引用其中的"做人"思想,因为赫舍尔关于"做人"的论述可以作为高先生阐释"做人"思想的恰切论据。从高先生"做人"思想的形成过程来看,他实际上在1994年撰写的两篇文章②中就已经有了"做人"思想的迹象,只不过没有明确提出"做人"。在1995年11月出版的《哲学的憧憬》前言(副标题是"哲学的秘密在于人",写于1992年12月)中,高先生已经开始形成了关于人的双重性以及人与动物区分的一些思想观点。可以说,高清海先生的"做人"思想是他在自己的思想历程中逐渐形成和清晰的一个思想,不是受其他学者思想的影响或启发,突然形成的思想观点。

　　对高清海先生是否阅读过《人是谁》进行推测,也是要论证他所提出的"做人"思想的独创性。虽然,高先生与赫舍尔关于"做人"的理解在一些观点上是一致的,比如,赫舍尔认为要"从人出发来思考人","避免使用在低等生命的研究中产生的范畴"③,这与高先生认为,"人就是'人'""人只能了解为人,不能归结为物"④ 是一致的;再如,高先生认为,"'成为人'就构成人永远追求的目标,成为人性的最本质的需

---

① 瑞士宗教哲学家汉斯·昆在《读书·生活·新知论基督徒》(三联书店1995年版)中,在与"做基督徒"的关系中论述了"做人",不算是关于"做人"问题的哲学讨论。
② 一篇是写于1994年4月,发表于《中国社会科学》1994年第4期的《主体呼唤的历史根据和时代内涵》;另一篇是写于1994年5月,发表于《长白论丛》1995年第6期的《价值与人——论价值作为哲学概念的本质》。
③ [美]赫舍尔:《人是谁》,隗仁莲译,贵州人民出版社1994年版,第3页。
④ 《高清海哲学文存·续编》第2卷,第203—204页。

要"①，赫舍尔则说"停止做人，必然会终止人的存在。人的存在与做人之间具有本体论的联系。"② 但是，高先生从人与动物相区别的角度提出"做人"，与赫舍尔从提出问题（question）与面对难题（problem）③ 相区分的角度提出"做人"是不同的，赫舍尔的讲法没有讲清楚"做人"的根源，高先生的讲法则讲清楚了这个问题，可以作为赫舍尔"做人"思想的前提。两位思想家提出"做人"角度的区别也决定了，高先生的思想更多集中于从"做人"理解人与动物相区别的生命本性，特别是超自然性一面，而赫舍尔则在"做人"已经作为人的难题前提下去探讨如何具体地解决"做人"问题，但他们都没有从哲学层面深入论证"做人"为何是"很艰难、很辛苦的一件事"，为何是人的"难题"，即"做人"作为人所特有的生命问题（"难题"）的哲学内涵，他们没有展开讨论的这一问题蕴含着关涉人的自我理解的重要内容，需要接着他们的思想继续思考。

二　"做人"的哲学内涵及其作为人的生命问题

在《人是哲学的奥秘》一文中，高清海先生第一次比较系统地直接阐述了"做人"思想。他说："生命的双重性，使人必须经历二次的生成。人不像猫，猫生下来就是它自己，取得猫的生命它就已经是猫，对猫来说并不存在'为猫之道'的问题；人则不同，人仅仅有了自然给予的生命还不能算作完全的人，必须再次获得人的第二次生命他才能够成为真正的人。猫无须去做猫，人则必须去'做人'，还要讲求'为人之道'，只能在做人中成为人，并成就他自己。所以生而为人，这是一件很'麻烦'的事，远不如做动物省心。然而人之所以优越于动物之处，人之

---

① 高清海：《找回失去的"哲学自我"》，北京师范大学出版社2004年版，第266页。
② ［美］赫舍尔：《人是谁》，第15页。
③ "难题"是《人是谁》的译者对赫舍尔所说的"problem"的中译，这样翻译既避免了"problem"与"question"都译成"问题"可能导致的两个词语的混淆，也能表达"problem"对于人而言的困难性。本文探讨的和"做人"有关的问题，指的都是"problem"，由于这种问题对人而言具有普遍性，因而不用"难题"表达。

为人的高贵之处，甚至做人的'神圣性'，也正是体现在这里。"① 在这段话里，高先生"做人"思想的基本要点都蕴含在其中。

从人与动物的区别来看，动物是单一本性（自然性）的生命，其全部生命活动都局限于自然规定的范围之内，人则通过自身参与的活动在一定意义上突破了自然规定的限制。比如，人要吃东西来维持生命的存活，这是不能突破的自然规定，但是，人吃什么以及怎样吃则不再受自然规定的限制，不仅吃的对象不再被规定，怎样吃的方式也由人自己决定和创造，而且由于人对自己生活世界以及生活的理解也影响着人的活动，吃对于人的意义也可以发生从目的到手段的改变，所谓"活着是为了吃饭还是吃饭为了活着"就是这种改变的表达。人的自身参与即人自身的主体性因素能够对自身的生命活动进行干预与作用，这种干预与作用就是"做人"之"做"。"人"之所以不再是动物，就是由于"人"不再是动物那样确定性的存在，而是通过自己的"做"成为"人"的，或者说，由于"做"，"人"是什么已经不确定了，他/她是什么是自己"做"成的。可以说，"做人"就是人的主体性对人的生命活动发挥作用的过程，也是使人成为"人"的过程。正是由于"人"是"做"成的，"做人"就成为具有存在论性质的事实，也成为人无所逃遁的命运。正如赫舍尔所说："做人像一件必需品一样是人的存在所固有的。""做人和人的存在是相互依赖的，构成前者的要素与后者的事实与冲动之间有着内在的联系。"② "人的存在（human being）要求人成为人（being human）"③ 但赫舍尔的观点只有在人与动物区分的意义上才能被理解。高清海先生从人与动物的区别提出"做人"思想，不仅使"做人"成为具有普遍性的哲学概念，而且揭示了"做人"是人的一个存在论的事实。

在前段高清海先生阐述"做人"思想的论述中，他讲到"做人"对人来说是"麻烦"但也是人优越于动物的高贵之处。高先生此后提出的"类哲学"，是从人优越于动物的方面系统展开的，突出强调了基于人的超自然性的"类生命"，从他把人的"类生命"理解为"宇宙人格的化身"来说，已经是在理解人的生命意义的价值论维度开展他的"类哲学"

---

① 高清海：《人是哲学的奥秘》，《江汉论坛》1997 年第 7 期。
② ［美］赫舍尔：《人是谁》，第 15 页。
③ ［美］赫舍尔：《人是谁》，第 27 页。

思想了。实际上,"做人"作为人的存在事实,从优越于动物一面对人的理解只是人的生命特性的一面而非全部,只有把"做人"也是一个"麻烦"那一面也同等强调出来时,"做人"才是完整的事实。当我们把"做人"作为客观事实进行理解时,就会发现,"做人"首先是存在论的,然后才是价值论的,存在论表明的是"做人"是人的存在事实,即只要人的主体性对人的活动发生作用人就在"做人",价值论表达的是人应该做什么样的人的理想与追求,其中蕴含着对人的自我理解,经过自我理解的人就是"做人"之"人"。在存在论维度,"做人"是标志人与动物根本区别的具有普遍性的事实,即只要是人就必然存在"做人"这一事实,这种事实是"做人"成为人的生命性问题的存在论前提;在价值论维度,"做人"已经蕴含了应当做什么样的人的规定,即"做人之道",这一维度的"做人"是对日常生活中具体做人问题的一种终极性回应。

在高清海先生提出"做人"思想以及后来的思想发展中,没有深入展开的是关于"做人"是一件"'麻烦'的事"的观点。"麻烦"既可以是对面对的问题的一种心理感受,也可以等于问题本身。从问题本身角度来说,"麻烦"也是存在论意义上的事实。赫舍尔也发现了"做人"是人的"难题","一个难题则反映了困惑甚至苦恼的状态"[1],困惑与苦恼实际上也是面对"麻烦"时的状态。赫舍尔提出"做人"是人的"难题"是基于对人的处境的直观以及人具有自我意识的理解等,并没有从人与动物区分的角度进行论证。

那么,从人与动物区分角度看,"做人"作为"麻烦"或"难题"的一面如何具有作为人的生命问题(problem)的普遍性?当人以主体性参与到自身的生命活动中,也即开始"做人"之时,就遇到了人所特有的生命问题。这一问题就是蕴含在"做人"之"做"中的问题,是当人面对可能的生活世界,可以自由地决定自己的活动方向与方式之时,必然会遇到的问题。具体来说,人在面对生活中的各种可能时,能够自由地做出选择什么的决定,由于不选择也是一种选择,因而人必须自己做出决定。可以说,"做人"之"做"在根本上就是人自己做出导致某种行为的决定;"做人"之"人"既包括人在总体性上是一个什么样的人,也包括人的每一个受主体性影响的行为,前一方面表明人在总体上是什么

---

[1] [美]赫舍尔:《人是谁》,第 1 页。

样的人不是先天确定的而是人自己"做"成的，后一方面表明人在总体上是什么人是通过每个具体行为综合表现出来的，同时也表明"做人"的普遍性，即人只要受主体性影响或主体性发挥作用就是在"做人"。人能够自己对自己的行为做出决定，就能够把自己的价值意愿贯彻在行为中，也能够利用自己的主体能力进行创造性活动。但是，人要自己在各种可能中做出选择的决定，对人来说也是动物那种生命活动所没有的困扰或麻烦，因为，在可能中进行选择并不是容易的事情。当人从必然规定中超越出来，能够自主做出决定时，实际上已经意味着人遇到了属于人所特有的生命问题，人要在各种可能中做出选择，就是已经面对问题了，而解决问题就是做出选择什么的决定。就"做人"之谓人在可能中做出选择的决定而言，"做"就是在解决人的生命问题，而"人"本身就是问题。"做人"从作为人的命运或者必须面对的事实而言，"做人"本身就是人要面对的问题，从这一问题的麻烦性与困惑性而言，可以称之为"难题"。

如果说"做人"问题难以同日常生活中的做人相区分，那么，通过更进一步的分析，可以发现"做人"问题的实质及其相应的表达方式。"做人"或者说人在可能中做出选择的决定之所以是难题，就在于这是由人的主体性决定的，从人的主体性出发进行选择就产生了人所特有的问题——"应"（主观性的"应当"与客观性的"应该"的总体）。主体性是人作为主体所具有的属性，主体"是指人对自己生命的支配活动说的"，人作为"自为存在的生命体，就意味着人是自我创造、自我规定的生命存在，这也就是作为主体的自由性。"[①] 对于在必然性规定范围内的事情是没有"应"这一问题的。"应"是基于人的主体性才产生的问题，是人面临选择时的主体意向，这种意向的主体性决定了"应"中必然蕴含着人的价值追求。人的"自我本身是事实和规范组成的复合体，是由现状（what is）和意识到'应当怎样'（what ought to be）组成的复合体。做人的实质在于价值，价值包含在人的存在中"[②]。这样看来，"做人"与"应"实际上是同一个问题。"做人"是从人与动物的区别来说的，"应"则是从"做人"本身来说的，或者说"应"是"做人"问题的

---

① 高清海：《"人"的双重生命观：种生命与类生命》，《江海学刊》2001 年第 1 期。
② ［美］赫舍尔：《人是谁》，第 11 页。

实质。

"做人"作为人的问题,并不完全是个体性的,当具有社会性的个人面对"应"这一问题时,人的社会性加剧了"应"的复杂性与困难性,因为人的社会性决定了价值选择的多元性以及压迫性。另一方面,就社会作为人的存在方式而言,社会总是以一定的文化形式解决人的问题。哲学从其解决人自身的特有问题而言,就是一种解决"做人"问题的文化形式。在这一意义上,"做人"问题的提出从与哲学的关联来说,是重新理解哲学的重要契机,具有哲学观意义。

三 哲学作为从终极意义上解决"做人"问题的"做人之道"

高清海先生提出的"人是哲学的奥秘",实现了哲学观从关注世界向关注人的转变。这种哲学观变革对于中国哲学界而言,也具有康德式的"哥白尼革命"意义。但是,从世界转向人并没有完成哲学观转变的全部工作,因为,从现有的对哲学的理解而言,仍有很多问题需要追问和回答。比如,高先生说:"哲学不过是人的自我理解、自我反思、自我意识的一种理论形态",如果进一步追问"人为什么要自我理解、自我反思、自我意识?""这样的哲学要解决什么问题?"

对这些追问的回答也应当从对人的理解入手,实际上,在高先生的"做人"思想中已经蕴含着问题的答案。

高清海先生说"人是哲学的奥秘",进一步可以说,"做人是哲学的奥秘"。"做人"问题所蕴含的哲学观,不能从哲学史以及现有的关于哲学的各种观念入手进行比较分析,因为"做人"作为一种思想并不是在以往的哲学观中形成的。

按照高清海先生提出的"笨想"方法,我们抛开现有的关于哲学的各种观点来对哲学这件事情进行直观。无论哲学是什么,从直观上看,哲学总是人的一种特殊的思想活动及其成果。人的思想活动总是要解决问题的。对于个人而言,可以存在没有原因的思想活动,但是哲学作为社会性的文化形式绝不会是个体性的自由的胡思乱想。思想的直接针对性总是需要解决的问题,没有问题则无须思想。可以说,问题是引发思想活动的根源，当然不是任何问题都会引发哲学思想。哲学作为一种特殊的思想活动是由引发这种思想的问题的性质决定的。需要哲学处理的问题具有何种性质？从"大问题""元问题""根本问题"等观点来看，哲学的问题是具有归根结底意义的问题，也可以说是具有终极性的问题，或者反过来理解，在人类各种文化形式中依靠人自身的思想能力处理终极性问题的文化形式就是哲学。哲学的问题的性质规定了哲学的性质，正是在这个意义上，哲学思想的成果也被理解为具有终极性的性质。孙正聿教授认为："哲学本体论具有三重基本内涵，即：追寻作为'世界统一性'的终极存在；反思作为'知识统一性'的终极解释；体认作为'意义统一性'的终极价值。"① 孙老师的这段话表明了哲学的终极性质。

如果终极性确是哲学的问题的本质属性，那么，从"做人"问题作为人的一切问题的根源具有终极性而言，哲学最终面对的问题可以说就是"做人"问题。当然，"做人"作为总体性问题可以直接是哲学思考的问题，"做人"所涉及的全部具体维度也可以作为哲学的问题，只不过哲学总是终极性的思考。

如果说从"做人"问题作为人的全部问题的根源来理解哲学是解决这一问题的文化形式还有外在关联之嫌（其实只是由于缺少哲学史话语的支持而不习惯而已），那么，当我们通过"做人"问题的实质——"应"——来重新理解哲学时，"做人"问题与哲学的内在关联就会更清晰了。

"应"作为问题是人在面对各种可能进行选择时出现的问题。由于做出选择的主体总会有去选择最好的选项的要求，这就意味着在各种可能中蕴含着具有终极性的选项；当主体为选择的困难所困扰时，会提出"到底选择什么？"的疑问，到底怎样正是终极性的表现。此外，当进行选择时，也会去问这样选择的根据是什么（就像一句歌词所说"给我一个理由，让我去追求"），任何一种选择都可以有一个理由，在各种理由中，也会有一个根本或终极的理由，或者说这样选择到底根据什么。因而，"应"作为问题，从价值方向上存在终极性的问题，即"到底选择什么？"从根据什么进行选择上，也存在终极性的问题，即"选择到底根据什么？"对终极性价值与根据的解释，也存在终极性。这样看来，"应"

---

① 孙正聿：《哲学通论》，辽宁人民出版社1998年版，第231页。

问题在终极性上能够成为哲学的问题。而且，由于"应"问题对人而言的特有性及普遍性，也可以把哲学理解为在终极性上解决这一问题的文化形式。

上述对哲学的性质以及与"做人"和"应"的内在关联分析，是直接从问题本身的相关性上进行的论证。从中西方哲学的思想主题来看，也能发现哲学与"做人"以及"应"的本质关系。哲学史上的思想成果，都是为解决问题而形成的，但是哲学家们所思考的问题并不都是源生性的，很多思想都是在解决前人遗留下来的问题，在这个意义上才有"哲学就是哲学史"，只有从源生阶段以及重新返回起点的那些思想中，才能发现哲学本来要处理和解决的问题，对于西方哲学尤其如此。大多数西方哲学史著作都把古希腊自然哲学家作为哲学的开端，他们思考的问题是源于对世界的惊异而提出的问题（question），对这种问题在世界本原以及世界统一性上的回答，并不能就将其确定为哲学，因为这些问题也可以是科学研究的问题。古希腊人的思想成果作为知识总汇还没有实现科学与哲学的分化，把古希腊人思想的开端说成是哲学的开端很不恰当，可以说关于古希腊哲学从自然哲学家开端的理解是遮蔽西方哲学史真相的一个根本教条。实际上，古希腊哲学是从苏格拉底开始的。苏格拉底是混杂在智者中的哲学家，他们面对的问题（problem）都是公民大会里讨论的问题，这些政治性的讨论都是做出何种决定的"应"问题。为了解决民主讨论如何可能的问题，古希腊人发明了理性，也是在讨论中，哲学家发现了"意见"与"知识"的区分并思考如何把握"知识"。在这里，哲学家思考的知识与科学家研究的知识是有区别的，科学家以获得知识为目的，但哲学家研究的知识本身并不是目的，而是要作为如何行动的超越各种意见的坚实根据，这种知识在对世界的理解上具有本体意义，在思想逻辑上具有大前提或逻辑演绎起点意义。从知识作为事物自身的本性或规定性来说，知识等于"是"，获得知识就是把握事物自身之"是"，科学所把握的"是"是事物的本质与规律，哲学把握的"是"从其内容来说与科学没有分别，只是"是"并不是哲学的终极目的，哲学研究"是"是要为"应"提供终极性根据。

中国古代哲学无论从《周易》还是先秦诸子百家开始，都是为了解决面对的问题（problem），《周易》的预测解决的就是"应"问题，诸子百家也是要解决个人"应"如何生存发展和社会"应"如何重新建立秩序的问题。中国哲学解决"应"的方式是直接提出具有终极性价值意义的"道",至于"道"是通过一套预测方法还是基于经验总结或生命与生活体悟以及理性分析得来并不重要,所谓"殊途而同归,一致而百虑","同归"和"一致"的是"道",也就是"应"的终极价值方向。

以"做人"问题以及"应"问题为核心考察中西哲学史,就能在"人作为人的自然同质性"[①](即中西方的人都是人)意义上打通中西方哲学,哲学才是具有人类性的文化形式。可以说,中西方哲学是面对人之为人的共同问题("做人"问题或"应"问题)从不同方向上以不同方式进行的解决。

综上,可以说,"做人"问题是哲学本己的问题,"做人之道"是哲学的价值追求。通过对哲学是解决"做人"问题的"做人之道"的分析与论证,也可以进一步回答前面提出的"人为什么要自我理解、自我反思、自我意识?"问题,人的自我理解、自我反思与自我意识就是要为"做人"提供基于自我理解的终极根据。从人与动物区别的意义上明确人所特有的"做人"问题,进而把哲学理解为解决"做人"问题的"做人之道",尽管这种理解能够回答上述关于哲学观念的疑问,但如果仅仅停留于此,也会使"做人"与"做人之道"成为一种理论抽象。只有在人的另一个双重性——个体性与社会性的统一——上,才能进一步从人的社会性维度理解哲学如何是"做人之道"。

从"做人"问题本身来说,如何"做人"是一件非常麻烦的事情,在各种可能中进行选择对任何人来说都是一个难题,特别是当"做人"具体到人的每一个具有主体性的行为时,那么"做人"真是太麻烦了,如果人的每一个行为都要去思考一番,那人的生活甚至无法展开。事实上,人的"做人"虽然从理论上说确实很麻烦,但在实际生活中却并非如此:一方面,人的自然本能可以作为人行动的基础,指导人做出选择;另一方面,人的社会性使人的活动以社会提供的方式展开。这两种情况下,个人通常是以一种自发的方式"做人",当人有了自我意识,试图自觉的解决"做人"问题时,哲学才会在这个人的生活中出场,但这种基于自我意识的哲学思考往往针对的是总体性的"做人"问题,即人的生活方向的选择问题,具体的行为仍会基于本能、习惯及社会规范等展开。

---

① 孙利天:《哲学为什么没有被遗忘》,《天津社会科学》2005 年 2 期。

也就是说，人的自发与自觉的"做人"并不是截然分开的，而且基于自觉地对"做人"的选择及具体行动都是稀少的。这就决定了，哲学无须直接为个人提供解决"做人"问题的智慧，而是通过改变社会观念进而改变社会规范与规则的方式影响人的行为与生活。就像儒家思想，个人当然可以将其作为自己的"做人"之道，但儒家思想只有成为社会生活方式的基底时，才能作为文化的内核普遍地影响人的"做人"方向。西方的基督教文化也是如此。

人的社会性决定了人不需要对自己的每个行为进行应当如何选择的判断，因为社会所形成的文化已经形成了规范人的行为的伦理体系，人们按照规范去生活就是在"做人"，按规范中对人的品德的要求塑造自己，就是成为"人"。哲学所把握的"做人"与日常生活中的做人（具有伦理属性），正是在具体的社会即文化中成为同一件事情的。从这种关联也可以进一步理解，哲学是隐含在文化背后的观念，哲学并不直接解决个人的"做人"问题，而是解决文化观念的基础问题。因而，哲学是社会性的文化形式，是以社会的方式解决人的"做人"问题，为人提供"做人之道"。

（该文原载于《吉林大学社会科学学报》2019年第5期）

高清海类哲学研究中的几个问题

王福生[*]

一 为什么是类哲学？

作为当代中国最富创造性和影响力的哲学家之一，高清海的哲学思考一直在不断发展变化，"超越自我"不仅是其人生的指南，而且还是其为学的信条。那么，为什么高清海哲学思想研究从根本上来说应该是类哲学研究而不能是其影响巨大的教科书改革以及随之而来的实践观点的思维方式的提出及其引发的一系列哲学观念变革呢？这个问题的实质可以说是如何描述、看待、评价高清海哲学思想发展历程的问题，而其焦点是实践观点的思维方式与类哲学的关系问题。这里，我非常赞同借用怀特海的飞机航行的比喻来说明高清海的哲学思想历程。飞机的一段完整航程是从点火、滑行、起飞、高空飞行，然后降落、抵达目的地的整个过程，与此类似，在高清海的哲学思想历程中，如果说批判哲学原理教科书体系是点火，然后经过滑行，到实践观点的思维方式的确立就是真正起飞了，实践观点的思维方式确立之后的一系列哲学观念变革，比如说对真理、价值、唯物论与唯心论、辩证法与形而上学、世界观、市场经济与人的发展等问题的讨论就可以说是高空飞翔了，而其降落所到达的目的地明显就是类哲学。我们或许可以对这些阶段做不同的划分与说明，但不管如何划分，类哲学是高清海哲学思考最后抵达的目的地则是无疑的。而这也就意味着，高清海类哲学研究的展开必然会涉及他此前的哲学思考，而比如说对实践观点的思维方式的研究却可能不会向后

---

[*] 王福生，吉林大学教授。

延伸到类哲学。实际上，正是目前高清海哲学思想研究完全集中在实践观点的思维方式的确立上的或自觉或不自觉的问题意识，才使得我们明确提出高清海哲学思想研究从实质上来说应该是类哲学研究这样一个认识。这个认识不但不反对对高清海此前的哲学思考进行研究，而且还内在地要求对之进行深入的研究，甚至有这样的可能，即只有从类哲学的高度来反观此前的哲学思考才能对之有真正透彻的理解。下面我们以实践观点的思维方式和类哲学的关系为例对此略加说明。

　　实践观点的思维方式的正式提出是在1988年出版的《哲学与主体自我意识》。众所周知的是，《哲学与主体自我意识》是对撰写《马克思主义哲学基础》时"所形成而未完全写进该书中"①的"关于哲学、哲学的历史发展和对马克思哲学思想所达到的理解"的"比较系统、充分的总结和阐发"②。这种理解可以概括为：哲学从以本体论为主的理论（注目于外在事物）中经以认识论为主的理论（转向主体自身）进展到以人本学为主的理论（关注外在事物与主体的统一）的历史发展充分表明，哲学是人作为主体的自我意识的理论表现，而马克思哲学的实质就在于提出了实践观点的思维方式，既否定了此前的存在观点、意识观点和人本观点，又在实践的基础上统一和提高了这些观点，从而克服了旧哲学的缺陷，引起了哲学理论的全面而深刻的变革。可以不夸张地说，这是20世纪80年代中国马克思主义哲学界以重新理解实践为基点重新理解马克思哲学所取得的最重要的理论成果：它不仅实际构成了我们自20世纪80年代至今坚持和发展马克思主义哲学所不可回避的重要理论基础，而且将来也必然会是如此。因此之故，对之进行持续的研究与讨论实是理所当然。但这只是问题的一个方面，另一方面人们关注的不多，但也许更为重要！那就是，不能停留于此甚至"转身后退"③，而是要在此基础上谋求哲学理论的进一步发展。

　　高清海本人正是这样做的。在谈完《哲学与主体自我意识》与教科书体系改革之间的关系之后，高清海又接着说道："完成了这部著作，我才得以坦然地放手进行下一步的研究工作，这就是转向集中思考人与哲

---

① 高清海：《哲学与主体自我意识》，序第7页。
② 《高清海哲学文存》第3卷，前言第3页。
③ 《高清海哲学文存》第1卷，第346页。

学的关系，由此进一步深化对哲学和哲学各种问题的理解与认识。这部书中阐述的观点和看法，有很多在我后来的著述中发生了变化，但读者不难发现这其间所贯穿的必然逻辑联系，没有这部书为基础，我后来的思想是不可能形成的。"① 这一"转向"的最初成果，是1993年由吉林大学出版社出版的《哲学的憧憬》一书，因其被收入《高清海哲学文存》第4卷再次出版的时候，高清海在"前言"中对这种转变作了明确的指认，并对其间的内在逻辑联系作了如下说明："我发现，我从思维方式去理解马克思的实践观点，这点虽是对的，但理解得还不到位。'实践'观点所变化的，直接地是对人与自然关系的观点，更深层的应该是根本变化了对'人'本性的基本看法。必须把人提到哲学的中心位置，并且从人的生存活动、存在本性把人理解为活生生的、现实的、在历史中生成的人——这点只有从实践观点去理解才有可能——哲学在历史上出现的那些令人迷惑不解的性质和特点，才能获得合理的理解和解释。所以进入90年代以后，我自己觉得思想又发生了一次重要的变化，这个变化的核心就是，从重新理解哲学，进入到首先去重新理解人。"② 他还不断重复地说，这种变化的具体展现如下："《哲学与主体自我意识》体现的是我在80年代对哲学的基本观点（那时'人'的观点对我还属某种自发的出发点）；而《哲学的憧憬》便是体现了进入90年代以来，'人'的出发点在我已成为自觉的观点之后，我对哲学的看法。在这之后，我的思想仍在变化，这就是进一步从人和哲学的未来而对类本质和类哲学的探索，不过关于这个方面的认识目前还在进行之中。"③ 这进一步的变化，在他写下这段话的1996年还只是"在进行之中"，而到了出版3卷本《高清海哲学文存·续编》的2004年，实际上类哲学已经基本完成，《"人"的哲学悟觉》就是清楚明白的体现："从2000年以来，我试图把我形成的思想集中起来做一系统的阐发，这就形成了本书的构思。"④

  研究高清海哲学思想必须以类哲学研究为其实质与核心正是基于其哲学思考的上述发展变化。参照上述哲学思想自述以及对相关论著的研读，我们可以看到，高清海从实践观点的思维方式到类哲学的思想发展

---

  ① 《高清海哲学文存》第3卷，前言第3页。
  ② 《高清海哲学文存》第4卷，前言第1—2页。
  ③ 高清海：《高清海哲学文存》第4卷，前言第3页。
  ④ 高清海：《"人"的哲学悟觉》，前言第1页。

至少在如下三个方面发生了重大变化：首先，把实践的否定性统一关系从人与自然的关系扩展为人与自然、人与人、人与自身的关系，并且更为强调这种否定性统一关系的本质一体性；其次，对人的思考由"自发"转为"自觉"，并且把人的类特性从单纯的意识本性中解放出来，用来表示人的本性的全体，与此同时，更为强调人的类本性的历史性生成；最后，把辩证法从认识论、实践论的理解推进到生命辩证法的理解。因此之故，高清海哲学思想研究必须推进到类哲学研究，而不能停留在提出和确立实践观点的思维方式的阶段。出于同样的原因，停留在其他阶段，比如与提出和确立实践观点的思维方式差不多同时展开的对真理等一系列哲学观念进行变革的阶段也是不恰当的，而如果对哲学观念变革作更为宽泛的理解，即将类哲学也视为哲学观念变革的一部分来加以概括和研究的话，那倒是可以说得通，但这样理解的话，是不是还要在不同形式和不同层次的哲学观念变革之间做出必要的区分呢，如果回答是肯定的，那么问题还是会回到这里。

二　类哲学从何而来？

　　凡是熟悉高清海工作方式或仔细阅读过其文本的人大概都清楚，他的哲学思考富有创造性，但绝不是无根据的"异想天开"。所谓"笨想"是在熟悉了历史特别是哲学史之后的"面向事情本身"，绝非天马行空的瞎想乱想，否则越想越笨也不是没有可能，何来真正意义上的创造呢？因此，说类哲学来自于高清海的个人创造是对的，也是重要的，因为强调哲学的"个性"、呼吁"找回失去的'哲学自我'"是其一贯的主张和做法，但这还远远不够："我深深感到，历史、理论、现状这三者的联系确是非常密切的。要解决现实的问题离不开理论，而要解决理论的问题又离不开历史。一种哲学理论的发展，在某种意义上可以说是贯通于历史的那个逻辑在现实中的进一步展开和发挥。"[1]

　　据此，类哲学的富有"个性"的哲学创造首先来自于现实，特别是现实中的"问题"，毕竟"问题是时代的格言，是表现时代自己内心状态

---

[1] 高清海：《哲学与主体自我意识》，北京师范大学出版社2017年版，序第3页。

的最实际的呼声。"① 高清海所关注的现实主要是中国社会发展的现实，实际上特别清楚的是，支持或者促使高清海不断"超越自我"最后走向类哲学创造的"更深层的内在动力，就是对中国社会现实的密切关注，对民族和人民群众生活幸福的强烈的渴望"②。中国社会发展最大的现实就是改革开放。作为深刻的社会变革，改革不仅改变着社会的物质关系，使生产力得到迅猛发展，社会财富得以显著增长，贫富差距随着生产关系的调整而不断拉大，而且也改变着社会的精神关系，使原有的意识形态、价值观念和精神文化日益萎缩，导致了普遍的心理不适和精神困惑，这种不适和困惑又由于开放所带来的外来文化对本土文化的冲击而不断加重；不仅把人从原来的自然纽带的束缚中解放出来，进而形成着独立的个人，而且也把人拖离了赖以休憩的自然港湾，进而置于利益和金钱的冰水之中。但高清海并没有把自己的眼光局限于中国，他所关注的现实也包括了世界发展的潮流和趋向。在他看来，和中国一样，全球的政治经济、科学技术、文化思想诸方面也都发生着深刻的变革：以核能、航天技术和信息技术为代表的新技术革命，以社会服务业和信息产业为主体的产业革命，随着冷战结束而来的世界政治格局的重新调整以及由上述变革导致的全球性问题与合作、协调解决这些问题的一体化和普遍化趋势等等。

  类哲学的富有"个性"的哲学创造其次还来自于哲学的传统及其历史。首当其冲的是马克思哲学。面对人类社会和当代中国社会发展的上述现实，高清海主要是依靠马克思关于社会发展的"三形态说"来加以把握和理解的：中国社会正在从"人的依赖关系"形态向"以物的依赖性为基础的人的独立性"形态转变；当今整个人类社会发展最为突出的特点则是把人类历史上相继形成的三大历史形态汇集在同一时空；而问题的解决则都在于走向人的"自由个性"的联合体形态。③④ 不但是总体性的宏观视野，而且类哲学所决心面向的"事情"以及事情本身所内在要求的方法都与马克思哲学密切相关：就前者而言，高清海的"重新理

---

① 《马克思恩格斯全集》第1卷，第203页。
② 孙利天：《高清海哲学思想讲座》，中国社会科学出版社2014年版，第11页。
③ 《高清海哲学文存》第2卷，第135—138页。
④ 高清海：《"人"的哲学悟觉》，黑龙江教育出版社2004年版，第71—97页。

解人"是接着马克思的"人的根本就是人本身"① 往下讲的；就后者而言，适合理解人的类性逻辑或人性逻辑是前面讲过的马克思的实践观点的思维方式的进一步发展。正是在这个意义上，类哲学可以说是真正"从马克思走向未来、开创未来"的哲学。

但这样说决不意味着类哲学只和马克思哲学密切相关，实际上类哲学是中西哲学传统的真正融通和结合，是对这些哲学传统的一次创造性转化和发挥。《"人"的哲学悟觉》最后一章"重新理解西方的哲学历史"说的就是马克思哲学、类哲学如何接续西方传统哲学而出现的：其中，力图把"人性归还给人"的费尔巴哈"作为人的哲学的新哲学"②和黑格尔"精神化的人性逻辑"③ 对类哲学的创造最为重要，即在类哲学所决心面向的"事情"上，也在事情本身所内在要求的方法上。事实上类哲学不仅与西方传统哲学有着密切的关系，而且还与包括马克思哲学在内的许多西方现代哲学处于广泛而深刻的一致性之中，而类哲学与它们之间同样广泛而深刻的差异或许正标志着它的创造性和生命力。比如，在公开发表的文本中，我们就可以直接看到类哲学对"主体"观念的理解与"相对主义的个人体验性的"所谓后现代主义哲学以及"主体间性"哲学、交往理论、生活世界理论之间④⑤、类哲学对"人类中心"观念的理解与各种生态主义哲学之间⑥⑦、类哲学对人之类本性的历史性生成的理解与萨特式的存在主义之间⑧、类哲学与弗洛伊德的自我理论之间⑨、类哲学与海德格尔对人和真理的理解之间⑩⑪……都存在着广泛而深刻的差异与一致。而在其内在逻辑的合理引申中，我们完全有理由相信，类哲学可以和现在正发生着重大影响的"后人类"哲学，拉康主义，从福柯、德勒兹到奈格里、哈特与阿甘本的生命政治哲学以及一般而言的生

---

① 《马克思恩格斯选集》第1卷，第9页。
② 高清海：《"人"的哲学悟觉》，第216页。
③ 高清海：《高清海哲学文存》第2卷，第123页。
④ 高清海：《高清海哲学文存》第2卷，第140页。
⑤ 高清海：《"人"的哲学悟觉》，第73—74页。
⑥ 高清海：《高清海哲学文存》第2卷，第141页。
⑦ 高清海：《"人"的哲学悟觉》，第63—64、95—96页。
⑧ 高清海：《"人"的哲学悟觉》，第41—42页。
⑨ 高清海：《"人"的哲学悟觉》，第52—53页。
⑩ 高清海：《"人"的哲学悟觉》，黑龙江教育出版社2004年版，第15页注①。
⑪ 高清海：《高清海哲学文存》第2卷，第101—104页。

命哲学，怀特海的过程哲学等等联系起来，在比较中促成有内容的因而富有教益的对话。

至于类哲学与中国传统哲学的关系，我倾向于认为类哲学是中国传统哲学智慧的创造性转化。对于这一关系，通常的理解似乎是这样的，即高清海在类哲学的创立过程中遇到了难以解决的困难，因而转向了中国传统哲学的研究，而这种研究又与"中华民族的未来发展需要有自己的哲学理论"的"期许"相适应。但从问题的实质来说，融入中国传统哲学智慧是类哲学的逻辑进展所内在要求的，绝不能割裂中国传统哲学智慧与类哲学的内在联系，把类哲学逐渐推进和深化的逻辑进程人为地划分为两件事情，因为在哲学的发展中，正如在人的发展中一样，"愈是类性化，愈要求个性化，个体愈是多质化，类性也就愈充实和丰满。"[1] 实际上，如果我们的目光不是仅仅盯着高清海晚年发表的那几篇关于中国传统哲学的论文，而是把目光放远放宽，从其整个著述特别是 2004 年出版的《高清海哲学文存》续篇（三卷）来看，这一点就会更清楚地显示出来。整体而言，类哲学的"思维特质"和"精神意境"更像中国的传统哲学而非西方哲学（也许古代的苏格拉底、近代的斯宾诺莎、现代的施特劳斯是个例外），即它不仅是知识，更是生命的体验，不仅是一种智力游戏，更是一件严肃的事情，不仅是为学之道，更是做人之道。具体而言，在类哲学所决心面向的"事情"和事情本身所内在要求的方法两个方面，我们在公开发表的文本中都可以看到中国传统哲学智慧的巨大贡献：就前者而言，老子的"死而不亡"与人作为"超生命的生命"相互发明[2]，人之"自我实现"通过重新诠释孔子的生命历程自述而得到精彩的阐明[3]，"参天地之化育""弥纶天地之道""为天地立心"的古老哲学智慧转化为"人的类生命也就是人格化的'宇宙生命'化身"的现代哲学表达[4]，人的类本性直接被表达为"人道"、而大自然"宇宙生命"则被视为"天道"[5]，进而"天人合一"的传统哲学追求则被发展为

---

[1] 《马克思恩格斯选集》第 1 卷，第 178 页。
[2] 高清海：《"人"的哲学悟觉》，第 36—37 页。
[3] 高清海：《"人"的哲学悟觉》，第 54—58 页。
[4] 高清海：《"人"的哲学悟觉》，第 37 页。
[5] 高清海：《新世纪："人性革命"的时代》，第 19 页。

人的"人天一体"本性的实现①②,其实现的形态既可以用马克思的"自由个性"的联合体形态来加以说明也可以用《礼记·礼运》的"大同"篇加以描绘③……;而就后者来说,人性逻辑或类性逻辑与中国传统哲学"从生命体验中凝结成的活的辩证法,即'生命辩证法'"的距离可能比与黑格尔的概念辩证法的距离还要近④。

三 类哲学究竟说了些什么?

回答这个问题需要一个理论的基点。其实这个基点在前面的论述中已经有所涉及,即所谓"事情"与方法的统一。因为在我看来,一个真正的哲学家在考虑问题的时候总有他所决心面向的事情和这一事情所内在要求的方法,而两者又是内在结合在一起的。比如,黑格尔哲学所处理的事情"绝对"与其特有的概念辩证法,马克思哲学所处理的事情"人"与其特有的实践辩证法,胡塞尔的现象学方法与其所面向的"纯粹意识",海德格尔哲学所面向的"存在"与其作为实际性的解释学的形式显示的现象学方法等等都是如此。由此基点,我们可以试着对这个涉及类哲学基本内容的问题做出如下回答:类哲学所决心面向的"事情"是人,而这一事情本身所内在要求的方法则是生命辩证法,因而类哲学既是人的类性论,又是一种新的思维方式即生命辩证法。

就类哲学所决心面向的事情而言,高清海是追随马克思的,但又有意义重大的发挥。在马克思那里,事情的根本是人,而人的根本就是人本身。然而,与马克思直接从黑格尔那里将精神或自我意识转换成人,即颠倒黑格尔"设定人 = 自我意识"⑤而得到"人就是事情本身"的洞见略有不同,高清海"重新理解人"的洞见主要是从对哲学史的理解中得到的。在人与哲学的内在关联中同时变革哲学观念与人的观念是类哲学的显著特点,《"人"的哲学悟觉》的结构安排最为清晰地表明了这一

---

① 高清海:《"人"的哲学悟觉》,第63—69页。
② 高清海:《高清海哲学文存》第2卷,第27—40页。
③ 高清海:《"人"的哲学悟觉》,第96—97页。
④ 《马克思恩格斯选集》第1卷,第193—194、226—228页。
⑤ 《马克思恩格斯全集》第3卷,人民出版社2002年版,第321页。

点。哲学史作为我们理解哲学的"基点和视野"告诉我们,"不论哲学理论的观点怎样分歧、形态怎样变化,它始终有一个共同的指向,这个共同指向,就是人、人的生命、人的本性、人的生存、人的命运、人的世界、人的价值……"① 由此得出的结论是,"人是哲学的奥秘"、"哲学是人的自我意识理论"。②

参照马克思的"人的根本就是人本身",类哲学对人的不同理解可以类比地概括为"人的根本就是类"③。从类哲学的观点来看,人是双重生命,即种生命和类生命的存在。也就是说,人作为一种特殊的存在,虽然也是物,却超越了物种本性;虽然作为生命而存在却超越了生命的局限;虽然也有先天规定的一面,但人之为人的本性却是后天自我创生出来的。因此,必须超越传统哲学的本性即物种概念,用类本性的概念来表达人之特异本性。④ 由此可知,类概念的核心要义在于"超越":"(1)超越本能生命,达到自我主宰('自主生命');(2)超越个体自我,与他人的本质结为一体('社会生命');(3)超越物种界限,通过变革对象与世界达到一体关系('自由生命')。"⑤ 需要特别加以注意的是,"'超越'这一概念,具有对原有存在或性质的'否定'含义。这里的否定不意味着抛弃、消灭、打倒原有的,而是在保留原有基础上的进一步发挥、发展和创造。"⑥ 这实际上意味着(1)类生命是在种生命的基础上形成的,它基于、包含而又超越了种生命,因此是一个"完整的统一体"的"两重性"或"两重化"⑦,而非在种生命之外单独存在着一个难以理解的类生命;(2)类之超越个体自我不是消灭个体自我,而是类之充实、丰满,是个体之自我成就、自我实现的必要途径,类概念不具有西方传统哲学的"本质主义"性质;(3)作为"一种人与人和人与

---

① 高清海:《"人"的哲学悟觉》,第 123 页。
② 高清海:《"人"的哲学悟觉》,第 135—136 页。
③ 必须指出,类哲学之类概念的拈出和在马克思、费尔巴哈、黑格尔哲学以及中国传统哲学基础上的重新使用主要是为了说明人之独特本性。这是理解类哲学之类概念必要的和根本的出发点,只有记住这一点,类概念的难解之处才能得到破解。
④ 高清海:《"人"的哲学悟觉》,第 98—100 页。
⑤ 高清海:《找回失去的"哲学自我"》,序第 4 页。
⑥ 高清海:《"人"的哲学悟觉》,第 22 页注①。
⑦ 高清海:《"人"的哲学悟觉》,第 34—35 页。

自然本质统一的'类性聚合'"，社会是"人之类本性的实存形式"①；（4）超越最终并不止于任何个体自我和社会或人群共同体，而是与整个世界，即宇宙达成本质性的一体关系，而"按照这种理解，我们可以说人的'类生命'也就是人格化的'宇宙生命'化身。"②

众所周知，"人是类存在物"③ 是马克思关于人的本质的核心命题之一，而人之所以是类存在物，主要是因为人是有意识的自为的存在物，人的活动是自由自觉的活动；由此逻辑而来，马克思对类概念的使用主要有"类特性""类意识""类活动""类本质""类生活"，还在很少地方使用过诸如"类对象性""类关系""类存在""类行为""类力量"等。结合马克思关于人的本质的其他命题，比如"人直接地是自然存在物"④，"人的本质不是单个人所固有的抽象物，在其现实性上，它是一切社会关系的总和"⑤，我们可以看出，类概念在马克思那里主要是与人之本质的意识特性密切相关，除此之外同样重要的还有人之自然性和社会性。而在高清海的类哲学这里，类概念的使用则突破了意识特性这一点而具有了全局性和整体性，也就是说，"类"是作为"人性核心或标志"⑥ 而出现的。因此，类哲学中对类概念的使用比之马克思哲学更具广泛性和灵活性，诸如"类性""类特性""类性观念""类性（人性）逻辑""类性整体""类性价值""类性本质""类性社会""类性自我""类性的个性化""类性与群性""类性化""类化""类化本性""类化社会""类化存在""类化理性""类化人格""类观念方式""类方法"等等。

除了局部特性与整体特性上的区别需要仔细辨析之外，另一点需要注意的是高清海还用类概念引申和发挥了马克思在"社会"概念中隐含的关于人的社会主义理解⑦⑧。除了上面说过的"社会是人之类本性的实

---

① 高清海：《"人"的哲学悟觉》，第62—63页。
② 高清海：《"人"的哲学悟觉》，第37页。
③ 《马克思恩格斯全集》第3卷，第272页。
④ 《马克思恩格斯全集》第3卷，第324页。
⑤ 《马克思恩格斯选集》第1卷，第56页。
⑥ 高清海：《"人"的哲学悟觉》，第47页。
⑦ 王福生：《马克思主义的整体性及其内在结构》，《天津社会科学》2013年第6期。
⑧ 王福生：《当代西方激进左派复兴共产主义观念的一个批判性考察》，《社会科学研究》2018年第5期。

存形式"这一命题之外，在很多地方，高清海是把"类存在"与"社会存在"、"类本性"与"社会性"、"类性化"与"社会化"并列使用的，还直接有"类性的存在—社会性存在"这样的说法。① 这是对马克思思想中隐含着但不甚清晰的哲学思想的重要发挥，是类哲学与马克思哲学最为接近的地方。换句话说就是，马克思哲学中最接近类哲学的不是表面上的类概念的使用，而是对"社会"的哲学性理解，即"社会是人同自然界的完成了的本质的统一，是自然界的真正复活，是人的实现了的自然主义和自然界的实现了的人道主义。"②③ 而我们知道，马克思在很多地方也是把"人的"和"社会的"并列甚至等同使用的，比如"共产主义是私有财产即人的自我异化的积极的扬弃，因而……是人向自身、向社会的即合乎人性的人的复归"，"对私有财产的积极的扬弃……从而是人从宗教、家庭、国家等等向自己的人的存在即社会的存在的复归"④。

不仅"类化""类性化""社会化"及其系列概念暗示了人之类本性的历史性向度，而且类哲学还特别详尽地考察了人之类本性的历史生成，从而使"类"并非马克思所说的"单个人所固有的抽象物"这一点得到了充分的揭示。这一历史生成的现实基础是人的实践活动。除了"实践观点的思维方式"阶段对实践的创造性、目的性、自主性和感性现实性的强调之外，类哲学对实践活动的理解既突破了对实践的"劳动生产"式的简单理解而进展到实践作为人的本性的对象性活动的全面理解，又从对实践活动的上述"外在特征"的描述而推进到对实践活动的"真正本性"或"真正的本质"的理解，即人与自然以及人与人的"本质交换"的理解。⑤ 在此基础上，类哲学依据马克思的"三形态说"，对人之本性的历史生成做出了从"神化人"中经"物化人"最终发展为"人化人"，从"群体本位"中经"个体本位"最终发展为"类本位"的人即马克思所说的"自由个性"的概括和总结。这里需要加以说明的是，马克思主要是在"社会发展形式"⑥，而高清海则主要是在人之类本性的展

---

① 高清海：《"人"的哲学悟觉》，第63、49、67、47页。
② 高清海：《"人"的哲学悟觉》，第63页。
③ 王福生：《马克思主义的整体性及其内在结构》，《天津社会科学》2013年第6期。
④ 王福生：《马克思主义的整体性及其内在结构》，《天津社会科学》2013年第6期。
⑤ 高清海：《"人"的哲学悟觉》，第65—69页。
⑥ 《马克思恩格斯全集》第30卷，人民出版社1995年版，第107—108页。

开和"生成、发展自身'主体性'"①的意义上来解说"三形态说"的。因此,就是在这历史性的说明中,类哲学也是与马克思本人的思想既有深刻的一致性也有显著的差异性的,如在对国家的形成和消亡,社会主义之取代资本主义,私有制和公有制,以及人与自然关系等问题的理解上表现的那样。②③

与马克思更显著的差异在于,高清海在发挥人之类本性的超越性的时候,甚至并未停留于上面所讲的"社会",而是扩展到了整个世界即宇宙那里,人之类本性的实现最终是要与整个世界达成本质性的一体关系的。这也就意味着,在类哲学中,人是出发点但不是终点,终点是宇宙,通过人的实践活动而"得以活化"的宇宙④;在类哲学中,人不是人的最高本质,人的最高本质是类,或者说"人与自然本属宇宙大生命的一体存在"⑤。因此,类哲学的终极视野是,"人从自然中来,最终还要回到自然中去"⑥,或者说"人在宇宙之中,宇宙也在人之中,应当从宇宙去理解人,从人去理解宇宙。"⑦ 实际上,正是由于这一点,高清海的类哲学才真正实现了"从人学到形而上学"⑧ 的飞跃,从而能够真正回应比如海德格尔对马克思的如下严肃批评⑨:虽然马克思比萨特等人高明一些,即"深入到历史的本质性的一度中去了"⑩,但还是和萨特等人一样,即"严格说来我们在一个其上只有人的平面上"⑪⑫,而"人的自身生产"将

---

① 高清海:《"人"的哲学悟觉》,第73页。
② 高清海:《"人"的哲学悟觉》,第71—97页。
③ 高清海:《新世纪:"人性革命"的时代》,第167—172页。
④ 高清海:《"人"的哲学悟觉》,第37页。
⑤ 高清海:《"人"的哲学悟觉》,第95页。
⑥ 高清海:《"人"的哲学悟觉》,第58页。
⑦ 《高清海哲学文存》第2卷,第152页。
⑧ 王天成:《从人学到形而上学》,《吉林大学社会科学学报》2013年第1期。
⑨ 高清海在《"人"的哲学悟觉》(第15页注①)中就曾明确引用过海德格尔的《论人道主义的书信》,因此是清楚海德格尔的这一批评的。实际上,类哲学不仅回应了海德格尔对马克思的这一批评,它还具有在现代哲学背景下重新发展形而上学的意义,而在这个意义上,类哲学或许可以被合理地视为人的形而上学。
⑩ 《海德格尔选集》,孙周兴选编,上海三联书店1996年版,第383页。
⑪ 《海德格尔选集》,孙周兴选编,第377—378页。
⑫ F. 费迪耶等(辑录):《晚期海德格尔的三天讨论班纪要》,丁耘译,《哲学译丛》2001年第3期。

带来"自身毁灭的危险。"①

不过，要想合乎人之本性地去认识人，就需要转换我们通常认识人的"物性的思维方式"，从"类哲学的思维方式"，即"区别于物种逻辑的人性逻辑"来认识人。这就涉及了类哲学的另一个方面，即作为一种崭新的思维方式的类哲学。这里的问题可能在于，类哲学的思维方式究竟是什么，它和实践观点的思维方式是一个什么样的关系？从实质上来说，类哲学的思维方式或人性逻辑说的是生命辩证法，其核心内容是类生命基于、包含而又超越种生命的本质性一体关系及其历史的和辩证的发展；从辩证法的这一特定角度来看，实践观点的思维方式实际上就是马克思的实践辩证法，而生命辩证法则是在实践辩证法基础上对黑格尔"精神化"的概念辩证法的改造和中国传统哲学辩证智慧的当代转化。②如果说实践观点的思维方式即实践辩证法的提出，超越了高清海本人此前对辩证法的本体论和认识论的理解的话，那么生命辩证法就可视为其辩证法研究的最终成果，是实践辩证法之后的重大逻辑推进。而如果说黑格尔的精神化的辩证法因其基督教的前提而带有浓厚的宗教和西方中心论的色彩的话，经过类哲学改写后的生命辩证法也许就是辩证法的最为合理的当代存在形态。

在解释了类哲学的上述基本内容之后，这里可以顺便谈谈另外一个小问题了。那就是，类哲学究竟是完成了的还是未完成的？通常的见解认为，类哲学并未完成，因而高清海生前发表的最后一篇文章，即"中华民族的未来发展需要有自己的哲学理论"③可视为他的哲学心愿、哲学遗嘱、哲学期待、哲学任务等等。对此，我的看法是这样的：一方面，就体系本身的严整性来讲，类哲学在其所决心面向的事情以及事情本身所内在要求的方法上都是严整的，因而是完成了的，至少是基本完成了的，类哲学绝无未尽之意；另一方面，就类哲学的实现而言，在马克思恩格斯讲德国无产阶级是德国古典哲学的完成、海德格尔说西方科学技术之胜利是整个传统哲学之完成的意义上来讲，类哲学还没有完成，尚

---

① F. 费迪耶等（辑录）：《晚期海德格尔的三天讨论班纪要》，丁耘译，《哲学译丛》2001年第3期。

② 《马克思恩格斯选集》第1卷，第193—194，226—228页。

③ 高清海：《中华民族的未来发展需要有自己的哲学理论》，《吉林大学社会科学学报》2004年第4期。

有未尽之言、未尽之事。①

  至于"中华民族的未来发展需要有自己的哲学理论"这篇文章，我的基本理解是这样的，即这篇文章主要不是向别人发出的呼唤，而是对自己工作的一个总结。当然，就中华民族的未来发展所需要的哲学理论本身来说，那是未完成的也是不可能最终完成的，在这个意义上，我们可以将这篇文章视为哲学心愿、遗嘱、任务、期待，从而激励自己去为世界哲学贡献我们中国人自己的一分力量。但从中华民族的未来发展所需要的哲学理论的具体实现来说，类哲学就是中华民族的未来发展所需要的哲学理论之一种特殊形式，而这种形式是完成了的。也就是说，类哲学是一种完成了的形式，不过只是一种并不排斥也没想排斥其他各种可能形式的完成形式。正是在这个意义上，我们可以把高清海的类哲学与邹化政的"第一哲学原理的科学体系"、张志扬的偶在论等进行比较研究，就像将其与德勒兹、怀特海等人的哲学进行比较研究一样，因为它们也可分别被视为中华民族的未来发展所需要的哲学理论的一种特殊的完成形式，而中华民族未来发展所需要的哲学理论本身正是由这些特定的完成了的哲学形式所共同呈现出来的。

（该文原载于《吉林大学社会科学学报》2019年第5期）

---

  ① 就类哲学的实现来说，重要的不是它面向未来的似乎难以企及的高远意境，而是马克思所说的"光是思想力求成为现实是不够的，现实本身应该力求趋向思想。"（《马克思恩格斯选集》第1卷，第11页）。

类哲学与人类文明新形态

王福生

哲学作为"时代精神的精华"和"文明的活的灵魂"[①]，旨在敏锐地把握时代问题进而对人类文明的发展做出理论上的总结与引领。从历史的角度看，哲学理论形态的变迁与人类文明形态的更新密切相关，而人类文明新形态的建构也必然合乎逻辑地以某种真正是自己时代精神精华的哲学为其理论基础。在我看来，高清海先生总结、贯通中西哲学传统，立足当下、面向未来所创立的类哲学思想体系，其对人的双重本性、双重生命的崭新理解，对人与自然、人与人、人与自身关系的深刻论述，对人类文明新形态的建构就提供了一个这样的哲学基础。

一　哲学理论形态的变迁与人类文明形态的更新

无论在东西方，哲学都与人类摆脱原始状态而进入文明社会的发展相一致。最早的哲学皆由神话和传说脱胎而来，而神话和传说之让位于哲学，也就意味着人们开始从神或英雄转向自身，开始以人的眼睛来观察世界，以人的心灵来感悟世界，用实际存在的事物来解释世界。这就是所谓文明的开端。但在历史发展的这个时期，人的力量还相对弱小，只能结成群体以与自然相对抗，但这样结成的人群共同体还是属于自然性质的，或者以地缘为纽带，或者以血缘为纽带。与此相适应，满足人的需要，创造、生成人的本性的生产活动还是非常原始的，很大程度上属于靠天吃饭的自然经济活动，而汇集在一起的所谓群体力量也不过是

---

① 《马克思恩格斯全集》第1卷，人民出版社1956年版，第121页。

人身个体的自然生命力量的简单汇集而已。这就是马克思所说的"人的依赖关系"①的社会形式和人的发展形态,在这种自然发生的社会形式中,个人完全依赖于群体,最终则是依赖于自然。由此而来,传统哲学特别是古代哲学,作为人对自己的最初的自我意识和自我反思,多是从自然出发来理解世界,进而理解人的。作为西方文明摇篮的古希腊,其哲学思考是从所谓自然哲学开始的,在对万物(包括人自身在内)之本源的追寻中,水、气、火、原子等等分别被哲学家们从万物中拣选出来充任这一本源,而其显而易见的解释困难最终则使这种追寻走向了不可见的数、理念、神等等。大体而言,这两种对世界、对人的解释之间存在着物质性和精神性的区别,但有一点则是共同的,那就是不管是物质性还是精神性的人,都不是以独立个人的形式存在的,而是从属于社会,从属于自然形成的人群共同体的,即高清海先生所概括的"我不属于我自己,我是属于'城邦'的"②。比如,柏拉图将其理想中的国家理解为活的有机体,并在与人的对照中来理解国家的正义,在那里,人与作为人群共同体的国家相比较而存在。亚里士多德把人理解为"政治动物",并且认为人不仅是城邦的一部分,而且因为整体先于部分,所以自然形成的城邦还是优先于个人而存在的。其实,这不仅是古希腊哲学特有的思想观念,而是古代人所共有的,它和古代文明社会的社会发展状况密切相关,因而只要文明社会还处在"人的依赖关系"状态,"人的生产能力"还"只是在狭小的范围内和孤立的地点上发展着"③,真正能够称得上是"人"的就只能是一个大写的"人",一个像国家、城邦这样的人群共同体或这个共同体的人格代表。古罗马哲学家爱比克泰德把这一点说得极其明确:"正像一只离开了人的躯体的脚再也不能称其为脚一样,人如果与人群相脱离,也不能称其为人。"④ 而当罗马帝国衰落,西方文明进入到中世纪的时候,人们的观念则变为"我们不属于自己,是属于上帝的,要为上帝而生,为上帝而死"⑤。由城邦、国家而上帝,这是中世纪和古典希腊、罗马的不同之处,但因为整个文明社会的基础没有发生

---

① 《马克思恩格斯全集》第30卷,人民出版社1995年第2版,第107页。
② 《高清海哲学文存》第2卷,吉林人民出版社1997年版,第348页。
③ 《马克思恩格斯全集》第30卷,人民出版社1995年第2版,第107页。
④ 转引自《高清海哲学文存》第2卷,第300页。
⑤ 《高清海哲学文存》第2卷,第348页。

改变，所以那时同样并不存在独立的个人。

　　这与东方的古老中国及其传统的哲学观念有些类似。中国传统哲学的主流从一开始强调的就是"天人合一"，虽然这个观念要到宋代才由儒学家张载正式提出，但其中所贯穿的精神实质和思想内涵却是太过久远了，一如与之相适应的古代社会结构太过稳定了一样。从哲学角度看，虽然儒、释、道三家在很多地方多有不同，但在天人关系的处理上却都讲求"天人合一"。庄子曾经明确讲过"有人，天也；有天，亦天也"①。"天地者，万物之父母也。"② 进而主张打破人为制定的道德规范、规章制度，从而返璞归真最终达到"天地与我并生，而万物与我为一"③ 的自然境界。儒家关注的重点在于人伦关系，对"天"的谈论似乎并不很多也不是很充分，但这并非不重视"天"，而是恰恰相反，人伦与天道在他们看来天然就是合一的，人道即天道实是他们哲学研究的基本出发点。孔子讲："道不远人。人之为道而远人，不可以为道。"④ 其道由孝悌而充之忠恕，由忠恕而极之仁，成己成物，富教其国以至天下归仁。这是孔子一贯之道，亦是圣人之怀抱。孟子所讲"尽其心者，知其性也，知其性则知天矣"⑤，大体上也是同样的意思。释家本是出世情怀，但其转道中国后的发展则以禅宗为主流，清规戒律的重要性大大减低，重要的还是清净本心，以心体道，乃至于空虚灵动，妙合大道。前者就是神秀所谓"身是菩提树，心如明镜台，时时勤拂拭，勿使惹尘埃"，而后者则是慧能所谓"菩提本无树，明镜亦非台，本来无一物，何处惹尘埃"⑥。真到了这个境界，那就挑水担柴无非妙道了，禅宗无数语录说的其实都是这个合于妙道的法门与境界。但这里要注意的是这个源远流长的传统是和古代超级稳定的社会结构相一致的，这个（超）稳定的社会结构就是"朕即国家，朕即天下"的大一统结构，在其中，个人是没有什么独立之地位的，普通人是如此，皇帝也是如此。

　　但是到了现代，社会结构和与之相应的哲学观念都发生了巨大变化。

---

① 《庄子·山木》。
② 《庄子·达生》。
③ 《庄子·齐物论》。
④ 《中庸·第十三章》。
⑤ 《孟子·尽心上》。
⑥ 《六祖坛经》。

在西方，随着人们走出族群本位，商品经济日益在社会生活中占据统治地位，"以物的依赖性为基础的人的独立性"① 得到逐步确立，主导哲学观念也相应地变为"我属于我自己，不属于任何人，也不属于天使和上帝"②。这在西方现代早期的哲学那里，无论是经验论的还是唯理论的，无论是唯物论的还是唯心论的，都有着明确的表现：它们都是作为现代人的自我意识出现的，表现的都是获得独立性以后的个人与世界的关系以及他自己的理想、愿望和追求。作为"英国唯物主义和整个现代实验科学的真正始祖"③，培根倡言"知识就是力量"，相信自然科学是真正的科学，因为它以归纳、分析、比较、观察和实验等理性方法认识和把握事物，认为"自然的秘密在技术的扰动下比在其自流状态下较易暴露"④。这是新时代人对自己理性力量的确信，反对崇古的观念、哲学中所谓伟大人物的权威和普遍同意是其突出的特点。其实，这种确信在英国对岸的法国人那里表达得更为明确和深沉。具有典范意义的是笛卡尔的"我思故我在"命题的提出，说它具有典范意义是因为它抛开了一切外在的、权威的东西而径直要求从思维本身开始。思维是一个新的基础，一个绝对的开端，标志着一个崭新时代的开始。后来的西方哲学正是由此出发，才一步步地进展到康德的"人是目的"，那就是对个人之独立性的最高确认了。与哲学的如此进展相适应，西方社会发展了科学和技术，确立了商品经济的主导地位，创制并完善了其民主法治制度，与此同时，在强大了自己民族国家的基础上开始了其殖民和侵略的野蛮历史，历史由此进入了世界历史。包括中国在内的非西方国家，被迫开始了原有社会形态的解体，传统哲学观念也陷入了被质疑和批判的境地。受此历史洪流的裹挟，中国社会一方面努力寻求民族解放和独立的革命道路，一方面大力引进西学以补传统哲学观念之不足，并最终在中国化的马克思主义即毛泽东思想的指导下，实现了民族解放和现代民族国家的建立，完成了社会形态和哲学观念由传统向现代的双重转换。

---

① 《马克思恩格斯全集》第 30 卷，人民出版社 1995 年第 2 版，第 107 页。
② 《高清海哲学文存》第 2 卷，第 348 页。
③ 《马克思恩格斯全集》第 2 卷，人民出版社 1957 年第 1 版，第 163 页。
④ ［英］培根：《新工具》，许宝骙译，商务印书馆 2009 年版，第 86 页。

二 背靠传统、立足当下、面向未来的类哲学

正如《找回失去的"哲学自我"》一书第一篇的标题所示,在传统与现实之间进行哲学运思,是高清海先生进行哲学观念变革和创新的基本思考路向。类哲学的创立就是如此。类哲学是高清海先生背靠传统、立足当下、面向未来的真正哲学创造。

放眼当今社会,可以说过去的 20 世纪是人类历史上最为震撼人心令人惊心动魄的一个世纪。一方面,资本主义正在全球范围内确立自己的统治地位,无论是经济的还是政治的,也无论是科技的还是文化的。在这 100 年之中,人类高扬理性,充分展示人的自主创造能力,经济全球化、生产现代化、外空间技术、克隆技术、人工智能等迅猛发展,可谓日新月异,令人目不暇接。另一方面,这 100 年也是战乱频仍、危机丛生,人性弱点和劣根性暴露无遗的一个世纪。世界大战、种族歧视、民族冲突、生态失衡、精神和信仰危机,人类的生存根基快要到了差不多被自己亲自掘断的地步。但这实际上还不是先生理解和评价这个时代的主要视角,主要视角是人的发展,人的发展才是本世纪最为伟大特殊的意义所在。"本世纪把人类相继形成的几大社会或历史形态,也就是马克思所指出的人的三个基本形态汇聚在了同一个时空里,这是它最为突出的特点。"[①] 而从这个方面来看,"法西斯独裁、专制恐怖统治的垮台,大国霸权迷梦的一一破灭,殖民统治体系的崩溃和瓦解,意味着群体本位恢复统治权威的挣扎宣告失败,它的时代已彻底过去了"[②]。与此同时,以原子式个体为本位的资本主义的社会和经济制度,人与人的关系即生产关系也在发生醒目而深刻的变化,这种变化可以概括为生产、生产关系的不断社会化或"社会主义化",如经济体制的大众化、民主化发展,社会保障和福利事业的扩大和提高,非物质劳动的兴起,人们走出孤立自我向邻里、社区乃至更大天地中的发展等具体事项所表现出来的那样。而典型的"社会主义阵营"虽然已经解体,但中国特色的社会主义建设

---

① 《高清海哲学文存》第 2 卷,第 135 页。
② 《高清海哲学文存》第 2 卷,第 135 页。

日益显示出其强大的生命力,这至少会提供给我们一个新的视角,使人们有可能认真看待把个体本位引向极端的当代资本主义的制度转化问题。先生认为,所有这些当今社会最为明显的现实使"我们有可能从切身的体验和观察之中去对它们比较、鉴别,然后自觉地进行选择、组合和创造"①。

这就把我们引向了人类以及哲学的未来走向。先生创立的类哲学是立足当下的,但更是面向未来的。先生一贯认为,哲学作为人的自我理解和自我意识理论,不但应当反映和表达当今的时代精神以及人类未来的发展走向,而且还应该承担起促进、推动和升华人对自身本质变化的自觉意识的任务。从一方面来看,出于特定的国情,现今的中国特色社会主义建设当然还必须以进一步解放和发展生产力、促进独立个人的生成和发展以及市场规范、民主法治的建立健全等为近期发展的目标和眼下必须加以解决的难题,但与此同时也必须注意由先发展国家所例示的发展轨迹,总结其有益的经验和不得不付出的代价,扬长避短,以少走一些弯路,实现更快更合理的发展。因此,中国特色社会主义的发展就不仅应当努力促成独立个人的生成与发展,而且还要力争同时实现个人从个体本位向类本位的发展,以使个体本位的人不走向极端和可悲的境地,也就是说,在经济持续协调发展的同时注意人的精神生活的满足和充实,在欢呼人们追求和实现自我价值的同时引导人们关怀人类生存的意义和价值,以使人们在超越于狭隘个人的广阔天地中感受人生职责,体验人生乐趣。从另一方面来看,当今世界资本主义的发展显示了这样一种发展趋向,即资本主义的高度发展在自我扬弃的过程中可以而且也必然会转向社会主义。"变化是出于矛盾,也是出于充溢。事物充分实现了自身的本性,就会走向他物,即比自身更高的存在。发展归根结底都是自我否定,资本主义的'改革'就是如此。"② 以前我们总是认为资本主义不会自己走向灭亡,资本主义走向社会主义的途径只能通过革命的手段才能从外部达到,这在当时资本主义还处在初级的自由竞争阶段,它固有的矛盾还刚刚展开,其内在的自身发展和自我完善的能力也还处在潜在阶段的情况下是自然的。但在今天资本主义的发展已经大不相同

---

① 《高清海哲学文存》第 2 卷,第 135 页。
② 《高清海哲学文存》第 2 卷,第 137 页。

的情况下，我们必须立足于其最新的发展动向，审时度势地去思考资本主义的转换问题，否则就有失严谨和科学的立场和态度了。

然而，立足当下面向未来只是哲学创造的一个重要方面，另一个更重要的方面则是对于传统的继承和发展。历史是一步步走过来的现实历程，真正意义上的哲学创造也离不开哲学传统的滋养。且不说对传统本体论化思维方式的持续批评，对"人类中心"观念转变的反复思考，以及对西方传统主体观念的深切反省和对中国当时流行社会思潮的密切关注，先生创立类哲学的时候，背后是站着数位古今中外大哲学家的。首先并且最重要的是马克思。先生的专业是马克思主义哲学，在对马克思哲学的精神实质的长期思考中得出了实践观点的思维方式这一既无限贴近本意因而又颇具创新精神的结论，并在以后的深化研究中合乎逻辑地从实践问题转向对人的问题的自觉关注，最终在马克思关于人是类存在物的深刻洞见基础上综合其他哲学家的相关思想创立了类哲学。一句话说，这是真正所谓"从马克思走向未来、开创未来"的哲学创造过程。对类哲学的创立有直接助益的其他西方哲学家还有黑格尔和费尔巴哈。这两位哲学家可说是马克思的直接理论先驱，要理解马克思就不能不去理解他们，所以先生对他们也极为熟悉和了解。黑格尔的辩证法和费尔巴哈的人本学同样是先生创立类哲学的直接思想来源。就黑格尔而言，先生认为他提供了一种超越于形式逻辑、因而适合于把握人及其本性的理论思维方法，并且以这种扭曲了的理论表达形式抽象地表达了他对人之本性的深刻理解，因而先生最后的判语是，黑格尔的概念辩证法是"唯心主义辩证法和精神化的人性逻辑"[①]。但这"精神化的人性逻辑"很快就受到了费尔巴哈的激烈批判。与国内很多学者因马克思对费尔巴哈的激烈批评而对其有所轻视和忽略显著不同，先生对费尔巴哈给予了高度的关注和重视，说他是"德国古典哲学走向终结的最后一个代表人物"，并认为他个人经历的思想历程完全和整个近代哲学的演变历程相适应，因而能够不"局限于思维与存在关系的纯理论性思考，而是紧紧抓住了现实性的人和人的现实本性"，最终在"把人性归还给人"的工作中紧紧抓住了"人与人的统一""集体""类""社会""爱"，也就是

---

① 《高清海哲学文存》第 2 卷，第 123 页。

"类"是人的本质的观点。① 虽然费尔巴哈的人本学最终没能超出自然观点的限制，但无可置疑的是，他对先生创立类哲学有着同马克思、黑格尔差不多同样重要的启发意义。同样有启发意义的还有中国传统哲学。先生公开发表的关于中国传统哲学的研究论文主要见于晚期，但实际上先生对中国传统哲学的思考和研究却要比这早很多，并且从致思理路上来看也是属于类哲学理论建构的一个内在组成部分。例证会有很多，这里只举一例：中国传统哲学对人之"参天地之化育""弥纶天地之道""为天地立心"的真实使命的理解与先生"人的'类生命'也就是人格化的'宇宙生命'的化身"② 的论断若合符节。在这个意义上，我们甚至可以说，作为现代中国哲学家，先生背后站着的是历代古圣贤哲，真正承继的是先贤血脉。

三 类哲学作为构建人类文明新形态的哲学基础

基于前述文明形态变迁与哲学观念更新之关系，以及类哲学创立之思想渊源、现实背景和未来指向的分析，我们可以做出这样一个论断，类哲学可以作为构建人类文明新形态的哲学基础而存在。我们从如下三个方面来对此加以说明。第一，从人与自然的关系来看。自然是一个全体，一切都在自然之中，都属于自然。人也不例外，人来自于自然，终究还要回归于自然。这是问题的一个方面。另一方面，人虽然属于自然，但人所需要的一切却并非像其他自然物一样是由自然提供好了的，而是必须经过自己亲身参与、亲手创造出来的。可以说，在整个自然界，人是唯一一个向自然命运发起挑战、同自然力量相抗衡的存在，先生因此称之为"超物之物""自然中的超自然物"或"超生命的生命"③ 等等。先生还指出，人之所以能将对自然的这种肯定与否定关系集于一身出于人独特的存在方式，即实践。实践既是分化自然、从他物中剥离出来的

---

① 高清海：《"人"的哲学悟觉》，第 215—219 页。
② 高清海：《"人"的哲学悟觉》，第 37 页。
③ 《高清海哲学文存》第 2 卷，第 15、28、130 页。

过程也是更加深入自然、与他物同化结为一体的过程。现代以来大工业的发展集中地展示了人与自然的这种否定性的统一关系,人性由此得到充分的展露,所以马克思说"工业的历史和工业的已经生成的对象性的存在,是一本打开了的关于人的本质力量的书,是感性地摆在我们面前的人的心理学"①。但现代工业的发展趋向,即从全面的对立关系向自我否定的转化(非物质劳动的兴起,对自然的关注等等),清晰地向我们表明:分化和否定自然不过是人走向与自然新的更高的统一关系的一个步骤、一个环节,与自然的相互分离甚至对立必然要走向新的和更高的本质性一体关系。"那种把人看做与一切他物完全不同的对立之物的观点,并不表明人的成熟,恰恰表明人的发展还不够成熟。人的本性必然会引人走向这样的发展结局,到那时人属于自然,自然也属于人,人即是世界,世界也即是人,人天融合为一体,成为普遍的类存在。"② 但需注意的是,这种人天一体化的存在和中国古代的"天人合一"并不完全是一回事。中国古代的"天人合一"观念表达的是人对自然的直接的和本源性的天然依附关系,这一观念对当时需要巩固的人伦共同体的存在具有历史的价值,但当社会进展到需要发展个人主体以及相应的经济形态和社会形态的时候,这一观念就会走向自己的反面,成为消极的包袱甚至严重障碍。而先生所讲的"人天一体化",表达的则是在经过分化、个人已经高度社会化之后所要走向的人与自然的新的和更高的本质一体性关系,是以人与自然的分化和人的独立为中介的否定性统一关系,因而"不是简单地回到过去,也不是要抛弃已创造的一切;而是向更高形态的发展,要创造更新形态的文明和文化"③。

问题的关键在于:"人对自然的占有和掠夺,实质只是人对人的占有和掠夺,只有当个人在全面发展基础上走向类的联合之时,人与自然也才能进入更高一层的一体化关系。"④ 这就把我们引向了第二个方面,即人与人的关系方面。从这方面来看,类哲学对人在物的依赖之下走出人与人的相互依赖关系获得独立性之后,也必然走向自由人格的联合体的强调与新形态的人类文明构建同样密切相关。人类社会曾长期处于以群

---

① 《马克思恩格斯全集》第 3 卷,第 306 页。
② 《高清海哲学文存》第 2 卷,第 32 页。
③ 《高清海哲学文存》第 2 卷,第 39 页。
④ 《高清海哲学文存》第 2 卷,第 37 页。

体为本位的依赖状态,但这是人的"类本质"尚未充分展开的原始社会状态,因此虽然这一状态是人作为类存在物的直接表现,但以群体为本位的社会是以自然性质的血缘、地缘为纽带把人们联系在一起的,这样的群体自身有其限制,即血缘或地缘不同的群体自然被隔离开来,而且群体对群体内的个体也有其限制,群体与个体之间的这一矛盾随着人类文明社会的发展进一步凸显,最后必然会突破群体本位而走向个体本位,这就是马克思所说的社会发展的第二形态,也是当今社会占据主导地位的形态。不过,这一形态并非是对人的"类本质"的背离,虽然这一形态发展到极端会把人置于将其从群体中解放出来的金钱、财富等物的支配之下,从而使人变成物的奴隶,但它实际上是人走向本质性的类形态的一个过渡环节,只有经过这一环节,作为自身主体、具有自主权利和独立人格的个人才能形成,并且只有在这样的基础上,人类才能进入到更高的文明发展阶段,生成类集体。类集体是作为自身主体、具有自主权利和独立人格的个人的集合体,也就是马克思所说的自由人联合体。"在这里人人都是人格化的人,也都是人的人格化身,每个人都是小我与大我的统一体,人与人之间不再有人的分别,而只有个性的不同,也就是说他们在人格上是完全平等的,个性上是充分自由的。所谓类本位、类主体,不过是指这时的每个人都已自觉为人,把个人存在纳入他人本质,也把他人本质纳入自己的本质,个人都以人为自我主体的人的自为存在状态。"[1] 可以看出,作为自由人联合体的类集体已经与先前超越于个人之上的各类集体大不相同了,先前的各类集体,不管是作为实体还是作为虚幻体存在,它们都是与个人完全对立的因而是马克思所说的"冒充的"和"虚构的"集体:"过去的种种冒充的集体中,如在国家等等中,个人自由只是对那些在统治阶级范围内发展的个人来说是存在的……从前各个个人所结成的那种虚构的集体,总是作为某种独立的东西而使自己与各个个人对立起来……真实的集体……各个个人在自己的联合中并通过这种联合获得自由。"[2] 在这个意义上说,高老师的类哲学是对马克思社会发展三形态说的具体发挥,也是对人类文明新形态的社会关系的深刻阐释。

---

[1] 《高清海哲学文存》第 2 卷,第 132 页。
[2] 转引自《高清海哲学文存》第 2 卷,第 133 页。

最后也最重要的是人与自身的关系，因为人不能正确对待自己，就不能正确对待自然和他人。但以往人们通常都是以"种"的思维方式、从单纯生物生命的角度来理解自己的，这就避免不了把自己要么理解为"神化人"要么理解为"物化人"的抽象化处境。这是和人的不成熟状态相适应的，也是和以群体或个体为本位的社会发展状态相适应的。但要适应社会发展正在走向类本位的潮流和大势，对人自身的如此理解是不够的。必须转变人对自己的理解方式，也就是说，人必须立足于自己，从"类"的角度把自己理解为"人化人"。从"类"的角度理解人并不是说人的生物生命不重要，也不是说人在生物生命之外还有另外一个生命，而是说人通过自己的生存活动把生命两重化了，"类"的真正内涵在于包括了"种"的规定又超越了"种"的界限，在自由自觉的生命活动中与他人和他物建立起本质性的内在统一关系。"按照这样的理解……人要'成为人'，必须（1）超越本能生命，达到自我主宰（'自主生命'）；（2）超越个体自我，与他人的本质结为一体（'社会生命'）；（3）超越物种界限，通过变革对象与世界达到一体关系（'自由生命'）。"[1] 可以看出，在人对自己关系的"类"理解当中，人就不再是与他人、他物相对立的存在，而是与他人、他物建立起本质性的内在统一关系的类存在了。但正如马克思所说，"一个种的整体特性，种的类特性就在于生命活动的性质，而自由的有意识的活动恰恰是人的类特性"[2]。因而，类存在和类主体的历史性生成离不开人性的充分觉醒和理论自觉，而这也就是人对自己的关系改变构成人与自然、人与他人的关系改变基础的根据所在。

（该文原载于《天津社会科学》2018年第6期）

---

[1] 高清海：《找回失去的"哲学自我"》，"序"第4页。
[2] 《马克思恩格斯全集》第3卷，第273页。

高清海类哲学本真意蕴"引论"

焦明甲[*]

一 西方哲学的物性主义——高清海类哲学的批判对象

通观西方哲学的历史发展，从古希腊哲学开始，中经中世纪的经院哲学、近代的启蒙主义哲学与德国古典哲学，一直到20世纪上半期的现代主义，以及20世纪后半期开始广泛流行的后现代主义，理性都是其中不可或缺的要素，物性主义思维方式都是其隐性主线。关于这一点，高清海先生在其深入的哲学研究尤其西方哲学本质研究中已经认识得淋漓尽致。

柏拉图的《理想国》、亚里士多德的《诗学》、笛卡尔的《哲学原理》等著作均明确将理性（理念）视为哲学基石。康德对理性进行系统反思，仍然提出"位我上着，灿烂星空；道德律令，在我心中"、黑格尔在反对康德物自体不可知观念与恢复理性权威的哲学研究中提出"凡是合理的东西都是现实的，凡是现实的东西都是合理的"[①]，与"美是理念的感性显现"[②]、马克思也曾在哲学研究中诚恳地指出是"真理占有我，而不是我占有真理"[③]。20世纪上半期，叔本华、尼采、胡塞尔、海德格尔、弗洛伊德等哲学家虽学说迥异，但是其哲学无一不是基于某种理念

---

[*] 焦明甲，长春大学教授。
① [德] 黑格尔：《逻辑学》，梁志学译，人民出版社2002年版，第37页。
② [德] 黑格尔：《美学》第一卷，商务印书馆1979年第2版，第142页。
③ [德]《马克思恩格斯全集》第1卷，人民出版社1956年版，第7页。

的理论学说。面对虚无的人生，叔本华提出灰色的意志论观念、尼采提出强力意志观点；面对错综复杂的现实预感到欧洲文明危机的胡塞尔，提出回到原初的现象界、进行现象学直观，以恢复古希腊以来理性主义的精神不死鸟之生命活力；回归人本身进行深入讨论的弗洛伊德，提出力比多是这个世界的真正动力源的假说。海德格尔不断进行视野开阔、思想深邃的诗与真理研究，并最终在 20 世纪中期，提出较有影响力、综合性特征明显的"诗意栖居"主张。

20 世纪中晚期开始，西方出现了号称专门反对传统现代理性哲学话语的后现代哲学思潮。但是，详观其述，我们看到，最终，这些哲学家还是基于理性（理念）的分析讨论，纷纷提出了理性主义色彩比较鲜明的各种概念与学说。福柯在对性、监狱等一系列历史意识的理念论考察中提出权利话语概念，拉康基于理念论重估了自我与它者及原初统一等概念并建构了较新颖的无意识学说，德里达于较系统深入的"文字学"的理念论思维考察与反思追问中奠定了解构论，哈贝马斯基于理念论的"语用学"反思、提出摆脱传统西方理性至上（物性认识）思维的社会交往理论，利奥塔总结后现代社会现象而提出放逐中心，罗蒂基于欧陆解构论提出新实用主义。

审视从古希腊到文艺复兴，再到启蒙运动、德国古典哲学，一直到 20 世纪的一系列哲学研究，能够清晰地感觉到，位居"人"之外的"理念"与超越"人"之上的"理性"，俨然就是西方哲学之唯一的"根"与"途"。以人之外的"理念"为基石，以高悬感觉之上的"理性"为精神之尺，把握世界，把握与人相关的一系列问题，有力，有效，也有限。为什么这么说呢？首先，我们来看理性地把握世界，与感性地认知世界相对，理性的认识路径会提出一个明确观念，确实可信。但是，因为理性的出发点或者说理性的认识基点位居人之外，所以，对人的总体认知最后便沦落为一种对人的外部观察，对人的属性的认知最后便沦为某种相对简单的微观透视。不能做到从根本上把握人的特点，更不能全面地把握人与人、人与世界、人与自然的关系。关于这一点，西方的一些有识之士已经讨论得很深入。康德在"三大批判"中，考察了理性的功能，并规定了理性认知的根本范畴，提出"物自体不可知"的论断。维特根斯坦在其著名哲学研究——《逻辑哲学论》一书中，明确提出"对于不可说的东西我们必须保持沉默"。这也是科学如此兴盛的今天，具有神秘主义色彩的基督教等各门宗教,在西方大众包括知识精英中仍然广泛流行的根本原因。因为以理念作为基石的理性主义思维方式,不可能真正把握这个世界的本质。西方的理性主义思维方式,本质上讲,就是后来兴盛起来的科学认识的思维方式及其把握事物本质的道路。宗教不能提供终极性的认识,理性主义自然而然逐渐在西方成为一种很流行的用于把握普通事物的日常思维方式,而且现在已经贯穿整个生活领域。高清海先生将这种理性主义思维方式总结称为"认识物的方式"。在高清海先生看来,西方哲学本质上属于本体论,本体论哲学有其历史价值,同时也存在历史局限,"它仅仅是从人的对象性存在中去把握人的本性的,这样就不能不把人的本性也'对象化',对象化也就是'物性化'(物种化)"①,即:西方哲学总体上开创的是物性主义的认识方式与认识道路。

宗教作为信仰之物无法成为一种思维方式。人们不能利用宗教去思维。通观西方两千多年来的认识历史,能够发现,尽管出现过这样那样的一些波澜变化,总体上,还是可以称之为用认识物的方式——物性主义思维方式来认识人、把握世界的实质。物性主义思维方式应该是西方世界最根本的思维方式。康德之前柏拉图、亚里士多德以及笛卡尔等西方哲人在那样做,康德之后的黑格尔、尼采、包括后现代主义的理查德·罗蒂等人也仍然在用这种思维方式去做包括审美在内的很多工作,提出诸如"美是理念的感性显现""我是太阳""新实用主义"等诸多理念论的观念。基于此,可以说西方哲学文化的根本特点是物性主义。高清海先生的类哲学从批判西方哲学的物性本质开始。

二 物性逻辑的大行其道——高清海类哲学的思想前提

西方哲学文化的核心支柱是理念,思维道路是理性,思维方式是理性主义。以理性主义为归着点,无法真正把握人,无法真正认识人与自身、他人、世界、自然等关系。以理性主义认识人,无法把握人的本质,

---

① 《高清海哲学文存·续编》第3卷,第183页。

所以才会有"物自体不可知"乃至"凡是现实（存在）的就是合理的，凡是合理（存在）的就是现实的"这样模棱两可的结论，"人的一半是天使，一半是魔鬼"这样的观念才会在民间广泛流行，才使人在资本主义政治及其市场经济时代来临后，均逐步演变成为物质利益至上的"人"，才会出现"存在的焦虑"与"人性的徘徊"。在理性主义思维催促下，市场经济广泛流行起来，利益成为社会的中心事物，经济成为社会的主题。经济论语境中，因为利益的诱惑，而生起执着、分别、妄想心等等。于是，某一宗教被权威化，某一发展方式被神圣化，他人的正当权利被倾轧，自我中心的观念与行为被"合理化"，直接以暴力等方式侵占他国、他人财富成为"不能厚非"与"无可厚非"。套用一些佛学术语来审视。某一宗教权威化的本质是什么？是执着心。人权的基石是什么？是分别心。资本主义统治全世界的理想是什么？是妄想心。西方以物性主义为主要特点的思维方式，引发的资产阶级革命的胜利过程中所诞生的资本主义社会中、所流行的很多观念，已经走到了包括柏拉图所说的智慧的反面。

  细细品味源于基督教核心思想，由西方资产阶级提出，在资本主义世界广泛流行的人权、平等、博爱等高尚口号，不难发现，实质属于理性主义思维下的利益本位观念的结果。人们倡导这些观念，根本目的不在于创造一个和平共生与幸福美好的社会，本质上讲，这些观念或者概念的提出，恰恰是掌握资本主义社会命运的那些资本家提倡者，为了捍卫提倡者自身已经拥有的广大资本利益，是一股权利势力对另外一股权利势力的反动，即：掌握经济权利的资本阶层对掌握政治权利的政治阶层的限制。为了一己利益，倾轧他人正当权利，在西方历史上已经成为一个普遍存在的现象，甚至已经成为其思想文化根深蒂固的思维传统，资本主义历史时代尤甚。在资本主义社会，经济权利掌控者往往与政治权利掌控者狼狈为奸，共同镇压无产者阶层，合谋对无产者阶层的剥削。这一现象出现的根本原因是什么？归根结底在于自古希腊以来就一直兴盛不已的理念论精神出发点、理性主义的思维道路所导致的物性思维大化流行。高清海先生看清楚了这一点，提出我们必须对其保持清醒认识。20 世纪末与 21 世纪初，西方文化及其思想借助资产阶级推动的资本主义全球化大发展，以其有史以来最为浩大的气势，吞没着整个世界，包括中国。高清海先生也敏锐地感觉到了这些。因此，提出当代的中国应该建设自己的哲学理论，中国哲学家应该"创造中华民族自己的哲学理论"。

20世纪，在中国先有二三十年代反动资本主义戕害，以"存在的焦虑"为主要思想特征的现代主义理论广泛流行，后有80年代中期以后以"解构"为主要思想特征的后现代主义思想广泛传播。究其原因，在于这两种思潮从不同角度满足了中国社会现实及其精神需要。西方处于反动资本主义戕害的历史阶段，中国正处于反动半封建半资本主义尤其反动根深蒂固的封建主义桎梏的历史阶段。西方的具有人本解放色彩的现代主义理论正好迎合了中国反封建桎梏的重大现实与精神需要。西方反动逻各斯中心主义的理性主义桎梏的后现代主义思潮，满足了中国人民反动文化大革命戕害尤其解放思想、实事求是、对内改革、对外开放的迫切现实及其精神需求。因此，近一百年来，中国人尤其渴望迅速改变落后现实局面的中国学人，对西方文化产生了巨大的思想认同，民主、自由、博爱等西方近现代文化理念在中国广泛流行，一时间，大有唯西方理论及其思想是尊，一切都该西方化的现实及其精神倾向，也导致西方文化传统中包孕的理性主义物性逻辑思维也跟着泛滥成灾。当西方出现经济危机与金融危机，中国也跟着手足无措。如何摆脱这种现实局面，成为摆在中国学人尤其哲人面前的一道重大思想难题。

通观中国现当代思想史，能够了解到，面对资本主义列强，束手无力的中国学人，在反对封建主义、传播西方现代新文化的思潮运动中，在接受马克思主义等西方先进现代思想理论的同时，连同物性逻辑色彩浓郁、打着人本主义旗帜的各种西方现代理论，也不分青红皂白地大力引进中国，并深入讨论、广泛传播，大肆夸赞。这种情况在"文化大革命"结束之后也出现了。伴随对后现代主义等西方思潮的大力引进，一时间，人们甚至将西方现代以来所有哲学文化理论贴上最先进思想标签，作为教科书的主要精神内容推广。自古希腊以来的西学大有取代中国古代自身学问及其重要理念，而成为中国现代唯一学问之势。物性主义思想及其思维逻辑范式，伴随着两次对西方学问的大力引进与广泛传播在中国获得迅猛发展。中华民族博大精深的优秀传统文化危乎哉，中华民族危乎矣！

三　重塑哲学的理论之基——高清海类哲学的憧憬渴望

从资本主义不断获得巨大发展的19世纪末期开始，西方世界便已经重新出现了阶级分化，并不断出现反对资本主义的社会革命。伴随对基督教教义的不断阐释，伴随文艺复兴、启蒙运动、宗教改革等活动不断展开，人权、民主、平等等现代具有人文解放特点的思想观念不断发酵，资本主义思想在西方大行其道，资本主义经济、资本主义政治、资本主义文化逐渐成为西方世界主流。与其相对，19世纪后半期开始，阶级分化日渐严重，阶级斗争日益严峻，资本主义逐渐走向没落，终于在19世纪末与20世纪上半期出现了反动资本主义、反动传统理性、以"存在的焦虑"为特征、被称之为"现代主义"的理论思潮。20世纪下半期，在围绕利益而展开的权利相互激烈倾轧与残酷争夺活动中，一股被称为以科学为基石、尊重感觉与实证、讲求理性与逻辑、反对资产阶级特权的后现代主义思潮开始流行，即：一股反思现代资本主义文明缺陷、被称为"边缘崛起"的后现代思想潮流，也开始逐渐进入主流思想界并肆虐流行。"女权主义""千座高原""话语""后殖民主义"等理论获得大力传播与广泛认可。世界范围内的经济危机、精神危机等问题也随之日益凸显。

众所周知，公元476年，西罗马帝国灭亡。残酷的西罗马中央集权统治结束后，别于传统罗马贵族中央集权统治文化的基督教文化逐渐成为欧洲社会主流文化。基督教中包孕的人权、平等、友爱等文化理念伴随中世纪基督教经院哲学的发展，尤其后来文艺复兴、宗教改革与思想启蒙运动等活动的发生，越发获得提升与发展。与其相伴，科学技术获得巨大进步，资本主义经济获得巨大发展，资本主义政治文明逐渐形成，资本主义文化日益勃兴。在西方社会又逐渐形成反对封建、反对神权、以人权概念为核心、"人本主义"色彩浓郁的资本主义性质的宗教、哲学、文化思潮，即：区别于封建主义的人本色彩浓郁的个人与主体主义为思想特征的现代性思潮闸门被提起。现代性思想潮流以一种不可遏制的姿态迅速席卷西方并逐渐蔓延整个世界。与其相伴，早在古希腊哲学时代就逐渐固化下来的逻各斯中心主义的理性思维，伴随资本主义科技以及资本主义政治、经济、文化的发展，迅速普及，获得极大的崇拜与流行。在社会上，具有浓郁理性色彩尤其以资本主义为主要精神特征的"物性逻辑"洪水开始迅速泛滥，伴随资本主义不断对外侵略与殖民扩张，淹没了包括东方世界在内的所有传统文明思想及其道德精神高地。

依照弗雷德里克詹姆逊的观点（后现代的资本主义全球化本质是资本主义帝国主义梦想的实现），再加上我们的马克思主义判断，可以说，20世纪末期与21世纪最初十年左右，人类社会已经进一步进入了一个充满纷争、相互谋害、为了获得自身最大利益而周而复始进行权利互相倾轧与争夺活动的一个崭新新时代——资本主义全球化时代。资本主义全球化时代已经被詹姆逊等西方资本主义思想家描述为理性主义的现代性完成的最后时代，也可以称为物性逻辑最终统治世界的时代。在高清海教授看来，为了应对这一情况，重塑哲学的理论之基势在必行。也因此，继20世纪90年代初提出"人的哲学的奥秘"这个观点，发现并比较详尽地讨论了人区别物的"类"本性之后，1996年发表《人的未来与哲学未来——"类哲学"引论》一文，明确提出类哲学理论研究的思想观点，之后发表了《人的天人一体本性——转变对"人"的传统观念》一文，基于中国"天人合一理念"进一步阐述了人区别于物的类本性——"天人一体本性"。此后，为了更充分深入地讨论人的类本性与建构区别传统物性逻辑思维的"类哲学"，即：更好地理解哲学的类本性、创建类哲学。高清海先生于1998年10月为金景芳先生《〈周易·系辞传〉新编详解》（辽宁出版社1998年版）一书作序《〈易经〉与辩证法》之后，于世纪之交的近8年左右时间里，研究写作了大量关于中国哲学思维特质的文章，彻底将自己的类哲学研究思维视野，从原来的马克思主义哲学与广阔的西方哲学发生发展历史视域，扩大提升到包括中国传统哲学文化思维在内的马、西、中并重的更开阔的思维视域。

原本以马克思主义哲学、西方哲学研究著名的高清海先生，在世纪之交转向研究中国哲学思维特质，进行深刻中西哲学比对研究，写作发表多篇文章，专门系统讨论中国哲学与西方哲学的不同，使类哲学理论研究获得巨大新生——破除了关于"人"与"哲学"的物性逻辑桎梏理解，也使人性革命、哲学革命等理论观点的提出成为可能。综观高清海先生晚期哲学研究，我们说高清海先生已经在关于人性革命、哲学革命等概念较为系统的理论阐述中,尤其在关于人的人天一体类本性的研究中,逐渐筑牢了区别西方理性主义物性逻辑本体论的新哲学理论之基,并在全国范围内,引发关于类美学、类伦理学等相对广泛、热烈的理论讨论,让中国当代哲学理论研究有了一个新颖坚实的理论出发点。或许不久的将来,在中国会出现类政治学、类法学、类经济学、类艺术学甚至类语言学等等更为广泛先进性的学术理论讨论。

四 人性革命的迫切需要——高清海类哲学的理论号召

20世纪末,伴随市场经济思想及其理念在中国的广泛实践及其流行,中国也逐渐演变为资本主义全球化控制下的一个消费主义社会,物性逻辑几近全方位掌控中国。信仰的丧失、社会主义理想精神的倒退举目可见。20世纪90年代中期,人文主义精神大讨论等文化现象在思想界出现。面对波涛汹涌的物性逻辑思潮,高清海先生最大的精神渴望就是寻找相对应的能够有效抗衡其思想危害的思想之基。于是,在被称为"哲学人类学"的人学哲学研究中,发现"哲学的奥秘在于人",并提出要改变旧有思维方式,以真正的人的方式认识人与世界,要改变旧有的理念论为基石、理性主义为本位、物性主义认识为特点的物性逻辑思想方式,并逐渐演变为较全面、系统、深刻具有鲜明思想开创特征的类哲学理论。正是在这个意义上,我们说物性逻辑的大行其道是高清海类哲学理论的思想前提,破除物性逻辑是高清海类哲学的根本目标。也正是在这样的意义上,人性革命与哲学革命才有意义,人性口号被提出也才成为可能。

物性逻辑之所以在当代能够大行其道,归根结底最重要的原因在于千百年来一直在西方世界盛行的以理念为核心概念、以理性为根本道路的认识论下人没有摆脱利益为中心传统盛行,尤其20世纪后半期,权利(利益)为核心的后现代主义哲学思潮的风起云涌、资本主义全球化的迅猛发展。高清海类哲学实质是对理性主义思维导致的利益至上原则观念在世界各主要资本主义国家乃至资本主义经济、文化全球化时代,于中国广泛流行的批判,即:在思想上重新拨乱反正,重塑哲学理论之基,以规避由其引发的问题。重塑时代的理论之基,可谓高清海类哲学的根本夙愿。为此，高清海先生在类哲学理论研究过程中，不但提出哲学的奥秘在于"人"，而且号召要以"人的方式"理解哲学，改造哲学、建设哲学，重铸哲学理论基石。人是哲学的本体，是哲学之基，要围绕人这一核心概念创造哲学、发展哲学，更要以此为契机，改变关于人的旧有理念以及认识人的传统方式——以理念为核心、理性为道路的物性主义认识逻辑。人性革命便成为类哲学中必有之含义。

哲学的奥秘在于人。哲学的目的与任务是为树人服务、为建设美好的人的社会服务。因此，不仅要以人的方式理解哲学、改造哲学、建构哲学，还要以"真正的哲学的方式"理解"人"，改造人，建构人的社会。为此，高清海在类哲学理论研究过程中，鲜明地提出了"人性革命"的口号。人性革命的口号意义重大而深远。市场经济的迅猛发展，人沦为欲望的奴隶，演变为消费的机器。如何拯救人？是一个重大的思想任务。人性革命口号的提出有极强的现实针对性。同时，社会、科学、技术、法律、制度等等不断嬗变，如何才能让人更好地适应社会，使人健康成长等等，都可以在人性革命口号及其精神逻辑中获得重要精神启示。例如：除了市场经济异化人，今天，科学技术迅猛发展也使人类自身出现一系列精神危机。在变革人的科技迅猛发展、物性逻辑大化流行世界的今天，即：在科技不断变革人，而物性逻辑有增无减的今天，哲学应该做些什么？不让物性逻辑俘虏人，不让人沦为物性主义思维控制下的欲望的逻辑之在，加强生物科技伦理研究，加强强人工智能伦理研究，加强科技社会伦理研究等等，便成为我们这个时代最重要的哲学任务。

从历史理性视角来看，哲学不断革新自身的同时，不断地变革着人自身，催促着人的变革。科学的蓬勃发展，也在改变人，不仅改变人的生活，还要改变人的物理结构，乃至生产出集中人类众多智慧的崭新的生物人类，甚至还能够创造出自身不断升级、繁衍、创新的强人工智能之"人"。有一天，"人"也许成为区别传统对现在的我们来说极其陌生的新人类。这些人类会改变世界的自然原初面目，使世界进入一个前所未有的未知世界。伴随科技不断创新变革，那个被"上帝"创造的原初的人的物理生命，有被彻底毁灭的危险。"人性革命"既是理想的号召，更蕴含"伦理"的呼唤。无论是在资本主义全球化"异化人"的时代，还是在科技迅猛发展"改变人"的新时代，基于类哲学理论研究而诞生的"人性革命"的理论号召，均会显现出巨大的精神指导意义。在这个物性主义思维大化流行的时代,"人性革命"观点断然要求我们以开放的姿态摆脱物性主义思维逻辑的桎梏;其中,也理所当然地包含着对物性主义思维方式导致的科技大爆炸及其新时代来临的批判。在科技大爆炸时代,人性革命的理论号召中,不仅包含着对人们"认识自己、适可而止"的强要求,也告诫人们要一定改变物性主义逻辑社会建设道路,要依托人性主义逻辑思维方式,时刻保持清醒的时代意识,在精神上约束人们,远离那些可能对人类自身产生巨大危害的事情。在这个意义上我们说,除了应对当下市场经济带来的精神危机,"人性革命"思想口号的提出,尤其其中蕴含的巨大精神启示,对即将来临的人工智能与生物科技大爆炸时代无疑也会发生较好精神功用。

五 人性逻辑的牢固树立——高清海类哲学的本真追求

在西方哲学史上,也曾一度出现过一些看似与理性主义完全不同的重大精神事物。比如:以感性为基调对抗基督教禁欲主义而出现的人文主义文艺潮流、充满"存在的焦虑"的现代主义文艺思潮、主张去中心化的后现代主义文艺思潮等等。这些思想潮流充满感性色彩,但最终不可避免地均以对理性主义思想世界的回归而告终。学者们做出的最终总结,以感性为基调对抗基督教禁欲主义而出现的人文主义文艺潮流,实质是对理性的精神呼唤;充满存在主义焦虑感的现代主义文艺,不过是对理性主义的现代性的精神焦虑的表现;后现代主义实质是理性主义的现代性哲学话语的延续(哈贝马斯、詹姆逊观点)。尤其是基督教。众所周知,基督教信仰作为一种重大感性活动,在西方世界流传广泛而持久。但是,在文化发展变化历史上,我们又看到,最终在基督教的发展过程中演变生成出了高居其上的经院哲学、新教教义等以理性为核心要素的理论,这些理论基本上摆脱了基督教原教旨主义思想,甚至反过头来指导、改进基督教的一些原始学说,指引基督教的发展变化。在这样的意义上,总体上确实可以说,西方文化自古希腊哲学以来,唯理性是尊,以理性为根本与尺度。前文已经提到,关于这一点,高清海教授在类哲学研究中,也已经鲜明指出。

在人类史上，以理性的方式认识包括人在内的一切事物，确实为人类提供了众多有益信息，增强了人类的智慧，提升了人类认知水平，也改善了人类生活。但是，本质上讲，这是一种将包括人在内的一切事物当作物来认识，所以我们说它是物性主义思维方式。高清海先生指出，人就是人，人不同于物。那么认识人就不能以认识物的方式来进行。在广泛深入的马克思主义实践哲学研究中，高清海先生指出，人有区别动物种生命、相对较为独特的类生命。因此，理解人、认识人、把握人，包括理解人的社会、认识人的社会、把握人的社会均需要摆脱物性逻辑的崭新的逻辑方式。我们将这种逻辑方式称为人性逻辑的方式，将这种思维方式称为区别物性主义的人性主义思维方式。一旦转变认识人的思维方式，认识物的思维方式也会发生巨大变化。当以人的思维方式去认识物的时候，人们头脑中的物便不再是"物"，他人便不再是他人，与人对立存在的自然便不再是自我之外的自然，与人对立的社会也便不再是自我之外的社会。以人性逻辑的思维方式把握物便会出现一个崭新的科学研究方式，也便会出现崭新的科学观念，也便会出现一个崭新的科学时代，甚至出现一个崭新的人的历史时代；以人性逻辑的思维方式认识人、他人、自然、社会，便会出现崭新的他人观、自然观、社会观，一个崭新的人与自我、人与他人、人与自然、人与社会的关系的世界将会降临，一个崭新的人的生存生活局面的出现将可成为期待。

试看今天的科技与世界。今天科技革命正在导致人体的变革，人类已经开始有能力改变天然的人体构成，势必导致人心、社会也发生巨大变化。人类正在步入崭新的历史拐点，这一拐点不完全源于西方哲学文化及其物性主义思维传统。自西方世界进入大航海时代，东西方文化不断发生碰撞与融合，西方的物性主义思维方式便也逐渐暗自发生变化。进而在20世纪后半期以来，科技研究方面不断发生颠覆性特点的巨大革命，不断刷新着人类社会的面目。在一个科技不断催促人体变革的时代，哲学是否还能做到催促人心变革、人性变革？高清海类哲学最大的理论贡献也许就在于不断提示我们要时刻保持清醒意识，不断进行人心变革、人性革命，树立人性逻辑，突破物性逻辑的桎梏，让社会走向美好的未来。

高清海先生在类哲学理论研究中以区别物性主义的人性主义思维方式的确立作为目标，将人性逻辑的树立作为目的。其所带来的正面意义与价值无法用数字估量，必将产生深远影响。我们如果沿着高清海先生的思维路径去探寻，能够发现，在改变对人的认识方式之后，我们甚至还可以改变认识物的思维方式，那样必将产生更广阔而巨大的思维革命，其结果可能刷新我们关于世界的所有认识与理解，迎来巨大的科技革命与社会文化变革。关于这一点，在当代的科学技术发展与文化思维更新过程中也日益获得明证。时下，时髦的量子科学蓬勃发展，也正在改变着世界旧有面目，例如：先进量子计算与通信、存储方式的变化，势必使信息科技发生跃迁性大发展，也势必使人的生存生活以及劳动方式耳目一新，使社会发生前所未有之历史变革；中国传统哲学文化思维正在觉醒，人天一体的"人"的观念正在复归，人天一体的世界观、价值观、人生观正在恢复，人们关于人自身，以及关于人与他人、人与自然、人与社会的关系本质的认识正在发生历史性改变。伴随科技大发展、社会面目之历史大变化，以及人之的观念与精神世界之历史性大改变等等新情况的到来，高清海类哲学理论中所蕴含的人性逻辑思维方式不仅仅承担着推动者的角色，更承担着问题的解决者重任。

六　返本开源的哲学创新——高清海类哲学的精神指引

　　通观高清海类哲学理论研究，无论是对西方哲学的系统批判，还是对马克思哲学的大力肯定，都流露出无比高超的返本创新特征。到了晚期，为了更系统全面讨论人性革命与哲学革命问题，高清海先生将自己的思维视域转向了中国哲学，尤其是对中国传统哲学的发掘总结，使其类哲学理论研究更显现出返本开源、创新发展的鲜明性质。

　　高清海类哲学不仅指出现实世界问题的精神症结、提出了一个重大的哲学理论问题，即观点分明地提出类哲学研究，并指出正是物性逻辑肆虐，才导致现实世界矛盾重重，斗争盛行。同时，指出解决这一问题的具体思路，通过人性革命与哲学革命来建构区别物性逻辑的人性逻辑认知方式，并将人性逻辑作为思维范式重估一切。在高清海先生看来，以人性革命为主题推进人的变化、在持续的"人性革命"哲学实践中推进哲学变革或者哲学革命，并最终以人与哲学的双重变革来突破物性逻辑的重重包围与层层绑缚，树立起人性逻辑，铸造出区别物性主义属性的崭新人性主义思维方式，尤其重要。而这一伟大哲学观念的形成，这一重要哲学任务的完成一定得益于在区别西方传统物性逻辑的东方文化及其哲学传统中，寻找崭新哲学建设理论资源，铸造不同既往理性至上、物性主义思维引导下的利益本位暨人本主义哲学范式的崭新哲学理论基石。这些，也较鲜明地显现了高清海类哲学的主要精神特点或思维与思想道路——返本开新。

人的双重生命、人天一体本性等观念的提出，绝对不源于西方理论与思维传统。放眼望去，西方的文化及其理论隐性主要精神线索是以理念论为基石的理性主义至上的物性逻辑。回望中国传统文化及其理论，能够感受到与西方有着天壤之别。以东西方两个最重要的哲学概念逻各斯与道为例，在高清海先生看来，"逻各斯和道都具有'规律'的含义，也都有着本源和遍在的性质，这是中西哲学的共同之处。但前者更偏重于理性、思想的方面，因而西方后来注重分析性的研究，最后演化出黑格尔的概念辩证法；'道'则不同，它侧重天地人一体的内在本性，具有更为广阔和深邃的内涵，从它引申出的阴—阳、乾—坤、有—无、健—顺、刚—柔种种概念，形成了中国哲学表达自然关系和人伦关系的一系列独特范畴体系。"① 中国早在河图洛书八卦以及后来的易经时代，便产生了极其高超的理论与实践智慧。只是自西周以降的春秋战国时代开始，远古以来诞生的天地人相统一的人类高超文明思想便屡遭损毁，秦以降的王朝统治历史时期更是如此。西周之前的中国，那个孔子持续所怀恋追忆的路不拾遗、夜不闭户的周朝盛世，其支撑点是什么？后来为什么衰落？高清海类哲学对其进行了敏锐的观察、细致的洞察、深入的思考，并在这一思考中明确指出，"中国传统哲学属于全人类的精神财富"，"中西哲学具有不同思维特质"，明确昭示我们，"中国传统哲学具有独特思维特质与价值"，"找回传统，不能失去民族自我"，"中华民族的未来发展需要有自己的哲学理论"。②

在今天这个市场经济广泛流行，世界不同民族与国家和地区政治、经济、文化、观念严重对立的时代，当下因为哲学、政治、经济、文化、

---

① 《高清海哲学文存·续编》第 1 卷，第 337—338 页。
② 详见《高清海哲学文存·续编》第 1 卷，第 235 页。

观念等的不同，世界范围内还不同程度存在斗争甚至战争的风险，中国已经不可能回到"周"的无为与清净。正因为不可能，那一时代普遍流行的高超理念、先进观念、独特思维方式才更加宝贵。高清海类哲学蕴含了中华民族那一历史时期先进思想，并返本开源创新，提出一系列区别西方理论观点、更有战略价值的哲学观点，其中包孕巨大精神启示，具有极高现实与理论意义，值得我们不断深入探究。

在高清海先生看来，中国当代哲学的建设不应当简单地走西方哲学道路，不应当将自己的思想与思维观念局限于西方思维视域，尤其西方物性逻辑的思维方式。中国有自己几千年的文明历史，有高屋建瓴的理论与实践智慧。中国当代哲学的建设应该走自己的道路。当然，这一过程也不是一蹴而就便可以完成。需要我们潜心学问，返本开源。当今这个时代，信息科技大爆炸，生物科技大发展，由此带来的很多问题需要我们以正确的思维及其理论观点来直视。前此，物性逻辑的思维方式及其理论观点以及无法满足今天科学技术发展的需要，更无法满足解决今天科技大发展所带来的一系列问题的精神需求。在全世界范围内寻找区别西方传统物性逻辑的文化资源，真正清除物性逻辑及其带来的一系列问题，树立人性逻辑，并用人性逻辑的思维方式推进科学革命、社会变革，尤其是推进人性革命极其重要，也亟待进行。因此，我们相信，不久的将来，人性主义思维方式的这种哲学研究局面，便会在中国哲学界得以形成，具有鲜明中华民族自己哲学思维特点的当代中国哲学建设之花将迎来怒放的春天。

论实践活动中的类经验

杨 晓[*]

"实践"是一个对于我们既熟悉又陌生的概念。我国马克思主义哲学界对实践活动进行了广泛而深入的探讨,实践的本质已经得到较为深刻周备的概念规定:生产劳动、感性的能动性、合规律性与合目的性的统一、人的尺度与物的尺度的和解、主体客体化与客体主体化的双向运动、观念的自为本性与自然的本原存在的统一、人对世界的否定性统一关系等等。但是关于实践的哲学理论,并没有完成对实践超越了理论的那种"具体的普遍性"的描述,具有直接现实性品格的普遍性超出了观念论的范围。由于缺乏"自在自为""无目的的合目的性""事物之运作"的亲身经验,"合规律性与合目的性的统一""按照美的规律来构造"尚处于晦暗不明中。实践如何把内在尺度运用于对象,从而实现人的尺度与物的尺度的内在统一,使人的成为自然的,使自然的成为人的?这需要把实践理解为在差异、区分、对立基础上建立具体普遍之统一的类化活动,对实践的完整、准确的把握深入到了类哲学思想中。

类哲学是一种关于做人的自然哲学,是通过人学之完成而达到的宇宙论。类本质不是单纯自在的自然规定,而是通过按"内在尺度"做人的追求、通过"内在尺度之运用"的实践活动与"主体修养"创造生成的"本性"。内在于特殊性的普遍性、包含种差的"类",也不是单纯直观与理论的事情,而是由类化对象的实践活动成就的。"内在"与"包涵"作为"类活动",无法抽象地存在于既定的观念中,只能通过"活的经验"才能保持住,也只有通过实践活动与"主体修养"的亲身经验才能真实证知。本文拟描述实践活动是如何完成这种类经验的。

---

[*] 杨晓,吉林大学副教授。

一　实践的整体性与无限性：异化劳动向类生活的回归

　　为了深入描述实践活动，必须首先理清作为研究对象的实践。学界对实践的理解之所以难以更为切实深入，是因为作为研究对象的"现实实践"本身是笼统而抽象的。我们一般地谈论实践的能动性，却无视劳动的异化与实践的分裂这一实际情况，在类生活成为谋利的手段、从而实践只是在必要性与强迫性之下的"被活动"的时候，能动的超越性与自由的创造性在哪里？我们一般地谈论实践的"合规律性"，在现代科学技术对自然的时空脱域性的抽象组织、规划与控制中，自然的"条理""脉络"与"事物之运作"在哪里（规律是控制论的还是事物自身的）？实践不过是把内在尺度运用于对象的活动，但内在尺度被一般地等同于人的目的性要求，在资本逻辑的统治下又被货币的观念化力量抽象为占有、拥有的利己主义要求，与此相应，作为对象的自然也被抽象为生产资料与劳动对象。生产劳动作为生命的产生活动，本来是人的整全的本体性活动，却被资本的交换体系座架为生成交换价值的抽象劳动，只是服从私有财产的运动规则。

　　人的内在尺度在人与人的普遍的相互依赖与普遍的相互对抗关系中，被抽象为货币的观念化力量，可以说，这是作为人的自身本质的内在尺度的异化、外在化。内在尺度的丧失使现实实践工具化了。人对世界的否定性统一关系被限定为一种抽象的统一性，思维对存在的抽象宰制，无法建立类化生命的具体的统一性。现实的实践活动使类生活仅仅成了肉体生活的手段，是类生活的异化。这里仍然有着类本质的表现，即人的本质的对象化与对象本质的人化，但人与世界的本质交换被抽象限定在一个较低的层次上，内在尺度在对象上的运用还只是一种抽象规定的外在反思关系，未能建立本质统一的一体性关系。异化劳动仍处于类存在的地基上，异化、抽象化、颠倒甚至丧失，所显示的是类关系与类化活动的某层次与阶段。把现实实践置于类生活的整体性坐标中，进行重新定位，敞开更为具体深刻的人性本质，显示实践的活动机制的不同层次，从而把人与世界的否定性统一关系理解为一个从抽象到具体的发展过程。

　　现实实践是研究实践活动的出发点，但却不是理解实践的标杆。"从下向上"的道路与"从上向下"的道路，本来就是同一条路，应当相互沟通。因为人除了有一种既有的、规定性的、有限的、可以用自然科学的精确性指明的现实外，还有一种想象的真实性，毕竟人也是否定性的、非限定的、超越性的、无限性的存在。对现实实践的重新分析与定位，揭示了劳动的异化与抽象化的界限与范围，从而显示类化活动的整体性。作为我们研究对象的实践，不是那笼统言之的、其实是异化的、分裂的抽象劳动（现实实践本身就是交换体系座架而成的抽象劳动），而是穿越了异化、分裂与抽象的整全的类生活。因而，我们不能把历史的构成的有条件的关系，当作天经地义的永恒本性。

　　现实实践向类生活的回归，不是原则在先的教条主义方法，而是对实践进行研究与描述的一种方向、一种整体性目光。生产实践作为生命的产生活动，本来就是整全性的自由的类活动。人与人的对抗造成了个人与社会的对立，社会的分裂与活动的分裂，不同阶级的个人承当分裂的人性的不同部分，从事不同的活动：生产劳动、政治、伦理、道德、文化等。近代的上帝人本化过程中，神圣形象的式微与绝对性的崩溃，造成了存在与价值、主观与客观的分裂，自然被科学抽象为非价值的存在（物质），人改造自然的生产活动便与道德活动没有了关系。而道德作为非存在的价值，只不过是观念性的、抽象的形式自由，而非实质性的自然的自由与本然的德性。理性的理论运用所造成的科学，不过是理性观念对外部自然的抽象统一关系，理性的实践运用所造成的道德，不过是理性观念对内部自然的抽象统一关系。科学与道德作为同一理性本质的不同的抽象运用方式，虽然是分裂的，却有着关联性与对应性。这种分裂之后的关联性与对应性，是以连续性乃至整体性为根基的。所谓实践不过是把内在尺度运用于对象的活动，当对象是外部自然世界时，这是生产实践，当对象是内部自然生命时，这是道德实践。这种整体性的实践观点是符合马克思的本意的，因为马克思所追求的是物质生产与自主活动的一致性，而自由自觉的自主性恰恰是道德的本质要义。当劳动不再是谋生的手段，而是人的第一需要时，生产劳动所运用的内在尺度就不再被抽象地限定在现代功利主义水平上，而是具有了实现自身本质与类化自然的道德内涵。

共产主义作为"私有财产即人的自我异化的积极扬弃","是通过人并且为了人而对人的本质的真正占有","是向自身、向社会的即合乎人性的人的复归","这种共产主义,作为完成了的自然主义=人道主义,而作为完成了的人道主义=自然主义,它是人和自然之间、人与人之间的矛盾的真正解决,是存在和本质、对象化和自我确证、自由和必然、个体和类之间的斗争的真正解决"[1]。高清海认为,"类存在"是"人与人完成了的本质性统一、人与外部世界完成了的本质性统一、人与自身本质完成了的本质性统一的存在状态"。[2] "社会的个人"的"自由的类活动"作为本性所现,圆摄一切自由活动,无政治、经济、文化之别。这当是类活动的整体性与无限性品格。现代资本主义条件下,面对实践活动的分裂与异化,我们要特别注意分裂的活动之间的关联性、对应性与连续性,努力葆有观照实践活动的整体性目光与类意识。

所谓"内在尺度"、"人的自身本质"并非可以明示的抽象概念规定与原理,而是范导性的和超越性的,人在生活中可以领悟的道路、生命与真理,也是只有通过人的"做人"的追求、实践活动与主体修养才能创造生成的"本有"。类生命的这一特点,可以叫作"自在自为",既非单纯自在的自然规定,也非自为的主观性与观念性的自由,而是通过自为而生成的"自在",通过人的完成而证得的"自然""本性"。这一"自然"无疑是自由的顶峰,是自由的皈依处,能引导主体性的实践走在真理性的道路上。自在自为不仅是人的自身本质及其实现所具有的特点,而且是人与自然的本质性统一及其完成所具有的特点。人与自然的关系之发生、发展、深化、完成也是"从本有而来"并证成"本有"的。这意味着,"内在尺度"对"对象"的"运用",不是抽象规定与外在反思,而是内在的运用、内在的统一、"无目的的合目的性",因而"内在尺度"必定也是属于自然的,自然成了人的"无机身体",人作为"宇宙生命的人格化身"与自然建立了类化生命的具体的普遍性,开显了宇宙生命的理想价值。天人合一、万物一体的高远境界是对哲学的永恒诱惑,这一似乎进入宗教境界的神秘体验,并非一种单纯的愿景,而是可以描述出的实践活动中的亲身经验。

---

[1] [德] 马克思:《1844年经济学哲学手稿》,第81页。
[2] 《高清海哲学文存》第2卷,第353页。

二 本质的相互交换：人的
对象化与对象的人化

通过与动物的生命活动相比较，马克思概述了人的生命活动的特点："动物和自己的生命活动是直接同一的。动物不把自己同自己的生命活动区别开来。它就是自己的生命活动。人则使自己的生命活动本身变成自己意志的和自己意识的对象。他具有有意识的生命活动，这不是人与之直接融为一体的那种规定性。有意识的生命活动把人同动物的生命活动直接区别开来。正是由于这一点，人才是类存在物。或者说，正因为人是类存在物，他才是有意识的存在物，就是说，他自己的生活对他来说是对象。仅仅由于这一点，他的生活才是自由的活动。"①

与此相应，高清海区分了种生命与类生命。人的生命存在首先是一种物种的生命存在，具有人与自己的生命活动的直接同一性，符合物种生命的特点。一切物的存在，相互之间要进行物质交换、能量交换和信息交换。无生命物的交换属于随机性的相互作用关系，生命物的交换开始有了指向性，依赖生命的"自主能量"通过交换可以达到自我生长、自我增值。② 物种生命作为有界域的自身整体，与环境有针对性的、指向性的交换，进行同化异化的新陈代谢，维持自身生命的整体存在与生长。"自主能量"的指向性，已经是无意识的分别与选择，凭本能做出的"自我中心"的"占有对象"，可谓之"对象性""目的性""意识"的原型先蕴，但始终"不把自己同自己的生命活动区别开来"，仅仅就是"自己的生命活动"，从而只是作为环境的组成部分。

而"人则使自己的生命活动本身变成自己意志的和自己意识的对象"，这意味着人可以与自身的生命活动区别开来，把自己外化出去，把自身变成与自身不一样的存在。生命活动的有意识性打破了与自己生命活动的直接同一性，也就超越了单纯自在的自然规定的界限，而动物与自己的生命活动的直接同一性则使其始终被禁锢于物种规定的界限，无

---

① ［德］马克思：《1844 年经济学哲学手稿》，第 57 页。
② 参见高清海《新世纪："人性革命"时代》，第 18 页。

意识地执行自然规定的支配，不能把类作为自己的对象与生命活动的原则。自我的区别与对象化，使人的生命活动可以是非生命，把非生命纳入生命，以否定自身的方式肯定自身，这就是人的自为本性。人的生命是一种自我否定、自我创造、自我实现的否定性统一活动。否定性的统一集中地体现于对象性，人能把自身作为对象，也能把对象化为自身。对象性是通过人与人、人与自然的本质交换完成的。

马克思把人的生命的类特性等同于意识性，意识是一种差异化、区分、对立、统一的对象性活动能力，贯穿于包括理论活动与实践活动的一切人类活动，构成了人的普遍性存在的本质。意识作为差异化与区分活动，构成了意义生成机制，意义的生成同时又是差异性系统的内在反思性，这意味着意识既能确立分立的事物，又以穿梭、交织的方式参与了相关事物之间的融贯性。相关的分立事物在融贯性中，超越了对立，呈现为交换、往返的统一性活动。我们可以把意识看作一个通过人而存在的大织机，既把天地万物区别、分立开来，又把天地万物的大乾坤联成一体。威廉·詹姆斯发现，同一段活的连续性经验体在一个经验系统中表现为思想，而在另一个经验系统中则呈现为事物。[①] 这意味着，我们不能把意识实体化，而应如实地将其当作功能性的活动机制。也是在这一意义上，马克思把意识当作人的类本质，理论与实践分别是意识的不同活动阶段。

当意识完成融贯性时，差异性的区别不再表现为对立的分别存在，而是在意义交换（内在反思）的往返活动中实现了连续性与内在结合，显现为类化生命，各种差异性区别互为手段与目的，都包含整个生命有机体，从而也相互包含。意识的完成打通了内外分别之界限，无须有意地外化（对象化）、区分、辨别，而物事之条理粲然，脉络自明。意识诸官能的和谐运作，所呈现的也是事物之运作，对象化的完成是非对象性，即心物不二的直觉活动。按马克思，完成了的人道（类本质＝意识）主义就是自然主义，意识诸官能的和谐运作（意识的完成）开显了天的运作机制。至此，我们可以说，意识是通过"人"而显示的"类"的运作机制，它并非只是人的，也是天的（事物自身的）。实现了的类主体也就

---

① 参见［美］威廉·詹姆斯《彻底的经验主义》，庞景仁译，上海世纪出版集团2006年版，第11—20页。

是物自体，物自体与现象界的区分不过表征了意识（类本质）的未完成（异化），主客、心物、内外之别只是意识的未完成阶段的表现。

意识（类本质）的发展是通过人与人、人与自然的本质的相互交换而实现的。"有意识的生命活动把人同动物的生命活动直接区别开来"，人虽然如同其他的物种生命有"自我中心"的特征，必须占有对象才能生存，但人无法直接占有对象，只能首先发挥人所独有的"本性外投"的生命特征，把自身本质对象化到外物中，先被对象所占有，使对象成为"对象性的人"，这样对象才真正成为"人的对象"。① 可见，对象不过是对象化了的人的本质力量，所谓占有对象，也就是占有人的自身本质。正是在人的对象化与对象的人化的往返交换中，人才逐渐实现其自身本质，同时也逐渐实现人与自然的更为具体、深刻的统一性。

人的本质力量对象化何以可能？为什么人能把内在尺度运用到对象上？对象为什么能够接受人的本质？从终极因或者本性上说，内在尺度不只是人的，也是对象的，物我二分不过是在有限条件下的分别，实践活动正是要通过本质交换的方式，实现、揭示、证成超越个人的大生命。当然，内在尺度并非直接等同人的目的性要求，相反，目的性要求不过是一种观念性的前行导引，在其引发的天人交相用的实践活动中，内在尺度才逐渐生成，也就是说内在尺度在它的运用（起作用）中才显现出来。内在尺度不是既定的概念，而是在生成中才被逐渐揭示。从动力因（近因）上说，人的对象化是以对象的人化为中介的，人必须在其本性中内化"物的尺度"，首先是以认识活动接受客观规定，扬弃主观性的片面性，然后是物质工具。"实践中的物质工具（犁、锄、车、船等）是人性与物性相互融合的直接产物和体现，它属于人身内的器官功能与身外自然力的统一，在它身上既体现并灌注了主观目的的应然性（属于人的本性），同时它又表现为具有直接现实性的客观力量（属于物的本性）。"② 工具一端连着合目的性，一端连着合规律性，从而成了沟通人性与物性的中介，成为人与自然的本质交换的枢纽。为什么对象可以人化，人性中可以内化"物的尺度"，因为一方面意志活动以其内在规定扬弃了客观性的片面性，另一方面，更重要的是人来自自然，人是自然的一部分，

---

① 参见高清海《"人"的哲学悟觉》，第66页。
② 高清海：《"人"的哲学悟觉》，第65页。

自然本应是人的无机身体。类化活动使自然成为人的普遍性存在，工具作为人的器官的延伸与放大，内化了强大的自然力作为人的本质力量。这体现了人与自然的内在统一的一体性关系，当然这种本质统一的一体性关系并不是单纯自在的自然规定性，而是一种必须经受分离与对立，并通过无数次的本质交换活动才能实现的否定性统一关系。

人的对象化与对象的人化的往返与交换中所体现的自我与对象之映射（反思），并非直接同一的静态的镜像关系，而是由差异、区分、对立所引发并保持住差异与区别的动态的融贯性。无数次的本质交换把中介性深化为连续性与内在统一。内在尺度在对象上的运用，就从一种抽象规定的外在反思关系发展为"无目的的合目的性"关系，目的对对象的有意的要求与自为的控制化为了开显条理与脉络的"事物之运作"。当人与对象之间、不同的对象（事物）之间的差异、区别还保持为一种外部对立关系时，只有通过超越性的观念规定才能使之统一起来。类化对象的实践活动把观念的超越性结构（抽象的普遍性）转换为自然的连续性结构（具体的普遍性），差异与区别在往返与交换中呈现出融贯性，反思性地引导出"内在的合目的性"，类化为生命的活物。各种差异性要素之间互为目的与手段，每个部分都是整体，并交融互摄、相互包含。实践活动是通过无数次的本质交换，对实体性的对象与实体性的自我穿梭、交织、巡视，把实体点化为作为生成的存在，即来自更高的活动机制上的生发性过程，从而在人与对象之间、不同的对象（事物）之间呈现出隐藏着的大生命结构。类化对象的实践活动所开显的类生命，并非观念的自为想象，而是本有的发生过程。人作为宇宙生命的人格化身，开显宇宙生命的理想价值，把自然活化为精神的宇宙。"生产"作为生命的产生活动是整全性的类活动，而非让类生活成了种生活之手段的异化劳动，生产所按照的"任何一个种的尺度"应当在更深刻的意义上理解为"事物之运作"开显的"条理"与"脉络"，而非有限理性观念对自然的抽象规定，同时，"事物之运作"又无目地地达成了人的"内在尺度"，这才有了"合目的性"与"合规律性"的内在一致。也只有在这个意义上，我们才能说，"人也按照美的规律来构造"。

类化对象的实践活动开显了隐匿的秩序。较于普通经验与知性思维所及，这是更深的存在层次与更高的活动机制，在传统哲学中只能通过思想的想象才能达到。假设我的身体中的一个红细胞与一个白细胞，分别具有微意识，各自认为是独立的个体生命并相互对立，它们并不知道我作为一个更大的有机生命整体的存在，以及它们作为有机生命整体的两个要素是具有融贯性的。当然，我的生命意识层次也无法看到"超人"的生命整体，我的生命也很可能只是一个红细胞般的存在。我的生命意识比红细胞与白细胞的自相分立更真实，而类化活动开启的隐匿生命比个人主体与物化对象也更切合实际。这大概就是斯宾诺莎所说的"从永恒的形势"与"上帝的必然性"体察万物。有限理性的视角向"永恒的整体性"目光的反冲，构成了思辨的原则。类哲学保持了深刻的开放性，类化对象的实践活动把思辨原则转换为活的经验（现实的活动机制）。

三 实践活动中的类经验：从"自为"到"本有"

马克思在《1844年经济学哲学手稿》中从人和自然的关系与人和人的关系去探索人的类本质问题。高清海明确提出："所谓'类'关系，就其本来的含义说，它体现的就是一种人与人、人与自然、人与自身的内在统一的一体性关系。"① 可以说，这三种关系不过是人的自身本质在三个方面的不同运用或表现，因而有着在同一本质层次上的对应性与内在关联。我们不能离开人和自然的关系与人和人的关系的发展去抽象地实现人的类本质，也不能离开人与人的本质交换去实现人与自然的本质交换。马克思指出，人与人的异化造成了人与自然的异化（也可理解为不是前因后果的关系，而是相关性与对应性），人对自然的掠夺实质上是人我、自他之争。当人的自身本质被抽象地限定为私有财产的运动水平（类生活只是谋利的手段），人与人的社会关系就被抽象为由货币的等价性建构的既普遍相互依赖又普遍相互对抗的物化关系，自然对于人就只剩下了生产资料与劳动对象的抽象物质的属性。而"共产主义是私有财产即人的自我异化的积极的扬弃，因而是通过人并且为了人而对人的本质的真正占有；因此它是人向自身、向社会的即合乎人性的人的复归"②，私有财

---

① 《高清海哲学文存》第2卷，第353页。
② ［德］马克思：《1844年经济学哲学手稿》，第81页。

产的扬弃克服了人与人的对抗性关系，实现了人与人的本质性统一和真正的"社会的个人"，"社会是人同自然界的完成了的本质的统一，是自然界的真正复活，是人的实现了的自然主义和自然界的实现了的人道主义"①。

　　本文探讨实践活动中的类经验，并不主要考察人与人的本质交换关系。内在尺度所运用的对象主要包括外部自然世界与内部自然生命，因而把实践当作生产劳动与道德实践的整体，探讨人的自身本质的实现与人和自然的本质性统一。超越了谋生手段的劳动要开显精神的宇宙，实现自然的人的本质与人的自然的本质的统一，因而自然失去了抽象物质的方向，成为对象性的人的本质，乃至成就人道之完成。类化对象的实践活动既是人的生命的产生活动，又是自然对于人的生成过程，从而构成了道德实践与生产劳动的深刻内在关联。完成了的人道主义，即完成了的自然主义，是在人与自然的本质交换中创造生成的类本质。类本质不是单纯自在的规定和直接的被给予，而是只有通过人的自为活动才能创造生成，但作为可以完成的存在，并且在完成中达到人与自然的本质性统一，意味着类本质又是"本有"。所谓"创造生成""实现"，又是"证得""觉悟""发现"，"创造"是更深层次的"发现"或者说"觉悟"。即创造即本有的"类本质"不能是实体性的存在，只能是一种纯粹活动机制，在人与自然的本质性统一的意义上，可以称作"天人合一的活动机制"。"人同自然界的完成了的本质性统一"：一方面是人的实现了的自然主义，即自由向自然的回归，当然是更高的自然，一切自由的峰顶，人道之"自然"—"天道"，就是让应然的观念成就为本然地"当下即是"；另一方面是自然的实现了的人道主义，即自然作为"对象化的人的本质"按人的方式同人发生关系，"类化自然""人化自然"作为人的无机身体，开显了宇宙生命的理想价值，活化为精神的宇宙，在与人的本质性统一中显示了"内在尺度"—"天人合一的活动机制"—"意识诸官能的和谐运作"。这都是通过人的自为活动实现的"自在"，通过"创造""生成"而开显的"本有"。我们主要通过"把内在尺度运用于"内部自然生命的修身活动与"把内在尺度运用于"外部自然世界的生产劳动，描述自为的实践活动中的本有性经验。

　　"把内在尺度运用于"内部自然生命的修身活动，大略对应于康德的

---

① ［德］马克思：《1844年经济学哲学手稿》，第83页。

道德实践，但又有根本的区别。在康德那里，道德是理性的实践运用，是理性观念对内部自然生命的抽象统一性，并且理性的实践运用终止于这种抽象的普遍性。康德通过道德显示主体的自由自主的本质，把道德作为主体自我确立的核心活动。为了确立自由，康德把自由与自然分裂开来，对立起来，把自由视为与感性、冲动、欲望、情感等内部自然生命根本不同的东西，唯有通过实践理性的"自己立法"并诉诸意志冲破自然因果链条之网、压抑内部自然生命，"自己守法"，做出道德行动，方可视作主体的自由自主性。为了首先确立自由自主之起点，自由与自然之对立是必要的。但从实践理性的存在与活动的范围可以看出，理性的这种实践运用是非常抽象的。所谓实践理性的"自己立法"，就是抽象地推论出能普遍运用于每一个人而不发生矛盾的法则，作为应然性的道德观念。如此的法则不过是消极的底线伦理，其实际落实是法律。而实践理性的"自己守法"，不过是让应然性的道德观念通过意志，拒绝内部自然生命的牵制，坚决诉诸道德行动。内部自然生命占据了人的现实生命的大部分，如果将其视为与道德自主性根本冲突的存在，自由又如何能够是主体的普遍性本质，自由的实现只能限于狭窄的范围内，抽象地存在着。在这个意义上，康德的理性的实践运用被指认为抽象的形式自由。严格说来，"内在尺度"对内部自然生命的"运用"，在康德的实践理性中，只限于压抑、拒绝、不受其影响。康德只是确立了道德自主性的起点与道德的形式框架，而没有深入道德的内核与实质。为了完成自由，为了真正地确立主体，必须让自由回归自然。唯有如此，自由才真正是"本性"，才真正是具体的普遍性，才不只是形式观念，而是成为实质性的。不管作为内部自然生命的感性、冲动、欲望、情感直接看来如何地违逆自由、自主，其本性仍然是自由，而且只有在这里，才有具体深刻的实质性自由。

"内在尺度"对内部自然生命的真正"运用"，是在其中相互作用，对之实行影响，以至于教而化之，"转染成净""转识成智""转凡成圣"。严格说来，康德的道德实践中缺乏人文化成的修身工夫。没有反复的"本质交换"的修身活动，就无法触及道德的实质与内核，并进而完成自由。作为"内在尺度之实际运用"的"修身"能够逐渐生成实质性的道德能力。实际的道德能力比应然的道德观念更为根本，单凭应然性观念与善良意志的内在强制所达成的道德行动不仅只是抽象的形式，而且还是常常做不到的。仍然重要的是，应然性观念虽然不是实质的德性，但却是道德的起点。前已述及，应然性观念也只是相似的"内在尺度"，即通过无数次"本质交换"以开显真正的"内在尺度"的前行导引。学习与成长的开端，当然是追求我们还不是的应然性的好观念，用它装备在我们身上。但观念与对象（我们本身）还只是抽象规定的外在反思关系，观念就不是实际，道德还不是我们。这正是荀子所说的"化性起伪"的阶段，我们还在学而未成、"虽智及不能仁守"的初级阶段，惟有力行之。当然包括意志的内在强制，但"力行"是为了"以理化情"，转强制为自愿、自发，而非止于意志之内在强制。"力行"除了意志之强制，更重要的是"培育四端""扩而充之""发扬光大""集义""养气"的修身功夫，也就是理性（自由）与内部自然生命的反复的本质交换。通俗言之，就是要对我们学到的应然性观念，进行深入广泛的闻思与进一步的思维、比较、抉择，产生不可被引转的坚定的"胜解"，从而具有了真实无伪的信心和切实深彻的愿力，自然也就有了精进的行持。通过反复的串习，转变了我们以往习染的"心相续"，升华了我们的内部自然的层次。

"内在尺度之运用"的工夫，最为关要的是"守仁"的"观—念"活动。我们以往把"观念"当作既定的概念名相，让应然性"观念"去教化内部自然。"观念"深入到"教化"中去，也就成了作为动词的"观—念"活动。转化内部自然之层次的反复串习，主要是"念念起观"，能够对内部自然生命引发的"起心动念"经常迅速地，乃至恒常当下地起观照，进行对治、消解（即有以体空）与转化。以串习转变习染的"心相续"，把欲望冲动的自然化为强烈的道德感的直觉自然。作为"名相概念"的应然性观念，在"观—念"活动中完成了，从而超越了抽象性、形式性、相似性，成为本然的实际（"当下即是"）。从应然性道德观念到本然德性的修身过程，是理性的实践运用从抽象到具体的发展，最后证成、呈现了"内在尺度"。在这个意义上，道德才不是规范，而是"本性"，而是"自身"，观念与对象（内部自然生命）的外在反思关系，也深化为内在统一关系。"内在统一"意味着没有了观念与对象，只是自然生命的内在的合目的性。欲望、冲动原来是智慧德性，这是"复性"、类本质的实现。这就从"化性起伪"的阶段达到了"明心见性"、"反身而诚"的阶段，从"学知力行"转化为"生知安行"，从"自为"证得了"本有"。至此，"自由"完成为"自然"，"睟然见于面，盎于背，达于四体，四体不言而喻"，德性化身真正确立了"道德主体"。道德不仅从"观—念"活动成为自然身体，而且可以"充塞天地""参赞化育"。因而，中国形上学的"天道"，不是一种道德想象，而是一种主体修养所完成的"自然"。

"把内在尺度运用于"外部自然世界的生产活动，大略对应于亚里士多德的创制活动，在结构上又相应于康德的审美、审目的的鉴赏评价活动。亚里士多德把创制活动当作"目的在自身之外"的活动，主要从事生产活动的奴隶并不是"人"。马克思则发现了生产劳动的本体性意义，强调了生产劳动的自主性和能动性，追求物质生产与自主活动的一致，致力于把劳动从异化的谋生手段转变为作为"人的第一需要"的类生活。生产劳动作为目的对象化的活动，正是自由去影响自然、改造自然的活动，对应于康德反思判断力的自由之于自然的结构。至于自由对自然的影响与改造，是抽象的规定与宰制，还是范导性、调节性的"内在的合目的性"，并不构成马克思与康德之区分，可以完全只是生产劳动中异化与自由、建筑与创造、抽象运用与具体生成的区别。

"内在尺度"对外部自然世界的"运用"是通过劳动工具实现的。劳动工具作为人与自然的本质交换的枢纽，既是前人与自然的本质交换的结晶，又构成了后人与自然的本质交换的前提。历史地看，劳动工具就从中介环节变成了有连续性的伸延，作为劳动对象的自然力可以进一步地内化到新工具中，这构成了在无数次的本质交换中人的身体不断延伸，类化自然不断深入的发展过程。马克思认为，关键不在于生产什么，而在于用什么生产，劳动工具不仅是生产力的测量器，而且是社会关系的指示器。作为中介的工具决定了人与自然本质交换的整体结构与层次，不仅制约着劳动对象的广度与深度，而且在一定程度上规定了人的活动方式与境界。这意味着工具并不是静态的中介环节，而是伸延地扩大着与吸纳着的动态生成机制。工具作为合目的性与合规律性的结合点，不是完成了的，而是内蕴着张力与冲动、激发放大人的能动性、推动本质交换的深化的活动机制。在此意义上，工具是类化结合的集中体现，因而工具的运用不应是对对象的抽象规定，而是人与自然之间的深刻交流与具体普遍之伸延、充实。我们把纵向的历史时间横向化，以某次使用工具的劳动作为研究对象，进行本质分析，描述工具如何转化为活动机制，以实现人自身的延伸与自然的类化，破解天人合一的秘密。

工具的本质即"运用"，因而工具不是一种"实体性统一"而是一种

"功能性统一"。我们首先看一下，工具如何从实体性中介转化为纯粹活动机制，也就是在类化活动的本质交换中，工具的中介性界限如何消融，从而席卷了人与对象，生成一个活的连续性的经验之流。可以说，工具之运用，实质上是通过工具而实现的类本质（意识）的发展。还是借用一下海德格尔的"锤子"。[①] 当我刚开始学着使用一把锤子时，一只手扶着钉子，使其附着于要钉入的地方，另一只手小心翼翼地推动锤子，眼睛一边凝视着钉子的顶端，一边注视着锤子朝向钉子的相对运动，不时停下来端视一下，并通过改变锤子的运动来矫正钉子进入的方向。我在笨拙地使用锤子，把钉子歪歪斜斜地钉入作为对象的事物中。各个实体之间难以建立起连续性，并且不时间断为"现成在手之物"。结果很可能把钉子敲弯、钉斜，损害了器物，还敲疼了手。当我还是在"使用"一把锤子时，我肯定不是工匠，至少绝不是熟练的。慢慢地，手握的锤子更自然了，几乎不去有意注视锤子、钉子和器物的相对位置，却更为分明，并没有去推动锤子，锤子却舞出了音乐的节奏，钉子也去了它本想去的地方。真正的工匠根本不使用"锤子"，在他那里没有锤子、钉子、要钉的器物这些残断的实体，甚至也只以"神遇"，而不以"目视"。锤子甚至已经不是工匠器官的延伸，而只是工匠的"内在筋腱"。如同，我们并不使用手作为工具，因为手的运作是"心之发窍处"，眼耳鼻舌身意都在那里，手包含整个生命。原为工具的锤子成了"内在筋腱"，内在化了的锤子不但不是工具，甚至不是锤子，那也包含整个生命。至此，锤子—工具被类化了，使用锤子的规定性转化为工匠与锤子的和谐运作的"内在的合目的性"。这意味着工具的消融是对外在目的的扬弃，这里发生着"生命的产生活动"。

锤子之外的钉子和在钉的器物，也被锤子的内在化所传染，由作为对象的"现成在手之物"转化为"上手之物"。在这一机制上，人没有去钉东西，而是锤子、钉子与器物邀人参加的"桑林之舞"和"经首之会"。人与诸实体对象类化为任运无碍的纯粹活动机制。通过工具，自然器物也被内在化了，被类化为生命的活物。"当物按人的方式同人发生关

[①] 参见［德］海德格尔《存在与时间》，生活·读书·新知三联书店 2006 年版，第 81—84 页。

系时，我才能在实践上按人的方式同物发生关系。"① 工具与对象转化为纯粹活动机制，意味着整个实践活动的内在化，在"无目的的合目的性"的生命整体中，各要素互为目的与工具，圆摄整个生命，因而相互包含。不仅手，而且工具和对象，都可以是心之所在。纯粹活动机制便是心物不二的直觉（意识）开显的天人合一的"内在尺度"，也是物事之条理脉络。无须自为活动的有意监视与控制，物之条理粲然，事之脉络自明，活泼圆融，任运无碍。对象不过是对象化了的人的本质，人的自身本质的实现程度与人和自然的本质性统一的程度是相适应的。因而人和工具、对象的内在合目的性的生成，也可视为作为主体的人的意识的诸官能实现了和谐运作。而意识的完成（即诸官能的和谐运作），又分明显示了，意识是借助个人生命呈现但又超越个人生命的类活动机制（纯粹显发—生成机制）。意识诸官能的和谐运作就是"自然"，把意识的自为性转化为契入本有的发生过程。真正的主体就是物自体，人、工具与对象在实践的内在化中所达到的诸行无碍，恰好就是意识诸官能的和谐运作。从类本质看来，人、工具与对象都是意识的官能。可以说，完成的意识就是"事物之运作""生命之产生""天道之开显"。"我们一切精神机能把它作为它们的最后根源而汇流其中，以便实现我们的精神界的本性所赋予我们的最后目的，这就是理性'使自己和自身协合'。"②

这一劳作结束之后，通过工具扩延到人和事物而深化了的纯粹活动机制，又构成了新工具的存在论基础。通过本性分析，确实可以达到超历史的一度，前前后后都在这里。在生产实践的内在化所呈现的纯粹活动机制中，已经没有了观念性的理，理在事中，不在事前事后，只能通过活的经验把具体生动的普遍性（理性）保持住。理在事中，而事即心所行处，可知理不在心外，心外无物。当然，"此心"不是禁锢在个人生命中的主观意识，而是遍摄遍入的类本质（天人合一的活动机制），既是本有又非直接被给予，唯有通过实践活动创造性地呈现出来。毋宁说，意识根本上不是你的意识、我的意识，甚至不是人的意识，而是作为"纯粹显现"的意识本身。

（该文原载于《社会科学战线》2019年第7期）

---

① [德] 马克思：《1844年经济学哲学手稿》，第88页。
② 宗白华：《美学散步》，上海人民出版社1996年版，第254—255页。

改革开放 40 年：走进马克思哲学四种人类学范式

邵 然[*]

2000 年左右，王南湜教授以十余篇论文的篇幅强调，马克思主义哲学是一种人类学范式的哲学，这是走近马克思哲学的一种极为重要的认识。这一认识，是在改革开放 20 年之后产生的，但它是对中国马克思主义哲学 50 年发展的总结。

所谓人类学范式，可以概括性地理解为是以人类为本位的、对于人类特性与人类问题的哲学研究。改革开放 40 年来，中国学者从人类学范式的角度开辟出了四条极为重要的理解马克思哲学思想的新路径：其一是由高清海教授开发出来的指向人类未来发展的类哲学；其二是以黄森教授为主提出的作为一种科学的但实际与马克思哲学相关的人学；其三是由俞吾金教授提出的作为马克思主义第四个来源和组成部分的人类学，以及由王南湜教授提出的人类学范式；其四是由苗启明研究员提出的人类学哲学。其他的一些讨论虽然很深入、很广泛，例如实践唯物主义等，但它们大多难以归入人类学范式当中。由于以上四种人类学范式紧追时代精神和时代需要，都以"人类"为主体，都力图脱离原来的本体论哲学范式而凸显出马克思哲学思想的人本特质，在客观上有一种不断深入发展的隐性联系，可以集中放在一起进行讨论。

一 "类哲学"是否走进了马克思哲学思想

在改革开放的 20 世纪 80 年代，随着"实践是检验真理的唯一标准"讨论的启蒙，学者们对马克思主义哲学也出现了比较活跃的思考。其中

---

[*] 邵然，云南省社科院副研究员。

最重要、最有启发意义的,是关于人性、人道主义和异化问题的讨论。这一讨论虽然没有得出明确的结论,但却动摇了传统的经典的哲学观念,启发了人们从人的方面对马克思主义哲学重新思考。始终走在这一思潮前沿的高清海教授,首先提出了《从人的研究到人学》《人的类生命、类本性与"类哲学"》《我们如何走近马克思》等开创性的哲学思考,① 开启了以人类学范式来理解马克思主义哲学的新方向。高清海教授从一开始就发现,这里存在着许多问题。比如辩证唯物主义,"变成与旧唯物论没有性质区别的自然理论",② 与马克思的哲学思想完全不合。他强调:"我们奉行从(前)苏联引进的那套以马克思主义为名的'教科书哲学',实质上它所体现的并不是马克思的哲学精神,在很大程度上正是马克思所否定的旧哲学的思维方式、价值规范和哲学原则。"③ 他明确指出,哲学史的发展,历经了从本体论立场、认识论立场到人类学立场的三个发展圆圈。他自觉地站在人类学立场上开始了一系列的哲学变革。他的宗旨和任务就是:"变革哲学思维方式,突出实践观点",克服"本体论化"的思维倾向,重新理解马克思的哲学精神,以及"适应改革发展要求,体现当今的时代精神",即力图在哲学的本质方面走近马克思。④ 并且,他的这些思想成了改革开放时期中国哲学思想的主流。他从主体出发构建的"主体—客体—主客体的统一"的新的教科书体系,应当说就已经接近了人类学范式。⑤

进入20世纪90年代之后,高清海教授的哲学思想有了重要发展。这就是确认哲学不再是关于物质世界的学问,而是关于人的学问。他强调:"哲学的秘密在于人,只有从人出发才能理解哲学";"人是哲学的奥秘","哲学不过是人的自我意识理论",⑥ 由此走上了研究人、弘扬人、为人类世界的健康发展提供思想理念的哲学道路。他在《我的学术道路》中强调:"我们清楚地看到,哲学从非人走向人,从非人的世界走向人间世

---

① 高清海:《从人的研究到人学》,《人民日报》1988年6月6日;《人的类生命、类本性与"类哲学"》,《长白论丛》1997年第2期;《我们如何走近马克思》,《求是学刊》2000年第3期。

② 高清海:《高清海与"'类'哲学"》,载汝信《中国当代社科精华》(哲学卷),黑龙江教育出版社2001年版,第578页。

③ 高清海:《高清海与"'类'哲学"》,载汝信《中国当代社科精华》(哲学卷),第578页。

④ 高清海:《高清海与"'类'哲学"》,载汝信《中国当代社科精华》(哲学卷),第579页。

⑤ 高清海:《高清海与"'类'哲学"》,载汝信《中国当代社科精华》(哲学卷),第580页。

⑥ 高清海:《高清海与"'类'哲学"》,载汝信《中国当代社科精华》(哲学卷),第582页。

界，然后从追求虚幻的'本真人'走向活生生的现实人，从追求虚幻的'本体世界'走向充斥矛盾的现实生活世界，哲学的这个历史发展过程正是人类自身生成历程的理性写照。"[1] 而这也就是高清海教授从物到人、从虚幻的人走向真实的人的哲学思考道路，这无疑是一条走近了马克思哲学思想的道路。可以说，他已经走到了马克思哲学思想的起步点，这就是马克思那个时代的人本哲学家所强调的"现实的人"，但是，却没有"进入"。因为马克思强调的是要对"现实的人和现实的人类"进行研究，他却把人类的"类特征"抽象出来进行研究，把它与"种"概念对立起来，构建了一种"类哲学"。

在这里，高清海教授开始了自己的哲学创造，这就是从费尔巴哈强调的"类本性"和马克思也强调的人的"类"概念出发，构建了一套"类哲学"理论。这种类哲学是从人的生命开始的。他认为，人的生命可以区分为"种生命与类生命"。"种生命"是人作为一种自然物种的生命，与动物没有区别，类生命是人类作为人类的生命，是人类特有的生命。从而，以人的类生命、类本性为根据的"类哲学"道路就打通了。而且，类哲学与人类的未来发展相关，人"从群体存在、个体存在走向类存在"，这是"今日人的发展趋向，也是人的未来存在形态"，"随着人从个人本位走向以类为存在本位的变化，哲学的思维方式也定会发生一个相应的根本性转变"，即"从个人的主体体验哲学转向具有更为广阔的宏观视野的类主体哲学"。[2] 高清海教授强调："'类哲学'作为一种哲学意境和哲学思维方式，既是适应人类未来发展本质的哲学，也是哲学发展趋向成熟的更高理论形态。"[3]

由此我们看出，高清海教授是从人类的自我发展、人类的未来发展提出类哲学的。他对人、对人的类本性和类哲学的论述是深刻的，他的确构建了一种人类学范式的哲学。但是，无论如何，马克思没有把人的类特性抽象出来构建哲学的念头。从逻辑上说也不可能，因为马克思关注的是"现实的人和现实的人类"的生存发展问题，是人类世界的真理正义问题，他研究了人的类特性，或者更正确地说研究了人的人类学特

---

[1] 高清海：《高清海与"'类'哲学"》，载汝信《中国当代社科精华》（哲学卷），第582页。
[2] 高清海：《人的未来与哲学未来——"类哲学"引论》，《学术月刊》1996年第2期。
[3] 高清海：《高清海与"'类'哲学"》，载汝信《中国当代社科精华》（哲学卷），第587页。

性，但这不是他的理论目的，它的理论目的只是为了更深刻、更实在地理解和把握"现实的人和现实的人类"即人和人类世界，以更好地解决人类世界的问题。而类哲学偏离了马克思哲学的这一社会问题的大方向。因而，它虽然"走近了马克思"，但没有也不可能"走进"马克思。没有人能把马克思哲学理解为"类哲学"。

但是，类哲学也给人以重要的启发。类哲学面向未来，并认为未来是全人类的"类价值"得以弘扬的时代。经过30年的发展，今日应当看到，21世纪是人类开始进入全人类合作共存的人类学时代的新世纪，它的时代精神也应当概括为人类学精神。因而，一方面，类哲学应当大力发扬，以弘扬人类的共同生存价值方向，另一方面，也应当从全人类的价值高度来理解和开发马克思哲学。马克思虽然无意于构建类哲学，但他的哲学精神无疑是为全人类的生存价值服务的。这就为进一步从人类学价值高度来理解马克思，并把马克思哲学建设成为适应21世纪人类的人类学发展的新哲学，打开了合理性通道。

二 "人学"是否走进了马克思哲学思想

在改革开放的40年里，最有影响也最有意义的讨论，莫过于人学的提出和讨论。人学像"类哲学"一样是在20世纪80年代的人道主义与异化的讨论中产生的，对人性、人的本质和人本身的关注，产生了人学作为一门科学的可能性思考。值得注意的是，人学的提出，不像类哲学那样，它是在坚持两个唯物主义的理论前提下提出来的。黄楠森教授首先提出，要研究辩证唯物主义哲学，就要先研究人。他在坚持研究和弘扬两个唯物主义哲学的同时，开始撰写比较有影响的人学论文。如下的文章都有开创思想的意义：《马克思主义、人道主义与人学学科建设——兼介绍〈人学理论与历史〉》《人学的对象和基本内容》《人学：作为整体的人及其一般规律的科学》等。[①] 他把人学定义为"是关于作为整体的人

---

① 黄楠森：《马克思主义、人道主义与人学学科建设——兼介绍〈人学理论与历史〉》，《中国特色社会主义研究》2005年第4期；《人学的对象和基本内容》，《中国高校社会科学》1990年第5期；《人学：作为整体的人及其一般规律的科学》，《学术月刊》1996年第4期。

及其本质的科学"。① 即它是以与哲学不同的一种科学面目出现的,这当然就无所谓走近马克思的问题,更无所谓"人类学范式"的问题。那么,为什么还要在这里加以研究呢？这是由于,人学所说的许多内容甚至基本内容,无论东方还是西方,过去都是由哲学研究的。哲学家从各个方面研究了人,人学作为一门科学要站立起来,就目前来说还脱离不了哲学的脐带,尤其是马克思主义哲学的脐带。人学的著名提倡者和研究者,大都是马克思主义哲学家。但他们又为什么要与马克思主义哲学分开来呢？因为他们理解的马克思主义哲学,主要就是传统的辩证唯物主义和历史唯物主义,这当然与人学有原则不同,至多只能作为人学的哲学指导思想。但是从人类研究的主要内容来看,尽管它力图与人的理论、人的哲学、人类学、哲学人类学、人道主义、人本主义等区别开来,但实际上脱不了干系。而一般人也常把它们混淆起来。所以,虽然一些研究者强调人学是一种对于人类整体把握的科学,但从它的理论特征来看,它同时也是一种关于人的哲学,因为它作为一种科学,还没有生成自己的作为一种科学的方法论、特有概念及其逻辑体系,它的方法论和概念都还是哲学性的、从哲学借用来的,因而我们这里可以把它作为一种哲学思想并且是马克思主义哲学思想来看待,高清海教授就是把人学作为哲学来理解的。在这个意义上,它无疑是哲学特别是马克思主义哲学的一种人类学范式,并且是比辩证、历史、实践三大唯物主义更接近、更走近了马克思的人类学范式。比如,关于人的特性的研究,关于人的发展的研究,关于人与自然、人与人、人与社会的关系的研究,关于人的自然性、社会性、精神性的研究等,都直接接触到马克思关于人的哲学思想。在这个意义上,它毫无疑问是一种人类学范式的哲学,但它力图走出哲学的范畴,这就谈不上"走进"。其实,人学与马克思关于人的理论的关系,是始终绕不开的话题。今天不是有许多人学研究者,在研究"马克思的人学思想"吗？应当认识到,马克思从来没有要构建一种关于人的哲学或人学的想法。他所关心的,是从人类学高度解决人类世界的问题及其历史发展,而这在客观上也应当是今天人学研究的理论基础。所以,人学作为哲学在客观上走近了马克思,是一种人类学范式的哲学,但没有也不想"走进"马克思的哲学思想。

---

① 黄楠森:《人学的对象和基本内容》,《中国高校社会科学》1990年第5期。

但是，人学的提出和研究，对马克思主义哲学特别是马克思哲学思想的当代发展也具有启示作用。马克思的哲学显然不是以抽象的物为本体的哲学，不是以精神理念为本体的哲学，也不是以历史为本体的哲学——马克思就明确反对把他的哲学理解为以历史为本体的历史哲学，更不是一般的以社会为本体的社会哲学。这些都没有把握住马克思哲学的本质特征。人学启示我们，马克思的哲学离不开人和他的整体特性，他从人类出发，以人类为归宿，他研究的任何哲学问题都没有离开过人和人类世界。所以，人学对人的整体本质的追求，表明它应当上升一个层次，上升到人和人类世界，这就会打开马克思的哲学世界，并以人学所追求的科学性的理论逻辑来探索马克思关于人和人类世界的哲学研究，就会发现马克思所开拓的哲学新世界。人学把马克思的这个哲学世界研究清楚了，也就能为人学所追求的科学体系奠定坚实的马克思主义哲学基础。即从对人和他的"类整体"的关心出发重新研究马克思，这就是人学对我们最重要的理论启示。

三 "人类学"和"人类学范式"的提出是否走进了马克思哲学思想

在对人学、类哲学的讨论方兴未艾时，直接从人类学来理解马克思的新思想也开始了。20世纪80年代，《马克思恩格斯全集》第1版第45卷即《人类学笔记》在国内出版发行，它自然激起了从人类学角度对马克思的讨论。这种讨论包括两方面，一是从人类学这种实证科学的角度对马克思的讨论，二是从哲学的即广义人类学高度对马克思哲学的讨论。1993年俞吾金教授在纪念马克思逝世110周年的论文中，提出人类学是"马克思主义的第四个来源和第四个组成部分"的观点。[1] 这就把从人类学视野研究马克思的合理性、合法性以及必要性提了出来。但该文所说的人类学，依然是在实证科学的范围内，也没有讲明马克思的人类学是何种人类学。在这之前他曾发文讲马克思的人类学是"社会人类学"，当

---

[1] 俞吾金：《马克思主义的第四个来源和第四个组成部分——纪念马克思逝世110周年》，《学术月刊》1993年第8期。

然未必确切。这种在国内外都比较盛行的对马克思的人类学理解,为从哲学上理解马克思奠定了学术理论基础。事实上,"人类学"这一概念是多义的,它首先是一种实证科学概念,它指的是对人类生活的一定样式或方面特别是对古代民族生活的具体描述,如典型的文化人类学等。一种是自文艺复兴以来逐步加强的对人的哲学理解,即从人类作为人类的广义人类学高度对人的价值和尊严的推崇和研究。前者是实证的人文科学,后者是广义的有价值倾向的哲学。马克思走上哲学论坛,他首先接触的是后者,并且主要是在费尔巴哈的哲学中。1872年之后,由于社会主义运动处于低潮,也由于实证人类学作为一种科学的兴起,马克思把主要精力用于对新兴的实证人类学的研读和摘要,这就是《人类学笔记》的产生。所以,在马克思那里,科学的和哲学的两种人类学都存在。而也正是对马克思思想的这两方面的讨论,促进了人们从人类学视野对马克思哲学的思考。于是,一种重要认识——把马克思哲学以及马克思主义哲学理解为人类学范式的思想就产生了。2000年左右,王南湜教授在《论哲学思维的三种范式》《世纪之交的马克思主义哲学:回归人类学范式》《范式转换:从本体论、认识论到人类学——近五十年中国主流哲学的演变及其逻辑》等论文中,明确提出马克思主义哲学特别是马克思哲学是人类学范式的哲学。[①] 他认为,哲学就其思维方式来说,主要就是三种:本体论范式,认识论范式和人类学范式。相当于古代的本体论哲学、近代的认识论哲学和现代哲学发生的人类学转向三大方向,与高清海教授所说的本体论立场,认识论立场和人类学立场是一致的。

要理解哲学的人类学范式,就要看到西方哲学的人类学转向和马克思在这一转向中的关键地位。今天看来,这样的转向至少有两次。第一次是德国哲学在康德提出"人是目的"并把哲学从关注客体转向关注主体这种"哥白尼式革命"之后,就为哲学的现代人类学转向奠定了理论基础。此后德国哲学发生的人类学转向,历经了三个阶段的发展:其一,是黑格尔的同事叔本华把人的生命和意志作为哲学探讨的主体,并通过对人的理解来解释世界。其二,是费尔巴哈以人类学解释宗教神学,反

---

① 王南湜:《论哲学思维的三种范式》,《江海学刊》1990年第5期;《世纪之交的马克思主义哲学:回归人类学范式》,《中国人民大学学报》2000年第2期;《范式转换:从本体论、认识论到人类学——近五十年中国主流哲学的演变及其逻辑》,《南开学报》2000年第6期。

对宗教神学对人的统治，实现人在世界中的主体地位。在这一过程中引起了其他哲学家对人的关注，如"人的存在"的提出等。其三，是马克思在此基础上，进一步以人类学价值原则反对人对人的统治，追求人的普遍解放，这可以视为德国哲学人类学转向在马克思那里的完成。所以，在马克思哲学思想中，表现出强烈的反对传统本体论、认识论哲学的倾向，并且提出了人类学意义的实践论（它是"人类的感性活动"）和人类学的世界观（"从主体方面去理解""对象、现实、感性"），以代替本体论和认识论哲学。另一方面，是西方存在主义、人本主义、生命意志主义等哲学的兴起，这当然是与马克思不同的人类学转向。在19世纪中期德国哲学发生了种种人类学转向后，才有实证人类学作为科学的出现（19世纪中后期）以及哲学人类学在马克思之后的产生（舍勒）。但是，除少数大学者外，人们普遍没有注意到这种人类学转向的哲学革命意义，更不理解马克思的人类学转向。第二次人类学转向，发生在20世纪后期，特别是20世纪末。第19次世界哲学大会（1996年在俄罗斯召开）肯定了世界哲学发生了"人类学转折"。第24次哲学大会在中国召开，有学者考证后指出，从第18次世界哲学大会起，人就是世界哲学大会的主题。而这次大会以"学以成人"作为主题，"学以成人"更是一个具有当代高度的人类学范畴。马克思主义哲学发生在第一次人类学转向之后，所以，说它应当是一种人类学范式的哲学是很正确的。王南湜教授提出，50年来中国马克思主义哲学的发展，是向人类学范式的回归："中国马克思主义哲学50年间已经历了三次范式的转换，即从改革开放前的实体性思维范式到80年代以来的主体性范式，再到90年代初以来的人类学范式（亦有人冠之以人学或其他马克思类似的名称）的兴起。"①"事实上，马克思本人正是人类学思维范式的开创者。"作者强调，"作为中国哲学之主流的马克思主义哲学，原本就是一种人类学范式的哲学。因此，向人类学范式的转变，并不是改变马克思主义哲学的性质，而是回归到了马克思主义哲学的原本的真精神。马克思主义哲学就其原本形态而言是一种人类学范式的哲学，但这一点长期以来被人们遗忘了"。② 孙正聿教授

---

① 王南湜：《范式转换：从本体论、认识论到人类学——近五十年中国主流哲学的演变及其逻辑》，《南开学报》（哲学社会科学版）2000年第6期。

② 王南湜：《世纪之交的马克思主义哲学：回归人类学范式》，《中国人民大学学报》2000年第2期。

在《当代中国马克思主义哲学专题研究》中肯定了这一思想,认为马克思主义哲学研究"从实体性范式到主体性范式再到人类学范式或实践哲学范式,具有一种逻辑学的必然性"。① 这表明,转向人类学范式是马克思主义哲学成为现当代哲学的必要条件。但是,马克思主义哲学的人类学范式与其他人类学范式的哲学有何不同呢?自德国哲学的第一次转向之后,人类学范式就广泛地展开来。许多当代大哲学家,如海德格尔、伽达默尔、维特根斯坦、皮尔斯、哈贝马斯等等,其哲学都是人类学范式的哲学。这样一来,说马克思哲学是一种人类学范式的哲学,只是指出了它的一般共性,而没有指出它的特殊性、它的特质何在,即没有指出马克思的人类学范式是何种人类学范式。所以,这一发现和指正,也只是走近了马克思而没有真正走进马克思。马克思哲学的特质究系如何,还需要深入研究。

不过,把当代哲学理解为人类学范式,把马克思主义哲学也理解为人类学范式,这对于马克思主义哲学在 21 世纪的发展来说至关重要。它启示我们,即使对两大唯物主义的坚持,也应当从人类学范式的高度重新研究,因为马克思已经开辟了从人类学高度来理解世界的人类学范式的哲学方向,在他之后形成的马克思主义哲学,要想不倒退到德国哲学的人类学转向之前,特别是,要想与当代世界哲学的人类学转向相适应而成为当代哲学,那就应当把马克思主义哲学进一步升华为人类学范式的哲学,这样就会有许多新的发现和发展,就会让马克思主义哲学成为 21 世纪的哲学。这是王南湜教授应当说而没有说的话。不过王南湜教授启示了我们:如何恢复和构建人类学范式的马克思主义哲学,是新世纪马克思主义者最重要的任务之一。

四 "人类学哲学"的理解:展开了马克思哲学的新境界

(一) 走向对马克思的人类学哲学的新理解

对马克思思想的人类学哲学的理解,是由苗启明研究员提出来的。

---

① 孙正聿等著:《当代中国马克思主义哲学专题研究》,吉林人民出版社 2010 年版,第 75 页。

在对马克思主义哲学的研究过程中，苗启明研究员提出的第一个问题就是：马克思究竟创立了怎样的哲学？他发现，当时的三大唯物主义都未能体现马克思对人类命运的强烈关怀，而马克思青年时代大量的哲学论述，又被作为不成熟的东西"悬置"起来；但青年马克思的哲学文本对人和人类生存发展与自由解放的强烈关注，他的天才和他对问题的深刻理解，都不是人道主义或不成熟论所能解释的。经过反复思考他发现，马克思总是站在哲学性的广义人类学高度看问题的，马克思中学时代对人类幸福关怀——"遵循的主要指针是人类的幸福和我们自身的完美"，① 马克思在早期所强调的要以"人的精神的真实视野"观察世界，② 都表明只能从人类学价值高度来理解马克思的哲学思想。经反复考虑，苗启明研究员把马克思的哲学思想概括为是站在人类学价值立场上对人类问题的哲学思考，并力图通过实践来改变不合理世界，因而定名为实践的人类学哲学。③ 苗启明研究员对人类学哲学的定义是：

> 所谓人类学哲学，不是实证人类学，不是哲学人本学，也不是哲学人类学或关于人类学的哲学，而是指马克思从人类作为人类的人类学价值立场出发理解世界形成人类学世界观、并在人类的人类学特性基础上对人类的合理生存发展与走向自由解放问题的哲学思考，是在广义人类学基础上进一步深入人类世界的社会问题而构建的关于人和人类世界的新哲学。关心不关心人类世界的问题及其人类学价值的解决方向，是马克思人类学哲学与西方哲学人类学的分水岭。④

在这种新的开创性的视野里，他就很快有了一连串重要发现。⑤

---

① 《马克思恩格斯全集》第1卷，人民出版社1995年版，第459页。
② 《马克思恩格斯全集》第1卷，人民出版社1995年版，第215页。
③ 苗启明：《论马克思哲学的实质：实践的人类学哲学》，《云南大学学报》（社会科学版）2003年第6期。
④ 苗启明：《〈巴黎手稿〉开创的人类学哲学及其后续发展》，中国社会科学出版社2017年版，扉页"本书题记"。
⑤ 这些重要发现包括《马克思开创的新哲学——人类学哲学及其当代意义》《〈巴黎手稿〉开创的人类学哲学及其后续发展》等马克思人类学哲学探索丛书。

（二）提出人类学哲学的事实根据：从马克思的双重历史使命出发，确认马克思创立了人类学哲学

苗启明研究员发现，马克思从一开始走上哲学世界，就既把无产阶级解放作为自己的历史使命，又把人类解放作为自己的历史使命。但前者要诉诸阶级性和经济学，后者要诉诸人类性和广义的人类学。前者形成了以经济学为根基的唯物主义历史观、剩余价值论和科学社会主义三大理论，后者则形成了以广义人类学为根基的人类学哲学、生存人类学和人类学共产主义三项理论。这就为人类学哲学的提出奠定了合法性基础。[①]

（三）马克思如何从广义人类学高度理解人和人类世界

那么，马克思是如何从广义人类学高度研究人和人类世界的？通过研究他认为，马克思的哲学思考，集中在四个方面、四大范畴之中：

其一，怎样从人类学高度理解人？怎样理解人类世界？

其二，怎样克服人类世界的异化，怎样成就人的人类学价值和伟大品行？

其三，怎样实现人类的合理生存与自由解放这种人类学价值要求？

其四，怎样把握现实世界的根本问题即劳动者的生存解放问题？

前三个问题都是人类学问题，都要从哲学性、价值性的广义人类学高度来回答。第四个问题也是从人类学高度提出来的，但是马克思经过深入研究，认为这就是劳动与资本的对立而引起的无产阶级的生存解放问题。对此，必须从政治经济学批判的高度来回答。这一回答的结果，也就是我们所熟知的经典马克思主义的三大理论。

苗启明研究员认为，马克思从人类学高度对前三个问题的哲学思考，就形成了他的以人类学为理论根基的为全人类的生存解放服务的广义人类学哲学思想，这是一向被埋没的、人们还不理解的广义马克思主义，它的理论基础就是人类学哲学。[②]

马克思对人类学哲学的理论构建，在对前三个问题的回答中体现出来，其中关键是对第一个问题的回答，表现为五个方面：

---

① 苗启明，刘琼豪：《马克思的双重历史使命、双重理论视野与双重理论构建》，《云南社会科学》2017年第6期。

② 苗启明，刘琼豪：《马克思的双重历史使命、双重理论视野与双重理论构建》，《云南社会科学》2017年第6期。

第一，对人类学哲学的理论基础即人的人类学特性的理论探索，这特别体现在《1844年经济学哲学手稿》中。在这里，马克思不是专门而是在讨论人类生存问题时，顺便指出人的人类学特性的，如人是自然存在物、人是社会存在物等；第二，对怎样理解人的回答，马克思提出了"社会人"和社会人本论，来反对费尔巴哈的自然人和自然人本论，以及麦·施帝纳的孤立个体人本论（唯一者）；第三，对怎样理解人类世界的深入回答，马克思提出了人类学意义上的人的劳动、生产、实践三大概念。马克思把"劳动"理解为人的人类学的生成活动，由此形成了马克思的人的劳动生成论；把"生产"理解为人类作为人类的基本生存手段，这就不能不进入政治经济学批判领域；把"实践"理解为人类作为人类的特有感性活动，这就产生了以实践为特征的人对世界的关系和人类学世界观。这些思想，是在对德国时兴的人本哲学对人和人类世界的错误理解的批判中产生的。第四，这些思想的深入发展又形成了马克思的人类学实践论、人类学历史观、人类学辩证法和人类学解放论。这些理论观点是马克思对人类世界的人类学活动及其不同活动特征的理论概括。第五，马克思探索了在世界历史发展中的人的人类学发展阶段，即从人的依赖关系到人的独立性并向人的自由个性方向发展。

以上五点是马克思对如何理解人和人类世界的主要哲学回答。苗启明研究员由此发现了马克思建立在人的人类学特性之上的关于人和人类世界的人类学哲学体系。这是对马克思特有的"人类学范式"的哲学回答。

（四）对人类学哲学的深入扩展：生存人类学和人类学共产主义的提出

一旦把握住了对象的逻辑脉络，就有可能有一系列的发现。苗启明研究员发现，马克思对上述第二个问题的人类学高度的回答，就是对一系列的人类学价值原则的提出。比如"人是人的最高本质"，"人的根本就是人本身"，[①]"每个人的自由发展是一切人的自由发展的条件"，[②]"从社会自由这一前提出发，创造人类存在的一切条件"，[③] 以及对人的普遍的自由解放的追求等。这种人类学价值原则的提出，使人类学哲学成为

[①] 《马克思恩格斯文集》第1卷，第11页。
[②] 《马克思恩格斯文集》第2卷，第53页。
[③] 《马克思恩格斯文集》第1卷，第16页。

一种价值追求哲学、实践开拓哲学,而不再是冷漠的本体论、认识论、知识论哲学,成了为人和人类世界的合理生存与自由解放而奋斗的哲学。这种人类学价值立场彰显了马克思人类学哲学的强大生命力。

马克思对上述第三个问题的回答,超越了哲学范畴,而上升到对整个马克思主义的理解上来了。这就是对人的合理生存与自由解放问题的回答和人类学价值追求,这一追求形成了马克思的生存人类学和人类学共产主义思想,并特别体现在《1844 年经济学哲学手稿》中。在那里,马克思指出,资产阶级国民经济学家,"把人的生存——人这种商品的或高或低的生产率——说成是为无关紧要的,甚至是有害的"。① 这里应当是对整个资产阶级国民经济学的本质的概括性批判,而马克思则要创立相反把人的生存问题视为至关重要的新理论,这就是马克思在经济学和人类学的双重理论基础上对生存人类学思想的构建。而马克思对共产主义的理解,一是经济学深度的理解,这就是以社会所有制为基础的经济学共产主义,这是人们所熟知的。二是人类学高度的理解,这就是让人的自然性(自然主义)与人本性(人本主义)都能得到"自由而全面发展"的人类学共产主义。马克思强调,共产主义"倒是人的本质的或作为某种现实东西的人的本质的现实的生成,对人来说的真正的实现。"② 这种作为人的本质的实现的共产主义,就是人类学共产主义。而人类学共产主义从范围上说也就是"全人类的共生主义"。这也就是说,马克思对第三个问题的回答,形成了他的生存人类学思想以及人类学共产主义思想。这虽然是还没有明确的成体系的理论形态,但却是在马克思的整个理论体系中都存在着的人类学马克思主义的思想和精神。而把人类学哲学、生存人类学和人类学共产主义思想概括起来,也就形成了人类学马克思主义。

这一发现的意义是重大的。正如高清海教授所说:"20 世纪可以认为是人类发展史特别是现代史中最为震撼人心并有着特殊重要意义的世纪,是一个名副其实的人类大变革和大发展的时代。"③ 同样,我们也可以说,21 世纪则是人的人类学发展的新世纪。能够适应、规范和引导这个世纪

---

① 《马克思恩格斯全集》第 3 卷,第 282 页。
② 《马克思恩格斯全集》第 3 卷,第 331 页。
③ 高清海:《人的未来与哲学未来——"类哲学"引论》,《学术月刊》1996 年第 2 期。

的人类学发展的哲学，不是世界上其他各种哲学的人类学转向，而只能是马克思在 19 世纪开创的人类学哲学以及人类学马克思主义。如果说，这一哲学在 19 世纪超越了其时代需要而被马克思搁置的话，那么，在人类深入走向全球化并构建人类命运共同体的今天，它应当复苏起来，成为 21 世纪的世界性哲学，成为能够引领人类的人类学发展的新哲学。①

（五）不能发现、不能理解马克思人类学哲学的原因

从上面的讨论不难看出，人类学哲学是明摆在那里的，但为什么人们对此却视而不见呢？苗启明研究员认为，一是由于马克思对前三个问题的探索还没有形成系统的理论形态，他的许多哲学论断都是服从不同的理论需要的，这些理论之间的联系还比较隐蔽。二是这些理论思考作为对整个人类问题的思考，却不能解决现实社会的迫切问题，不能直接为阶级斗争服务，因而被忙于解决现实问题的马克思本人所搁置。三是对这些问题的表述大都还集中在《1844 年经济学哲学手稿》中，甚至连恩格斯、拉法格都不知道，更不为一般人所知晓。在这种情况下，人们主要根据政治经济学批判时期或成熟时期的马克思的思想而提出了一整套马克思主义哲学，并使之"经典化"。

因此，人们需要辨别清楚的问题是：马克思的早期文本尤其是《1844 年经济学哲学手稿》中的哲学思想，究竟属于一种人道主义价值立场还是属于在人类学高度上形成的人类学价值立场？究竟应当用人道主义来理解还是应当以广义人类学来理解？如果是前者就会把马克思降低到了西方普通的人道主义水平，如果是后者则会发现它是一种伟大精神和伟大的理论构建，是马克思"因为人而为了人"的人类学哲学构建。如果我们今天还没有人类学价值意识，那就依然不能摆脱两个马克思论，马克思人类学哲学也就不能被发现、被理解、被承认。这里还需要强调，马克思的这些思想虽然被搁置，但它是马克思的基本思想，并且贯穿于对上述第四个问题的回答中，即贯穿于马克思一生的理论事业中。马克思的哲学批判、政治经济学批判和空想社会主义批判三大理论，都不能不在其人类学逻辑的大范围下展开，都不能不是一种为人类解放服务的人类学哲学理论。因而，能否理解马克思思想的人类学特性及其人类学

---

① 苗启明，吴茜：《从世界历史发展看人类学时代与人类学哲学》，《思想战线》2015 年第 3 期。

哲学范式，是否能真正理解马克思哲学乃至整个马克思主义的关键所在。

总而言之，改革开放40年来，由我国学者提出的马克思哲学的上述四种人类学范式，其目的都在于揭示并深化马克思哲学对人类的关怀。然而我们认为，只有苗启明研究员开发出来的马克思人类学哲学，由于是从哲学性、价值性的广义人类学范畴出发来理解马克思，① 从而超越了中外一直以来的从诸如人学、实证人类学、哲学人类学等狭义人类学概念来理解马克思的局限。苗启明研究员的这种探索和论证，既反映了蕴含在马克思人类学哲学思想中的一系列真精神，又反映出马克思对人类学哲学、生存人类学以及人类学共产主义的理论构建。从而是对作为一种广义人类学马克思主义的提出，开启了当代马克思主义哲学研究的新境界。特别是，这种人类学哲学，与当代世界历史的人类学发展相契合，② 因而能够指导和规范当代世界的人类学发展。这就为发展和创新21世纪的马克思主义哲学提供了重要的思想理论基础。

（该文原载于《思想战线》2019年第5期）

---

① 马克思一直以来也是从人类作为"社会化的人"这种存在物的高度来研究人类问题的。
② 参见苗启明，吴茜《从世界历史发展看人类学时代与人类学哲学》，《思想战线》2015年第3期。

高清海与当代中国价值哲学研究

倪寿鹏*

在《哲学史讲演录》的导言中,黑格尔总结说:"哲学史所昭示给我们的,是一系列的高尚的心灵,是许多理性思维的英雄们的展览,他们凭借理性的力量深入事物、自然和心灵的本质——深入上帝的本质,并且为我们赢得最高的珍宝,理性知识的珍宝。"[①]在我看来,高清海先生正是当代中国的理性思维的英雄。在教学和科研工作中,他展现了一名真正的马克思主义哲学家的大智、大仁和大勇。无论是其对苏联模式马克思主义哲学体系的深刻反思,对中国特色新体系教科书卓有成绩的探索,还是其独树一帜地提出类哲学,主张创建兼有民族性、时代性和人类性的当代中国哲学,高清海先生对于我国马克思主义哲学界的影响是根本性的,也是全局性的。桃李不言,下自成蹊,研究高清海哲学的著述已有许多。本文仅从马克思主义价值论研究的视角,略举数端,管窥高清海先生对于当代中国价值哲学研究的贡献和启示。

一 实践思维:当代中国价值哲学研究的出发点

在苏联模式马克思主义哲学体系中,并没有价值论的位置。尽管图加林诺夫等人早在1950年代至1960年代就开展过相关研究,出版了《论生活和文化的价值》《马克思主义中的价值论》等著作,但是,苏联主流

---

* 倪寿鹏,中国政法大学副教授。
① [德]黑格尔:《哲学史讲演录》第1卷,贺麟、王太庆译,商务印书馆1959年版,第7页。

学界对此持否定态度，武断地将一切价值哲学研究都归为西方新康德主义的流毒。直到1980年代，价值论在苏联哲学词典中仍然被界定为唯心主义的资产阶级哲学理论。苏联主流学界的判断标准并不仅仅出于政治上的捕风捉影，更重要的是，他们的马克思主义哲学体系和思维方式陈旧落后，根本无法容纳价值问题。"传统的马克思主义哲学体系有一个以认知主义为背景的思维方式和概念系统，含有明显的'客体至上''单向认知'和'知识本位'等倾向，突出地表现为对实践和人的主体性的忽视，而价值问题恰恰要以人的主体地位和作用为核心才能展开研究，因此，旧的哲学思维不能真正理解价值问题。"① 只有突破苏联马克思主义哲学体系及其思维方式，确立以实践为理论核心的新体系新思维，价值论才有望在马克思主义哲学中生根发芽，茁壮成长。在这一关乎当代中国价值哲学研究根本的问题上，高清海先生是最重要的奠基人之一。

有学者指出，"中国马克思主义者对马克思主义哲学体系的反思与重建始于20世纪80年代。1985年出版的高清海的《马克思主义哲学基础》，标志着中国马克思主义者开始反思和重建马克思主义哲学体系。"② 其实，早在1950年代，高清海先生在《论辩证唯物主义与历史唯物主义的关系》一文中，就已对苏联模式教科书的二元结构进行过认真的反思。1980年冬，他开始准备编写突破苏联模式的新教科书，1982年完成的编写纲要以思维和存在的矛盾开篇，接着分别论述了客体和主体，最后以主客体在实践基础上的统一收束全篇。到了1985年《马克思主义哲学基础》上册出版时，他在绪论中明确指出，马克思主义哲学"把实践的观点提到首要和基本观点的地位……并且把这一原则彻底贯彻到哲学全部内容之中，建立了以实践为基础、与实践内在统一的哲学体系，由此解决了旧哲学不可克服的内在矛盾"③。尽管高清海先生谦称"有些问题虽已认识到，能否贯彻到内容中去还是另一回事"，该书尚不能"完全表达出马克思主义哲学的内在逻辑联系"，④ 但这部教科书的问世不仅在国内

---

① 萧前等：《唯物主义的现代形态——实践唯物主义研究》，中国人民大学出版社2012年版，第442页。
② 杨耕主编：《马克思主义哲学体系研究——历史演变与基本问题》上册，四川人民出版社2019年版，序言第6页。
③ 高清海主编：《马克思主义哲学基础》上册，第107—108页。
④ 高清海主编：《马克思主义哲学基础》上册，序言第7页。

引起强烈反响,在国际上也引起了有关专家的注意,它被公认为中国马克思主义哲学体系改革的里程碑,预示着实践唯物主义[①]思潮的到来。

在《我的学术道路》中,高清海先生回忆说,"需要从'实践观点'去理解马克思的哲学理论,这点到20世纪80年代中期国内许多学者都认识到了,但人们对实践的内涵、性质特别是它的意义的理解却是各不相同的"[②]。其实,即使在苏联模式教科书中,诸如"实践是认识的基础和真理的标准"[③]之类提法也很寻常。问题在于,那些大谈特谈各方面"认识"和"真理"的教科书,就其整体结构和精神而言,恰恰是僵化教条的,而不是基于"实践"的,这表明其编著者并不真正了解马克思哲学革命的实质。坚持实践观点,绝不是重复"知行合一""观念付诸实践"之类的老生常谈,而是要转换思维方式,将整个哲学安置在全新的根基上。笔者认为,高清海先生对实践思维的理解深度,代表了这一时期中国马克思主义哲学体系改革的领先水平。

只是在深入研究西方哲学史之后,高清海先生才重新认识了哲学,也重新认识了马克思。他发现在马克思以前,西方哲学史经历了分别以本体论、认识论和人本学为主导的三大理论阶段,并相应产生了三种基本的哲学思维方式:"(1)以直观认识为特征,由脱离人(或融化人)的自然出发,从本原把握事物本性的'存在论'思维方式(自然观点是它的初级形式);(2)以思辨认识为特征,由脱离自然的人出发,从最高发展形态把握事物本性的'意识论'思维方式;(3)以上二者的简单综合为特征,由抽象的人出发,从意识与存在的机械结合去把握事物本性的'人本学'思维方式。"[④] 在论证自然世界和属人世界各自的统一性方面,以往的哲学是很有建树的,但是这两个世界本身如何统一,它们都

[①] 高清海先生力推实践观点,但对于唯物论、唯心论背后的本体论思维方式十分警惕,因而他反对实践唯物论、实践本体论一类提法。笔者认为,这一见解是深刻的,实践本体论的提法多少有些自乱阵脚,实践唯物论虽然有一定经典文本根据,但这个术语的内在矛盾和张力恰恰需要通过实践观点来澄清,使其区别于传统本体论。参见高清海《面向未来的马克思》,中央编译出版社2018年版,第186—187页。

[②] 高清海:《面向未来的马克思》,第367页。

[③] 苏联科学院哲学研究所:《马克思主义哲学原理》上册,中国人民大学编译室译,人民出版社1959年版,第364页。

[④] 高清海:《哲学与主体自我意识——论马克思实践观点的思维方式》,北京师范大学出版社2017年版,序言第5页。

难以自圆其说。这是由于旧哲学对于两个世界的定位本身,已经先行将二者抽象地割裂开来。马克思在《关于费尔巴哈的提纲》中精辟地指出:"从前的一切唯物主义(包括费尔巴哈的唯物主义)的主要缺点是:对对象、现实、感性,只是从客体的或者直观的形式去理解,而不是把它们当作感性的人的活动,当做实践去理解,不是从主体方面去理解。因此,和唯物主义相反,唯心主义却把能动的方面抽象地发展了,当然,唯心主义是不知道现实的、感性的活动本身的。"①

在高清海先生看来,苏联模式教科书的编著者和支持者虽然很熟悉这句话,可惜熟知非真知,他们不仅没有贯彻,甚至没有理解马克思的新思想。"从实践观点看来,哲学关于世界统一性的问题主要并不是回答世界(万物)'是什么'和'怎么样'的知识问题。关于世界的知识的问题在今天科学与哲学已有分工的条件下主要属于科学回答的问题。哲学面对的世界主要不是知识的世界,而是对人关系中的意义性的世界……这点表现在哲学对象特别是马克思主义哲学对象上面,它绝不是一般地去研究关于世界的'是什么'和'怎么样'的内容,而只能是在对人及其活动的关系中世界是什么和怎么样的内容。"② 用马克思的话说,"被抽象地理解的,自为的,被确定为与人分隔开来的自然界,对人来说也是无"③。可见,实践观点不同于传统的实体思维,它是一种以人为本的关系思维。这种关系思维实现了对传统的唯物论和唯心论的双重超越,使人与人、人与自然在实践活动中的对象性关系成为哲学存在论④的中心,取代了传统本体论中非人实体的地位。如果我们像詹姆逊一样将马克思主义理论也视为一种诠释学,那么实践在其中的地位,就有如欲望之于弗洛伊德主义、自由和焦虑之于存在主义,是一种承担终极诠释功能的主导符码。

高清海先生坦言:"我由'本体论'接受哲学,后来逐渐进到从'认

---

① 《马克思恩格斯选集》第1卷,人民出版社2012年版,第133页。
② 高清海:《哲学与主体自我意识——论马克思实践观点的思维方式》,北京师范大学出版社2017年版,第239—240页。
③ [德]马克思:《1844年经济学哲学手稿》,第116页。
④ 上段引文中高清海先生也提到存在论,他是在本体论意义上使用该词;笔者此处所谓存在论,其含义更为宽泛,指与认识论、价值论并列的三大哲学元理论之一,它既有本体论形态(古希腊哲学),也有生成论形态(中国传统哲学)、实践论形态(马克思哲学)等。参见杨学功、李德顺《马克思哲学与存在论问题》,《江海学刊》2003年第1期。

识论'去理解哲学,经过对人——主体的思考阶段,最后方提升到实践论的思维方式。在到达这一最高点时,顿有豁然开朗之感。"① 实践思维代表着人类思维方式在经过直观认识、抽象反思阶段之后,进一步发展到自觉其主体作用的全新阶段。它意味着哲学不再执迷于超感性的理念王国,而是回归生活世界,朝向生活本身。"确立了实践的观点,也就为我们打开了一个新的哲学天地,由此才有可能引出对于主客体问题、价值问题、人学问题、自我问题、非理性问题等种种问题的思考和研究。"②

二 以人为本:确立人的价值主体地位

当代中国价值哲学研究兴起于 1980 年代初,其发展进程大体与实践观点的流行和深化是同步的,也是相互交织、相互促进的。1978 年开展的真理标准大讨论使"实践是检验真理的唯一标准"深入人心,起到了解放思想的作用,打破了"两个凡是"的教条,为我国的改革开放事业进行了理论准备。但是,真正从哲学高度来看,这个命题还有待进一步深化。1980 年 5 月,王若水在《光明日报》编辑部召开的一次座谈会上提出:"实践的成功或失败检验认识的正确或错误,那么,又用什么标准去衡量实践的成功或失败呢?实际上这也有一个标准,就是实践的目的。无目的的行动是无所谓成功或失败的;而目的不同,对同一实践的结果就可以有不同的看法。"③ 这就顺理成章地引出了价值和评价问题。一般认为,杜汝楫在《学术月刊》1980 年第 10 期发表《马克思主义论事实的认识和价值的认识及其联系》正式拉开了当代中国价值哲学研究的序幕。刘奔、李连科在 1982 年 9 月 18 日发表在《光明日报》的《略论真理观或价值观的统一》一文中提出:实践一方面是检验真理的标准,由此解决主观和客观的矛盾;另一方面又作为价值尺度来确定事物同人的需要之间的联系,由此解决主体和客体的矛盾。李德顺在《中国社会科学》1985 年第 3 期发表的《真理与价值的统一是马克思主义的重要原则》一

---

① 高清海:《哲学与主体自我意识——论马克思实践观点的思维方式》,序言第 6 页。
② 高清海:《面向未来的马克思》,第 321 页。
③ 王若水:《为人道主义辩护》,生活·读书·新知三联书店 1986 年版,第 74—75 页。

文中进一步提出：真理和价值同属于实践的内在要素，分别体现事物的客体尺度和人的主体尺度，这就决定了实践是真理标准和价值标准的有机统一体，也是真理和价值统一的桥梁。[①] 应该说，这些成果已经达到了相当的理论水平，初步完成了马克思主义价值论的原则建构。

就笔者所见，高清海先生主编的《马克思主义哲学基础》下册（1987年出版）第一次将当代中国价值哲学的研究成果纳入了马克思主义哲学原理教科书，并进行了创造性发挥，尤其是突出了人的主体价值的根本地位。该书在第六章《人作为主体的基本规定性》的第三节"自为性"中，专门分析了"一、价值主体"和"二、人的价值"问题，前者包括"价值概念、价值原、价值评价"，后者包括"最高价值、自我评价、人生价值"。书中指出："价值属于关系范畴。价值，就是以人为主体用以表示事物具有满足主体需要的属性、作用和意义的概念"；[②] "在人与物的关系中，人是主体、物是客体，人是人一切活动的最高目的，物则不过是实现人的目的的一种手段"；[③] "从个人之间的相互关系来说，他们的价值意义都是相对的，这里没有绝对的主体，也没有绝对的工具……在这里是互为主体和工具的，一个人的主体价值是通过他人的工具价值而实现的，一个人的主体价值也只能通过把自身作为工具的价值才能体现出来"；[④] "所谓主体价值……是指价值原的价值、创造价值的价值。相对于客体的工具性价值，主体性价值是绝对的、最高的价值。"[⑤] 与萧前先生主编的《马克思主义哲学原理》（1994年出版）等后来的教科书相比，此处价值论的地位尚不鲜明，内容也有待丰富化、系统化，但是坚冰已经打破，航路已经开通，一种兼有存在论、认识论和价值论的马克思主义哲学体系已经呼之欲出了。

更加可贵的是，高清海先生的思想不断发展，其关于人的哲学尤其是类哲学根植于马克思哲学，消化吸收西方哲学史上的积极成果，后来他更慨然有融通中国传统哲学之志趣，呼吁创建兼有民族性、时代性和人类性的当代中国哲学。在高清海先生日益深邃宏大的思想历程中，确

---

① 参见王玉樑《当代中国价值哲学》，人民出版社2004年版，第52—58页。
② 高清海主编：《马克思主义哲学基础》下册，第51页。
③ 高清海主编：《马克思主义哲学基础》下册，第59页。
④ 高清海主编：《马克思主义哲学基础》下册，第65页。
⑤ 高清海主编：《马克思主义哲学基础》下册，第64页。

立人的主体地位始终是他关注的核心。从马克思主义价值论研究视角看来，为了确立人的价值主体地位，他至少从内在呼应的三个方面进行了深入探索。

第一，从实践思维入手确立人的价值主体地位

从人类思想史来看，价值的客观主义理解在很长时间里一直占据主流。即使在今天，许多人仍然信奉贬低人的尊严的神秘主义价值观或庸俗唯物主义价值观。在高清海先生看来，其所以如此，根源还在于传统的本体论思维方式。"传统思维方式是忽视价值问题的，即使谈到价值观，也只是强调'客体固有属性'，强调价值论要以认识论为基础，它的实质是最后归结为传统的'本体论'，通过还原方法把价值问题纳入客体决定论。这种通过认识论统一价值论的方法，意味着客观决定论的思维方式把价值问题单向地统一到客观、客体、本源中去。"[1] 在本体论思维主导下，人的主体性尚未觉醒，对于万事万物的价值，乃至人生价值和处世规范，都是从神意、天命或自然法、自然规律的角度去理解，从价值对象在客体化、等级化宇宙中与最高的非人实体之间的距离去理解。譬如，《左传·昭公七年》中说："天有十日，人有十等。下所以事上，上所以共神也。故王臣公，公臣大夫，大夫臣士，士臣皂，皂臣舆，舆臣隶，隶臣僚，僚臣仆，仆臣台。"在这种本体论思维方式下，价值或者以神为本，或者以物为本，人们并不觉得自己是真正的价值主体。

马克思哲学革命的实质，就是以实践观点的思维方式取代本体论思维方式，实现了对传统的唯心论和唯物论的双重超越，牢固确立了属人世界的存在论地位。在实践观点看来，"人的一切活动，都是为了把客观存在的对象改造成为能够满足人的需要的事物。人和物之间的这种需要和满足的对应关系，就是价值关系；在价值关系中，人是创造价值的主体，物是表现价值的客体。从这一意义说，人作为实践主体、认识主体，他必然同时也是价值主体，这三者是完全统一的"[2]。在这种以人为主体的视野下，神的本质不过是异化了的人的本质，物的世界也都是人化自然的世界，传统价值观的以神为本或以物为本只是片面地要么以人的唯灵主义的精神生活为本，要么以人的低级趣味的物质生活为本。新的价

---

[1] 高清海：《面向未来的马克思》，第299页。
[2] 高清海主编：《马克思主义哲学基础》下册，第51页。

值观意味着对二者的扬弃,扬弃不是毫无关联的断裂,而是取其精华去其糟粕。苏联模式教科书未能实现这种扬弃,其思维方式与其自以为反对的神本主义、物本主义如出一辙,都是本体论的。因而在价值观上,其一方面主张生产力决定论,不自觉地滑入以物为本的窠臼;另一方面对斯大林等领导人加以神化,又散发着以神为本的遗毒。笔者认为,高清海先生关于人的哲学的一系列思考,很好地把握了实践思维的精髓,实现了对传统价值观的双重超越和扬弃。

第二,从人的双重生命入手确立人的价值主体地位

高清海先生主张:"我们应该认为人是有着两重生命、双重本质的存在,既有被给予的自然生命、本能生命,又有着自我创生的自为生命、智慧生命;既有物质生命的本质,又有社会文化的本质。前者我们可以称为'种生命'、'种本质',后者可以叫做'类生命'、'类本质'。"[①] 这种对人的理解可以追溯到马克思那里。在《1844年经济学哲学手稿》中,马克思创造性运用并转化了费尔巴哈的种、类概念。尽管费尔巴哈已经指出动物只有遵循必然性的种本质,人则具有自由普遍的类本质,但他的直观思维方式使其不能充分说明二者的实质及相互关系。马克思则从实践观点出发指出:"一个种的整体特性、种的类特性就在于生命活动的性质,而自由的有意识的活动恰恰就是人的类特性……动物和自己的生命活动是直接同一的……人则使自己的生命活动本身变成自己意志的和自己意识的对象……通过实践创造对象世界,改造无机界,人证明自己是有意识的类存在物,就是说是这样一种存在物,它把类看作自己的本质,或者说把自身看作类存在物。"[②] 这就是说,人和动物共有第一重生命,即遵循自然本能规定的生命。所谓"饮食男女,人之大欲存焉。死亡贫苦,人之大恶存焉"(《礼记·礼运》),主要就是指这第一重生命。如果人类停留于此,只知遵循自然本能去生存,即使"饱食、暖衣、逸居而无教,则近于禽兽"(《孟子·滕文公上》)。但是,经由实践活动,人类经历了第二次诞生,获得了超生命的生命,升华了自然本能,创造了精神和物质文化生活,才有"一箪食,一瓢饮,在陋巷,人不堪其忧,回也不改其乐"(《论语·雍也》)的精神自由,也才有"假舆马

[①] 高清海:《人就是"人"》,第207页。
[②] [德]马克思:《1844年经济学哲学手稿》,第57页。

者,非利足也,而致千里;假舟楫者,非能水也,而绝江河"(《荀子·劝学》)的现实自由。高清海先生指出,正是这自我创生的第二重生命,"它超越了种又涵盖了种,属于生命又突破了生命,依托个体又超越了个体,区别于万物又与万物一体,属于有限又获得了永恒性,服从必然又具有自由性,等等,这就是人的类生命或类本性"①。

在高清海先生看来,确立人的类生命或类本性,也就是确立人作为价值的主体。"'主体'这一概念的根本的含义,就是指人对自己生命的支配活动说的,人能支配自己的生命活动,然后才有可能去支配活动的对象。自为存在的生命体,就意味着人是自我创造、自我规定的生命存在,这也就是作为主体人所具有的'自由自觉'的性质。"② 在这一思路上,他反思了满足需要论的价值定义,认为有必要澄清其隐性含义。他的意思是,需要既体现人的主体性,又包含着人对外物的依赖性,通常是非选择性的,而人的类本性恰恰在于,他有需要却不完全受其束缚,满足需要之后总会产生更高的追求,这才有所谓价值选择和价值评价的问题。③ 这实际上是说,用需要界定人内在的价值尺度必须联系马克思的整个需要理论去阐发,才能显扬人之异于动物的类本质;而一切价值都只有归结到主体价值,即以人的类本质为尺度的价值,才能获得合理定位。就此而言,"所谓价值不过就是人作为人所追求的那个目的物,而这个目的物也就是人的自身本质"④。尤其是个人在实现社会价值时,"个人只有在对他人而言的工具价值中熔铸人的理想,把自身的工具价值作为实现人生理想的手段,他的工具价值才能转化为主体价值"⑤。笔者认为,高清海先生的这一思想有助于克服当前理论界对马克思主义价值论的形式主义理解和功利主义理解,继承和发扬马克思哲学追求普遍自由个性的精神实质。

第三,从社会的三种形态入手确立人的价值主体地位

高清海先生主张超越传统唯物论和唯心论的本体论思维方式,断言人是哲学的奥秘,而人之为人在于自由自觉的类本质,并为人的主观性

---

① 高清海:《面向未来的马克思》,第371页。
② 高清海:《人就是"人"》,第208页。
③ 参见高清海《面向未来的马克思》,第278—279页。
④ 高清海:《面向未来的马克思》,第279页。
⑤ 高清海主编:《马克思主义哲学基础》下册,第66页。

正名，这一切在许多僵化教条的头脑看来是如此离经叛道，许多人迫不及待地给他扣上唯心论、人本学、存在主义之类的大帽子。然而，稍加研究我们就会发现，立足实践思维方式，消化吸收费尔巴哈人本学、萨特存在主义哲学等思想资源，对于纠正苏联模式教科书的形而上学唯物主义是何等必要。如果仅从使用的词句去看，马克思也曾多次采用费尔巴哈的表述（如"人是人的最高本质"），只是赋予其历史感和实践基础之后，这些表述都已成为马克思主义哲学的有机组成部分。马克思不是历史虚无主义者，他批评传统的唯物论和唯心论不懂得从实践出发，指向的正是人的现实生活。这里的实践不是一个形而上学的抽象概念，而是内在包含物质和精神的现实生活本身。从实践出发，无非是从人的现实生活出发。在现实生活中，精神的超越性和物质的限定性都是客观实在的，但二者都没有绝对到传统的唯心论和唯物论那种程度。反对传统哲学的偏执，既不能否定精神的超越性，又不能否定物质的限定性，只是澄清前提，划定界限，指明其现实生活根基而已。

　　出于与唯心主义哲学家论战的需要，马克思生前更多强调历史规律和物质的限定性，而较少就主观能动性和精神的超越性发表正面见解，因而萨特认为马克思主义理论中存在一块人学空场，有必要通过其存在主义哲学去加以补充。过去，许多学者从原教旨主义出发，一味贬低萨特的贡献，笔者认为这种评价不是建设性的，也不是实事求是的。萨特并不是要推翻马克思的哲学，恰恰相反，他坦承马克思的哲学在我们的时代不可超越，在此一前提下他对于精神的超越性的阐发是富有洞见的。高清海先生在独立探索的过程中，与萨特的思想发生一定程度的共鸣，考虑到我国改革开放以前的社会环境以及苏联模式教科书的决定论色彩，这与其说是偏激的，毋宁说是敏锐且深刻的。实际上，高清海先生较之大学时代未受马克思主义哲学专业训练的萨特，对马克思主义哲学史和马克思主义哲学原理的把握更加系统和全面。海德格尔批评萨特的存在主义哲学缺少历史感，我们发现，这个问题在高清海先生的类哲学中并不存在。

　　高清海先生明确指出："类本性始终处在历史的生成过程。按照马克思的说法，人类的生成发展必须经历三个历史阶段、三种历史形态：（1）'人的依赖关系'形态；（2）'以物的依赖性为基础的人的独立性'形态；（3）建立在个人全面发展基础上的'自由个性'（联合体）形态。这三个发展阶段表现了人的肯定、否定、否定之否定的本性,可以看作人的类本性—主体性的构成环节,即从'族群本位'(主体)经'个体本位'(主体)到'自觉的类本位'(主体)的历史生成过程。"① 其实,早在《马克思主义哲学基础》下册第八章《主体的社会规定性》的第三节"主体的历史发展及其规律"中,开篇就说:"主体既不是从来就有的,也不是一经形成就永恒不变的。主体是在历史上形成的,又是在历史中依据一定规律不断发展着的。"② 可见,高清海先生对人的二重生命的静态结构性阐发,与社会的三种形态的动态历史性说明是相互补充的,前者注重揭示人的主观能动性,后者注重揭示人的客观社会性,这二者共同构成人类实践或现实生活内在的两个面相。人的精神的超越性永远只能在一定的社会关系和物质条件限定下发挥作用,追求历史情境中的自由,而不能无视感性生活一味追求纯粹的精神自由。就此而言,确立人的价值主体地位,与社会形态的文明进步,以及共产主义革命和建设的追求,走的都是同一条道路。只有在消除了剥削和压迫的后阶级社会的自由人联合体中,才能确立真正自由平等的价值主体,使每个人都能担负起相应的权利和责任,从而成为类主体形态的人。笔者认为,高清海先生对人的类本性的历史分析,使其与一切抽象人性论划清了界限。

三 几点余论

最后,我想联系高清海先生的哲学遗嘱③《中华民族的未来发展需要有自己的哲学理论》谈几点看法。在这篇论文中,高清海先生语重心长地说:"创造'当代中国哲学',实质就是要创造中华民族的'思想自我'。一个社会和民族要站起来,当然经济上的实力是必要的基础,然而这并不是关键,关键在于首先要从思想上站立起来,一个在思想上不能

---

① 高清海:《面向未来的马克思》,第372页。
② 高清海主编:《马克思主义哲学基础》下册,第187页。
③ 参见孙利天《创造中华民族自己的哲学理论——高清海先生的哲学遗嘱》,《社会科学战线》2004年第6期。

站立的民族,哪怕它黄金遍地,也不可能真正成为主宰自己命运的主人。"① 他期待出现"一种由中国哲学家探索、创造的主要反映我们自身的境域和问题的'民族性''时代性'和'人类性'内在统一的哲学样式。"② 就民族性而言,它应充分吸收中国传统哲学的理论资源;就时代性而言,它应立足当代中国的现实;就人类性而言,它应广泛吸收世界范围内一切有价值的先进思想。从实现类主体的价值追求来看,我们至少可以获得三点启示。

第一,学习中国传统哲学,丰富和完善生命本性

以儒释道为代表的中国传统哲学尽管在民间仍然有着强大的生命力,在马克思主义哲学界却被许多人定性为落后的封建文化已久。按照黑格尔的说法,它们都属于精神与自然合一的实体哲学,其思维方式也都是形而上学的。在这种情况下,力倡实践思维的高清海先生突然宣称"中国传统哲学思想博大精深",③ 不免令一些人费解。在笔者看来,这里并没有矛盾。高清海先生曾说:"辩证法与形而上学的对立也不是抽象的,二者之间并没有一条不可逾越的鸿沟。相反地,这两种思想不但能够互相转化,而且处于经常地转化之中。全面性本来就是在各个片面的部分的统一联系中构成的,只是它不把这些部分归结为一个个孤立的片面的东西。从这个意义可以说,辩证法包含了形而上学的那一切命题,但它并不归结为形而上学。"④ 同样,我们也可以说,实践思维对形而上学和传统本体论的超越,也是扬弃而非断裂。在实践思维下,形而上学成为属人之学,成为人的精神的超越性的表现方式,正如实证科学成为属人之学,成为人的物质的限定性的表现方式。就此而言,没有具体的属人的形而上学和实证科学,没有特定的精神的超越性和物质的限定性,实践只会沦为一个空虚的抽象名词,无从表现人的现实生活。因此,高清海先生一边倡导实践思维,一边高谈形而上学,只要明确了二者分属不同的理论层次,这是很自然的事情。

---

① 高清海:《中华民族的未来发展需要有自己的哲学理论》,《吉林大学社会科学学报》2004年第2期。
② 高清海:《中华民族的未来发展需要有自己的哲学理论》,《吉林大学社会科学学报》2004年第2期。
③ 高清海:《找回失去的"哲学自我":哲学创新的生命本性》,第60页。
④ 高清海主编:《马克思主义哲学基础》上册,第63页。

在高清海先生看来，中国传统哲学的理论核心不是本体论，而是道论。古希腊的本体论从表象与实在的两分出发，导向生活世界与超感性世界的对立。中国的道论则主张道器一体，"不离日用常行内，直造先天未画前"（王阳明《别诸生》）。对本体的认识有赖理性的认知功能，对道的体悟则要靠心性的悟觉作用。"理性可以看作是'逻辑化的心性'，心性则是'内在化的理性'……理性作为制度规范，属于对人的'外治'；心性作为自觉规范，属于人自身的'内治'。"① 具体而言，儒家注重穷理尽性，追求人际和谐；道家注重复真保性，追求个性自由；佛家注重明心见性，追求生命的超越和永恒。这三者正好从不同侧面丰富和完善人的生命本性。当然，从以人为主体的实践观点看来，这主要是就人的精神的超越性而言，不可泛化绝对化为哲学教条，走向科学、民主、法治的对立面，而应将其安立于现实的人的感性生活之内，对其进行创造性转化，剔除其落后于时代的消极因素，发挥其提升人生境界的伦理和审美意义。

第二，发展社会主义市场经济，创造独立自主的人

重视中国传统哲学，只是为了正视和了解我们的过去，帮助我们解决当代中国人面临的生存和发展难题。这些难题在马克思主义经典中找不到标准答案，更不要说去诸子百家中寻找了。但是，重新认识马克思的哲学革命后，我们掌握了实践观点的思维方式。在这一思维方式下，我们极大加深了对人的本质的历史性和结构性理解，深刻领会到包括我们自己在内的人的本质不是给定的、现成的，而是可以、应该通过不断总结消化古今中外一切人类实践的经验教训来更新、充实其内容。所谓"面对多元化，坚持主体性"，② 一切都要从当代中国人的主体性出发。这首先便要认清当代中国人所处的历史阶段，明确我们在需要和能力方面的大根大本。

改革开放以前，我们曾违背马克思的社会发展理论，对资本主义采取简单粗暴的批判态度，妄图跑步进入共产主义。对此，高清海先生认为："我们今天的现实条件与马克思设想的不同，我们要建设的只是初级

---

① 高清海：《找回失去的"哲学自我"：哲学创新的生命本性》，第67页。
② 李德顺：《面对多元化，坚持主体性——关于社会主义价值体系及其核心的思考》，《中国政法大学学报》2008年第3期。

阶段的社会主义，在处理社会主义与资本主义的关系问题上更加需要具体地对待，决不能搞抽象对立、抽象否定。"① 尤其是资本主义社会中市场经济的发展打破了人与人之间的依赖关系，才使社会形态发展到"以物的依赖性为基础的人的独立性"阶段。市场经济并不就等于资本主义，它固然有负面作用，却是迈向自由人联合体不可避免的环节。"解放个人，创造独立自主的人，推动人们形成自由平等的人格，这才是市场经济不可替代的根本历史作用。"②

可见，与仅从生产力和经济财富视角出发的支持者不同，高清海先生一开始就将市场经济与人的发展联系起来，因而他对经济体制转变过程中出现的人的异化现象十分敏感，并且提出了深具历史眼光的解决思路。他认为，过去中国社会臣民观念盛行，公民意识淡薄，归根到底是国家和社会一体化所致。而随着市场经济的发展，"市民社会"逐渐成熟，国家不能像以前那样全面管控社会，必须"调整自己的机构、职能和方式，走向更加法治化、民主化和福利化、大众化"。③ 唯其如此，才能移风易俗，培养出有独立人格的社会主义接班人。社会主义较之资本主义的优越性，也只能通过国家体制更加法治化、民主化和福利化、大众化，社会主体更加自由和全面发展来加以衡量。

第三，立足人类实践，探索建立自由人联合体的现实道路

高清海先生对实践思维的深刻理解，使得他的视野格外开阔，思想充满历史感和辩证意味。他对于辩证法和形而上学、社会主义和资本主义、当代中国哲学和传统中国哲学等的辩证分析最可见出这一点。他之所以在一些学者只能看到对立的地方深刻把握二者的联系，是由于他是从整个人类实践出发，而不是从无论来自何处的理论教条出发。这种实践思维也是邓小平理论和整个中国特色社会主义理论的出发点。在怎样建设社会主义的自由人联合体，怎样坚持马克思主义的问题上，邓小平指出："绝不能要求马克思为解决他去世之后上百年、几百年所产生的问题提供现成答案……不以新的思想、观点去继承、发展马克思主义，不是真正的马克思主义者。"④

---

① 高清海：《面向未来的马克思》，第 307 页。
② 高清海：《面向未来的马克思》，第 308 页。
③ 高清海：《面向未来的马克思》，第 328 页。
④ 《邓小平文选》第 3 卷，人民出版社 1993 年版，第 291—292 页。

对此，高清海先生高度评价说："'邓小平理论'中虽然没有专门的哲学理论部分，它所体现的那种脚踏实地、面向未来，不从抽象原则出发、不受书本教条束缚，大胆突破陈规、决不因循守旧、一往直前不断创新的精神，即'解放思想，实事求是'的精神，正是代表了一种与传统思维方式根本不同的现代的哲学世界观。"① 高清海先生不仅是这种新世界观的解说者，也是身体力行者，他是当代中国的理性思维的英雄。

---

① 高清海：《人就是"人"》，第 251—252 页。

类哲学与类价值观的求索

姚修杰[*]

一 哲学理论形态的变迁与价值观的变革

"价值属于人对自身的本质追求",有人的存在就有价值。理想是价值之诗。远古神话、英雄史诗作为人类的童话,无论在东西方,都是以幻化的方式表达着人对自身的理解和希望,而哲学的发展始终都与人类摆脱原始状态而进入文明社会的发展相一致。当人类能够以一种理性的态度理解人们的现实生活,重构神或英雄,也就有了最早的哲学。哲学是理性化反思性的价值观,是以现实为基础,对人的现实存在与理想存在、价值与事实冲突的概念解决。但在哲学初生时期,人的力量较弱,只能以群体的方式和力量来维持生存,原始群体的自然性(血缘或地缘纽带的自然性)和生产生活的原始性共同构造了马克思所说的"人的依赖关系"的社会形式和人的发展形态,个人对群体和自然的依赖导致一种自然主义的价值态度,即对群体与自然的理想化设定,再由其中生成价值尺度或标准,生成人们的行为规范。古代哲学作为最初的关于价值的理性把握,大多是自然崇拜和群体崇拜的理性化,从自然和群体出发理解人、世界、人与世界的关系,论证自然和群体的正当性。古希腊那些追寻万物本原的哲学,无论是唯物主义还是唯心主义,在以某种统一性来理解整个世界,确定这种统一性以逻辑上的最高地位时,也赋予了这种统一性价值上的最高地位,即最终的价值标准和价值尺度:自然高于自由,整体高于部分。由于"我不属于我自己,我是属于'城邦'

---

[*] 姚修杰,天津理工大学副教授。

的"，哲学在此表达的是自然群体的自我意识，也是个体所希望的自然群体的理想状态。比如，柏拉图以理念的等级来构造理想的国家，并以人的等级理解国家的正义。亚里士多德把人规定为"政治动物"，其出发点和归宿都是希望人作为城邦的一部分应当并且能够发挥其应有的作用。其实，这种自然主义的价值态度弥漫于古代各民族的哲学，只在人的存在还处于"人的依赖关系"状态"，人的理想和价值只能是对自然和群体的理想，即使是在宗教社会中，人生活在牧羊人（神）—羊（人）的关系之中，也不存在独立的个人，及以个体为前提的价值追求。

近代社会是历史传统的断裂，社会秩序、价值观及与之相适应的哲学观念都发生变化。首先是西方社会率先进入了"以物的依赖性为基础的人的独立性"的发展阶段，主导哲学有价值观也发生了由客体性向主体性、由群体主义向个体主义转变，无论是经验论的经验还是唯理论的理性，都是个人立场的，甚至出现了方法论个人主义，表现的都是获得独立性以后的个人与世界的关系以及他自己的理想、愿望和追求。培根要求以新的科学方法理解自然控制自然，以增进人类的福利，显然属于人道主义的操作。笛卡尔的"我思故我在"命题确立起主体性原则，再由康德明确发展为"人是目的"，此即对个人之独立性的最高确认。与此相应，自由、平等、人权、博爱等个人主义价值观逐渐成为社会思潮的主流，在经济、科学、文化、政治等领域大行其道，成就了西方资本主义的大国崛起，在西方资本主义的侵略、扩张的野蛮步伐中，历史进入了世界历史。中国也就是在这一历史进程中，被迫开始了传统社会向现代社会的转型，原有的道统、学统都陷入被质疑和批判。中国社会在努力寻求民族解放和独立的革命道路的进程中，大力引进西学构补传统哲学观念之不足，建属于自己的时代精神，并最终在中国化的马克思主义即毛泽东思想的指导下，实现了民族解放和现代民族国家的建立，完成了社会形态和价值观念由传统向现代的转换，哲学观念也发生重大的革命。

二 关注人的未来存在的类哲学

高清海先生一贯认为，哲学作为人的自我理解和自我意识理论，不但应当反映和表达当今的时代精神以及人类未来的发展走向，而且还应该承担起促进、推动和升华人对自身本质变化的自觉意识的任务。

"人是哲学的奥秘"，以人的存在与发展的视角来理解我们生活的这个时代是高先生的鲜明特征。高先生认为："本世纪把人类相继形成的几大社会或历史形态，也就是马克思所指出的人的三个基本形态汇聚在了同一个时空里，这是它最为突出的特点。""人在哪儿存在价值就指向哪儿"，人的基本形态的多元化必然导致价值多元化和相对主义。多元的价值因其各自特定的社会历史内涵所具有的意义极为有限，而相对主义则进一步加深了人对自身存在意义的焦虑。发达的西方国家仍局限在个体主义框架中探索人的理想存在，而不走"老路"和"斜路"的中国创新出一条中国特色社会主义道路，在新的世纪更加显示出自身强大的能力和活力，无疑是在实践上对个体主义的强有力的挑战。高清海先生认为，所有这些当今社会最为明显的现实使"我们有可能从切身的体验和观察之中去对它们比较、鉴别，然后自觉地进行选择、组合和创造"。

一方面，由于在世界历史中的特殊地位以及特定的国情，中国特色社会主义不得不把优先发展生产力作为重中之重，在市场经济与社会主义的结合中生成新的发展之路，并建立与之相适应的社会治理体系。单纯的市场经济发展有强化和培育个体主义的功效，但经常是物质情欲层面的，极易形成极端利己主义人格，出现"人对人是狼"的社会秩序，这种有限的个体主义不足以支撑经济社会长期的创新性发展。同时，个体只有走出自身，走向更大的共同体，才不至于陷于物化的悲剧。真正的个性发展需要社会主义价值原则的支撑，只有集体主义才是当代中国个性成长的价值原点。也就是说，在肯定人们追求和实现自我价值的同时引导人们关怀集体的价值，关怀人类生存的意义和价值，以集体和类的体验确定自身职责，完成人生追求。另一方面，当代资本主义发展也出现了新的趋势，生产力的发展、资本的全球化也在不断地为资本主义的自我否定创造着条件，后现代思潮更是把个体主义发展到极致，如何在新的历史条件下思考资本主义发展的价值向度，显然是有意义的问题。

哲学的创新从来是登高远眺的结果。登高即依靠在巨人的肩膀上，对于传统哲学的继承与发展。"高先生的专业是马克思主义哲学，在对马克思哲学的精神实质的长期思考中得出了实践观点的思维方式这一既无限贴近本意因而又颇具创新精神的结论，并在以后的深化研究中合乎逻辑地从实践问题转向对人的问题的自觉关注，最终在马克思关于人是类存在物的深刻洞见基础上综合其他哲学家的相关思想创立了类哲学。"确实，就思维方式和话语体系来说，类哲学属于马克思主义哲学，但这种马克思主义哲学是包容了人类哲学思考优秀成果的，特别是黑格尔和费尔巴哈的哲学思想。高先生认为，黑格尔的概念辩证法是"精神化的人性逻辑"，费尔巴哈对黑格尔的批判是"把人性归还给人"，最终在"人与人的统一"的基础上提出了"类"。虽然费尔巴哈的人本学最终没能超出自然观点的限制，而且受到马克思的分析批判，但其内在合理性仍然为高先生所重视，成为类哲学的一个思想起点。套用列宁的语式，不懂得黑格尔的逻辑学和费尔巴哈的人本学，就不可能懂得类哲学。这种说法，大体不错。

三 类哲学作为构建类价值观的哲学基础

人类价值观的变迁，既可以实现在传统的演化进化中，也可以实现在断裂和革命的进程中，无论哪一种，哲学作为自我意识在其中都具有规范作用。就现实而言，人们深切地意识到，人类世界出现的诸多问题，都与现有的价值观预设有着深刻的内在关联。历史已经进入世界历史，但进入世界历史的人并非具有世界历史的自觉，世界历史中的人需要一种类的价值观。类哲学与价值观的关联主要在于，类哲学把表达的是人对自己的观点，在对人自身本质的关注中，类哲学确认价值属于人对自身本质的追求，人类价值追求的历史进程也就是实现类本质这一最高目标的进程。类哲学可以作为构建类价值观的哲学基础而发挥作用。

从人与世界的关系来看，人有自然的生命，作为自然世界的一部分与自然世界具有原始的同一性。以此为基础，人作为"能动的存在物"把事物变成为我的存在，人由此变为高先生所谓的"超物之物""自然中的超自然物"或"超生命的生命"。实践活动是人的对象化和对象的人化的统一，人可以以世界万物为自己的有机身体，使世界万物的能力成为人的本质力量，人与世界的这种统一是更深层次更丰富内容的内在统一。高先生认为，这一方面表明，人的发展趋向最终必然要与万物结为一体，一方面表明，人是以类为本性的存在。尽管人是天生的"自我中心主义者"，但"自我"必然在实践的发展中经历从群体到个体再到类的生成与发展，实现自我中心主义与世界中心主义合二而一。

从人与人的关系来看，人在实践活动中表现为既是由己的存在，也是为他的存在，"天然地要把他人包括在自身的本质里"，人要通过占有他人的本质（力量）构成自身，这是现实中的和历史性的人的生成依据。个人在众多生命个体中获得自己的规定，众多生命个体也在个体的实践创造中生成更为丰富的规定。以往的实践活动的有限性必然形成人与人的割裂，这种割裂也要通过实践来消解。于是，在这种一与多的循环中，人与人的关系经历了群体本位、个体本位、类本位。"人的本质集中在哪里，价值目标也就指向哪里"，相应地，价值观也在经历了"大我"本位和"小我"本位这两种片面的价值观后，最终实现类本位的价值观，即"大我与小我、人与物、生命本质与非生命本质、个体形态与超个体形态的完全和谐一体的价值观"。

从人与自身的关系看，高先生强调，立足于当代世界发展的趋势，应当破除"种"的思维方式，从类的角度理解人自身。以创造性实践为活动方式的人把自己创造为"自为的生命体"、"超越生命的生命存在"、"宇宙生命的人格化身"，必然以人为人的生命活动的目的，"所谓实现人的价值，即追求人的本质、实现人的潜能、展现人的力量、其实质不过就是意味着在人化的形式中使万物固有的本质、潜能、力量得以开掘和发挥而已"。以往哲学中的"神化人"与"物化人"分别反映着历史发展不同阶段的人的存在方式和价值理想，只是人的类本质的不成熟、片面发展的阶段，其历史局限性决定了转换对人的理解方式的必要性，即从"类"角度理解人，理解类的价值观。现代世界性问题的提出，意味着需要一种新的人类价值观。这种类的价值观，按照类哲学的理解，应当是人的类存在的现实化，"价值本位将从群体和个体转向二者统一的类"。

马克思说："一个种的整体特性，种的类特性就在于生命活动的性质，而自由的有意识的活动恰恰是人的类特性。"类特性的实现在今天无论是作为事实还是作为应当都成为必然。习近平总书记向全世界发出发建设"人类命运共同体"的号召，类哲学则为这为这一价值理想提供了一个深刻的人本学论证。

高清海"类哲学"思想中的黑格尔逻辑 *

陈士聪 **

人们逐渐认识到理解高清海先生的"类哲学"思想在高清海思想中的重要意义。但是，关于如何理解高清海先生的"类哲学"思想与学术思想史之间的关系，却仍存在着分歧。一种观点认为高清海先生的类哲学超越了黑格尔的思辨逻辑和费尔巴哈的唯物主义，是对马克思主义哲学思想的进一步发展。然而这种理解有一个问题，即把黑格尔的辩证逻辑和费尔巴哈的唯物主义看作是对高先生类哲学思想同等重要的理论资源。纵观高先生的著述，我们发现这种观点夸大了费尔巴哈唯物主义思想的重要性，也贬低了黑格尔辩证逻辑在高清海思想中的地位。另一种观点认为，黑格尔的逻辑学比费尔巴哈的唯物主义思想对高清海思想的影响更为重大，比如高先生思想中关于"类哲学"与"种哲学"、"本体论"与"实践论"的关系问题的讨论只有基于黑格尔的辩证逻辑才能精确理解。本文赞成黑格尔逻辑学对高清海"类哲学"思想的提出具有重要意义。因为我们在理解高清海类哲学的逻辑本质，进而理解高清海先生类哲学思想本身的本质时，发现黑格尔逻辑学思想在其中起到重要作用。为此本文将试图探究高清海先生"类哲学"思想在何种意义上受到了黑格尔辩证逻辑的影响，亦即在何种意义上实现了对黑格尔逻辑学的借鉴与发展。

---

* ［基金项目］国家社科基金青年项目"现代性视域下黑格尔宗教批判思想研究"（17CZJ004）。

** 陈士聪，男，东北师范大学马克思主义学部哲学院副教授，硕士生导师。

一　黑格尔的辩证逻辑与"类"

黑格尔没有系统论述"类"哲学，有学者为了论述黑格尔的"类思想"，以一种文献资料整理的方式，收集黑格尔著作中字里行间关于"类"的论述，进而把这种只言片语看作是黑格尔的"类"思想本身。但是黑格尔"类思想"是一个全面而系统的体系性思想，而不是碎片化的只言片语。碎片化理解黑格尔的"类哲学"容易把黑格尔"类"思想看作为一种与他的辩证逻辑和哲学体系相矛盾的思想。因此，我们需要从整个黑格尔哲学体系和辩证逻辑出发，而不是从碎片化的只言片语出发来探讨黑格尔的"类"思想。在这里，我们基于黑格尔的辩证逻辑可以发现，黑格尔"类"思想相对于传统的"种"思想而言实现了三个方面的超越：

1. 从"形式逻辑"到"辩证逻辑"

在黑格尔看来，"类"是关于生命本性的思考，而形式逻辑的"种"思维不能够认识人的精神中的"生命"本性。因为精神作为一种"生命性"的概念是一个动态生命发展过程，而形式逻辑的认识是一种僵化的"对象性"认识，这种对象性即意味着是一种关于"物"的关系的认识。因此，形式逻辑只能把握"物性"的外在对象，而不能把握"生命性"的精神。高清海先生指出："形式逻辑的方法基本上是从认识物种事物的经验总结中建立和形成的，它适合于认识人以外的事物，却并不适用认识人自身。"[①] 形式逻辑的认识方法是把一切对象"物化"，"物化"意味着要么把宇宙的本质还原为经验总结中的"物"，要么还原为静止僵化的外在对象。因此，这种"物化"认识方式是一种形式逻辑的"种"思维，亦即一种僵化孤立的、有限个别的、外在反思的思维。如果我们对人的生命本性也进行"物化"的认识，很明显就是对人的一种异化认识，就是以形式逻辑认识事物的传统本体论哲学。也就是说，我们以形式逻辑只能把握生命的"种"的特征，而不能把握生命的"类"的特征。因此，

---

① 高清海、胡海波、贺来：《人的类生命与类哲学——走向未来的当代哲学精神》，第246—247页。

我们需要从传统本体论哲学上升到实践论哲学，采取一种尊重生命本性的认识方式——辩证逻辑来认识人本身。黑格尔说："我们必须把有限的、单纯理智的思维与无限的理性的思维区别开。凡是直接的个别得来的思维规定，都是有限的规定。但真理本身是无限的，它是不能用有限的范畴所能表达并带入意识的。"① 这里所谓的单纯理智的思维即形式逻辑，因为单纯理智的思维是一种有限的，直接个别的思维规定，只能探讨外在的、对象性的东西，不能把握人的生命本性。因为人的生命和精神是无限的、动态发展的过程，因此我们需要以辩证思维的无限性来把握无限性的生命和精神。"黑格尔在《逻辑学》中把构成其思想体系的基石——概念，看作是一个个的生命，因此，概念的自我运动及具有生命原则的运动……黑格尔的思辨辩证法的运动是一种有生命原则的自我运动。"② 黑格尔的辩证逻辑把概念"生命化"，也把精神"思辨化"，因为只有基于生命自身的方法才能认识生命和精神。进而，我们需要以辩证思维来把握"类"，而不是以形式思维来把握"种"。

2. 从"自然法则"到"自由法则"

如果说"种"的思维是一种固执于自然法则的传统本体论思维，那么"类"思维就是一种实践论思维。这种实践论的思维尊重的自由法则，而不是自然法则。认识和把握人的生命本性，一方面需要运用新的逻辑，亦即以辩证逻辑取代形式逻辑；另一方面则需要运用新的"法则"，亦即运用自由法则取代自然法则。人当然需要符合自然法则，即需要尊重自然因果律，然而更需要符合自由法则，即尊重生命的自由本性。黑格尔说："只要就人作为自然的人，就人的行为作为自然的形而来说，他所有的一切活动，都是他所不应有的。精神却正与自然相反，精神应是自由的，它是通过自己本身而成为它自己所应该那样。自然对人来说只是人应当加以改造的出发点。"③ 如果人的一切行为都要严格遵守"自然法则"，那么人就只是动物意义上的"种"，而不是生命意义上的"类"。人要发挥自己的生命本性（类本质），要实现生命的自由，需要打破"自然法则"的枷锁，上升为"自由法则"。就此意义而言，自然对人而言是

---

① ［德］黑格尔：《小逻辑》，商务印书馆1997年版，贺麟译，第98页。
② 陈士聪：《论资本的"自否定"逻辑——从〈逻辑学〉到〈资本论〉》，《理论月刊》2018年第5期。
③ ［德］黑格尔：《小逻辑》，贺麟译，第92页。

人需要加以改造的,或者说人不能受到自然本能的限制,而应该追求精神上的自由。自然法则对人而言只是对客观自然的规律性阐释,亦即"种"的意义上的解释,人之所以超出自然,就在于人的精神遵从的是自由法则,是"类"。高清海先生对此认为:"人从动物进化而来,在人生成为人以后,人的根本性质和存在形式便都超越了动物界,并与其他动物区别开来,获得了自己的特殊的存在的规律,这应当叫作人的发展规律。"① 人是从动物发展而来,因此人当然需要尊重"自然法则"。但是人的根本性质和存在形式超越了自然法则的规定,这是人区别于动物,人超越于自然的标志。在此基础上,人获得了的人自身的发展规律亦即自由因果律。进而言之,获得了"类"的规定是人超越自然法则和动物的"种"性的标志。

3. 从"种"哲学到"类"哲学

伴随着思维逻辑从形式逻辑上升为辩证逻辑,法则从自然法则上升为自由法则的变化,哲学观念也随之发生了变化,亦即从"种"观念发展为"类"观念。因为"种逻辑"已经发展为"类逻辑","种法则"已经发展为"类法则",因此,"种哲学"发展为"类哲学"。黑格尔指出,"个体生灭无常,而类是其中持续存在的东西,而且重现在每一个体中",我们只有在类哲学中才能"去寻求那固定的、常住的、自身规定的、统摄特殊的普遍原则。这种普遍原则就是事物的真理"②。在"种"的哲学下,每一个人都是个别的、有限的个体,思维逻辑拘泥于经验主义的总结和对象化的外在思考,关于生命本性的认识只停留于自然法则的"动物性"思考。因此,如果我们拘泥于种哲学,其结果是生命只能成为孤立的、僵化的外在对象。只有从种哲学上升为类哲学,我们才能发现人之为人的无限性和普遍性,进而才能发现生命的无限潜能和精神的普遍性法则。高清海对此这样评价黑格尔从"种"哲学到"类"哲学的转向:"'生物进化论'应当成为我们理解人的前提或基点。但是,这并不等于从物种进化就能完全理解并说明人之所以为人的来源和本性。进化论只能作为我们理解人的前提、理解人的一个基点,与此同时,要理解人还

---

① 高清海、胡海波、贺来:《人的类生命与类哲学——走向未来的当代哲学精神》,第237页。

② [德]黑格尔:《小逻辑》,第75—76页。

必须有另一个基点，这就是立足于物种的超越性维度。只有进化论与超越论两个维度相结合，才能理解人之为人的本性和来源。"① 超越基于物种和自然属性的种哲学，而进入基于人的生命和精神的类哲学，才能彰显人之为人的本质。

由于思维逻辑和法则改变的原因，黑格尔关于"类"的哲学思想与传统哲学相比有一个重要转向：黑格尔哲学的主体是活生生具体的人的"精神"，而不是某种抽象僵化的"对象"。因此"类哲学"意味着对生命的尊重，对生命的动态发展过程、自由思考的能力、追求无限性和普遍性的尊重；而"种"哲学只是基于经验主义的僵化总结、对象化的外在反思和对自然规律的过分拘泥。如果我们把人的生命本性和精神看作是某种对象，那么我们就是对人的"物化"和"对象化"，这很明显只是"种哲学"而不是"类哲学"。但是这里需要指出的是从"种哲学"到"类哲学"并不意味着完全否定"种"，就如同从个体到普遍、从形式到辩证、从自然到自由的转向并不意味着对个体、形式和自然的否定。因为在黑格尔的思想体系中，被扬弃的东西并不是被完全否定了，而是作为进一步向前发展的一个环节存在于那里。

二 高清海对黑格尔逻辑学的扬弃

不可否认的是高清海先生在理解人的问题上借鉴了黑格尔的辩证逻辑。他指出："只有运用辩证的思维逻辑，才能建立起真正的类观念……关键不在于把人看作什么，关键在于逻辑。只有用人的逻辑才能理解人，从物的逻辑无论怎样去强调人不同于物，到头来免不了把人理解为非人。"② 这里所谓的辩证逻辑和"人的逻辑"即黑格尔的思辨逻辑。因为思辨逻辑即理解人的逻辑，而传统的形式逻辑只是理解"物"的逻辑。有人就此意义而认为高清海类哲学的逻辑就是黑格尔意义上的逻辑，即高清海"类哲学"是一种强调"辩证逻辑"和"自由原则"，否定"种

---

① 高清海：《"人"的哲学悟觉》，第13页。
② 高清海、胡海波、贺来：《人的类生命与类哲学——走向未来的当代哲学精神》，第248页。

哲学"的"形式逻辑"和"自然法则"的学说。如果我们这样理解高先生的思想,那么我们既误读了高清海,也误读了黑格尔,因为这里没有看到高清海对黑格尔的逻辑学的扬弃。

高清海先生在运用黑格尔的辩证逻辑思考"类"的时候,既是对黑格尔逻辑学的继承也是对黑格尔逻辑学的发展。因为黑格尔的思辨逻辑是基于"精神"的逻辑。在《精神现象学》中,黑格尔把人和人的本质等同于自我意识,因而"人的本质的全部异化不过是自我意识的异化。自我意识的异化没有被看作人的本质的现实异化的表现,即在知识和思维中反映出来的这种异化的表现。相反,现实的即真实地出现的异化,就其潜藏在内部最深处的——并且只有哲学才能揭示出来的——本质说来,不过是现实的人的本质即自我意识的异化的现象"①。也就是说,黑格尔颠倒了现实的异化与自我意识的异化的关系,把现实的异化看成是精神的自我异化或对象化,看成是自我意识的本质的外在化的表现。与之相对,高清海先生的"类哲学"是从抽象精神的类生命转向为现实具体的人的类生命的哲学。具体而言,这种转向体现在以下三个方面:

1. 从"理论思维"到"实践思维"

想要超越传统哲学,就必须要破除形式思维,而这种超越形式逻辑的思维方式就是黑格尔的辩证思维。不过黑格尔尽管超越了传统形式思维而创立了辩证思维,但正如马克思所指出的,黑格尔并不了解"现实的、感性活动本身"②,因而没能意识到人的实践活动是辩证法的真正基础。高清海先生说:"在研究中我发现,马克思继承的虽然是历史上的'唯物主义'思想传统,他与先前的唯物主义有本质的区别,这个区别首先不在于他具有的辩证法思想,而在于他提出的'实践观点'。先前的哲学争论集中在'思维和存在(物质和精神)'的关系问题上,这构成那时所谓的'哲学的基本问题'。由于人们不了解能够把思维和存在统一起来的现实基础——'实践',所以近代以来陷入唯物论与唯心论的两极观点的争论。马克思提出的实践理论,在我看来正好解决了思维与存在的统一基础问题(哲学基本问题),由此也就超越了唯物论与唯心论的两极对立,为哲学开辟了新的视野,并把纯理论性的哲学引向现实生活。马克

---

① 《马克思恩格斯全集》第3卷,第332页。
② 《高清海哲学文存》第1卷,第54页。

思所具有的'辩证法'思想也主要是来源于这个实践理论。"① 高清海先生一方面承认了辩证思维的重要性,因为辩证思维能够超越物质与精神、思维与存在的二元对立;另一方面以实践思维实现了对理论思维的扬弃,因为只有实践思维才能真正把握人的"现实的、感性活动本身"。基于辩证思维无法彻底解决思维和存在(物质和精神)的二元性,因为辩证思维是一种以精神和形而上的思维为基础的方法,这种方法无法打通思维与存在的内在关联。在高清海先生看来,马克思提出的实践思维是"以'实践的观点'为基础去改造本体论化的思维方式"②,建立一种新的哲学世界观,这种新的世界观完美地解决了思维和存在的二元对立,因为实践一方面需要以客观现实为场域和对象,另一方面需要以思维去指导实践和验证实践的成果。基于此,高清海先生从"理论思维"上升为"实践思维"。

2. 从"精神劳动"到"生产劳动"

正因为黑格尔的思维方法是一种形而上的"理论思维",所以黑格尔在探讨思维与存在、意识与现实的关系时带有"观念性"的色彩。不过,这并不能否认黑格尔思想的功绩:黑格尔哲学的一个重要功绩在于他探讨实现思维与存在的内在统一时,要经历自我意识的现实化,即人的自我异化和这种异化的扬弃,而在这个过程中,黑格尔抓住了劳动的本质。"黑格尔的《现象学》及其最后成果——辩证法,作为推动原则和创造原则的否定性——的伟大之处首先在于,黑格尔把人的自我产生看作一个过程,把对象化看作非对象化,看作外化和这种外化的扬弃;可见,他抓住了劳动的本质,把对象性的人、现实的因而是真正的人理解为他自己的劳动的结果。"③ 如何打通思维与存在、意识与现实的内在关联呢?黑格尔提出了自我意识的现实化这一辩证演绎过程,自我意识的现实化即自我意识与客观现实发生关联,黑格尔的概念化语言表述为"自我意识的外化和这种外化的扬弃"。而这个过程中,黑格尔提出了"劳动"。进而,从劳动出发黑格尔抓住了现实的人的本质,把人的自我产生理解为一个"自否性"的过程。黑格尔提出"劳动"进而把握人的本质这一

---

① 高清海:《找回失去的"哲学自我"》,序言,第 2 页。
② 《马克思恩格斯选集》第 1 卷,第 327 页。
③ 《马克思恩格斯全集》第 3 卷,第 319—320 页。

点，被马克思恩格斯看作是"天才式的构想"。但黑格尔所理解的劳动归根到底只是"抽象的精神劳动"，即在抽象的范围内，"把劳动理解为人的自我产生的行动，把人对自身的关系理解为对异己存在物的关系，把作为异己存在物的自身的实现理解为生成着的类意识和类生活"①。这样，黑格尔哲学把一切现实的东西都消融在精神之中，把现实世界中的种种对立理解成精神自身的各种异化形式之间的对立。人的最真实的劳动应该是"生产劳动"，高清海指出："人的生产活动从根本上说就是对自然、自然性、自然关系的一种否定性活动。这里否定的，首先就是一切听凭自然安排、顺应自然法则、依赖自然天赐的动物式生存方式，其实这也就是物种的那种规定性。"② 通过生产劳动，人们才能够否定自身的物种所带来的局限性，才能够显现人的真实的本质，"生产活动作为人类同自然界物质转换的创造性活动，本质上是一种类活动"③。生产活动所显现的人的本质活动是一种类活动，而不是精神的观念性活动。

3. 从"观念"的类到"人"的类

从强调理论思维和精神的劳动可知，黑格尔是用观念来表征真实存在的对象世界，黑格尔要研究的是真实世界的本质和概念，而不是真实的世界的具体表现。因此，黑格尔在论述人的异化的时候，谈论的是人的观念的异化，异化的扬弃则表现为在观念中重新找回本质。这样，人的自我异化的扬弃就成了观念上的自我消解。高清海指出："如果说真有一个原型人、本真人、人本身的话，那么，这个本原之人既不会存在于自然之中，也不能在天国里，它就在人的这种始源活动里。"④ 我们要想探究人的本质，不能停留于基于"自然法则"的"种"思维之中，也不能停留于基于"天国"的观念性思辨逻辑之中，而是需要回归到人的始源活动之中。这里的始源活动就是指现实的生产实践劳动，这种生产实践活动是对"种思维"或观念性思维的扬弃。通过生产实践劳动，高清海先生认为，我们才能真正发现原型人、本真人、人本身，观念中的求

---

① 《马克思恩格斯全集》第 3 卷，第 332 页。
② 高清海、胡海波、贺来：《人的类生命与类哲学——走向未来的当代哲学精神》，第 248—249 页。
③ 高清海、胡海波、贺来：《人的类生命与类哲学——走向未来的当代哲学精神》，第 249 页。
④ 高清海、胡海波、贺来：《人的类生命与类哲学——走向未来的当代哲学精神》，第 249 页。

索最多发现的是人的"精神",而不是人本身。基于此,高清海先生的"类"哲学就不再是黑格尔观念论意义上的"类"哲学,而是实践论意义上的"类"哲学。在这里,高清海既继承了黑格尔"类"思想的合理性的一面,例如,他的类哲学同黑格尔的类哲学一样并不意味着完全否定种哲学,而是把种哲学看作是发展出类哲学的一个环节;又进一步把这种"合理内核"进行了实践论意义上的发展,这种实践论意义上的"类"哲学不再是以形而上学的观念为基础,而是以现实具体的人的实践为基础。人的类本质不再仅仅体现为是观念性的生命和精神,而更多地体现为是现实具体的实践活动。

然而这里需要指出的是,尽管高清海先生实现了从"理论思维"到"实践思维"、从"精神劳动"到"生产劳动"、从"观念"的类到"人"的类的转向,但是这并不意味着他完全否定了"理论思维"、"精神劳动"和"观念"的类。如果我们这样理解高清海的"类哲学",那么我们就陷入了高清海所批判的形式逻辑,亦即非此即彼的对象性思维,这种不是"类哲学"的思维逻辑,而只能算作"种哲学"的思维逻辑。高清海先生毋宁是一种对"理论思维""精神劳动"和"观念"的类的扬弃,扬弃意味着在继承的基础上发展,在批判的基础上超越,在否定的基础上肯定。因此,"理论思维""精神劳动"和"观念"的类是高清海类哲学的一个重要的逻辑环节,是实现"实践思维""生产劳动"和"人的类"的重要前提。进而,高清海先生"类哲学"的逻辑既具有黑格尔逻辑学的优点,又有对黑格尔逻辑学的创新发展。

三 "类哲学"的逻辑

基于对黑格尔逻辑学的扬弃,我们便可以理解高清海先生的类哲学既具有黑格尔逻辑学的优点,又是对马克思主义哲学的进一步发展。对人的本性的把握只有在哲学中才能实现,因此黑格尔的逻辑学对于我们理解和阐释人的"类"本质具有方法论的意义;同时对人的本性的深刻把握需要基于现实的具体实践活动,人只有在一个动态发展的实践过程中才能彰显自己的本质。就这一意义而言,"类哲学"使得"人""类"和"哲学"这三者成为一个有机的思想体系。具体而言,类哲学的逻辑主要体现在以下几个方面：

1. 类哲学的逻辑是一种对"人"的类生命具有哲学自觉的逻辑。

高清海先生类哲学思想的真正主题和核心内容是阐发人的真正本质和生命本性，这一点贯穿高先生思想体系的始终。因此，类哲学的主体是人，人作为类存在总是要在哲学上对自己的类存在有一种逻辑自觉。高清海先生指出："人是哲学的真正主题和核心内容。'人'作为类存在，总是需要不断去探索自己的存在，而这就表明人是天生有着哲学头脑和哲学性格的存在，而哲学就正是求解人的自身奥秘的那种理论。"① 人作为一种类存在，总是不断地去探索自己的类本质。类哲学是思考人自身的真正奥秘的理论，因为类哲学是对'自己生产自己所需要的生活资料'这种生命活动的本质反思。关注人的生命本性是从黑格尔到马克思再到高清海的一条主线。从这里我们可以看出，高清海先生是对黑格尔和马克思思想的进一步发展。高清海先生指出："'自己生产自己所需要的生活资料'这种生命活动不仅使生命自身两重化，同时也使外部世界两重化；也就是说，由于人的出现，进一步也改变了物质的自然秩序。在这里人的生命活动的意义，就是要通过自身的生命活动打通生命与无生命的区界，如通常所说，通过人的生命活动'激活并唤醒沉睡的自然'，使潜藏于物质深层的能量价值得以实现，并使世界逐步走向'活化'。"② '自己生产自己所需要的生活资料'这种生命活动一方面'激活并唤醒沉睡的自然'，所以人的实践活动是对世界的"活化"和"生命化"的过程；另一方面激发生命的自由个性，以自然和世界为对象进行实践活动的过程，也是激发人的生命自由本性、认识人的生命本性的过程。因此，这个过程是双重的：第一，打破了自然界的"种逻辑"，而赋予自然以更具有生命性的"类逻辑"；第二，激发和认识人生命自身的"类本质"。基于对人的类本质的哲学自觉，高清海先生指出，马克思关于从"人的依赖关系"到"以物的依赖性为基础的人的独立性"，再到"自由个性"的逻辑过程就是人的类哲学的敞开过程。简言之，类哲学是人追求生命本性的哲学。

---

① 高清海、胡海波、贺来：《人的类生命与类哲学——走向未来的当代哲学精神》，第224页。

② 高清海：《"人"的哲学悟觉》，第31页。

2. 类哲学的逻辑是一种强调"否定性统一"的逻辑。

人的类生命具有哲学自觉体现在人与世界、人与社会、人与人的关系中，高清海先生在探讨人与世界、社会和自身的关系时否定了传统的看法和认识，同时又提出了一种新的"思想境界、思维方式和思考方法"，亦即"否定性统一"的逻辑方法。"否定性统一"的逻辑是黑格尔辩证逻辑思想的精髓，而这一点恰恰是费尔巴哈唯物主义思想所反对的，因此，高清海先生无疑受到了黑格尔的影响更多些。只不过黑格尔把这种否定性统一的逻辑看作是概念体系在演绎发展过程中遵循的法则。而高清海先生则以"否定性统一"的逻辑分析人与世界、人与社会、人与人的关系，进而分析人的类本质。传统的看法和认识往往是基于经验分析和外在总结的"种逻辑"，与之相对，高清海先生借鉴了黑格尔的逻辑学而提出："人的生产活动从根本上说是对自然、自然性、自然关系的一种否定性活动。"[①] 人的生产实践活动则是跳出基于自然法则的种逻辑分析，进而上升到一种否定自然法则的"类逻辑"。类逻辑一方面是对种逻辑的否定，另一方面又是对人的生命本性和自然的生命本性的揭示。因此，高清海先生指出："类哲学注重于从人与外部世界、人与他人和人与自身的本质性的一体关系，也就是以'否定性的统一'的观点去看待和认识，它与以往的哲学在理论观点和思考方法上并不完全相同，在这一意义上可以说，类哲学是一种崭新的哲学思想境界、思维方式和思考方法。"[②] 以前关于人以及人与世界、他人和自身的关系的探讨，往往是基于"种哲学"的逻辑，亦即基于一种外在的总结分析的逻辑，而这恰恰是需要被"类哲学"所否定的。同时，"类哲学"对"种哲学"的否定不是完全摒弃，或者说"类哲学"与"种哲学"不是完全对立的关系，而是否定基础上的统一关系。类哲学一方面否定种哲学中陈旧的观点，另一方面又把"合理性内核"继承和包含在自己的理论体系之中。因此，类哲学的逻辑是一种强调"否定性统一"的逻辑。这里我们可以感觉到高先生对黑格尔逻辑学的扬弃与对马克思主义思想的发展，无论是黑格尔还是马克思都把"否定性统一"的逻辑看作辩证法的重要方面，但是黑格尔是在概念体系中使用，而马克思则是在现实实践中使用。高清海

---

① 高清海、胡海波、贺来：《人的类生命与类哲学——走向未来的当代哲学精神》，第248页。
② 高清海、胡海波、贺来：《人的类生命与类哲学——走向未来的当代哲学精神》，第251页。

先生进一步发展了马克思在现实实践中的逻辑方法,而提出了"类哲学"的逻辑。

3. 类哲学的逻辑是一种"历史的内涵逻辑"。

继承发展了黑格尔、马克思"否定性统一"逻辑的高清海先生使得人的生命存在不再是精神的、观念的,而是现实的、历史的。黑格尔是用绝对精神的历史性展开来加以说明"类",但这种历史性是某种理性的逻辑。而马克思的历史性逻辑是基于生产方式的历史,高清海先生借助于马克思生产方式的"历史的内涵逻辑"来说明"类生命"的"历史的内涵逻辑","马克思在前人思想的基础上,进一步揭示出人生成为人的真正根源和人作为人的特有本性。马克思明确指出,人创造自己生活资料的'生产实践活动'是人与动物相区别、使人生成为人的真实本源,人也由于人的这种自主活动使人具有了与一切其他存在不同的'自由自觉的'生存本性"[1]。人创造自己的生产实践活动是一种自由自觉的发展过程,这个过程是历史性的。只有经历了这个历史性的发展过程之后,人才能形成真正的类存在的人。"从这一意义来说,'人'不只是历史发展的产物,而且应当被认为就是历史的存在。每一阶段的人都应当看作是人,只不过是特定历史状态的人。"[2] 只有在历史发展的过程中,才能理解人的真正本质。人作为"类存在"不是历史的"旁观者",人自身就是历史实践的主体和亲历者。如果仅仅把历史看作是静态的、供人们研究思考的史料,那么人就脱离了历史的存在而进入理性形而上学的抽象。因此,人作为类存在是历史性的存在,类哲学的逻辑是一种"历史的内涵逻辑"。

从类哲学的逻辑出发,我们可以得出:第一,高清海类哲学中蕴含着深刻的黑格尔逻辑学,类哲学对黑格尔辩证逻辑的创造性转化和创新性发展。第二,高清海类哲学实现了对马克思主义哲学的进一步发展,尤其是关于"历史的内涵逻辑""马克思主义辩证法""实践观点的思维方式"等多方面实现了进一步的发展。只有在扬弃黑格尔逻辑学的基础上,我们才能发现高先生对马克思主义哲学的创新性发展,否则就容易

---

[1] 高清海:《"人"的哲学悟觉》,第 12 页。
[2] 高清海、胡海波、贺来:《人的类生命与类哲学——走向未来的当代哲学精神》,第 225 页。

忽略高先生思想中的辩证法光辉和哲学史的背景，也容易陷入把高先生的思想与传统唯物主义混合的简单认识。

结　语

　　高清海类哲学思想对黑格尔辩证逻辑的借鉴、发展与应用是我们需要重点关注的一个重要方面，因为这有助于我们理解高先生的思想。有人在读高先生类哲学思想的著述中，误认为其中蕴含着很多不自洽的地方；还有人因为高先生的著述引文较少就误以为高先生的观点缺乏哲学史和理论的支撑；进而认为高先生的"类"哲学只是马克思主义理论的一种延伸。不过，我们只要从黑格尔的辩证逻辑出发，便发现很多对类哲学思想的误读，其实是对黑格尔逻辑学与高清海先生"类"哲学思想之间关系的误读。换而言之，高清海"类"哲学思想蕴含着深刻的黑格尔逻辑学。高清海先生"类"哲学既体现出对黑格尔逻辑学的辩证逻辑、自由法则和"类"观念的关注，又体现出对黑格尔逻辑学的扬弃和发展。基于对黑格尔逻辑学的深刻思考和应用，高清海先生的"类"哲学显现出深厚的哲学史背景。因此，凡是批评高先生思想不自洽、缺乏哲学史背景的观点都是不理解黑格尔逻辑学在高先生"类"哲学思想中的重要性。同时，高清海"类"哲学思想当然是一种马克思主义理论，但是这种马克思主义理论是建立在对黑格尔逻辑学扬弃发展意义上的马克思主义。只有在这个意义上，我们才能发现高清海"类"哲学思想是一种关于"历史的内涵逻辑""马克思主义辩证法""实践观点的思维方式"等方面的进一步发展。之所以有这种发展是建立在对黑格尔逻辑学扬弃发展的基础上。总之，发现类哲学中的黑格尔逻辑有助于我们正确理解类哲学，进而理解高先生在何种意义上实现了对马克思主义哲学的发展。

类：对马克思实践观的道德阐释

杨荣[*]

实践作为马克思哲学的核心观点，是区别于其他哲学的首要特征，尤其是在国内突破苏联教科书体系的束缚后，对马克思的实践观进行了全新的认识和阐述，推进了马克思哲学在新世纪的进一步发展。而高清海教授的"类哲学"也是在对马克思实践观的深入阐述的基础上形成的。这一哲学理论的提出，在当时则引起了学术界的热议，支持者有之，反对者亦有之。是什么导致高清海教授从马克思实践观转向了对"类哲学"的力挺？这是一个值得深思而具有巨大现实意义的问题。

一 实践：崭新的思维方式

20世纪80年代国内掀起了"实践"的热议，使得马克思主义哲学的核心和基础得以复活而呈现在世人面前，但是对于如何理解"实践"却众说纷纭。总结起来，大致有三种主要的观点：实践唯物主义；实践本体论；实践思维方式。针对实践观点理解存在如此巨大的差异，使得高清海教授认为有必要进一步对实践作一精细的说明，否则对于马克思实践的重要性、地位、作用等的理解仍有走回头路，落入传统哲学的危险倾向。为此，他对实践唯物主义、实践本体论进行了逐一的分析。

就实践唯物主义而言，高清海教授认为其实质为"实践+唯物主义"，而这一观点虽则也强调了马克思实践观点的首要性，但是仍然只是一种称谓的转换。存在两个明显的理论困境：首先，实践唯物主义的观点中，"实践"仅仅是作为认识论的首要范畴，这并没有说明"实践"在

---

[*] 杨荣，西北工业大学副教授。

马克思哲学中的首要性和基础性。其次,"实践"一旦进入历史领域和世界领域又会导致本体二元论。因为在实践唯物主义看来,"实践"是认识论的基础。而历史领域和世界领域的本体为物质,即物质决定意识,社会存在决定社会意识。这样在实践唯物主义的观点之下,形成了"实践"与"物质"相互对立的本体二元论,这在逻辑上是很难说得通的。实质在于这种实践唯物主义仍旧没有摆脱教科书的阴影,导致理论自身无法解决的矛盾也就是在所难免的。

而实践本体论则是在批判实践唯物主义的基础上的彻底"变革",其最大的特点就是承认实践不仅是认识领域的本体,而且还承认实践在历史领域和世界领域的本体论地位。这种看法从而更加彻底地将马克思的实践观点提到了一个首要性的、前提性的位置,但是,高清海教授仍然认为这种思维方式有一定的局限性,突出的表现为两个特征和一种方法。两个特征,即:注重绝对存在、追求真理;坚持本质先在、追求本源和本真。一种方法,即:从对立的两极去把握绝对一元本性的本体思维。

(1) 注重绝对存在、追求真理。既然实践是马克思的本体,那么在本体论的意义上而言,实践就为世界的本原,实践产生万物,而万物则不能产生实践,即实践是终极的始因。但是,实践作为终极始因时,接踵而来的问题便是:既然实践是第一性的本原,也就意味着实践在世界产生之前就已经存在了,可事实确实如此吗?自然界在实践出现以前就已经存在了很长时间,为什么会将实践作为世界的本原呢?可能实践本体论者会反驳,实践仅仅是在人的现实生活世界而言的。如果仅仅是现实生活世界而言的,那么这就又与实践作为本体论相悖。既然是本体就不可能说是现实世界的本体,而不是自然界的本体,而且这还可能涉及人的精神世界和历史观领域,又当作何解释?

(2) 坚持本质先在、追求本源和本真。实践本体论者将实践作为本体,实质是在本体论的意义上寻求世界的根源,寻求一个永恒不变的、始终如一的始基。而这样的做法恰恰是放弃了现实生活世界的活生生的存在,而去寻求一个抽象的虚幻存在。把实践抽象化,变成一个静态的概念,这恰好与马克思的实践观本意是相悖的。马克思实践观的真实意义在于实践是一个动态的活动,只有在现实的生产、生活活动中,通过一种动态的发展,才能展现其真实魅力。

(3) 从对立的两极去把握绝对一元本性的本体思维。将实践作为本体，和哲学史上的唯物主义和唯心主义一样，将统一的世界肢解化了。或者从客观的自然去认识主观的人，或者从主观的人去认识客观的世界。这样就将本来矛盾的双方割裂开来，从片面的思维方式中去理解马克思的实践观，也就落入了马克思在《关于费尔巴哈的提纲》中所批判的"只是从客体的或直观的形式去理解"或"从主观方面去理解"世界。①

因此，高清海教授通过对以上两种实践观的片面性进行分析，提出应该从实践的思维方式来认识马克思在哲学史上的历史性变革，一种哲学理论的变革关键的是在于思维方式的变革，而不在于一种称谓的转换。"哲学思维方式，属于哲学理论的内在的思维逻辑，表现着哲学对待事物的方式，理解事物的模式，处理事物的方法。"② 而实践作为一种崭新的思维方式，其重要意义则在于：

(1) 实践上升为哲学的解释原则。哲学史上哲学派别林立、众说纷纭，其根本原因在于思维方式的不同。哲学史的不断演进、重大转向更是思维方式的转换。如从古希腊哲学到现代哲学，思维方式的转换深刻地体现为如下的问题："世界的本原是什么？""认识何以可能？""通过什么途径能够达到这种认识？"发人深省的问题不能不说是一种深刻的思维方式的转换。而马克思哲学革命的关键也是将实践提升到了思维方式和解释原则的首要性地位，这种区别于其他思维方式的独特性则在于看待事物的方式、理解问题的模式以及处理问题的方法的全面性。可以对哲学史上的神话、宗教、艺术、语言和文化等认识世界的方式与实践作一个形象的比喻。实践如同一个圆的圆心，而神话、宗教、艺术、语言和文化等认识世界的方式则都是以实践这个圆心向四周辐射的扇形。这样以神话、宗教、艺术、语言和文化等认识世界的方式，则只能以自身所在的扇形观看世界，世界自然是一个片面的世界。而如果以实践的思维方式来观察世界、处理问题则形成的是一个综合各个扇形的全面的观点，可以集各家之所长进行哲学的思考。

(2) 实践升华了本体论的追求。本体论形而上学的追求，在现代哲学这里遭到了强烈的批判和拒斥。尼采提出"上帝死了"，卡尔纳普提出经验证实原则和区分两种命题及真理，德里达提出"反逻各斯中心主

---

① 《马克思恩格斯选集》第1卷，第16页。
② 《高清海哲学文存》第1卷，第82页。

义",其目的都是在批判和拒斥形而上学。而实践作为一种思维方式,认为形而上学作为一种哲学内在的本性和人类不竭的追求,既可以为哲学的发展提供根基,也可以为人类向前发展提供一种价值理想,促进人类的向前发展。

二 "实践"的困境与"类"的呈现

高清海教授对实践作为马克思哲学思维方式进行了深刻的解析,但是既然已经将马克思哲学革命的实践观点阐释清楚,为什么他还要在此基础上提出"类哲学"的问题呢?关键在于高清海教授认识到"实践"在特定时代情景下所呈现的逻辑必然与理论困境使然。

(1) 逻辑必然。如果说上述是高清海教授在理论或学理层面对马克思实践观的剖析,那么接下来的任务则是对马克思这一思维方式在其哲学领域的进一步阐发。他认为哲学思维方式的根本价值在于"以理论形式表达人的生存状态和存在方式","遵循并贯彻这种观点,人在自身活动中才能充分发挥人作为人而有的能动创造作用"[①]。同时也符合马克思在《〈黑格尔法哲学批判〉导言》中认为的"人的根本就是人本身"[②] 和在《德意志意识形态》的中认为的"全部人类历史的第一个前提无疑是有生命的个人的存在"[③]。"因为在我看来,人是哲学的真正的主题,哲学不过是人的自我理解和自我反思、自我意识和一种理论形态。要了解哲学的性质、功能及其历史的演变,人应是它的基础和前提。"[④] 高清海教授认为,只有在一种生存论的角度来推进对实践的理解,才有可能使实践不至于退回到近代认识论意义上的"认识何以可能"的问题。在生存论的意义上,面向现实生活本身,以实践观照人的尊严、价值、意义,才是时代发展所提出的重大现实问题,从而也才能真正彰显马克思作为时代精神的精华的理论特质。

(2) 理论困境。如果上述(1)是一种逻辑必然,那么一个导致高清

[①] 《高清海哲学文存》第1卷,第82页。
[②] 《马克思恩格斯文集》第1卷,第11页。
[③] 《马克思恩格斯选集》第1卷,第67页。
[④] 《高清海哲学文存》第1卷,第1页。

海教授转向的直接原因在于理论上遇到的困境。正是在批判实践唯物主义和实践本体论的过程中他敏锐地觉察到了这个问题。在理论层面实践的唯物主义和实践的本体论的局限性仅仅作为一种学术的争论、学理的辨析而存在，但是如果将实践唯物主义和实践本体论延伸到现实的人的生活世界和历史领域，这种理论的弊端则会暴露无遗，甚至会影响到现实的社会进程与人的发展。具体地表现为四个陷阱：①经济决定论的陷阱。按照实践唯物主义的观点，实践仅仅是认识领域的基础，而在历史领域和世界领域的基础则是物质，即物质生产力，生产力决定生产关系、经济基础决定上层建筑。这样历史领域俨然成了科学，而在这里没有任何人的位置可以放置。科学的必然是客观存在的，而如若涉及人则会使历史唯物主义的科学性大打折扣。②人类中心主义的陷阱。按实践唯物主义的观点，实践是人的认识的来源、基础。同时实践本体论也认为实践是世界的本原，实践产生万物，而万物则不能产生实践，即实践是终极始因。人类可以通过实践认识包括自然界、人类社会和人类自身的一切问题，导致对实践的盲目崇拜，自大的认为人类可以成为世间万物之灵、可以主宰世间的一切。③实用主义的陷阱。实践唯物主义认为，实践是检验真理的唯一标准，只要注重实践，就可以达到真理。而且更为重要的则是在实际的运用过程中，将实践与实用等同，导致实用的高扬。比如"白猫黑猫抓住老鼠就是好猫"，"摸着石头过河"。④价值虚无主义的陷阱。经济决定论、人类中心主义和实用主义的倾向导致对理论的不重视，认为在经济发展的过程中，只要经济发展了，人们得到了实惠，就是达到了预期的目的，殊不知，在社会发展的过程中，如果没有理论的指导，价值的指引，社会将会导致一种盲目的状态，生活于现实的人将会陷入一种惶恐和焦躁之中。

三 类：对实践的道德阐释

正是内在逻辑发展的必然性和理论困境的触动。高清海教授认为有必要将马克思的实践观更进一步作一道德的阐释，以此丰富和发展马克思主义哲学。实践是马克思哲学的核心观点毋庸置疑，而马克思真正的中心主题则在于人。在马克思的一生之中都为"人作为人何以成为人"

"人在何种条件下能够成为人""人如何能够达到自由而全面的发展"等问题而苦苦求索。尤其是在当代中国的语境下,如何实现人的价值,如何重新理解马克思关于人的本质,让有尊严的幸福生活成为可能,则是当代马克思主义者的中心使命。

(一) 人的价值

价值问题随着实践问题的讨论,在20世纪80年代得到了学术界的进一步探讨,其主要成果表现为"属性说"和"关系说"。"属性说"认为,价值为自身所固有的属性和特征,其形成和发展都是在自身过程中完成的,不依赖于他物。花的价值在于自身的芳香,猫的价值在于能够抓老鼠。但是仔细分析会发现其实这仍是一种实践唯物主义之下形成的观点,实践唯物主义"所理解的实践和所强调的实践,是人的实践活动本身,也就是从人的实践活动的特性——诸如实践的客观性、历史性、能动性、目的性等等——出发去解释各种哲学问题。这就是说,在'实践唯物主义'这里,实践是一个被描述的对象,是一个实体性的哲学范畴,尚未构成一种哲学意义的解释原则"[1]。而且这种观点也抹杀了价值之所以为价值关键在于价值与人的关系。一个东西之所以有价值就是因为对人而言的。因此"关系说"对此进行批评,突出了主客体的关系,价值只有在关系中才能够形成,而不是价值本身所体现出的一种特性和自足性,价值是客体对主体的满足。从表面上看,"关系说"解决了"属性说"的困境,但是从深层次考虑就会发现问题:第一,从哲学史发展的角度来看,"主体"与"客体"仍属于近代哲学认识论的基本范畴,仅仅停留于认识何以可能的阶段。而且,这种主客二元思维模式将会使人陷入主客对立的漩涡而不能自拔,造成主客二元对立的紧张状态,带来的直接就是对客体的漠视、向客体对象的过度索取。第二,从客体角度来看,价值的意义在于客体对主体的满足、以客体的价值给予主体的肯定。但是在这样一种价值关系中,人的价值不在于追求自由、解放,而在于追求客体价值对自我的肯定,客体控制着主体的价值,客体发展的现实远远超出主体的理想,主体只能紧跟着客体的发展而发展,形成对客体的强烈依附,丧失了人自身的自主性与创造性,其最终的结果则是导致功利主义、拜金主义和享乐主义的倾向。第三,从主体的角度来看,

---

[1] 孙正聿:《怎样理解马克思的哲学革命》,《吉林大学社会科学学报》2005年第5期。

"主体"与"人"并非同一个概念，人是主体与客体的对立统一。主体只是对人的抽象化理解。主体在这种意义上只能理解为近代哲学笛卡尔的"自我"、斯宾诺莎的"实体"、莱布尼茨的"单子"和黑格尔的"绝对精神"。当人作这样的抽象理解，人的多样性、丰富性，也就被消解了，而主体的消解也意味着客体的消失，反过来，客体消失同样也意味着主体的消失，而现实生活中，具体的人则是主体与客体的统一体。因此，从总体来看，"属性说"和"关系说"仍然属于传统的思维方式——实践唯物主义和实践本体论，仍将价值理解为一种效用性。但是高清海教授认为在实践思维方式之下，对于价值的理解不能仅仅求助于价值本身，关键在于理解人，怎样理解和对待人，也就会怎样理解和对待价值，反过来说，怎样理解和对待价值也就会引导怎样去观照人。这种思维方式要求把人看成是"种生命"与"类生命"的统一。因此，就人的价值而言也应该理解为"效用性"和"崇高性"的统一。效用性即为物对人的需要的满足，但是仅仅满足还是远远不够的，还要有追求。"需要和追求并不是完全同一的。有价值的东西肯定能够满足人的需要，但人的存在却不以需要的满足为满足……总在那里不断提出新的更高的追求"。摆脱物的统治，觉解自由自觉的意识是人实现价值的前提条件，也是实现人的价值的关键所在。首先，一个人要实现人的价值首要的是获得自由，自由才是一个人对自身的行为负责成为可能，才能使作为人而成为人成为可能，也才能使追求自身的幸福生活成为可能。其次，更为重要的是，自由成为一个人自我创生，发挥潜能的不懈动力，也即人的价值从另一个角度而言，就是人自身的一种创生性。这样的人生才有价值与意义，否则如同"文化大革命"时代的人，吃一样的饭，穿一样的衣服，人已不成为人，而是成为一种模式化的机器。用"同一性"的尺度阉割了"多样性"，个性与自由当然已无从谈起。

（二）人的本质

当然价值的实现也不是如同德国唯心主义的抽象理解，或资产阶级鼓吹的极端个人主义，而是必须回归到现实生活。这样才能实现一种实质的价值。"价值属于人对自身本质的追求"[①] 因而回归马克思对人的本质的论述，既是汲取理论资源的需要，也是彰显时代精神的重新审视。

---

① 《高清海哲学文存》第 2 卷，第 87 页。

通常人们都会引用马克思在《关于费尔巴哈的提纲》中关于人的本质的经典论断"人的本质是一切社会关系的总和",这当然是没有问题的,但是人们在理解这一论断时却走入了两个误区:其一,忽视了马克思在前面给予的限定,即"在其现实性上";其二,把人抽象地理解为主体。这两个误区如若从深层原因分析应当还是思维方式所导致的。实践唯物主义和实践本体论追求单一的、先定的本质,将人的本质仅仅看作是社会性,而忽视了马克思的限定。同时将现实的人抽象成主体,也就将人神秘化。这里的主体其实质则是笛卡尔的"自我"、莱布尼茨的"单子"、黑格尔的"绝对精神"。实践的思维方式要求从实践的二重性上来理解人,来解释人的本质、本性。因而也就呈现了一种全新的人的本质观。

人类生活在社会中当然要社会化成为社会性的人,这是历史必然性使然,但是片面的追求可能导致人们为了社会化而陷入"人类中心主义",当陷入"人类中心主义"时,人们又开始要求消解主体性。然而这也只能起到调节的作用。问题的解决还要追溯到事物的根源才能真正得到解决,真正的根源在于人们对于人的本质的片面理解。其实在马克思的文本——《关于费尔巴哈的提纲》和《1844年经济学哲学手稿》——中就已经说明了人的本质,但是因为人们认为《关于费尔巴哈的提纲》是马克思新世界观的形成,而《1844年经济学哲学手稿》则存有旧世界观的遗迹,因此过分地强调前者而忽视后者,甚至说是一种认识论上的断裂。但是这个认识论的断裂是在何种意义上断裂的?是对唯物史观,还是对人的本质?就人的本质而言,马克思在《1844年经济学哲学手稿》中其实就作出了科学全面的分析。马克思通过人与动物的对比,区别出"动物只是按照它所属的那个种的尺度和需要来建造,而人却懂得按照任何一个种的尺度来进行生产,并且懂得怎样处处都把内在的尺度运用到对象上去;因此,人也按照美的规律来建造。"[1] 同时又认为"自然界,就它自身不是人的身体而言,是人的无机的身体"[2] 因此,人不仅有一种与自然的区别——社会性,而且也有与自然的联系——一体性。自然界是人的无机身体,如同人的身体器官一样,"把它变成'为我的存在'","只有通过这样的对象化才能把对象的自然力量转化为为人所用的属人力

---

[1] [德] 马克思:《1844年经济学哲学手稿》,人民出版社2005年版,第58页。
[2] [德] 马克思:《1844年经济学哲学手稿》,人民出版社2005年版,第56页。

量。这就是人的巨大力量的来源"。① 这是一种否定性的统一,而这种人的本质、本性的认识是一种思维的前提。将人单一地认识为社会性,将会导致人与自然的紧张对立,将人看成社会性与自然性的有机统一将会实现人与自然的和解。因此,怎样的思维方式,就预设了怎样的后果,人的不同认识,同样导致了巨大的差异。而这种全新的本质观,即为高清海教授所强调的人的类本质。"人的类本性表明,人只有存在于同他人内在统一的一体性关系中,也只能存在于同外部世界即人的对象性存在的内在统一的一体性关系之中,而且这种一体性的关系不但构成人的有意识的活动的对象,并且还是人的自为活动所遵循的基本原则"。② "类"既继承了马克思"实践"打通主体与客体、主观与客观的"桥梁"作用,又消除了主体与客体的二元对立的极端模式。认为人与人的存在是一种"为他"的存在,要求对主体性进行一定的规约,不再寻求自我中心的独大,而是寻求"自我"与"他者"的对等,遵从在现实的社会关系之中的"交往理性"。

因此,实践作为马克思活的灵魂,既需要坚持,更需要的是发展。在合乎马克思精神实质基础上的发展才是时代所需要的,也才能彰显时代精神。高清海教授正是在实践必然逻辑和时代理论困境的双重作用下提出"类哲学",以期在当代中国能够探索出说中国话的马克思。

---

① 《高清海哲学文存》第2卷,第11页。
② 《高清海哲学文存》第2卷,第117页。

附 录

附录1 《高清海马克思主义哲学思想研究》目录

张祥浩[*]

绪论
  一　官方的马克思主义哲学与非官方的马克思主义哲学 ……………
  二　官方马克思主义哲学与非官方马克思主义哲学的特点 …………
  三　非官方的马克思主义哲学对发展马克思主义哲学的贡献 ………

第一章　高清海先生生平 ……………………………………………………
  一　家世与少年 ……………………………………………………………
  二　从本体论接受马克思主义哲学阶段 ………………………………
  三　从认识论和实践论理解马克思主义哲学阶段 ……………………
  四　从人学和类哲学解读马克思主义哲学阶段 ………………………
  五　生病和逝世 ……………………………………………………………

第二章　从本体论接受马克思主义哲学 …………………………………
  一　辩证唯物主义的哲学观 ………………………………………………
    （一）辩证唯物主义是物质本体论 ………………………………
    （二）唯心主义的内容和根源 ……………………………………
      1. 唯心主义与唯物主义的对立 ………………………………
      2. 唯心主义的基本派别 ………………………………………
      3. 唯心主义的认识论根源 ……………………………………
  二　唯物辩证法的实质与核心 ……………………………………………

---

[*] 张祥浩，东南大学教授。

（一）矛盾是事物运动和发展的内在根源……
　　（二）关于内因和外因在事物发展中的作用问题……
　　（三）一般与个别的关系问题……
　　（四）对立、统一和转化……
　　（五）关于同一性和斗争性……
三　只有依据客观规律才能发挥人的主观能动性……
四　坚持真理问题上唯物主义和辩证法的统一……
五　关于"两条腿走路"中排斥、斗争与统一的辩证关系问题……
六　对胡适实用主义的批判……
七　对华岗《辩证唯物论大纲》的批评……
　　（一）关于本质联系与非本质联系方面的理论错误……
　　（二）关于可能性和现实性方面的理论错误……
　　（三）在唯心主义产生根源分析上的错误……
　　（四）对认识过程发展阶段分析上的错误……
　　（五）在联系实际方面的错误……
八　论辩证唯物主义和历史唯物主义的关系……
　　（一）考察了哲学的变化，论述了历史唯物主义的
　　　　一般原理就内在于哲学的形成之中……
　　（二）考察了历史唯物主义的产生，阐释了它是
　　　　马克思主义的社会学……
　　（三）考察了历史唯物主义和辩证唯物主义的关系，说明
　　　　辩证唯物主义的建立，有赖历史唯物主义的创立……
　　（四）考察了马克思主义哲学界几种不同意见，予以辩驳……

第三章　从认识论阐释马克思主义哲学

一　对哲学的反思……
　　（一）哲学的现状与哲学的改革……
　　（二）哲学观念亟待更新……
　　（三）哲学的生命在于创新……
　　（四）对哲学对象的再思考……
二　关于哲学认识论问题……
　　（一）认识过程的基本矛盾和类型……

（二）认识中主客体对立统一的内容……………………………
　　（三）哲学认识和科学认识………………………………………
　　（四）事实认识和价值评判………………………………………
　　（五）认识和评价人类活动的尺度………………………………
三　哲学与哲学认识论……………………………………………………
　　（一）哲学是主体的自我意识……………………………………
　　（二）哲学的核心是认识论问题…………………………………
　　（三）哲学史就是认识史…………………………………………
　　（四）辩证法就是认识论…………………………………………
　　（五）马克思主义哲学是伟大的认识工具………………………
四　对旧哲学的批判和建立新哲学体系的努力…………………………
　　（一）对哲学教条主义的批判……………………………………
　　（二）对苏式教科书内容的批评…………………………………
　　（三）对苏式教科书体系的否定…………………………………
　　（四）《马克思主义哲学基础》对马克思主义
　　　　　哲学体系的改革……………………………………………
　　（五）《哲学与主体自我意识》对主体性的阐释…………………

第四章　从实践论阐释马克思主义哲学……………………………………

一　超越的实践哲学………………………………………………………
　　（一）马克思主义哲学是实践哲学………………………………
　　（二）实践是分化与统一、主观与客观、
　　　　　精神与物质的创造性活动…………………………………
　　（三）实践的目的、手段和结果…………………………………
　　（四）实践的理论理性、实践理性和评价理性…………………
　　（五）实践辩证法的核心是否定性统一…………………………
　　（六）马克思主义哲学的实践论是一种新思维方式……………
二　转变传统哲学的旧观念………………………………………………
　　（一）重新评价唯物论与唯心论的对立…………………………
　　（二）调整辩证法和形而上学的观念……………………………
　　（三）为主观性正名………………………………………………
　　（四）对实践唯物主义的质疑……………………………………

（五）对本体论思维方式的批判 ....

第五章　从人学解读马克思主义哲学 ....

　一　关于对人的认识 ....
　　（一）人的本性 ....
　　（二）人的历史发展 ....
　　（三）人的价值追求 ....
　　（四）人的真理求索 ....
　　（五）人的道德理想 ....
　　（六）人是社会发展的主体和主题 ....
　　（七）人的解放是市场经济的根本任务 ....
　二　人性与哲学 ....
　　（一）人是哲学的奥秘 ....
　　（二）辩证法是人性的表现 ....
　　（三）哲学史就是人学史 ....
　　（四）马克思主义哲学的中心依然是人 ....
　　（五）对传统哲学教科书缺失人的批判 ....
　三　人的哲学著作评价 ....
　　（一）《哲学的憧憬——〈形而上学〉的沉思》
　　　　对哲学是人学的阐释 ....
　　（二）《文存》六卷本总序对人是哲学主题的总结 ....

第六章　从人的类生命、类哲学解读马克思主义哲学 ....

　一　类哲学的解读 ....
　　（一）哲学观念的现代变革 ....
　　（二）类生命和类本性 ....
　　（三）类哲学释义 ....
　二　马克思主义哲学与哲学的未来发展
　　（一）马克思主义哲学是类哲学 ....
　　（二）未来的哲学是类哲学 ....
　三　类哲学中的中西哲学观 ....
　　（一）中西哲学的不同特质 ....

（二）中国传统哲学观……………………………………………
（三）西方哲学观…………………………………………………
（四）创建未来的中国哲学………………………………………
四 对旧哲学思维方式的批判与类哲学著作评价………………………
（一）对物种思维方式的批判……………………………………
（二）《人的哲学悟觉》对类本性、类哲学的阐释……………

第七章 高清海马克思主义哲学思想的特征……………………………

一 自我超越性………………………………………………………
二 批判性……………………………………………………………
三 创新性……………………………………………………………
四 主体性……………………………………………………………
五 辩证分析法………………………………………………………
六 中国哲学化趋向…………………………………………………

第八章 当世对高清海马克思主义哲学思想的评价……………………

一 对批判旧哲学教科书的评价……………………………………
二 对超越的实践哲学的评价………………………………………
三 对人是哲学奥秘的评价…………………………………………
四 对类哲学的评价…………………………………………………
五 小结………………………………………………………………

附录 2　Unspoken Assumptions of Lei Philosophy: Anthropo-cosmic Cosmopolitan Worldview and Communicative Reason

HAN, Sang-Jin[*]

The Aim of my Research

I came across with Gao Qinghai when I taught at Jilin University in Summer 2007 as Visiting Professor. From the first moment, I became deeply interested in his theory because his main ideas looked very close to what I was looking for in China, that is, 'a critical theory' and cosmopolitan approach. I started intellectual career with my dissertation on Jürgen Habermas and Michel Foucault in 1979 and since the mid-1990s I began to search for the possibility of East Asian critical theory. When I came to Changchun, I had, in fact, been communicating with some well-known Chinese experts in Habermas like Cao Weidong, Tong Shjijun, and Zhang Boshu.[①] In this situation, Gao attracted my attention for two reasons. The first was a deep resonance that I felt between Gao and Habermas in terms of their personal life as a public intellectual and the emancipatory interest they advocated. Second, I also realized that Gao's concept of Lei philosophy presupposes a cosmopolitan worldview and subject. Ulrich Beck proposed a cosmopolitan approach to global risk society, and I felt a selective affinity between Gao and Beck. Gao's philosophy broke away from not only the Russian type of orthodox Marxism but also the official line of the Chi-

---

[*] HAN, Sang-Jin, 韩国首尔大学荣誉教授, 吉林大学客座教授。

[①] The first gathering was a workshop held in Kyoto, Japan from November 16 to 19, 2002. The workshop theme was "Democratic Potential in East Asian Society from the Perspective of Critical Theory". The participants from China included Hua Xue, Xianghong Fang, Xiaogang Ke, Shijun Tong, Boshu Zhang, Xingfu Wang, and Weidong Cao. There were many more participants from Korea and Japan.

nese Communist Party. In contrast, it was deeply engaged practically, with a passionate plea for a new philosophy addressing to the civilizational crisis and danger that we as human being face today. This was a new learning for me at Jilin University. This has motivated me to bring his ideas to a global dialogue between the East and the West. I will briefly summarize what I have done since 2007, first, in relation to Habermas, and second, Beck.

The first thing I did was to present a paper at the conference on "Critical Theory in China" held at Frankfurt from September 25 to 28, 2008. The event was quite unusual. The topic was about the influence of the Frankfurt School of critical theory on China. Because of this topic, it was natural that many Chinese came to Frankfurt University to join this meeting. I met there many Chinese scholars——as many as 34 professors and researchers——who came to Frankfurt from all over China. I also met Professor Yao Dazhi from Jilin University. Typical Presentation was a textual interpretation of the Frankfurt school of critical theory from Horkheimer, Adorno through Habermas to Honneth. But my interest lied elsewhere. I was more interested in constructing a critical theory in East Asia. Thus, I presented the paper entitled "Critical Theory and East Asian Development: Habermas and Gao Qinghai on Cosmopolitan Alternative." This was the starting point of my research on the possible dialogue between the Western traditions of critical theory and Gao Qinghai. But my research moved rather slowly. Fortunately, some of Gao's texts began to be translated into Korean by Prof. Yuan Yongho since 2012. I have also had more chances to talk with the Jilin University professors and learn about the Chinese contexts in which Gao developed his idea of critical theory. It helped me realize how Gao's ideas began to be firmly footed on the Chinese soils of intellectual traditions. Finally, in 2019, I wrote "Habermas in East Asia: from Reception to Resonance" for a book "Global Habermas" which was meant to be a celebration of his 90th birthday. In that article, I explicitly linked Habermas and Gao. To be sure, Gao remained completely unknown to Habermas. Gao's knowledge of Habermas was very limited. Nevertheless, the conclusion of my paper runs as follows:

Finally, I want to stretch the imagination further to talk about "global

Habermas. " If we identify "global Habermas" as a global reception only and want to see how he is read in East Asia and the global south as well, it is like treating him as a classical canon. Yet he is alive. Therefore, I think it worthwhile to explore whether or not, and if so, how, we can go beyond this. We can do this by examining how global attention merges into the key concepts Habermas has articulated, not as an effect of reception, but primarily along the specific pathways of the intellectual development of non – Western countries. This is what we mean by "global" in the cosmopolitan age. There may be other good examples, but in what follows I will pay attention to the striking convergence of Habermas and Gao Qinghai, a Chinese philosopher who advocated critical theory with cosmopolitan orientation.

Habermas (1929 –   ) and Gao (1930 – 2004) were contemporaries, but they didn't know each other. There is no sign like memos, footnotes, or references left by Gao before his death indicating his knowledge of Habermas. Yet he moved all the way to ideas that are very similar to Habermas' in many crucial respects. First of all, he decisively broke away from orthodox Marxism together with the underlying Stalinist positivist and evolutionary materialism as early as 1954. When he studied in Soviet Russia from 1950 to 1952, he discovered why this philosophy was wrong. Second, he grasped the concepts of critique and praxis from young Marx and attempted to reconstruct the whole theoretical apparatus of Marxism to revise the road to human emancipation and Chinese development as well. At Jilin University in China, he employed a kind of "rational reconstruction" method, as Habermas did. This pathway seems almost identical with that of Habermas. However, Gao lived in China, ruled by the Communist Party. As he argued explicitly that China was mistakenly led to the socialist path of the Russian type offered by the textbook of philosophy, he was seen as being critical, at least implicitly, of communist rule in China, and thus was forbidden from teaching during the late 1950s. So, he had to concentrate on reading and writing, linking Marxism and Confucianism, searching for the Chinese potential for the future. This helped him embrace the classical Chinese sensitivity to ecological human existence and the relation with heaven (Tianxia) and develop his own grand vision of cosmopolitan development with the explicit concept of a cosmopolitan actor he called "Lei."

Recently, many of his former students who now teach in China gathered at Jilin University to join Gao's 10th commemoration conference on October 13, 2014. They searched for possible ways of interpreting their teacher's theories, not simply from a typical Chinese perspective, but from a global perspective. Here we can find a possible sparking effect of resonance by linking Habermas to Gao. "Global Habermas" may become truly inclusive and transcultural when it recognizes the value of such an imaginative stranger to the West as Gao in a cosmopolitan way.

Secondly, I was also interested in linking Gao to the idea of global risk society suggested by Ulrich Beck. I explicitly started this project in 2014 when I joined the 10th commemoration symposium for Gao Qinghai held at Jilin University and presented a paper, "A Cosmopolitan Vision from China: Gao Qinghai's Concept of *Leidecunzai* as Cosmopolitan Actor." This paper was based on my judgment that Gao's Lei Philosophy presupposes a cosmopolitan world view including ecological consideration. In its genuine sense, the term 'cosmopolitan' means not simply homo – centric or anthropo – centric but involves intrinsic relation between human being and ecological world. No one would doubt about this as a hidden assumption of Gao's Lei philosophy. But there is the problem of translation.

The question is simple: how to translate the term, cosmopolitan or cosmopolitanism, into Chinese, Korean, or Japanese? Or, to put it another way, how to understand the meaning of the Chinese term 'Tianxia' in relation to what the Western scholar calls cosmopolitan? To me, this question is very important not only because the term Tianxia has long existed in East Asia as the term cosmopolitan did in Europe going back to Greek civilization, but because there are some salient convergences between them. Both refer to a world broader than tribe or nation state. Both involves the relation of human being to

Cosmos. Therefore, it may be desirable to link the Chinese conceptual frame of Tianxia and the Western frame of cosmopolitan. Doing it may help us see a deep cosmopolitan imagination in the East and the West, going beyond the legacy of nation state and hence modernity. It also helps us recover cultural identity in global discourse on cosmopolitan development as a major trend today. Finally, the meaning of cosmopolitan can be better understood from the point of view of Tianxia. Otherwise, we may find problems of how to translate 'cosmopolitan' into East Asian languages since the latter sounds more overlapping with, than distinctive from, the translation of 'global.'

Nevertheless, then, why didn't Gao introduce this worldview of Tianxia when he developed his Lei philosophy? A possible answer may be that the Chinese mainstream interpretation of Tianxia has been anthropocentric, deeply built into the image of China as an empire. Because of this political overtone attached to Tianxia, Gao might find it difficult to rely on this. When I interpreted Lei as cosmopolitan subject, however, I didn't mean an anthropocentric subject. On the contrary, I assumed that the original meaning of Tianxia included not only human being but also heaven and earth and thus strongly involved ecological dimension of human existence. In English, to me, a cosmopolitan actor as a translation of Lei is clear – cut and meaningful. But how to translate this cosmopolitan actor into Chinese? We faced this problem when Yuan Yongho and I worked together to sort out the key message from my paper into Chinese. I wanted to use the conceptual frame of Tianxia embracing ecological dimensions like *Tianxiagongsheng*. The cosmopolitan actor can then be understood as '*Tianxiagongsheng* subject. I thought it was close to what Gao had in his mind when he developed his Lei philosophy. However, given the fact that Gao used such a mystical term as a 'cosmic life' as an ultimate destination of Lei, the term cosmopolitan actor in my paper was translated into Chinese as 'cosmic – life' subject (宇宙生命主体). This shows an intrinsic difficulty of translation when we pursue a dialogue between the East and the West.

The Antrophor – Cosmic Cosmopolitan World View

Let's start our inquiry anew here. I proposed Gao's concept of Lei to be translated into English as cosmopolitan actor. This concept of cosmopolitan actor, in turn, was translated into Chinese as 'cosmic life' subject. This retranslation was not accidental. Gao explicitly stated that "All forms of life are deeply built into the environments of their existence. Yet human life is related to all existences and its final destination is to let human life either incorporates the cosmological universe or be incorporated into this universe. In other words, the potential energy of the nature is transformed into a practical force via human activity of life. This means that human being has transformed the cosmic universe to a thing with life energy, thereby granting the significance of life to the existence of nature. [⋯] Human being is within the universe and the universe is also within human being. Therefore, we should understand human being from the point of view of cosmic universe and cosmic universe from the point of view of human being. The unity of these two is to be included in the philosophy of Lei"[1]. We can follow Gao's logic of duality of life. However, if we want to bring Gao Qinghai to the global community of science, translating cosmopolitan actor as cosmic life subject may sound to be ambiguous and lacks precision, thus it calls for a a good solution

Here we find an important task. Clarifying the key concept or the conceptual foundation upon which discourse is constituted is of profound significance for a theory to become systematic. Gao clarifies exceedingly well how he developed the key concept of Lei from the German tradition of Hegel, Feuerbach, and Marx and attempted to link the ideas to the Confucian priority of life. He declared:

---

[1] Gao Qinghai, 2015, *From Marx's Philosophy to Lei Philosophy: Searching for the Lost Philosophical Ego*. Translated into Korean by Yuan Yong – ho et. al., Baeksanseodang, Korea: 302 – 303.

I have long thought about the problem of Lei. Why did I do so? I did so by way of thinking about human being. Humanity now enters into the time of great historical transformation. Such crises and social problems as directly related to the survival of humanity calls for a totally new approach to human being and human society, together with and the difficulty of theory coming from an abstract understanding of human being. This approach should be fitting well to the developmental dynamism of this time. [...] Individual-centered social structure has already blocked human subjectivity and transformed it to monadic units. In this situation, the surface problem may look like a relation between human being and nature, but it shows a contradiction among human beings, the deep origin of which lies in the existential situation of human being. As far as I can see, this problem cannot be solved by economic development and modernization. It may be difficult to solve this problem simply by going beyond what the Western scholars call 'homo-centrism,' or by mitigating the role of human subjectivity or by going back to the nature via reducing the scale of industrial development. [...] The key issue of decisive importance theoretically and empirically is a new understanding of human being. We will have to consider how human development will move further from the past and the present and what kind of standard human being we expect in the coming future. We cannot stick ourselves to the present. We can't solve the problems we face in this way. We can neither regress nor get back to the past. Because the lifestyle in the age of Plato and Confucius is hardly what people want to choose. The only choice we have is to move forward. What is then the prospect of human being? Of necessity in this regard is to get rid of the traditional way of thinking of human being handed down habitually. In other words, a new way of thinking [...] in line with *Leidecunzai* should be established. This is the basic idea that I have developed[1].

---

[1] Gao Qinghai, 2015, *From Marx's Philosophy to Lei Philosophy: Searching for the Lost Philosophical Ego.* Translated into Korean by Yuan Yong-ho et. al., Baeksanseodang, Korea: 295-298.

附录 2　Unspoken Assumptions of Lei Philosophy　/　311

　　Yet, it is not possible for an author to clarify all the assumptions explicitly. For some reasons, intentionally or unintentionally, certain assumptions may be just taken for granted or remain implicit or hidden in the background. These assumptions must be brought into the open in order to formulate a systematic theory. Gao's Lei philosophy is no exception. Thus, we should ask, when Gao described how human subject became transformed into the stage of *Leidecunzai*, what sort of worldview was presupposed as the horizon of life for this human being? The concept of Lei refers to the concept of human subjects capable of interacting to each other within this horizon of life. He described many characteristics of this subject. In a nutshell, however, how can we translate the concept of Lei in English?

　　An important fact is that Gao's concept of Lei is not homocentric. On the contrary, it is closely related to the ecological universe. It is based on the complex relations of Heaven and Humanity (*tianrenheyi*). Then, the world assumption underlying Gao's Lei philosophy can be sought in relation to this old Chinese concept of *tianrenheyi* which Gao also heavily uses. We can then come up with To Weiming's arrival at Anthropo – Cosmic worldview which he sharply distinguished from Anthropo – Centric worldview.

　　　　Today virtually all axial – age civilizations are going through their own distinctive forms of transformation in response to the multiple challenges of modernity. The most significant contribution the Confucian tradition can offer the global community is the idea of the "unity of Heaven and Humanity" (*tianrenheyi*), a unity that Confucians believe also embraces Earth. I have described this vision as an anthropocosmic worldview, in which the human is embedded in the cosmic order, rather than an anthropocentric worldview, in which the human is alienated, either by choice or by default, from the natural world. By identifying the comprehensive unity of Heaven, Earth, and Humanity as a critical contribution to the modern world, these three key figures in New Confucian thought signaled the movement toward both retrieval and reappropriation of Confucian ideas. [1]

I think that introducing Tu's idea of anthropo – cosmic worldview to Gao's Lei philosophy can offer a reasonable way out of the dilemma of translation we noticed above. Extending from this, we can then formulate the following theses.

1) The hidden world underlying Gao's philosophy can be called anthropo – cosmic worldview.

2) The anthropo – cosmic world view, in fact, means a cosmopolitan world view as well as the world associated with the term Tianxia.

3) Though a cosmopolitan and Tianxia worldview originally included ecological considerations, in real history, it has often been interpreted to be anthropo – centric rather than anthropo – cosmic.

4) For this reason, it is better to identify the unspoken world assumption of Gao's Lei philosophy as an anthropo – cosmic cosmopolitan worldview. We can also speak of an anthropo – cosmic Tianxia worldvew underlying Gao's philosophy.

5) In a similar way, the human subject referred to by concept of Lei can be understood as anthropo – cosmic cosmopolitan subject.

6) Likewise, given the fact that Tu's idea of anthropo – cosmic worldview is originated from Confucianism, we can bring back the Tianxia perspective to Gao's philosophy while liberating it from anthropocentric interpretations. In this way, we can better place Gao Qinghai within the traditions of Confucianism.

Having said so, I want to stress that the implications of anthropo – cosmic reasoning by Gao Qinghai are more profound than what we see in Tu's argument. The way in which Tu interprets the implications of the Confucian anthropo – cosmic vision is teleological by and large. [2] For Tu, a sustainable harmonious

---

[1] Tu, Weiming, 2004, "The Ecological Turn in New Confucian Humanism", Tu Weiming & Mary Evelyn Tucker (eds.), *Confucian Spirituality*, New York, Vol. 2. 243 – 264: 244.

[2] Self – realization, in an ultimate sense, depends on knowing and serving Heaven. The mutuality of the human heart – and – mind and the Way of Heaven is mediated by cultivating a harmonious relationship with nature. Through such cultivation, humans form a triad with Heaven and Earth and thus fully realize their potential as cosmological as well as anthropological beings" (Tu, Weiming, 2004, "The Ecological Turn in New Confucian Humanism", Tu Weiming & Mary Evelyn Tucker (eds.), *Confucian Spirituality*, New York, Vol. 2. 243 – 264.

relationship between the human species and nature involves a process of continuous self – transcendence, always keeping sight of one's solid ground in earth, body, family, and community. Through self – cultivation, the human heart – and – mind "expands in concentric circles that begin with oneself and spread from there to include successively one's family, one's face – to – face community, one's nation, and finally all humanity"[①]. No intrinsic tension is found in his styles of writing.

In contrast, Gao's analysis breaking away from homocentric assumptions more decisively than found in Tu. Gao's interpretation of *tianrenheyi* starts from the duality of life in terms of internalization and externalization. He pays attention to the formation of a community by way of exchange between human being and its objects. It is through this dual process of exchange that human being changes the properties of the object while changing its own characteristics. As a result, according to Gao, human subject and its objects, human essence and thing's essence, human being and external world become interlinked. This is what Gao means by *tianrenheyi*, which also means the realization of the essence of *Leidecunzai*. This shows Gao's insight into the intermingled relationships between human subject and things in the development of human civilization.

Communicative Reason

For Gao Qinghai, human subject shapes the things by such energies and devices as machines, tools, technologies, as well as design, planning, and other means of intervention. At the same time, human subject is also shaped by things which run along their own logic and networks. In this respect, human subject has to adjust to things, interact with them and form a community not only with other human subjects but also with these things. Thus, he eliminates all the old – fashioned privileges accorded to human subject as a superior exist-

---

① Tu, Weiming, 2004, "The Ecological Turn in New Confucian Humanism", Tu Weiming & Mary Evelyn Tucker (eds.), *Confucian Spirituality*, New York, Vol. 2. 243 – 264: 254.

ence. In this sense, he rejects homo – centric presuppositions deeply underlying modern projects of social science and philosophy. Here we can confirm a radical significance of Gao's Lei Philosophy. However, he does not go too far to speak of a post – human society. Bruno Latour, Gilles Deleuze and Felix Guattari, for instance, not only reject anthropo – centric worldview but replace human actor by the 'actant' and repudiate a stratified ontology in favor of a flat ontology[1]. They declare a sort of 'Thing Power' which means 'the ability of inanimate things to animate, to act, to produce effects." It implies "no special motivation of human individual actors, nor of humans in general"[2]. By advocating his own vision of cosmopolitan theory, Gao clearly distinguished himself from the long tradition of anthropo – centric philosophy but also keep distance from the thesis of host – human society which is currently in vogue vehemently.

Instead, Gao speaks of reason. Thus, the key question that we face is what kind of reason Gao represents in his Lei philosophy. He has rejected instrumental or technical rationality as a reliable guide to our 21st century.

> Currently we are in the age of monad – centered development. Typical of this time, social development called modernization began to emerge from the Western civilization. [⋯] The main energy for development today comes from the scientific and technical reason of the instrumental type. This reason as instrumental reason aims at conquering the cosmos and satisfying material wellbeing by controlling the nature. This development emphasizes science and technology of pragmatic kinds at the cost of pursuing human values of life. It is not accidental, therefore, that this has brought about serious catastrophes and human alienation together with the prosperity of material wellbeing.

---

[1] Archer, Margaret, 2019, "Bodies, Persons and Human Enhancement: Why these Distinctions Matter," Al – Moudi, Ismael & J. Morgan (eds.), *Responses to Post – Human Society: Ex – Machina*, 10 – 32: 10.

[2] Archer, Margaret, 2019, "Bodies, Persons and Human Enhancement: Why these Distinctions Matter," Al – Moudi, Ismael & J. Morgan (eds.), *Responses to Post – Human Society: Ex – Machina*, 10 – 32: 10.

附录 2   Unspoken Assumptions of Lei Philosophy / 315

Gao didn't take a bureaucratic rationality either. He identified the major obstacle to human liberation in the relations with authority rather than the relation of production. In this regard, ultimately, Gao follows Weber than Marx in terms of the basic structural problem to be overcome for individual emancipation. In other words, the dependence of individuals to authority and power needs to be transformed into an open, reciprocal, and mutually respecting relationships.

> Individuals can become an independent and sovereign subject … only when they can internalize the world – historical activities, thereby absorbing and appropriating the characteristics of human being. Seen in this way, the lack of personal independence in the past is due to the narrowness, one – dimensionality and fixity of dependent relationship. By way of blocking and limiting, this dependency keeps individuals from absorbing and appropriating the human ability to act as a whole. Therefore, the key question at hand is how to transform the nature – like, one – dimensional dependency into a social and universal one and to expand the closed relationship of communication based on the given region to the communication among men in the world histories. The essence of the problem lies in the transformation of nature – like dependence into a new relationship with cosmopolitan orientation[①].

Implicitly assumed in the above statement is the recognition that it is neither political power nor material wealth but an open and reciprocally reflexive mode of communication that is of decisive importance for individuals to become independent and autonomous to express themselves as a sovereign subject. It is dangerous to rely on power since it can force individuals to surrender. The market economy helps individual become more and more self – conscious and independent, but it can also reduce individuals to a monadic separation and isola-

---

① Gao Qinghai, 2004a, *Liberation of Thought and Human Emancipation*, Jilin University Press (Chinese): 295 – 298: 12.

tion than being linked by communication. Gao never explicitly formulated the idea of communicative rationality as an important assumption of his theory. But this assumption can be discerned here and there throughout his writings.

More specifically, Gao reconstructed three stages of human evolution as follows: (1) the stage of personal dependence, (2) the stage of development characterized by monadic independence and material dependence; (3) the stage of full development of individuality on the basis of a new form of association of free personalities. The first stage is characterized by a collectivity – centered development and personal dependency on political authority. Such personal dependency is dissolved in the second stage of development and individuals become free as monadic being. However, dissolved in this monadic stage of development is not a general relationship of dependence but a specifically narrow dependence characterized by the direct subordination of body and personality to others. By breaking away from this narrow dependence human beings can get in a more comprehensive and deepening mutual communication. Only on this condition, an independent personality of individuals can be realized.

According to Gao, the transition from the personal dependence of body to the material dependence has double impacts and meanings. On the one hand, it helps human beings attain independence. On the other hand, however, it puts human beings under the domination by things, giving rise to such serious social problems as commodity fetishism, the expansion of material desires, spiritual emptiness, the devastation of morality, widespread hedonism, the decay of human values.

Individuals and monads are different. Men are inborn to become a natural unit of life and each life is a monad. Individuals transcend a biological and monadic existence, however, because they can become individuals only by way of being united with others. Individuals can attain a sovereign subjectivity and a self – reliant capacity only when they internalize the anthropo – cosmic cosmopolitan conditions of human being. Individuals can, therefore, be formed only within the historical and social relationships. A truly equal relationship among men can be realized only when individuals become a self – reliant subject with an independent and sovereign personality. For this possibility, Gao emphatically argues that the communicative barriers among men must be demolished and an anthropo – cosmic relationship of communication must be established.

Concluding Remarks

Concluding, I want to note how deeply Gao appreciated the hermeneutic turn in the Western philosophy and social science. He paid careful attention to the shift of philosophical attention from essence to language games, from metaphysics to life world, from consciousness to communication, in short, massive transformations of the styles of doing science and philosophy since 1960s. He referred to such figures as Heidegger, Gadamer, Habermas, Foucault, Wittgenstein, Ricoeur, Roti, and Cassirer. In line with these transformations, Gao argued that the key to the philosophical reforms in China lied exactly in this linguistic shift to the lifeworld[①]. He understood the intellectual movement towards life world as the most crucial change in philosophy, accompanying a linguistic, hermeneutic, and pragmatic shift deconstructing traditional types of philosophy. He argued that "the political reform of our country demands liberating from the bondages of traditional thinking and starting from concrete reality and tasks we face. All of these call for emancipation of thought, practical philosophy, and a shift of focus to life world."[②] This strongly implies that Gao took a conception of communicative rationality as a background assumption when he developed his Lei philosophy. This reason includes the ability to correct the mistakes made, a "reflexive reason" which means "the ability for self – correction, self – critique", and thereby the ability to realize one's potentiality.

[①] Gao Qinghai, *From Marx's Philosophy to Lei Philosophy: Searching for the Lost Philosophical Ego*. Translated into Korean by Yuan Yong – ho et. al. , Baeksanseodang, Korea: 176 – 185.

[②] Gao Qinghai, *From Marx's Philosophy to Lei Philosophy: Searching for the Lost Philosophical Ego*. Translated into Korean by Yuan Yong – ho et. al. , Baeksanseodang, Korea: 189.

Bibliographic References

Al-Amoudi, Ismael & Jamie Morgan (eds.)
2019, *Realist Responses to Post-Human Society: Ex-Machina*, Routledge, New York.

Archer, Margaret
2019, "Bodies, Persons and Human Enhancement: Why these Distinctions Matter", Al-Moudi, Ismael & J. Morgan (eds.) Responses to Post-Human Society: Ex-Machina, 10-32.

Donati, Pierpaolo
2019, "Transcending the Human: Why, Where, and how?" Al-Moudi, Ismael & Jamie Morgan (eds.), Realist Responses to Post-Human Society, 53-81.

Gao Qinghai
2004a, *Liberation of Thought and Human Emancipation*, Jilin University Press (Chinese).

2004b, *Collection of Gao Qinghai's Philosophy*, 9 volumes, Jilin University Press (in Chinese).

2012, *Lei Philosophy and the Future of Humanity*. Translated into Korean by Yuan Yong-ho and Kim Wolseon,

2015, *From Marx's Philosophy to Lei Philosophy: Searching for the Lost Philosophical Ego*. Translated into Korean by Yuan Yong-ho et. al., Baeksanseodang, Korea.

Han, Sang-Jin
2008, "Critical Theory and East Asian Development: Habermas and Gao Qinghai on Cosmopolitan Alternative," Paper presented at the Conference on the Influence of the Frankfurt School of Critical Theory on China" held at Frankfurt University.

2014, "A Cosmopolitan Vision from China: Gao Qinghai's Concept of Leidecunzia as Cosmopolitan Actor," paper presented at the 10th commemoration symposium for Gao Qinghai held at Jilin Univ.

2019, "Habermas and East Asia: from Reception to Resonance," in *Habermas Global*, Suhrkamp, 2019.

Li Chen – kuo

2008, "Dwelling in the Nearness of Gods: The Hermeneutic Turn from Mou Zongsan to Tu Weiming," in Dao, 7: 381 – 392.

Manschot, Henk & Caroline Suransky

2014, "From a Human – centered to a life – centered Humanism: Three Dimensions of an Ecological Turn," Dale McGowan ^ Anthony Pinn (eds.), Everyday Humanism, Sheffield. UK Equiinox Publishing Ltd.

Tu, Weiming

1998, "The Continuity of Being: Chinese Visions of Nature," Mary Evelyn Tucker & John Berthrong 9EDS.) *Confucianism and Ecology*, Cambridge, Mass. : Harvard University Press.

2004, "The Ecological Turn in New Confucian Humanism," Tu Weiming & Mary Evelyn Tucker (eds.) *Confucian Spirituality*, New York, Vol. 2. 243 – 264.

2013, "Understanding Ecological Civilization: The Confucian Way," Hangzhou International Congress on 〈Culture: Key to Sustainable Development〉 15 – 17 May.

陈月红:《"天人合一"生态内涵的中国表达》,《中国社会科学报》2019年5月14日第3版。

附录 3　高清海哲学思想研究资料篇目汇集[*]

王福生　贾云飞[**]　收集整理

一　外文研究文献及翻译

1. Xu Changfu. The Incomplete Transformation of Sinicized Marxism [J]. *Socialism and Democracy*, 2012, 26 (1).

2. 韩立新：《日中实践唯物主义的比较研究》，硕士学位论文，一桥大学，1995 年。

3. 韩立新：《高清海的实践哲学》，《唯物论》第 69 号，1995 年。

4. 韩立新：《中国的实践唯物主义》，《唯物论研究》第 53/54 合并号，1995 年 8 月。

5. 元永浩：《类哲学与人的未来》，韩国学术情报社，2012 年 7 月。

6. 元永浩：《找回失去的"哲学自我"——从马克思哲学到类哲学》，韩国白山书堂，2015 年 5 月。

二　中文专著/文集

1. 吉林大学哲学基础理论研究中心编：《山高水长：高清海纪念文集》，吉林大学出版社 2006 年版。

---

[*] 该篇目截至 2019 年底，按外译、中文研究著作或文集、博士学位论文、硕士学位论文、期刊论文分类，每类之下按时间排序。

[**] 贾云飞，吉林大学博士研究生。

2. 孙利天：《高清海哲学思想讲座》，中国社会科学出版社 2014 年版。

3. 贺来主编：《高清海先生逝世十周年纪念文集》，中国社会科学出版社 2015 年版。

三　博士学位论文

1. 焦明甲：《从"物性逻辑"到"人性逻辑"——高清海类哲学理论的本真意蕴》，吉林大学，2007 年，孙利天教授指导。

2. 张伟娟：《高清海哲学思想研究》，吉林大学，2014 年，高文新教授指导。

3. 张严：《高清海"类哲学"语境下的中国哲学"民族自我"思想探究》，吉林大学，2017 年，张盾教授指导。

四　硕士学位论文

1. 王丰良：《从"观物的思维方式"到"观人的思维方式"——对高清海"类哲学"的解读》，吉林大学，2007 年，刘福森教授指导。

2. 韩淑辉：《论高清海的哲学观》，大连理工大学，2007 年，洪晓楠教授指导。

3. 叶阳：《论高清海的人学思想》，大连理工大学，2008 年，洪晓楠教授指导。

4. 马新宇：《实践观点的思维方式与"类思维"——高清海先生研究马克思主义哲学的思想创新》，东北师范大学，2008 年，胡海波教授指导。

5. 崔淑芳：《高清海人学理论探析》，广西师范学院，2010 年，黄志强教授指导。

6. 蔡军迎：《实践观点的思维方式与马克思的哲学革命》，吉林大学，2011 年，李桂花教授指导。

7. 李淋淋：《高清海"实践观点的思维方式"研究》，吉林大学，

2012 年，王福生教授指导。

8. 胡鑫：《生成哲学自我的方法论问题——高清海先生"笨想"思想方法研究》，东北师范大学，2012 年，胡海波教授指导。

9. 姜文开：《高清海人学思想初探》，吉林大学，2013 年，王福生教授指导。

10. 张志新：《从"本体论思维方式"到"实践观点思维方式"——马克思哲学革命再认识》，东北师范大学，2013 年，胡海波教授指导。

11. 张爽：《高清海类哲学的逻辑特质与人性价值探析》，吉林大学，2013 年，漆思教授指导。

12. 杨荣：《何谓"类"——对高清海"类哲学"的解读》，吉林大学，2014 年，元永浩教授指导。

13. 李玉婷：《"类哲学"的当代意义》，吉林大学，2015 年，元永浩教授指导。

14. 许艺镨：《从实践观点的思维方式出发对人的价值的哲学追问》，东北师范大学，2015 年，崔秋锁教授、王艳华副教授指导。

15. 尹付军：《论高清海哲学观的发展历程及其意义》，辽宁大学，2016 年，董晋骞教授指导。

16. 寇雪原：《发现真正的现实存在——从怀特海过程哲学理解高清海类哲学》，吉林大学，2017 年，元永浩教授指导。

17. 来雪：《高清海"类"概念探析》，大连海事大学，2017 年，董震副教授指导。

18. 柳青：《类哲学视域下的国家与社会的关系》，吉林大学，2017 年，王福生教授指导。

19. 李瑞纬：《论马克思实践观点的思维方式》，大连海事大学，2017 年，崔巍副教授指导。

20. 王倩：《作为本体理论的类哲学——高清海本体理论研究》，吉林大学，2018 年，程彪教授指导。

21. 王玥：《高清海"类哲学"思想研究》，东北师范大学，2019 年，胡海波教授指导。

五 期刊论文

1. 高洪:《马克思主义哲学不容割裂——评〈论辩证唯物主义与历史唯物主义的关系〉》,《读书》1958 年第 14 期。

2. 沧南:《历史唯物主义是马克思主义哲学的不可分割的一个组成部分——批判刘丹岩、高清海否认历史唯物主义是马克思主义哲学的错误观点》,《理论战线》1960 年第 Z1（7-8）期。

3. 李成蹊:《历史唯物主义是马克思主义哲学不可分割的重要组成部分——批判刘丹岩、高清海著〈论辩证唯物主义与历史唯物主义的关系〉》,《学术月刊》1960 年第 10 期。

4. 焦荣棠、吴锦东、刘艳惠:《辩证唯物主义认识论和马克思主义哲学不容分割》,《吉林大学人文科学学报》1960 年第 2 期。

5. 肖月:《"出新意于法度之中"——评高清海主编的〈马克思主义哲学基础〉（上）》,《江淮论坛》1986 年第 5 期。

6. 黄楠森:《关于高清海教授主编的〈马克思主义哲学基础〉（上册）》,《国内哲学动态》1986 年第 8 期。

7. 丛大川:《也谈马克思主义哲学对象——与高清海同志商榷》,《晋阳学刊》1987 年第 1 期。

8. 张曙光、张国祚:《哲学改革的一个可喜成果——评高清海教授主编的〈马克思主义哲学基础〉（上卷）》,《学术论坛》1987 年第 5 期。

9. 刘守和:《坚持唯物论反对唯心论——与高清海同志商榷》,《理论探讨》1989 年第 6 期。

10. 邹广文:《十年哲学的回顾与展望——访高清海教授》,《文史哲》1989 年第 2 期。

11. 孙正聿:《思想耕耘的足迹——读高清海著〈哲学与主体自我意识〉》,《瞭望周刊》1989 年第 3 期。

12. 程伟戎:《也谈"超越"——与高清海教授商榷》,《安徽教育学院学报》1989 年第 2 期。

13. 孙利天:《一种对马克思主义哲学的新理解——评〈哲学和主体自我意识〉》,《哲学研究》1989 年第 2 期。

14. 汪信砚：《哲学思维方式的重大转换——评高清海主编的〈马克思主义哲学基础〉》，《哲学动态》1989年第8期。

15. 金庆（译）：《布罗夫谈〈马克思主义哲学基础〉》，《吉林大学社会科学学报》1989年第4期。

16. 刘子贵：《找寻人的世界——高清海的〈哲学的憧憬——《形而上学》的沉思〉评介》，《哲学动态》1993年第10期。

17. 穆志强：《马克思主义哲学以人为本吗？——与高清海教授商榷》，《马克思主义与现实》1995年第3期。

18. 龚榆：《从抽象的实践到抽象的人——也评高清海教授的哲学观点》，《马克思主义研究》1996年第3期。

19. 陈一柱：《中国理论界的两难选择——从高清海和马克思关于"集体"存在条件的不同观点谈起》，《唯实》1996年第6期。

20. 孙利天：《我的导师高清海教授》，《社会科学战线》1996年第6期。

21. 乐曦：《"类哲学"质疑》，《晋阳学刊》1997年第5期。

22. 陆杰荣：《类哲学：哲学维度的思考方式》，《学术月刊》1997年第3期。

23. 王涛：《马克思"类"理论研讨会综述》，《哲学动态》1997年第2期。

24. 刘啸霆、高桂梅：《用类的观点看世界》，《哲学动态》1997年第3期。

25. 邴正：《于创新中憧憬哲学的未来——论高清海先生的哲学追求》，《长白论丛》1997年第2期。

26. 艾福成：《深刻的剖析 精湛的阐发——读高清海教授的〈哲学的憧憬——《形而上学》的沉思〉》，《吉林大学社会科学学报》1997年第4期。

27. 刘友红、阳海音：《一个哲学家的心路历程——读〈高清海哲学文存〉》，《哲学动态》1998年第5期。

28. 黄楠森：《关于类哲学的几个问题——读高清海先生〈关于人的类生命、类本性与类哲学〉》，《世纪论评》1998年第1期。

29. 王致钦：《近年来"类哲学"研究述评》，《哲学动态》1998年第3期。

30. 金熙成：《论当代中国哲学观念的变革》，《齐齐哈尔师范学院学报》1998 年第 2 期。

31. 王永祥：《人的发展与社会主义市场经济——兼与高清海教授商榷》，《社会科学论坛》1998 年第 3 期。

32. 胡海波、郑弘波：《追寻中国哲学当代理念的"类哲学"》，《世纪论评》1998 年第 4 期。

33. 王南湜：《启蒙及其超越——高清海哲学思考的轨迹与意义》，《天津社会科学》1999 年第 3 期。

34. 李君兵：《价值世界：人的类生命本质——对"类生命"的理解》，《哈尔滨师专学报》2000 年第 1 期。

35. 李佃来：《类哲学：一种新的哲学视野》，《哈尔滨师专学报》2000 年第 1 期。

36. 李黎明：《类哲学与社会可持续发展》，《攀登》2000 年第 3 期。

37. 田海平：《未来哲学的主题与新世纪哲学范式》，《江海学刊》2000 年第 1 期。

38. 赵卫：《"类哲学"、"物的逻辑"与人》，《深圳大学学报》（人文社会科学版）2001 年第 3 期。

39. 刘超良：《类精神：教育人"成为人"的应然追求》，《学术论坛》2001 年第 1 期。

40. 陈映霞、李佑新：《从类哲学的观点看人类中心主义》，《湘潭大学社会科学学报》2002 年第 1 期。

41. 孙利天：《高清海教授的哲学思想与当代中国哲学的发展——纪念高清海教授执教五十周年》，《社会科学战线》2002 年第 5 期。

42. 《著名哲学教授高清海质疑"哲学基本问题"》，《石油政工研究》2003 年第 6 期。

43. 《沉痛悼念高清海教授》，《哲学研究》2004 年第 12 期。

44. 《高清海教授逝世》，《哲学动态》2004 年第 12 期。

45. 《沉痛悼念高清海教授》，《吉林大学社会科学学报》2004 年第 6 期。

46. 孙利天：《创造中华民族自己的哲学理论——高清海先生的哲学遗嘱》，《社会科学战线》2004 年第 6 期。

47. 胡海波：《哲学的生命与生命的哲学——追忆恩师高清海先生的

哲学思想》，《吉林师范大学学报》（人文社会科学版）2004 年第 5 期。

48. 贺来：《用哲学追求和创造希望——纪念高清海先生逝世一周年》，《天津社会科学》2005 年第 5 期。

49. 高文新：《与民族同命运——忆我的老师高清海先生》，《社会科学战线》2005 年第 5 期。

50. 邴正：《哲学的生命在于创新——论高清海教授的哲学思想及其理论创新》，《吉林大学社会科学学报》2005 年第 4 期。

51. 邹诗鹏：《表达这一个时代的高清海哲学》，《吉林大学社会科学学报》2005 年第 4 期。

52. 崔秋锁：《哲学和生命的交相辉映与价值永存——从高清海先生的"生命哲学"解读其"哲学生命"的意义》，《吉林师范大学学报》（人文社会科学版）2005 年第 6 期。

53. 马天俊：《人以释哲学，哲学以释人——读高清海〈"人"的哲学觉悟〉》，《哲学研究》2006 年第 3 期。

54. 叔贵峰：《高清海的人性理论及其学术价值》，《辽东学院学报》（社会科学版）2006 年第 5 期。

55. 高文新、刘艳：《论高清海哲学的理论地位和意义》，《辽宁大学学报》（哲学社会科学版）2006 年第 2 期。

56. 谌力、何进：《普世伦理中的"类哲学"思维》，《南京政治学院学报》2006 年第 22 卷。

57. 杨沐、潘宇鹏：《以人学建构一个思想中的时代——纪念为中国哲学改革事业作出不可磨灭贡献的高清海先生》，《学术论坛》2006 年第 11 期。

58. 孙利天：《中国曾经有过高清海哲学学派吗？——纪念高清海先生逝世三周年》，《吉林大学社会科学学报》2007 年第 6 期。

59. 王凤珍、刘猷桓：《类哲学为基础的新人道主义的科技观及其对环境危机的克服》，《科学技术与辩证法》2007 年第 6 期。

60. 林兵：《从"人"的角度去理解人与自然的关系性质——类哲学对西方环境伦理学的理论超越》，《中共长春市委党校学报》2007 年第 3 期。

61. 林兵：《从自然主义、人类中心主义到类哲学》，《学习与探索》2007 年第 1 期。

62. 冯大彪：《从类哲学看西方心理学的价值观》，《牡丹江师范学院学报》（哲社版）2007 年第 6 期。

63. 冯大彪、刘国权：《从类哲学看心理学的分裂与统一》，《山西师大学报》（社会科学版）2007 年第 3 期。

64. 白刚、付秀荣：《本体的奥秘在于人——高清海的本体观》，《长白学刊》2007 年第 3 期。

65. 方敏：《超生命本能的存在——析高清海类哲学思想及其时代意义》，《法治与社会》2007 年第 10 期。

66. 刘维：《从"类哲学"的视角看风险社会》，《社科纵横》2007 年第 5 期。

67. 胡海波：《创造中华民族的"思想自我"——高清海先生研究马克思主义哲学的中国立场与方式》，《吉林大学社会科学学报》2007 年第 6 期。

68. 白刚、付秀荣：《马克思"类哲学"——科学发展观的理论基础》，《社会科学家》2008 年第 11 期。

69. 高云涌：《马克思辩证法：一种关系间性的思维方式》，《天津社会科学》2008 年第 3 期。

70. 闫顺利、赵红伟：《"实践观点的思维方式"之确立及其后——关于马克思主义哲学实质的论争》，《理论探讨》2009 年第 4 期。

71. 闫顺利、赵红伟：《马克思哲学"实践思维方式"检视》，《中国石油大学学报》（社会科学版）2009 年第 6 期。

72. 孙利天、孙旭武：《对马克思哲学革命的多重理解及思想意义》，《河北学刊》2009 年第 6 期。

73. 蒋玉：《基于类哲学的人的类价值沉思》，《长安大学学报》（社会科学版）2009 年第 2 期。

74. 闫顺利、闫连朵、杨松梅：《本体论视域下的马克思哲学"实践思维方式"》，《前沿》2010 年第 14 期。

75. 闫顺利、赵红伟：《"实践思维方式"与马克思哲学本体论》，《青海民族大学学报》（教育科学版）2010 年第 3 期。

76. 马新宇：《论高清海先生的思想创新——以实践、类两大概念为契机》，《三峡大学学报》（人文社会科学版）2010 年 32 卷增刊。

77. 张洪江：《以人为本的"类哲学"基础探微》，《理论月刊》2010

年第 9 期。

78. 丛大川、杜胜利：《实践范式的困境，精神范式的选择——高清海哲学思想解读》，《延边大学学报》（社会科学版）2010 年第 1 期。

79. 杜胜利、丛大川、邱兴平：《人的奥秘在于精神——高清海哲学思想解读》，《宝鸡文理学院学报》（社会科学版）2010 年第 1 期。

80. 刘丙元：《人性的扬弃：道德教育存在的本真意义——基于类哲学的视角》，《山东师范大学学报》（人文社会科学版）2011 年第 1 期。

81. 陆云：《实践观点的思维方式与历史唯物主义的相通性——基于唯物史观之上的马克思主义哲学性质的探讨》，《长白学刊》2011 年第 4 期。

82. 林兵：《关于生态文明的反思——一种人与社会的思考维度》，《长春市委党校学报》2011 年第 6 期。

83. 高超：《透过"文化选择"看"类哲学"——对高清海先生"类哲学"的一种理解》，《长春理工大学学报》（社会科学版）2011 年第 2 期。

84. 张蓬：《"当代中国哲学"作为问题的语境意义》，《哲学研究》2012 年第 3 期。

85. 高文新、张伟娟：《"类哲学"理论研究》，《辽宁大学学报》（哲学社会科学版）2013 年第 6 期。

86. 蔡军迎：《马克思实践观点的思维方式及其哲学意义》，《齐齐哈尔大学学报》（哲学社会科学版）2013 年第 5 期。

87. 李桢：《从"类哲学"看人的全面发展与个性发展》，《社会科学战线》2013 年第 9 期。

88. 张锐：《对"类哲学"的几点认识》，《学术研究》2013 年第 11 期。

89. 漆思、张爽：《类本性理论的当代观照与人性自觉》，《江西社会科学》2013 年第 6 期。

90. 周德丰、李承福：《从阐发"人的哲学"到召唤建构"当代中国哲学"——高清海教授哲学观的发展历程》，《天津社会科学》2014 年第 3 期。

91. 孙正聿：《大气、正气和勇气——高清海先生的为人与为学》，《吉林大学社会科学学报》2014 年第 6 期。

92. 张伟：《论类哲学的超越性》，《社会科学辑刊》2014 年第 4 期。

93. 刘怀玉、王巍：《突破教条、回到根本、畅所欲言的马克思主义哲学——以高清海与孙正聿先生学术思想为例》，《吉林大学社会科学学报》2014 年第 6 期。

94. 何萍：《中国马克思主义哲学自我革新的探路人——纪念高清海先生逝世十周年》，《吉林大学社会科学学报》2014 年第 6 期。

95. 孙正聿：《人与世界的否定性统一——高清海对人与世界关系的理解》，《天津社会科学》2015 年第 1 期。

96. 邹诗鹏：《高清海与当代中国哲学的启蒙》，《天津社会科学》2015 年第 1 期。

97. 王南湜：《"类哲学"：价值世界的理论奠基——高清海先生晚年哲学思考的再理解》，《吉林大学社会科学学报》2015 年第 1 期。

98. 张曙光：《"类哲学"与"人类命运共同体"》，《吉林大学社会科学学报》2015 年第 1 期。

99. 韩相震、元永浩：《一种来自中国的世界主义的模式——作为"宇宙生命主体"的高清海先生的"类存在"概念》，《吉林大学社会科学学报》2015 年第 1 期。

100. 马天俊：《类哲学的生命隐喻》，《江海学刊》2015 年第 1 期。

101. 贺来：《在人们心满意足的地方引起不安——高清海先生示范的哲学精神及其特殊意义》，《江海学刊》2015 年第 1 期。

102. 邹广文：《高清海"人的哲学"的延展逻辑》，《天津社会科学》2015 年第 2 期。

103. 崔秋锁：《高清海先生的哲学精神》，《长白学刊》2015 年第 2 期。

104. 叔贵峰：《高清海哲学思想当代拓展的理论指向》，《吉林师范大学学报》（人文社会科学版）2015 年第 2 期。

105. 高文新、苗苗：《中国当代哲学建构方向的思考——从高清海哲学理论创新谈起》，《社会科学辑刊》2015 年第 1 期。

106. 元永浩：《实践观点的思维方式与类哲学——试探高清海先生的哲学创新逻辑》，《吉林大学社会科学学报》2017 年第 4 期。

107. 张静宁、张祥浩：《论高清海马克思主义哲学研究的三个阶段》，《东南大学学报》（哲学社会科学版）2018 年第 5 期。

108. 王福生：《类哲学与人类文明新形态》，《天津社会科学》2018年第6期。

109. 孙正聿：《个性化的类本性：高清海"类哲学"的内涵逻辑》，《社会科学战线》2019年第7期。

110. 胡海波、马军海：《走向未来的哲学精神——高清海先生"类哲学"思想的自我意识》，《社会科学战线》2019年第7期。

111. 杨晓：《论实践活动中的类经验》，《社会科学战线》2019年第7期。

112. 元永浩、张佩荣：《类哲学：中国传统哲学的当代表述》，《吉林大学社会科学学报》2019年第5期。

113. 魏书胜：《高清海"做人"思想的哲学内涵及其哲学观意义》，《吉林大学社会科学学报》2019年第5期。

114. 王福生：《高清海类哲学研究中的几个问题》，《吉林大学社会科学学报》2019年第5期。

115. 李生琦：《回顾与展望：高清海与哲学基础理论研究》，《辽宁大学学报》2019年第6期。

116. 韩怀珠：《马克思主义哲学新的地平线——评高清海〈面向未来的马克思〉》，《山东社会科学》2019年第10期。

117. 范兴旺：《人类命运共同体的"类哲学"阐释》，《佳木斯大学社会科学学报》2019年第2期。

118. 朱雪微：《习近平新时代中国特色社会主义思想的类哲学意蕴》，《广西社会科学》2019年第7期。

119. 汤俪瑾、谷乐意：《国内马克思类概念研究述评》，《社会科学动态》2019年第9期。

120. 邵然：《改革开放40年：走进马克思哲学四种人类学范式》，《思想战线》2019年第5期。

后　记

　　高清海先生（1930—2004）终生致力于马克思主义哲学体系改革、哲学观念变革和中国哲学理论的发展，并在贯通中、西、马哲学的基础上创立了类哲学思想体系。2019 年 10 月，时值先生逝世 15 周年，为继承和发扬先生的哲学思想，研讨先生哲学的真实价值，探究当代中国哲学和哲学基础理论研究的发展方向，吉林大学哲学社会学院、吉林大学哲学基础理论研究中心和吉林大学高清海哲学思想研究中心联合举办了"高清海与哲学基础理论研究"学术研讨会。来自北京、上海、天津、广州、长沙、武汉、南京、西安、兰州、沈阳、哈尔滨等全国各地及韩国首尔的三十余家国内外高校、科研院所、学术出版机构的近百位专家学者参加此次会议并发表了相关的学术成果。本文集在选取部分参会论文的基础上，又收入了《高清海先生逝世十周年纪念文集》出版以后部分关于先生哲学思想的研究论文汇集而成；为了统一格式将韩国首尔大学韩相镇教授的英文参会论文作为附录收入，同时还以附录形式收入了东南大学张祥浩教授的研究专著《高清海马克思主义哲学思想研究》（即将由吉林大学出版社出版）的目录以及截至 2019 年底的高清海哲学思想研究资料篇目汇集。

　　山高水长，惠风广披，化育数代后生。我们以此文集纪念先生。

王福生

2020 年 1 月 4 日